非洲经济史译丛 ▼ 舒运国 主编 ▼

African Economic History

［美］拉尔夫·A·奥斯丁 —— 著

赵亮宇 檀森 —— 译

刘伟才 —— 校

非洲经济史

内部发展与外部依赖

上海社会科学院出版社
SHANGHAI ACADEMY OF SOCIAL SCIENCES PRESS

"非洲经济史译丛"总序

非洲经济史作为一门学科,诞生于20世纪60年代非洲大陆独立后。经过半个多世纪的努力,非洲经济史研究获得长足进展:

第一,批判了"欧洲中心论",从而恢复非洲经济史的原来真实面貌。

著名的非洲经济史学者加雷斯·奥斯丁(Gareth Austin)指出:"欧洲中心论存在于各个层面。非洲经济史是一个极好的例子。"[1] 长期以来,欧洲中心论盛行,关于前殖民时期的非洲经济,欧洲学者一直流行一种消极的观点,认为"传统非洲社会"是"非经济社会"(non-economic Africa),这是一种孤立的社会,是一种静止不变的实体,即便它以龟的速度发展,那也几乎可以忽略不计。[2] 于是,西方学者认为,非洲大陆在西方殖民主义入侵之前,不存在什么经济活动。按照这个逻辑,非洲自身就没有什么经济史可言。非洲国家独立后,非洲经济史学者发掘史料,努力恢复非洲大陆的经济活动历史的原来面貌。

---

[1] G. Austin, "Reciprocal Comparison and History: Tackling Conceptual Eurocentrism in the Study of Africa's Economic Past", *African Studies Review*, Vol.50, No.3, Dec. 2007.

[2] David William Cohen, "Agenda for African Economic History", *The Journal of Economic History*, Vol.31, No.1, Mar. 1971.

研究成果表明,非洲并不是一个停滞的社会,按照罗伯特·莱夫尼特(Robert A. Levined)的观点:"非洲具有务实的开拓者,具有移民、安置和再安置的持久历史。……如果用这个观点分析非洲,那么我们可以认为,非洲社会在变化和动荡中逐步适应与进步。"[1] 批判欧洲中心论,使非洲经济史真正成为一门学科,它为非洲经济史的研究提供了理论保证。

第二,非洲经济史研究逐渐形成了跨学科的综合研究方法。

有学者指出,"与其他经济史相比,非洲经济史包含了更多的交叉学科。"[2] 由于非洲经济史缺乏文字资料,因此运用传统的研究方法难以获得进展。在这种形势下,各种相关学科的专家,包括历史学、经济学、考古学、语言学、人类学、生物学、统计学等,带着各自的研究理论和方法进入非洲经济史研究领域。多学科的协作和综合研究,给非洲经济史研究带来了巨大的活力,不但有效克服了历史资料稀缺的难题,而且不断拓宽了研究视野。

第三,经过多年努力,对于非洲经济史的研究呈现出多层次、多时段、全方位的良好态势。

研究领域既有非洲大陆的整体研究(出版了数种版本的《非洲经济史》),又有次区域(东非、西非、南部非洲、北非等地区的经济史)和国别(如尼日利亚、南非、埃及等国家经济史)层面的研究;既有对于古代非洲经济(传统经济)史的

---

[1] David William Cohen, "Agenda for African Economic History", *The Journal of Economic History*, Vol.31, No.1, Mar. 1971.

[2] Tiyambe Zelera, *A Modern Economic History of Africa*, Vol. 1: The Nineteenth Century, CODESRIA, 1993, p.1.

研究，又有对于近代殖民时期（殖民地经济）和现当代非洲经济（民族经济）的研究；既有对于宏观经济发展战略的研究，又有对于微观经济部门的研究。研究呈现了百花齐放、欣欣向荣的景象。非洲本土著名非洲经济史学家泽勒拉（T. Zelera）曾经作了如下总结："非洲经济史研究成熟了。人们只要比较一下，在20世纪70年代初的研究中，只是提出了一些设想和缺乏活力的观点，而在20世纪80年代，研究已经提出了具有自信和综合性的观点了。在20多年时间里，非洲经济史研究成为巨大的国际事业，它不会再被一个国家或者一种方法论的传统所左右。"①

与国外学术界相比，中国的非洲经济史研究要落后得多：

第一，中国对于非洲经济史的研究，至今仍然与非洲史研究融为一体，没有成为一门独立的研究学科。

中国在1949年至1976年之间，由于受到国内外条件的限制，中非关系主要局限于政治领域，因此中国学者对于非洲史基本上没有什么研究，当然就更加谈不上对于非洲经济史的研究了。1978年，中国在"文革"结束后开始了改革开放，了解外部世界尤其是外部世界的经济发展，成为中国经济发展的一个重要内容。在这种形势下，中非关系的重点也从比较单一的政治关系转向包含政治、经济和文化等各种领域的全面关系，其中，中非经济关系尤为重要。形势的变化推动中国学术界对非洲的研究不断升温，而史学更是一马当先。1980年中国成立

---

① Tiyambe Zelera, *A Modern Economic History of Africa*, Vol. 1: *The Nineteenth Century*, CODESRIA, 1993, p.1.

了中国非洲史研究会，有志于非洲史研究的学者真正开始了对于非洲史包括非洲经济史的研究。必须指出的是，非洲经济史是非洲历史学科的一个分支，而非洲历史则是非洲经济史研究的基础。十分明显，对于非洲历史研究薄弱的现状，决定了中国学者尚无法把非洲经济史作为一门单独的研究学科，因此中国学者对于非洲经济史的研究始终与非洲史研究融合在一起，在研究非洲史的同时，对于非洲经济史的某些问题进行探索。

第二，中国的非洲经济史研究尚处于起步阶段。

由于中国对于非洲经济史研究的起步晚，因此缺乏研究所必需的学术积累和原始资料积累。众所周知，学术和资料积累需要一定的时间。因此中国学者当前很难在非洲经济史研究中有突破性的成果。客观地说，中国当下的非洲经济史研究尚处在起步阶段，这表现在：其一，非洲经济史的研究受到非洲史研究广度和深度的制约，尚没有形成自己的特色；其二，中国学者当前主要引进和介绍国际学术界的研究理论、方法和成果，不具备独立、深入研究非洲经济史的条件和能力；其三，中国至今没有独立和专门的非洲经济史研究机构或者组织，也没有专业的非洲经济史刊物。

第三，与国际学术界的交流稀少。

在非洲史研究领域，中国学者与国际学术界的交流一直比较稀少。在相当长一段时间里，这是由于缺少经费和缺少语言交流能力。因此，中国学术界对于国际学术界的研究动态和研究成果不甚了解。近几年，这种情况正在得到很大的改变。

客观地讲，中国对于非洲经济史研究的现状，远远无法适应当前中非经济关系快速发展的要求。众所周知，进入21世纪，尤其是建立中非合作论坛以来，中非经贸关系迅速发展，仅仅以中非贸易额为例，2000年才首次突破百亿美元大关，2011年就已经达到1 600亿美元；现在中国已经成为非洲大陆最大的贸易伙伴、最大的投资国和十分重要的劳务市场。中非经贸关系的快速发展，使得越来越多的中国政府相关部门、企业、公司和商人参与了中非经贸活动，他们走出国门，进入非洲，或者开厂生产，或者进行贸易，或者从事劳务输出。从事涉非经济活动的中国相关人员，迫切需要了解非洲的经济发展历史与现状。笔者多次访问非洲，常常听到他们此类的呼声。可是中国的学术界由于历史等原因，研究显得滞后，因此无法提供他们所需要的研究成果。为此，中国学术界必须面对现实，努力工作，尽早向国人提供关于非洲的各方面研究成果和材料。

上海师范大学非洲研究中心是中国高校中成立时间较早的研究非洲的专门机构，经教育部批准，又成为专门针对非洲的"国别和区域研究基地"。中心的研究重心是非洲历史、非洲经济和中非关系。中心认为，要改变当前研究水平跟不上形势发展的现状，我们必须做好两方面的工作：其一，选择一些重要课题，组织力量进行研究，并且拿出有水平的成果；其二，选择国际学术界具有重要影响的研究成果，介绍给国内读者。为此，2014年中心申报"多卷本《非洲经济史》"，获批立项为国家社会科学基金重大项目；为了配合"多卷本《非洲经济史》"项目的推进，中心决定翻译、出版"非洲经济史译丛"。

推出"非洲经济史译丛"，我们希望达到两个目的：第一，译丛将精心挑选国外非洲经济史研究的精品,使国人了解该领域更加广阔的知识,以此弥补国内学术界研究的不足。第二,力图使译丛成为非洲经济史领域中外学者的交流平台或者桥梁,希望通过译丛促进中国学者对于国际学术界的研究动态的了解,从而有利于中国非洲经济史学科的发展。

  我们的想法能否收到预期效果?希望得到国内学术界和读者的关心与支持,更加希望得到同行的批评与帮助。

舒运国

2018 年 7 月 22 日

目 录

001 "非洲经济史译丛"总序

001 导 言
009 参考文献

013 **第一章 维持性经济的动力：历史视野下的非洲内部经济**
014 从渔猎采集到粮食生产：开端
021 驯化粮食生产与金属冶炼：传播与集聚
026 成熟的内部经济：生产组织
032 成熟的内部经济：市场关系
039 总结：自给自足经济的动力与局限
040 参考文献

049 **第二章 商业前沿与经济接触（一）：西苏丹与撒哈拉**
051 贸易路线与出口商品：古代与中古时期
058 路线与商品：欧洲扩张的时代
065 发展的影响：贸易组织
071 发展的影响：生产的变化
079 总结：从非洲角度看苏丹地区经济
080 参考文献

091　**第三章　贸易前沿与接触性经济体（二）：东非与印度洋**

092　发展的条件

094　集散地与出口：欧洲人到来之前（150—1500 年）

096　集散地与出口：葡萄牙人与阿曼人控制的时代（1500—1885 年）

103　发展的影响：贸易组织

108　发展的影响：生产

120　总结

121　参考文献

130　**第四章　贸易前沿与接触性经济体（三）：西非与大西洋**

131　贸易路线：欧洲人对海洋的控制

133　贸易路线：非洲供给区域

136　商品：出口结构的变迁

140　贸易的影响：欧洲人、非欧混血人与非洲穆斯林

146　贸易的影响：非洲族群的接力体系

154　发展的影响：出口生产

160　发展的影响：制造业

162　接触性经济变革的方向：发展、停滞抑或危机？

165　参考文献

175　**第五章　从奴隶贸易到帝国主义瓜分：工业化早期欧洲经济框架中的非洲**

178　奴隶贸易的废除

181　自由/合法贸易与政治扩张

| 189 | 总结 |
| 190 | 参考文献 |

197	**第六章　殖民经济体（一）：国家主义-小农体制**
199	基础设施：国家指导型企业的试验
204	基础设施：国家与铁路
210	贸易：从竞争到寡头垄断再到国家主义
215	从贸易到制造业：转型的局限
218	国家与市场：货币化
221	国家与市场：贸易的监管
224	小农经济的扩张阶段
232	小农经济的发展局限
239	总结：国家主义-小农政权与殖民主义的矛盾
241	参考文献

254	**第七章　殖民经济体（二）：竞争性剥削体制**
256	矿业革命之前的南非：脆弱的前沿
266	南部与中部非洲的矿业革命
276	农业转型的多种形式
297	从初级产品生产到工业化
306	总结：作为一种发展模式的南非
308	参考文献

323	**第八章　从新重商主义到非殖民化：20世纪中期世界经济中的非洲**
325	变革的历程：市场与公共政策
343	变革的成本与收益：欧洲私营企业

351 余论：现时代的世界经济与非洲
353 参考文献

363 **第九章　从非殖民化到后殖民政权：内部转型的努力**
364 非殖民化的内部经济因素
379 后殖民时期的经济体制
416 总结
417 参考文献

432 **第十章　回顾：增长与依附，自主与边缘化**
438 参考文献

导 言

本书有两个相互重叠的主题：非洲内部交换体系和生产力的增强以及这两者与非洲大陆之外的更发达经济体之间的联系。这样的安排可能会带给读者更多的问题，而不是让他们清楚地知道接下来将读到什么。大多数人会怀疑本书到底会包含多少重大的材料，因为对于非洲大陆外乃至非洲内部受过教育的人们来说，这片大陆依然显得一片模糊，令人困惑。而那些已经进入非洲经济史这一年轻且充满争议领域的学者，则会想知道本书作者在这些激烈碰撞的理论和方法观点中所持的态度。

对所有这些疑问，作者有一个简短的回答：本书试图尽可能地广泛全面、兼收并蓄。然而，本书的关注点是有选择的，文中的一些解读也需要较长篇幅的预先解释。

本书的组织结构和范围不具有（我希望）争议性。本书涵盖了撒哈拉以南（包括部分撒哈拉沙漠）的所有区域，尽管其中一些难以被归入普遍模式的区域（尤其是尼罗河苏丹地区和相邻的非洲之角）被忽略了。就时间而言，本书从作物和牲畜的驯化开始，一直讲到现代的后殖民政权。在经济发展自给自足的初期，我们将采用囊括整个大陆的视角；接下来，我们将通过对主要区域的比较研究来审视前殖民时期非洲与外部经济体的联系；与欧洲殖民主义的动机、影响和后果有关的章节将采用"大陆性-主题性"的方法。虽然这样的叙述顺序主要是由这些话题的内在逻辑决定的,但其与最近其他有关非洲的综合性著作也有相似之处。

对于"非洲"和"历史"这两个名词,即便是最狭义的定义也数不胜数。而要定义本书标题中其他关键项的意义也不容易:"经济""发展"和"依附"。我想先简单解释一下这些有明显争议性的名词。"发展"在本书中可以被理解为生产能力和市场整合的可持续地加强,相对应的"欠发展"——经济体中这两项因素的衰退或者"没有增长的发展"——只是通过现有发展模式来加剧榨取现有资源。"依附"被定义为经济伙伴之间的一种关系模式,其中科技和组织模式领先的国家抑制另一个国家的发展机会(无论是有意还是无意)。

通过定义这些概念,我的目的是尽可能避免围绕这些概念(包括更难以表述的"经济"这一概念)的意识形态争论。然而,任何声称自己"客观"、可超然于争论之上的想法都是幼稚、不坦率的。因此,这里使用的分析角度必须根据该领域内主要的解释流派来勾勒。这些流派可以划分出几个主要的阵营:一个是忠于市场——或称自由主义、古典主义及新古典主义、理性选择理论(rational choice)之类,另一个则采取结构主义——可再细分为实体主义(substantivist)、马克思主义和依附理论(dependency theory)——的视角。

分析非洲时,上述不同方法的支持者们着眼的经济角色和动机模式大相径庭。对于市场理论来说,经济角色是个人或一个"公司",他们对物质和社会环境中的各种因素进行协调,以期获得回报、效用最大化或风险最小化。结构主义分析注重集体性的实体：可以是（对于实体主义者而言）决定经济行为准则的社会秩序和谐化，也可以是（对于马克思主义者和依附论者而言）一个主导与从属阶级和/或区域奋力争夺经济控制权的等级体制。为了理解非洲经济的内部发展和外部关联，有三个与历史分析相关的更细节的问题，其观点的角度和成果值得考虑：对变革的解释；经济体中生产部门和分配部门的区分；实证数据和理论概念之间的联系。

从最抽象的角度来看，市场理论是非历史的、不关注改变，而结构主义者却致力于分析从古至今的发展历程。然而，在非洲经济史研究的实践中，忠于市场模式的学者写出了大多数分析具体变革的成果。这一悖论并不会证明两种理论非此即彼，反而更加显示了单单采取某一种角度分析问题的难度。

在对变革的解释上，市场理论的长处在于它的假设：任何持续的经济情况都代表一种其内部形成因素间的动态平衡。这样的体系自身并不会产生变化，因其本身是理性的。但我们并不将任何一种假定的历史情境视作一个有其内在逻辑的结构，而是视作其多种多样组成部分的偶然交集，因此，也并不能假定体系内部有任何对变革的系统性对抗。持这种观点的历史学家继而可以寻找经济体中发生变革的场景，简单地将它们解释成之前动态平衡中重要组成部分改变而引发的反应，譬如人口/环境变迁、进入新的市场或者新的交通方式和生产技术的引入。

当新机遇出现，市场理论会基于此预测一些积极的变革将带来经济的转型，而当预测的结果并没有出现时，市场理论的局限也显露无遗。在一些关键案例中，市场分析可以解释非洲国家决策者们面对潜在的物质增长时明显的保守主义，他们计算了必要的变革所带来的伴随成本，我们观察到的是，他们的经济行为符合避免风险的理性战略。但对于这些对抗风险的保障形式（以及其往往会导致的一些冒险方式），市场模型并不能恰当地给予解答，而当风险主要是社会性而非物质性的时，这种经济行为则是危险的源头。

经济史研究中的结构主义方法假定经济组织和经济冲突的社会形式是理解变迁的基础。结构主义方法中与非洲历史有关的每一个版本都定义了一系列呈现变革的结构：实体主义者强调交换的机制，马克思主义者注重生产方式，依附理论者则着眼于世界体系。然而，当用来解释非洲变化过程中的具体案例时，所有的这些大框架发展模型都遇到了难题。实体主义者将改变看作是外生于非洲的东西，非常公开地把重点放在非洲国家抵御市场蚕食的能力上，尽管也有许多非洲国家自发产生"市场行为"的证据。马克思主义者认为，从欧洲资本主义开始，任何生产方式都随着其自身内部的主从阶级愈演愈烈的矛盾而不断改变；但在非洲经济体中找到此类矛盾，并将其作为变化的基础较有难度。最后，依附理论直接将欧洲宗主国资本主义的增长作为非洲国家经济结构"欠发达"的罪魁祸首，但长期与非洲有关数据打交道且有着不同观点的历史学家所发现的非洲国家内部多样的发展模式表明，依附理论站不住脚。

在解读非洲经济的情况尤其是其变化的局限性而不是根源

上，结构主义观点显得更有价值。任何一种历史分析都必须承认，历史发展的的确确是在某一类体制—社会设定下进行的，对过去这一维度的考察常常被市场模型的普适经济理性理论所忽视。这些结构对于实体主义者和依附理论持有者假定的内部发展模式并不是绝对的障碍，但它们也不是马克思主义辩证法所谓的推动变革的引擎。然而，如果不把结构主义的角度融入进来，我们便不能理解非洲国家面对经济发展机会而作出回应的来龙去脉，也不能理解这类事件对未来的变化造成的影响。

第二个问题是如何在分配或生产的维度上定义经济，也正是这个问题将非洲经济史中的马克思主义学派与市场理论者、实体主义者和依附理论学派区分开来。正如其名字所揭示的，市场模型分析主要专注于分配端：造成变革的真正工具是市场，市场根据各种经济行为的成本和收益发出价格信号，而经济人（经济行为者）据此来收集可用的资源（包括土地、劳动和资本等生产要素）。实体主义理论认为不同社会组织结构的特点在于不同的交换方式：自主交易，这种定价市场只见于现代资本主义；家庭根据社会分配准则来收集物品，从而构成社会；过渡的"古老"社会，政治权威收取并再分配大多数流动财富。依附理论主张世界体系中资本主义"核心"用来控制依附性"边缘"的主要工具就是市场，尽管保持主导地位的目标是阻止边缘国家发展出能和核心国家竞争的生产体系。

马克思主义学者对非洲经济史的主要贡献在于他们坚持认为可以通过生产部门内部的关系来定义不同的经济体系。这一观点催生了许多对社会机制的经济学意义的彻底调查，而若单单考虑交换关系，则不可能如此彻底。马克思主义也使人们开始关注技术的角色，这是理解非洲经济各个方面的关键问题，理论导向的经济人类学家和历史学家却对其缺乏关注。此外，如果我们将社会结构视作经济变革的关键制约因素而不是推动力的话，我们也就可以更好地理解直接与维持物质生存而不是自由消费产品相关的体制和行为模式两者间的连贯性。

上面说了这么多，有一点很重要：不要陷入马克思主义的惯常缺陷，即"唯生产方式论"。在许多经济发展的案例中，物质生存并非关键，经济史学家们要关注的问题可能包括仅仅为了控制社会、政治或文化关系而获取物质产品的情况。进一步来说，通过交通设施和通信手段，技术和生产在经济的分配维度上同样重要。马克思主义者试图解决这些问题的方法是把完整的"社会形态"和决定社会形态的基础在生产方式上区分开来。不幸的是，在非洲的案例中，试图定义本土生产方式的努力只引发了马克思主义者内部对此问题的无尽的、前景渺茫的讨论。由此建立了许多分类，比如"朝贡"和"奴隶"生产方式，但种种分类看起来仍然是更多地与分配而不是生产有关。

最后，对于非洲马克思主义学者（Africanist Marxists）来说，正如马克思本人一样，其对生产的分析角度往往不是源于分析，而是从道德甚至种族出发。"商业资本"和其变体被内在地寄生于本土力量，它们未能有助于长期的经济发展。纵观非洲经济史，中间有无数市场整合未能推进生产变革甚至在某些方面反被其制约的例子，但也不能假定这些问题来源于市场的"不完美"或者为了攫取生产利润而进行的市场操控。作为替代，本文的一项主题便是考察各种生产体系之间的联结问题，在各种生产体系之间市场是必需的，但有时会引起麻烦。

所有的历史研究都要求实证分析，都要求使用第一手资料来尽可能真实地重建过去。所有的经济学研究都包含了主要的抽象概念；在这里我们感兴趣的不是独特的事件或者英雄人物，而是能够解释大部分普通人经验和行为的持续性模式和变迁。在实证准确性上作出妥协来迎合理论连贯的问题影响了非洲经济史中的所有学派，其影响的形式则各有不同。

市场理论将所有历史行为简化成一种人为模式：在不同选项之间进行理性选择，而其最极端的形式可以转化成一种与可见的经验感知世界无关的数学活动。即便从更温和的层面来看，市场方法也常常会忽视西方情境下个人和公司的关键性区别，以及人物角色背后的多样化的非洲历史和文化背景。这一特殊的抽象概念所作的权衡在分析层面上可称高度严谨，它能为历史发展提供最好的或者至少是不可或缺的解释。

结构主义者在有关非洲过去的乏味而又模糊的数据上叠加了他们自己的概念：交换种类、阶级关系或是中心—边缘体系。这种情况很容易切断与总体实证主义以及历史研究的联系，正如一些"结构马克思主义者"（Structuralist Marxists）一直在尝试的。即便是源于非西方社会研究的一些更为克制的结构主义方法，也倾向于具体化他们的观念，其形式对实证数据的分析并无裨益。但结构主义者的一些模式的确考虑到了历史情况的区别，且承认必须以某些方式来解释历史学家遇到的非洲过去的各种经济制度，而这些正是历史学家关注甚多的。

为了利用非洲经济史理论成果中的深刻洞见而避免其中的陷阱，接下来的章节将会一方面提及与章节主题有关的各种观点，另一方面也将尽可能避免在叙述主题中使用各种观点的特有语言。如市场、依附和阶级等一些术语和概念会被提到，但总体上，本书将会秉承包容并蓄的方式，正如我的一位同事的座右铭所说："每当我看到'生产方式'一词，我便会拿出我的橡皮擦。"我们的目的是去理解非洲经济史中的特殊问题，而不是去检验或是发展有普遍意义的命题。

本书可能会在相关主题的各种主要解读潮流之间摇摆，因此可能会导致失去主架的危险。本书试图展示的框架可能最好被定义为：从理论评估转到一种对中心重大论点的抽象阐释。非洲经济史在这里被视为一个双向互动的过程：发展与风险相连、依附伴随着边缘化。因此，接下来的章节将展示从最早的驯化粮食生产到现代机械化和电子通信这整个过程中非洲持续的生产能力扩张和市场整合。然而，每一个发展阶段都内在地包含着几个主要风险：首先是维持性生产活动的风险，这是影响早期生产变迁的主要变量，也是近几次生产变迁中总是会呈现的风险；第二是自主权风险，它来自与科技领先的外部社会紧密的经济联系。当非洲稳步与世界经济整合时，非洲对这些跨撒哈拉和海外合作伙伴的依附也是风险的一个体现。然而，尽管中世纪以来经济本身不断增长，非洲在其中的角色却日趋弱化：从欧亚贵金属的主要来源地堕落到给新世界供给奴隶劳力，然后又成为世界市场各种初级产品的出口地，而外部的世界市场却有许多可替代的非洲之外的热带商品来源。

想把具有如此多内在矛盾的各个主题整合成一本在理论上还要兼收并蓄的著作，无疑是一个极大的难题。对这一方法论混合体的验证不得不通过阅读大量章节得到，尽管之前提到的问题将会在本书的最后一章以相对而言更有现实应用效力的方式来重述。但即便如此，那些寻求更明晰理论以及想要找寻非洲最紧要直接的经济问题的解决方案的读者，仍不免会感到失望。但我希望不管怎样，他们能得到一些值得进一步思考的线索和观点。而对于其他并没有如此多具体考虑的读者，本书可能至少可以说清楚非洲经济史的一些关键问题，帮助他们理解非洲研究和经济史比较研究。

参考文献

1. Amin, Samir, *Accumulation on a World Scale*, 2 vols, New York: Monthly Review Press, 1974.
2. Austen, Ralph A., "Capitalism, class, and African colonial agriculture: the mating of Marxism and empiricism (review article)", *Journal of Economic History*, Vol.41, 1981, pp.657–663.
3. Austen, Ralph A. and Daniel Headrick, "The role of technology in the African past", *African Studies Review*, Vol. 26, Nos. 3/4, 1983, pp.163–184.
4. Bernstein, Henry and Jacques M. Depelchin, "The object of African history: a materialist perspective", *History in Africa*, Vol.5, 1978, pp.1–19; Vol.6, 1979, pp.17–43.
5. Bohannan, Paul and Laura Bohannan, *Tiv Economy*, Evanston:

Northwestern University Press, 1968.
6. Cooper, Fredrick, "Africa and the world economy", *African Studies Review*, Vol.24, Nos.2/3, 1981, pp.1 – 86.
7. Crummey, Donald and Charles C. Stewart (eds), *Modes of Production in Africa*, Beverly Hills: Sage, 1981.
8. Curtin, Philip D., *Economic Change in Precolonial Africa: Senegambia in the Era of the Slave Trade*, Madison: University of Wisconsin Press, 1975.
9. Curtin, Philip, Steven Feierman, Leonard Thompson, and Jan Vansina, *African History*, Boston/London: Little, Brown/Longman, 1978.
10. Dalton, George (ed.), *Primitive, Archaic and Modern Economies: The Essays of Karl Polanyi*, Garden City, NY: Anchor, 1968.
11. Dalton, George, "Theoretical issues in economic anthropology", *Current Anthropology*, Vol.10, No.1, 1969, pp.63 – 102.
12. Dos Santos, Theotonio, "The structure of dependence", *African Economic Review*, Vol.60, No.2, 1970, pp.231 – 236.
13. Field, Alexander, "The problem with neo-classical institutional economics: a critique with special reference to the North-Thomas model of pre-1500 Europe", *Explorations in Economic History*, Vol.18, 1981, pp.174 – 198.
14. Foster-Carter, Aidan, "The modes of production controversy", *New Left Review*, 107, 1978, pp.47 – 78.
15. Frank, André Gunder, *Capitalism and Underdevelopment in Latin America*, New York: Monthly Review Press, 1967.
16. Freund, Bill, *The Making of Contemporary Africa: The Development of African Society since 1800*, Bloomington/London: Indiana University Press/Macmillan, 1984.
17. Hindess, Barry and Paul Q. Hirst, *Pre-capitalist Modes of Production*, London: Routledge, Kegan Paul, 1975.
18. Hirschmann, Albert O., *The Strategy of Economic Development*, New Haven: Yale University Press, 1958.

19. Hopkins, A. G., *An Economic History of West Africa*, London/New York: Longman/Columbia University Press, 1973.
20. Hopkins, A. G., "Clio-antics: a horoscope for African economic history", in Christopher Fyfe (ed.), *African Studies since 1945: A Tribute to Basil Davidson*, London: Longman, 1976, pp.31–48.
21. Johnson, Marion, "The ounce in eighteenth-century West African trade", *Journal of African History*, Vol.7, No.2, 1966, pp.197–214.
22. Kay, Geoffrey, *Development and Underdevelopment*, London: Macmillan, 1975.
23. Law, Robin, "In search of a Marxist perspective on pre-colonial tropical Africa", *Journal of African History*, Vol.19, No.3, 1978, pp.441–452.
24. McCloskey, Donald N., "English open fields as behavior toward risk", *Research in Economic History*, Vol.1, 1976, pp.124–170.
25. Marx, Karl, *The Class Struggles in France*, New York: International Publishers, 1964.
26. North, Douglas C., *Structure and Change in Economic History*, New York: Norton, 1981.
27. Polanyi, Karl, "Sortings and 'ounce trade' in the west African slave trade", *Journal of African History*, Vol.5, No.3, 1964, pp.381–393.
28. Polanyi, Karl, *Dahomey and the Slave Trade: An Analysis of an Archaic Economy*, Seattle: University of Washington Press, 1966.
29. Polanyi, Karl, Conrad M. Arensberg and Harry W. Pearson, *Trade and Market in the Early Empires*, Glencoe, NY: Free Press, 1957.
30. Ranke, Leopold von, *Geschichten der Romanischen und Germanischen Völker von 1494 bis 1514*, 1824.
31. Rodney, Walter, *How Europe Underdeveloped Africa*, London/Washington DC: Bogle L'Ouverture/Howard University Press, 1972.
32. Ryan, T. C. I., "The economics of human sacrifice", *African Economic History Review*, Vol.2, No.2, 1975, pp.1–9.
33. Schneider, Harold K., *Economic Man: The Economics of Anthropology*,

New York: Free Press, 1974.
34. Seddon, David (ed.), *Relations of Production: Marxist Approaches to Economic Anthropology*, London: Cass, 1978.
35. Sraffa, Piero, *Production of Commodities by Means of Commodities*, Cambridge: Cambridge University Press, 1960.
36. Thompson, Edward P., *The Poverty of Theory and Other Essays*, New York: Monthly Review Press, 1978.
37. Wallerstein, Immanuel, "The three stages of African involvement in the world-economy", in Peter C. W. Gutkind and Immanuel Wallerstein (eds), *The Political Economy of Contemporary Africa*, Beverly Hills: Sage, 1976, pp.30 - 57.

第一章

维持性经济的动力：
历史视野下的非洲内部经济

　　对历史发展的每一项研究都需要一个起点，即将一个过往的情况当作"已知"，然后变迁由此开始。本章的起点选择了从食物采集到粮食生产的转变，这也与非洲冶金业的起步和大陆内部主要贸易体系的出现有紧密联系。这种形式的发展会被称为非洲内部经济，与之相对应的是在联结前殖民时期非洲和外部世界的商业前沿诞生的外部接触性经济以及欧洲人控制占领非洲后所导致的殖民经济和后殖民经济。

　　大多数非洲经济研究都把起始点定在距现今较近的时间，常常从国际贸易的肇始开始。这种方法即使不能算作殖民主义和种族主义，也经常被斥责带有种族优越感，但这种情况在自由主义和激进修正主义历史学家的作品中也是屡见不鲜的。问题不在于意识形态，而在于技术。确实，要理解遥远且无文献资料的非洲过去的经济转型，所需的档案及实地考察数据等都还非常不足。

　　这些困难的后果便是将民族志资料记载的当下等同于经济生

活残留的过往，人类学家以含混不清的当时当地情况为出发点思考前殖民时期非洲社会，同时又营造一种虚假的静止状态，以此来掩盖自身的不足。经济学者则谈论一种非洲"内部经济"，认为其本质是以生存而非市场交换为导向，其以重复已有模式为特点而非投资使得生产更有效率。因此，在被黑格尔看法垄断历史认知的西方看来，非洲仍然是一个与西方的活力形成对比的反面形象。

正如我在导言中提到的，这里所呈现的数据并不会导向这种对比的完全逆转。我们有必要理解非洲的经济发展，来认识其与西方相比本土变革的局限，尤其是在科技方面。但非洲内部经济也有其自身起源、传播、组织和市场整合的历史。为了分析这一历史，我们必须充满信心地踏入大多数研究经济发展的学者难以掌控的领域——"史前"，这是一个由考古学家、生物学家和体质人类学家占主导地位的领域，相关学者集中考察了非洲早期经济变迁的问题。将史前研究的数据用于历史经济分析问题颇多。许多有探索精神的学者构建的"模式"其实本身就是衍生于当代的类比，而这些类比的源始点恰恰就是这些专家期望去解释的。然而，只有通过利用我们能使用的任何方法来深思这些遥远发展的历史维度，我们才能理解非洲人适应周边环境的动力，并最终理解他们应对外部世界渗透和影响的内涵。

从渔猎采集到粮食生产：开端

本书将会把以渔猎和采集为生的经济体作为考察的开端，

这些人群直到约公元前第二个千年时仍在整个撒哈拉以南非洲占据主导地位。我们也会对渔猎采集体系进行历史的考察，特别是追踪工具和武器的不断进化，探讨其发展和采用背后的经济理性。这就需要我们去涉足诸如骨骼、人造物、现场分析、放射性碳测试、同位素测试以及其他测年技术等诸多领域，甚至还要考察人类生物性进化的问题。对这些问题的探究对于了解史前世界极其重要，但就非洲后来的发展而言，倒并不一定要在这里长篇累牍地讨论。在这里，我们需要集中解决的问题是：以作物种植和牲畜牧养为基础的经济体系是如何在渔猎采集的后期阶段一步步演化形成的。

从西方人和广大非洲人的角度来讲，从渔猎采集转向驯养的背后逻辑是显而易见的，甚至不需要任何解释。渔猎采集代表着原始野蛮，那种状态下的人还处于本能状态；驯化则代表着文明，是从本能向文化的进步。历史似乎对这种观点提供了支持，有证据表明稳定的粮食生产是建立复杂社会的必需，然后复杂社会又会回过头来吸收、消灭或者边缘化那些没有进化的群体。

广义而言，这种进化发展的逻辑在非洲和世界任何其他地方都是适用的。然而，在特定历史变迁的层次上，无论将它作为转变刚开始时的实际情况还是作为后期发展进程意义的指标，都是具有误导性的。

撒哈拉以南非洲从渔猎采集到驯养的转变很可能与邻近地中海地区社会的刺激有关，这些地中海文明迈入驯化阶段的时间较早，但它们对非洲的影响看上去并不大。首先，在这些温暖区域种植小麦和大麦的专门技巧无法传播到雨水和土壤情况迥异的非洲热带雨林地区。第二，非洲的作物驯化在一段时间内停滞了——从公元前2000年到公元后第一个千年的末期。撒哈拉地区的沙漠化严重阻碍了与地中海地区间的联系，使得任何大规模的文化体系传播成为不可能，而这些文化体系本可以使得驯化具有社会吸引力或必需性。因此，撒哈拉以南非洲驯化经济的开始与其说是一种迈向更高层次的人类组织，还不如说是因为本来令人满意的渔猎采集体系开始衰落。此外，我们必须要明确，问题并不在于掌控食物供应的方法是如何被"发现"的，而在于其究竟为何要被使用。

对于非洲经济可以追溯到一种原初均衡状态的观点，没有什么资料可作证明，因此我们应该用怀疑的眼光来看待这一观点，它可能是幻想模拟的产物，而非来自历史性的考察研究。然而，马克思主义的各个流派深信非洲的渔猎采集经济体系具有内部稳定性，甚至称它们是"原始的富足社会"或者视其为平均主义的典范。这类说法往往是夸大其词，也有明显的错误。在现存的非洲渔猎采集群体中，相对于生产力更高的女性采集者，男性狩猎者很明显拥有更高的地位。但重要的是，其中可能存在的紧张关系本身不能解释向另一种粮食生产方式转型的原因：比如在农业领域，付出更多的女性仍然明显地受到剥削压迫。

那么有关非洲渔猎采集经济体系后期的发展我们到底知道多少呢？考古学资料就狩猎、采集和渔捞人口的时间和空间分布提供了基本信息。就狩猎和采集来说，研究者的考察对象主要是仍存在的少数几个依赖于野生食物来源的非洲族群，尤其是卡拉哈里沙漠的桑人／布须曼人，然后据此回溯演绎过去。除了技术水平和社会组织规模相似外，我们并不清楚这些"孑遗"群体能在多大程度上准确地代表过往时代的情况。由于现代渔猎采集者的栖息地已缩至相对不佳的区域，我们可以假定他们相对于他们自由漫游的祖先而言并没有实现生活水平的提高。但是，这些人群相对于其他非洲族群而言，其日常饮食在卡路里摄入和蛋白质摄取方面更为充分。并且，这些人群没有导致有限环境资源的严重损耗，他们在维持生计之外还能有盈余时间休闲。

考古学家还向我们展现了另一种在某种程度上更为活跃的渔猎采集经济体系。它存在于公元前 9000 年至公元前 3000 年之间，在赤道和地中海之间的资源丰富的广大内陆河湖地区，这里曾可以支撑大规模且能稳定增长的人口。在这种经济体系中，转型似乎并非必需。就渔捞而言，它确实比其他活动更易受外力的影响，发生改变。这些外力的来源多种多样，但在非洲的情境中有两个方面的因素需要重点考虑：对外联系和干旱化。

涉及向粮食生产的转型时，对外联系只能解释非洲的其中一个区域，即尼罗河下游地区，但因其在地理上靠近且在生态环境上近似中东地区，它的情况并不能代表整个非洲大陆。公元前 5000 年左右，一群定居在埃及的渔民在与当地野生植物和动物打交道的过程中逐渐积累了经验，这为他们快速接纳采用已经在西亚被驯化的动植物提供了"预先适应"的基础。而在其他地方，比如萨顿（J. E. G Sutton）所称的"中部非洲"，那里有相对而言较为密集的近水聚居地，因此相应的转型经数世纪而仍不能发生，因为转型发生的必要条件之一是人口压力造成自然资源相对有限从而导致的危机。

以狩猎和采集为生的人们并没有感受到这种压力，因为他们的生活方式包含着内在的人口抑制：一年中的大多数时候，较低的体重限制了女性的生殖力；采集的食物并不适合婴童食用，导致了较长的哺乳期和随之而来的禁欲；要获取日常和季节性的食物来源需要经常走动，这使得每次生育多于一个婴儿所需的生育间隔成为不可能。而为了控制人口，杀婴很有可能曾是一种被接受的最后补救方法。因此，在赤道以南的非洲，以狩猎和采集为生的人们可以在好几个世纪中维持生存，并不令人惊讶。

另一方面，大陆北部近水而居的狩猎采集者们在面对气候变迁时就显得十分脆弱。公元前5000年到公元前2000年间的一系列气候变化使得那里原本丰沛的江河湖泊大大缩小。在撒哈拉以及埃塞俄比亚的部分地区（可能），这一干旱化过程直接导致了牛的驯化及将其作为主要食物来源。更向南一些，干旱化导致的结果是驯化植物的出现——主要是小米和高粱——和一种全新农业生活方式的产生。这一转变进程的复杂性和重要性需要更长篇幅的考察。

撒哈拉以南非洲最早的食用植物驯化很有可能发生在公元前6000年和公元前4000年之间的埃塞俄比亚，但这一事件基本上没有对非洲的其他地区产生什么影响。而且，由于缺少考古学研究证据，我们对这一进程发生的情况也知之甚少。

驯化粮食生产确实传播到了埃塞俄比亚以外：公元前1000年左右，一群畜牧民族占据了现在相当于肯尼亚和坦桑尼亚北部的土地。历史学家努力地想弄明白这些"用石头碗的人"（stone bowl peoples）[①] 是否也培育了植物。从经济的角度来说，他们的文化记录表明了谷类植物很有可能在当时已经为人所知，甚至在小范围内得到了培育，但这对他们的生活而言并不重要。不管是什么压力迫使人们离开埃塞俄比亚，反正相邻的东非区域丰饶、广袤的草原确实能够解决各种生存问题。畜牧经济作为新来人口的主业是足够的，当地土著人口也能继续以狩猎采集为生。因此，作为东非经济主要组成部分的农业，其发生还要等待西非人群的迁徙传播。

西部非洲（具体指从今天的毛里塔尼亚到尼日尔河河曲的地区）成为早期大陆性经济变迁的主要策源地，因为其受到了一系列难以缓和的人口和气候压力。能证明这一区域农业存在的最早的考古学依据指向了本地谷物的驯化：在毛里塔尼亚中南部提切特（Tichett）发现了年代为公元前1000年左右的黍，还有在尼日尔河谷中部发现了年代为公元元年左右的水稻。在研究比较深入也更有代表性的提切特遗址中，人们发现了随着当地气候逐渐干旱而导致的一个从水域捕捞到作物培育的清晰转变过程。

[①] 考古学家提出的在东非裂谷地区存在的一个人群，他们以游牧为生，使用的工具器物中包含石碗和石杵，其文化曾被称作"石碗文化"（Stone Bowl Culture）。——译注

尼日尔河的聚居地年代更晚一些，那里包含了在农业生产诞生前有养牛活动的迹象。这在撒哈拉地区居民中比较有代表性，在气候干旱化的早期便开始将渔捞和畜牧相结合。公元前2000年左右，干旱愈发严重，这些人群不得不继续向南迁徙，来到了现在西非萨赫勒地区的畜牧区。与东非不同，牧人在这里遇到了更大的正在向农业转型的渔猎采集群体。总体而言较贫瘠的当地牧场和畜牧活动无法向南扩展的限制——大型牲畜的健康受到南部地区森林虫蝇的威胁——使得不同人群之间的紧张关系愈演愈烈。

在西非的森林中想种植黍或者相关的高粱作物也是不可能的。水稻可以在部分地区种植，现在的情况便是如此，但种植之前需要对其热带稀树草原河床植被进行大规模改良。因此，森林地区的植物驯化主要集中于两种本地植物：油棕和薯蓣。追溯这一过程是很困难的，因为人工工具（尤其是木制挖掘工具）与在干燥的热带草原和沙漠地区的情况不一样，在湿润的条件下它们没能够保留下来。薯蓣作为更关键的本地驯化作物，也没有在考古资料中留下可供追溯的果仁遗存。油棕在早期遗址中可以找到，但其在今天仍然更多地作为一种"受保护"生长的植物，可以说还不是完全培育的作物，因此我们也并不能从中得到多少有关驯化过程的信息。

可能的情况是，西非发生的驯化过程是完全独立的，与北方起作用的环境和人口因素无关。然而，位于热带草原边缘的森林作物遗存和其中包含的谷类作物遗存表明了干旱地区所带来的影响以及当地正在进行的经济变化的情况。因此，压力下的发展看上去是能够解释撒哈拉以南非洲向驯化粮食生产的早期转型的，正如我们在本章和下一章将要见到的，这种转型逻辑不仅能提供一种直接的解释，也能为非洲其他地区的相关发展提供一个比较参照。

驯化粮食生产与金属冶炼：传播与集聚

尽管存在着许多不确定之处，对撒哈拉以南非洲最早的粮食生产仍然可以给出一个相对而言并不那么模糊的解读：它牵涉到一个几乎与外界隔绝而又相对稳定的群体，而该群体中技术变革又具有单一性。后来在西非以外地区的变革则要复杂得多，因为农业的演变在这时已经与炼铁的引入、操班图语的人口在整个大陆的扩散和对从非洲大陆以外引入的粮食作物进行的改良联系在了一起。

在涉及这些变革时，我们很难把经济史——这里被定义为生产和交换的组织——和文化史——即技术、语言、社会组织和思想的总体变化过程——区分开。很明显，文化史和经济史密不可分，但考虑到本书的写作目的，有关文化史的许多问题将会简明扼要，而叙述的重点则放在这些变革与经济相关的方面。

文化纪录相当明确地告诉了我们，非洲驯化农业的很大一部分是由使用铁器的人群快速引入的，而他们很有可能操班图语。有关炼铁究竟是在非洲本土独立发明还是通过某条路线从非洲以外地方引入的问题与本文无关。需要重点考虑的内容主要包括从新石器时代跳过青铜时代到铁器时代的快速转变以及应运而生的金属冶炼活动。

非洲本土炼铁业既有精密的熔炼过程，也有简陋的将金属锻造成成品的技术。非洲的冶炼工匠们使用了木炭燃料和大型熔炉，在此基础上又通过使用风箱装置来增加气压，进而提高熔炉的温度。在这一过程中，非洲的冶炼工匠们能获得一种碳含量很高的初轧铁，一些学者称之为"钢"。然而，在接下来的锻造阶段，即将多孔且含杂质的初轧铁变成可用金属制品的过程中，绝大部分碳成分流失了，剩下的基本上是一块高质量的锻铁。像非洲工匠一样在没有机械驱动熔炉条件下工作的早期亚洲和欧洲铁匠则在钢铁的锻造过程中使用了一些非常精巧的方法：骤冷、退火和渗碳（一个重要例外是坩埚钢或者"大马士革钢"，这种钢铁的锻造方式极难模仿，其亦因此成为古代和中世纪很受推崇的出口商品）。

有证据表明非洲工匠能够运用渗碳工艺，但这并不意味着他们经常使用这一工艺。早期亚洲和欧洲炼钢的动力是很明显的：为了替代之前的铜制武器。铜制锋刃比由一般的铁制造的锋刃更加锋利，也更有柔韧性。另一方面，对于非洲人来说，铁在非洲取代的是石头和木材，而不是铜器；当时的非洲代表产品是斧头、矛头、箭头、锛子和锄头，而非刀剑。尽管非洲初始的冶金形式并不"落后"（事实上，一直到近代以前，非洲本土出产的铁都要比欧洲进口的优质），本土炼钢工业的缺失将会成为日后非洲依赖外部资源来获取剑刃和枪械的一个因素。

学者们基于赤道非洲大部、东非和南部非洲的语言同质性构建起了"班图人迁徙"的历史考察框架。对于这种语言传播的详尽解释有赖于比较语言学的分析、对这一地区"铁器时代"聚居地的发掘研究以及陶瓷类型分类。随着研究进程的深入，这些框架的细节不仅没有变得更清晰，反而变得更有争议了。总体上被众人接受的观点是班图人在农业发展起来之后出现于西非（即公元前1000年之前），而班图文明通过东非快速向南传播则与铁器有关。最后，我们可以清楚地看到，在公元第一个千年进入非洲的亚洲作物来得太迟了，没有来得及对操班图语的人群及其文化的传播造成多少影响。

我们已经大致知道农业、铁器和大规模人口迁徙之间的联系，但将它们联系起来的经济因素又有哪些呢？由于铁器时代西非的农业种植者们的居住和生产在这一时期内的变化不明显（大家公认最早的操班图语者代表了西非人口的很大一部分），我们对这一问题也很难有明确的答案。

铁器对早期非洲农业影响甚微。在非洲总体相对落后的耕作体制下，铁制的锄刀并不比木制工具有效多少。也有证据表明，高昂的生产和运输成本使得铁器传播速度缓慢，这种情况一直到贸易网络扩张之后才有所改观。从考古资料和非洲的观念体系中可以看出，铁器与其说和生产、再生产联系在一起，不如说与杀伐和权威息息相关。武器和统治者标记是冶铁业最为突出的产物。锻铁的工匠往往被赋予了特殊身份，使其与粮食生产从业者区分开来：在西苏丹和埃塞俄比亚的一些地区，金属冶炼工人属于"不纯洁"的社会群体；而在非洲中西部，他们与王权和暴力联系在一起；在东非的很多地方和撒哈拉地区，他们则是臣服族群（常常是之前的渔猎采集者）的后代，但在很大程度上政治权威也要依赖他们。

尽管有这些等级性规则，但金属工具在农业上的应用仍不可阻止，而将炼铁和农业生产工具联系起来，也并不矛盾——在近代，炼铁工业的主要产品就是农具。然而，即便是将暴力工具作为首要用途，也仍旧能表明铁在初始阶段可能在狩猎和清除森林上有明显的经济影响，继而又促进了对新区域的探索和控制。木炭的生产也给森林资源带来了很大压力，从而更加提高了铁的成本，而在人烟相对稀少的地区，则促使了更进一步的迁徙。成本效益分析部分地解释了西部非洲铁器生产和交换的特殊模式，班图人在非洲的快速迁徙则可能是为了规避高昂运输和交换成本。

还有一个将班图非洲和西非区分开来的特点：在班图人居住的非洲地区，牧牛和农业在一个群体中是相辅相成的。正如我之前在西非和东非畜牧迁徙的讨论中提到的，这一区别的原因可以追溯到生态学：在东非不存在放牧和作物种植的恒定边界，早期的放牧者在扩散途中没有遇到多少来自农业种植者的阻碍，后来兴起的班图农业种植者们也可以自己养牛从而与放牧者们分隔开来。在相对晚近时代的南部非洲，各种放牧者的混杂导致了对新牧场的持续需求，结果是到了19世纪出现了一场大规模且极具暴力性的人口流动，那就是祖鲁人（Zulu）推动的"姆菲卡尼运动"（mfecane，见第七章）。类似的但规模较小的运动或许可以解释班图人从东非向大陆南部的早期迁徙。

从时间顺序上说，非洲粮食生产体系最后的创新随着亚洲和美洲新作物的引入而得以完成，这些新作物补充了小米、高粱和水稻等本土主要作物。在讨论这些外来作物之前，我们需要注意的是交流和传播并不是单向的。起源于非洲的高粱，在公元前1000年之后成了南亚的主要作物；1500年之后非洲薯蓣替代了"新大陆"的大多数本土品种，而香蕉则从亚洲经非洲传播到了美洲。

亚洲给非洲粮食作物带来的贡献包括香蕉（甜香蕉和干香蕉）、芭蕉以及芋头和新品种的水稻。其中芭蕉和香蕉是最重要的，因为它们成为东部和中东部非洲一些高地地区的主要作物，化解了稠密人口带来的压力和冶金业给森林带来的沉重负担。这种亚洲作物引入的具体日期和地点已很难考证，不过其很有可能是在公元1世纪通过莫桑比克海峡进入非洲的，因此是发生在班图铁器时代经济的基本模式建立之后。

15世纪跨大西洋航路的开辟给西部和东部非洲带来了木薯和玉米。木薯作为一种抗干旱、高卡路里但低蛋白质含量的淀粉来源传遍了整个大陆。玉米的传播范围也类似，它尤其适宜在热带草原和森林交界地带以及河谷种植。在殖民时代之前，玉米很少被当成主要作物，甚至也不像木薯那样是重要的膳食补充，但它在需要进行长距离运输贸易的区域有特殊优势：其籽粒很容易脱水，这使其成了沙漠商队搬运者、运奴船船员和乘客的便携食品。

成熟的内部经济：生产组织

前文就非洲内部经济技术创新的讨论大体上秉持了市场分析模型。粮食生产方式和地点的变化被解读为对人口和物理环境平衡改变的回应。这种解释缺少对变化发生时社会情境的敏感度；抽象意义上的非洲"经济人"代替了真正的历史人物。不幸的是，作为我们与非洲这一阶段发展的唯一联系，考古资料除了生态和技术方面的信息之外并不能告诉我们什么。

在同时代的资料缺失的情况下，我们只能采取一种自相矛盾的姿态，被迫转向从近期非洲农村社会的田野观察得来的信息，用以解释遥远的过去。在某种层面上，假设这些现代人代表着一种长期存续的生活方式是有道理的：考古学的确表明，一旦主要的驯化动物和粮食作物得到了引入，非洲的生产技术就不会再有大的变化了（尽管前文显示发明和传播一直持续到近代）。民族志资料也向我们提供了一些非洲社群对变迁的反应，尽管其与主要的食品生产创新相比有局限性或是区别。

所有这些证据所传达的信息是，非洲经济体更多地是为了保存现有的生存资源而组织起来的，而不是为了攫取更多利益的机会。在任何一种为了获取生存必需品的生产活动下，这样一种态度都是正常的，冒险带来的不只是可支配收入的减少，而且是饥饿。然而，问题在于非洲的情况更为复杂，因为大多数人既不竭泽而渔，也不对变革的历史机遇置若罔闻。其经济行为的谨慎性不如说来源于从过去的变革联想到令人恐惧的生态压力，以及我们将会看到的，将未来获利的机会与外部社会冲突相关联。而这导致的战略和社会机构无不体现了一种保守性的动态：既不逃避也不全盘接受地适应变革。

在非洲粮食生产的中期战略中，这一动态表现为在大范围内游牧和轮歇耕种。两种体系的共同特点是大量土地的使用和相对而言较低的产出。对于放牧者来说，这意味着要维持大规模牧群，并将其分散在各个牧场中。轮耕是非洲内部经济更重要的组成部分，需要深入阐释。

刀耕火种的农民都轮流耕作多块土地。我们根据一小块土地在下一次耕种前休耕的时间长短来对非洲已知的许多不同轮耕体系进行分类。在一些森林地区，其时长最多可以达到25年，在其他一些环境稍差的开放区，则为10年。然而，更为普遍的情况是休耕时长一般在1到8年之间，而且真正采取轮作制度的地域范围不大。另一方面，非洲存在着一些长期或者每年都种植作物的农田，每块土地可以持久地供给食物，比如西非河谷地区的水稻种植者与东非火山土和/或高降雨量地区的芭蕉-香蕉种植者。然而，绝大多数非洲大米生长在旱地上而非静态水田中，这需要与块茎作物和谷类作物一样实行五年休耕。类似地，除了几个环境适宜的地区外，香蕉树的高产期也要短一些；而只有在环境适宜地区的香蕉才可以作为首要的主食。

与世界其他更发达地区的粮食生产体系相比，非洲的牧业和农业无法提供有效的产出。非洲牛群总体上比较瘦弱，产奶量低，且经常过度放牧。就轮耕农业而言，每公顷的作物产量并不突出。再者，两种食品生产方式很少结合在一起：就算同一个农民同时拥有牛群和耕地，前者的肥料也往往不能给后者施肥。种植的准备工作几乎总是用挖掘棒和锄头人工完成，而不是用动物驱动的犁，动物也很少被用来运送农产品。

如此明显的缺陷不能以忽视或者懒惰等借口来抹去，而令人悲哀的是，这恰恰就是许多殖民地农业研究学者所做的。非洲的环境是持续性、集中性生产的严重阻碍，本土种植者们的许多传统或创新的做法都是为了最大程度减少环境所带来的风险。

因此，放牧者面临的威胁包括干旱、洪水、瘟疫和牲畜盗窃。一个大而分散的畜群是最好的风险防范，就算单个牲畜可能出现缺少营养的情况，但总比这些灾难造成牲畜全部损失要好。当极度干旱或者极度繁荣的情况出现，牲畜相对于环境资源承载力的比率便变得不可持续，非洲放牧者这时愿意开拓新的牧区。因此，这片大陆的一个特点就是大规模的放牧迁徙——不只有公元新千年期间班图人向南方的大迁徙，也有公元第二个千年早期富拉尼人（Fulani）和柏柏尔人（Berber）穿越撒哈拉和萨赫勒的扩散，还有 1600 年以来尼罗特人（Nilotic）在东部非洲的迁徙。

耕作者面临的是极其集中的季节性降雨和日照，这种环境将会夺去待耕地土壤中的养分。随心所欲的施肥以及不合理的犁地（使用过多的表层土壤覆盖种子）会加剧这些不良影响。成熟植株也容易受到热带多种多样害虫的攻击。对应之策是通过休耕和分散耕种区域土地来使土壤肥力自然恢复。根据同样的逻辑，非洲农民很乐意采用亚洲和西半球的新作物品种，它们可以加入现有作物中，成为另一种形式的多样化尝试，继而也降低了风险。技术变革带来的社会模式转型只有一个样本：主要在中东部非洲维多利亚湖以西和以北的单一区域种植的亚洲芭蕉-香蕉。在其他情况下，正如牧区移民所做的，新的探索主要是为了保护现有的生活环境。

生态和人口因素同样可以解释非洲人为何没能把放牧和耕种结合起来。在西非和中苏丹热带草原的主要耕作区，农民在旱季会定期将牛带到耕种区域，他们可以在那里以根茎为食，提供作物所需的肥料。然而，在一年中的其他时间，即耕作时期，牲畜在农田中会面临疾病的风险。除此之外，利用牲畜犁地只会把更多的表层土壤暴露在阳光下，造成更严重的养分流失。最后，就算在比较健康的农田区域，对牛群的全年养护也需要人力和饲料成本，而这只有在其带来的农产品增加值能够与其他商品交易获利的条件下才可行。这种市场机会在多数非洲本土经济体中并不存在，人口密度较低、现存群体之间交通困难、无法在恶劣天气和害虫面前有效保管盈余食物是其主要原因。

非洲粮食生产的组织因此似乎遵循在人类劳动和可用资源之间保持平衡这一市场理性。然而，该分析可能会误导我们，使我们假设非洲内部经济在所有地方都达到了环境限制下的最优生产水平。事实上，我们可以证明，在大部分非洲粮食生产行业得到更高的产量而不出现生态威胁是可能的。比如，在操班图语者居住的中部非洲和南部非洲的大部分区域，其土壤条件以及放牧与耕作相结合的条件使得用犁耕作成为可行，虽然这项技能直到殖民时期才真正被采用（见第七章）。此外，正如我们将在后文中所看到的，在一些情况下，盈余产品的交换就算是没有非洲以外的往来也是存在的。最后，对生态承载力的计算只能就某一个非洲社群的生产力水平提供一定的范围估算，还不能成为一个精确的公式。

为了理解非洲各类粮食生产经济的基础，我们不只要关注生产的技术组织，更必须要了解其背后的社会机制甚至思想来源。将非洲的粮食生产单位说成市场经济语境下的"商行"是很有欺骗性的，因为在非洲的经济形式下，生产商品的组织者、消费者和那些定义总体社会政治秩序的人之间是不存在界限的。

马克思主义人类学家试图将非洲内部经济的各个部门定义为"生产方式"的努力给分析生产和广义的社会组织之间的关系提供了有价值的角度。然而，我们已经看到，其得出的图式并不太能解释各种不同生产体系之间的转型，他们对单一体系中经济和社会形式之间的相似程度作出的判断也是不切实际的。因此，很引人注目的是，深层亲属结构在现存的非洲渔猎采集社群中是缺失的，但其在驯化粮食生产者群体中缺失作为基本组织原则而普遍存在。然而，非洲之外的渔猎采集者也发展出了深层的亲属结构，但我们无法知晓过往大多数非洲渔猎采集经济体的社会组织形式，因为它们没有持续到有历史资料的年代。在非洲许多颇为外界所知的放牧和农业群体中，亲属关系、相应的居住年限和宗教团体呈现出了很强的多样性，对此我们无法"一言以蔽之"地把复杂事物简化为所谓生产需求的"基础"。

尽管如此，着眼于粮食生产的非洲社会单位的多重角色倾向于将产出保持在物理条件最大承载力以下。用市场术语来说，我们可以把这些关系定义为防止劳动力和生存必需品流失的保险。他们甚至会提供可流通资源来集中劳动力，比如有钱人购买多个妻子或者聘请男性在收获时提供服务等例子。但社会内的观察告诉我们，这些机制需要承担定义个体全部特点的额外负担，因此其实行更多的是通过强迫手段，不是仅仅考虑个体的物质用途就能决定的。这些社会的基本资源——土地、牲畜和劳动力——并不是通过企业家个体或市场来分配的，而是由权威（往往是集体权威）决定的，他们知晓他们的决定会在亲属关系、身份和政治关系以及生产力等方面产生的影响。

马克思主义研究者在研究非洲内部经济时非常关注女性角色，重视女性角色在生产与再生产、市场交换和个人关系方面的关键地位。通过此类分析，我们有可能将婚姻的复杂规则视作年长者在明显较为平等的粮食生产体系中保持主导地位的途径。同时，维持这些规则的需求也将其逻辑施加到了劳动分工之中。积累牲畜的意义远远超过了其营养回报或者在一些情况下的环境承载力，因为这是一项男性特权，也是亲属和婚姻关系中的流通品。耕种的工具和任务根据性别特点而不是效率来界定。技术创新——尤其是那些将放牧和耕种联系起来的技术创新，有可能因为威胁到性别角色结构而被男性抵制。

当然，将资源投入文化体系的维护而不是直接的粮食及其他物质商品增长并不能被视作低生产效率的表现。非洲人，尤其是男性，在对有限生存资源的利用之外所获得的"空闲"也必须被视作一种经济投入的形式。最明显的是那些精致的工艺品，尤其是木雕，许多非洲社会因此而闻名，而这也是他们生产力的直接证据。相似地，复杂社会关系中的协商过程和仪式履行都需要时间和精力。

此类物品的物质形式在推动内部经济市场交换方面也扮演了重要的角色。然而，它们的思想内涵以各种方式支撑了体系总体的保守主义倾向。这些物品作为媒介提供了对环境的超自然控制，或是简单地将精神上的合法性赋予了现存的秩序。就此而言，它们加强了那些习惯做法。目前，学者们已经意识到"原始"的信仰体系也能感知自然和人类世界的自相矛盾之处。这样一种认识可以帮助我们理解为什么非洲人并不像对他们早期文化的解读那样严肃。尽管如此，就算在他们对社会规范里矛盾之处最细微的描述中，非洲思想也不承认现存秩序拥有其他系统性替代者的可能性。有时候变革是可能的，甚至是必要的，但并不因此是可取的，毕竟最极端形式的变革被和生存危机联系在了一起。在本章的最后一节，我们将会分析更多提高生产力的正面诱因，但必须明确提高生产力本身也是一个危险和机遇并存的过程。

成熟的内部经济：市场关系

市场经济分析趋向于低估制度抑制和风险规避策略在阻碍非洲增长中的角色，因为将非洲的停滞归结于有效交换机会的缺失更为容易。毫无疑问，人口和交通因素确实限制了大陆范围内生产剩余产品的主动性。低人口密度使得大范围放牧和耕种的持续成为可能，同时也使市场的最基本条件——买家和卖家的集聚——发生和作用发挥。水路旅行受制于相对于非洲广袤土地面积而言较少的崎岖海岸线，而且急流和季节性断流也使得大多数河流的通航能力受到影响。轮子早在古代便已传入北非，作为陆地旅行的工具，却被非洲人忽视，因为土地特点和距离决定了铺路是不可行的。就算是通过动物运输，其在一些危险的荒野和森林也寸步难行，那些区域有携带疾病的萃萃蝇。轮子未应用于交通可能也能解释灌溉和棉纺（见第二章）等非洲技术中线性运动到轮状运动转化的缺失。

现代西方的科学技术给非洲的人口增长和机械化运输创造了条件，帮助激发了高速的经济增长。但科学技术也带来了新的风险，最终反映在殖民和后殖民时期非洲发展的各种结构性问题中，对此后面几章将作讨论。对非洲外部产生的市场因素持批判性态度的必然结果就是质疑这些外部市场因素根本无法解释非洲本土增长的局限性。就算局限在某个范围内，市场的确是在非洲许多——甚至可能是大多数——内部经济部门中存在的。对其市场发展的审视是非洲内部经济研究不可或缺的组成部分。

我们在重建最早期非洲市场体系细节尤其是其规模方面遇到了困难。因为事实上绝大多数的历史证据显示，主要食物的交换时间和地点都在某种程度上受到了非洲大陆以外其他商品贸易的影响。尽管如此，我们仍至少可以辨认一些交换在内部经济中自发进行的情况。

与非洲市场概念有关的交换形式包括了在专业化生产互补体系中存在剩余（以及有时缺失的分布不均），获取新商品品种的可能性最先推动了剩余产能，但并不是所有的非洲内部交换体系都符合这一模式。

在家族单位内部进行的交换和（我们将会看到）以等级制度下赠送-再分配为特点的物品交易反映了社会关系，而不是市场关系。这类交易也不一定包含生产的集约化。甚至在一些情况下，群体间的交换可以包含两个群体本可以（或已经）以同等效率制造的商品。同样地，此类交易包含了对参与方之间稳定关系的维护，人为地将某些商品的获取转向进口领域可能反而会损害生产力。

在非洲内部经济中，更有活力的交易体系的发展需要交易各方拥有不同的生产粮食以及与粮食有关商品的模式，且它们往往坐落于合适的生态边界区域。交换的种类可以用三种互补关系来定义：渔猎采集者-驯化生产者互补、农业种植者-放牧者互补、有机物生产者-矿物生产者互补。

这些两方互补中的第一种，即渔猎采集者与驯化生产者之间的关系看上去只有在存在另一种特殊的采集形式——渔捞——下才可能被激发。因为大多数以驯化植物或动物为生的非洲群体都是把利用陆生猎物和野生植物的技巧用作补充或者紧急情况下才使用，而且在男性负责狩猎的例子中，有些活动还被用于政治权威目的。那些坚持狩猎采集生活方式的群体有两种情况：一种是他们偏居一隅，与邻近地区占主导地位却又分布稀疏的驯化生产者们保持一定程度的经济联系；另一种则是在一些情况下成为一种"孑遗"。这也给现在许多非洲的神秘故事中土著"小矮人"的素材提供了可能的基础。一些采集群体依附寄居于占主导地位的畜牧及农业群体之下，比如南部非洲的布须曼/桑人、赤道地区森林中的各类俾格米人和肯尼亚-坦桑尼亚的多罗博人（Dorobo）。拿早期桑人和俾格米人的例子来说，他们给主人提供的服务主要是与狩猎和采集相关；而有些采集者还会转为放牧人、农场劳工、金属冶炼工匠或仪式执行者。

我已经提到，渔捞是一项发展相对较晚的石器时代采集模式，它给驯化的发生提供了一项人口方面的前提条件。距今更近一些的时段，以渔捞为生的群体和畜牧/农业食品生产者之间保持了密切的交易关系，其交易活动主要发生于一些内陆水道——譬如尼日尔河河曲地带、乍得湖、维多利亚湖地区——以及一些海滨地区，尤其是西非的一些海滨地区。

这些内陆渔捞群体的史前史已得到了研究，从他们那里得来的文化证据表明他们与曾经在非洲的这一部分广泛分布的邻水文明有着联系，尽管现今这些地点很有可能是在新石器时代后期或者铁器时代早期才被占据的。他们向新聚居地的迁徙以及在直接生产食品的同时利用交换来获取收益都显示市场关系也是从回应同样的生存危机中发展出来的，而别的地方对此的回应则是农牧驯化。

在尼日尔河出大西洋的三角洲的东部水道中，我们可能可以追溯稍晚于公元前 2000 年左右农业人口向沿海据点迁徙的轨迹，那里贫瘠的土壤环境迫使他们专精于渔捞，而淀粉主食则依赖与内陆人群交换。现今这些区域人口已较为稠密，但我们仍然很难弄清楚到底是人口情况促使相关人群开始决定从事渔捞，还是这些人群自己决意开辟新的海上事业。

因为其在整个大陆的广泛分布，农业种植者-放牧者互补关系给贸易活动提供了比渔猎采集者-驯化生产者之间的联系更频繁并且也更复杂的动机。前文已经提到牛群在非洲向耕种区域的季节性迁徙。这种联系不仅仅包括觅食和施肥，还扩展到了使用奶制品、皮革和肉直接交换农产品和手工艺产品。也有充足的证据显示，在中东部非洲的湖区，农业耕种者积攒牛只，以便在饥荒之时可以用它们交换谷物。

尽管如此，也存在着一些限制这类交换影响的因素。许多非洲放牧者都集中在一些区域范围内——尤其是从撒哈拉沙漠南部开始、西东向从塞内加尔延伸到肯尼亚北部的斜线状干旱带，在那里为了生存只能放牧，没有他法。此外，如果他们的家园在一定程度上适宜开展更多样的粮食生产的话，常常是放牧者自己开展渔捞，以之作为放牧的补充；或者，他们会让女人或奴隶去种田。相反地，在东部和南部非洲人口更稠密的区域，班图农业生产者早就广泛地将养牛作为第二种维持生计的形式了。

在一些放牧群体占主导地位的重要区域，若他们仍然与没什么大型牲畜的耕种者们保持密切联系的话，后者往往会对这种互补性所带来的危险非常敏感。在非洲的许多地方，放牧者就像世界其他地方的同类一样，或多或少都会对彼此的牧群以及定居人口的财产进行劫掠。此类威胁和非洲自然环境的危害（特别是最有可能与畜牧区域接壤的干旱的热带草原地区）相叠加，遏制了集约化耕作的发展，因为恰恰是农业体系中的关键因素——土地开发提升所需的长年投资、牲畜和有价值的工具——最有可能在劫掠中失去或被迫丢弃。

在西非萨赫勒区域和东非湖泊之间的地区，放牧者和定居群体之间的军事互动逐渐催生了中央集权制国家。这种政治组织提供的安全能保护耕种者免遭掠夺，并且逐渐成为各种物品交换的集中区。然而这些区域的国家并不是农业或者贸易缔造的，意识形态上它们倾向于将自己当作畜牧群体或狩猎群体的军事化代表。因此，它们在非洲最广大的两种生态接界的区域固化了市场机遇和暴力威胁的联系。

采矿和其他开采性工业产生了另一套主要商品——铁、盐和铜，它们在非洲内部交换系统中流通。其中铁的分布最为广泛，因为非洲的大部分区域都有地表铁矿石沉积层，足够用来制造工具和武器。此类工具的耐用性（也是其相对于木制工具的主要优势）使得许多群体可以在不需要专家、不需要相互交易的情况下就能满足自身的需求；旱季时，农民只需要成为他们自己或邻居的熔炼工和铁匠就行了。然而，在许多地方，铁矿石分布不均，制铁技术也不是谁都能掌握。另外，对铁制工具的需求可能超过了其当地原料和所需能源的所能供给的最大量，尤其是迫切需要大量武器的时候。这种情况在一些前殖民社群中成了活跃市场交易的源头。不幸的是，从大多数例子中我们发现，只有在伴随有面向海外的长途贸易的时候，才有铁制工具贸易活跃的证据。此外，在一些非洲群体中，尤其是高度商业化的西非苏丹草原地区，与前文有关金属冶炼的讨论中提到的一样，铁匠也在宗教和社会地位上打上了某种烙印。这种集体地位使得铁匠可以穿越阻隔各类农业群体的地理和政治边界，他们的技艺也由此得以广泛流传。同时，最有声望的工匠依附于当地的统治者或其他精英，形成了庇护者和被庇护者关系，继而他们生产的大多数产品都集中在了朝贡和犒赏的封闭系统中，远离了公开市场。

在赤道非洲，铁匠传统上等同于统治者家族的一员，尽管这一区域的普通铁器常常出自一般农民之手。另一方面，铜则享有特殊待遇。早在公元5世纪，铜就进入了非实用性产品行列，在整个区域流通（加上来自大西洋海岸的贝壳和刚果北部森林的棕垫），成为一种特殊用途的通货。这些商品被精英所控制，最初被用来进行涉及身份地位变化的交易，而非采购食物。尽管如此，此类物品的流通也在某种程度上刺激了食物生产：贵重物品的运送者在故乡之外就地取食，盐（不包括鱼）包含在从海滨来的商队的清单中。中部非洲的铜完全转型为"通用货币"的过程似乎始于16世纪的长途贸易。在这些情况下，正如我们将看到的，货币化渗透进了许多非洲经济体。

盐与铁不同，它在非洲的分布十分不均衡。许多群体只能通过从植物灰烬中提炼等有限方法来获得满足自己需求的盐，这在热带气候中十分重要，尤其是对于以谷类作为主食的群体而言。因此，盐源地的使用权利——各种沙漠采矿中心、湖和沙漠的钾碱矿床、盐泉、海水湖——成了长途贸易的基础归依。

大多数我们已知的非洲早期运盐贸易路线都加入了其他补充商品：海洋中的鱼和贝壳、沙漠边缘的畜牧产品和靠近内陆盐泉的金属产品。盐也许是这些体系中最重要的一环，它将包含着路途遥远却又质地极好的岩盐资源的撒哈拉沙漠和中、西苏丹的农业中心联结在一起。在沙漠矿藏地和萨赫勒地带交换中心，劳动力需要进行集中——常常是以强迫的形式。另外，即便当撒哈拉成为更广大的西非和地中海地区的主要联结的时候，盐的生产仍继续在区域贸易中扮演主要角色。

除了撒哈拉地区一些矿藏地的恶劣环境外，制盐对非洲食品生产者而言并没有什么太大的危险，一般在旱季由一些在其他季节从事农业工作的人来进行。东非更长且更活跃的运盐路线看上去和铁的情况类似，靠着海外贸易的刺激才得以完全发展。在中西部非洲，盐块有时候可以在国家特权控制的交换体系中作为货币使用，但从现有资料我们很难估计其规模。

总结：自给自足经济的动力与局限

如果只是从维持生存的角度来看的话，非洲粮食生产体系的历史呈现的是一幅非常活跃、多样化以及针对艰难环境进行复杂调适的图景。很大程度上，这一增长过程的外部边界可以用环境的障碍来解释。同时，对于生存关切的制度化阻碍了对现存资源和市场机会最大程度的利用。

正如已经得以发展的生产和交换体系显示的那样，非洲粮食生产者只有在伴随的风险相对于新的收益较低的情况下，才愿意改善其物质条件。但从历史来说，改善物质条件最强的动力并不来自粮食生产部门的内部发展，而是源于非洲以外试图寻找更多专门商品的商人的到来，他们尤其对黄金、奴隶和野生森林产品感兴趣。这一新贸易形式的地点和组织很大程度上依赖于早期非洲内部市场中心的发展，尤其是在渔民、牧人和农民之间交易的主要区域。但就他者此时对非洲经济的需求而言，生产体系的进一步集约化和一体化已经是第二位的了。

接下来几章对国际贸易的讨论将会介绍分享非洲和外部世界之间的新机制和新关系，从整个大陆的视角来看，非洲得到的通常是边缘化的孤立性增长。尽管如此，接下来的每个章节都会着重介绍新的经济前沿和其对应腹地的联系。无论这些关系是一直较弱还是沿着正面或负面路径得到迅猛发展，这都与非洲和外部世界的关系以及非洲本土内部经济动力和局限的保持息息相关。

参考文献

1. Alagoa, E. J., "Long-distance trade and states in Niger Delta", *Journal of African History*, Vol.11, No.3, 1970, pp.319 – 329.
2. Allan, William, *The African Husbandman*, New York：Barnes & Noble, 1965.
3. Althabe, Gerard, "Changements sociaux chez les pygmées Boka de l'Est-Cameroun", *Cahiers d'Etudes Africaines*, Vol. 5, No. 4, 1965,

pp.561－592.
4. Amborn, Hermann, *Die Bedeutung der Kulturen des Nilentals fur die Eisenproduktion in Subsaharischen Afrika*, Wiesbaden: Steiner, 1976.
5. Andah, B. Wai, "West Africa before the seventh century", in Mokhtar (ed.), 1981, pp.593－619.
6. Austen, Ralph A., *Northwest Tanzania under German and British Rule*, New Haven: Yale University Press, 1968.
7. Austen, Ralph A. and Daniel Headrick, "The role of technology in the African past", *African Studies Review*, Vol. 26, Nos. 3/4, 1983, pp.163－184.
8. Beinart, William, *The Political Economy of Pondoland, 1860—1930*, Cambridge: Cambridge University Press, 1982.
9. Boserup, Ester, *The Conditions of Agricultural Growth*, Chicago: Aldine, 1965.
10. Bronson, Bennet, "Farm labor and the evolution of food production", in Spooner (ed.), 1972, pp.190－218.
11. Buddenhagen, I. W. and G. J. Persley (eds), *Rice in Africa*, London: Academic Press, 1978.
12. Caldwell, J. C. and Pat Caldwell, "The role of marital sexual abstinence in determining fertility: a study of the Yoruba in Nigeria", *Population Studies*, Vol.31, No.2, 1977, pp.193－217.
13. Clark, J. Desmond, "A re-examination of the evidence for agricultural origins in the Nile Valley", *Proceedings of the Prehistoric Society*, Vol.37, No.2, 1971, pp.34－79.
14. Clark, J. Desmond, "Prehistoric population and pressures favoring plant domestication in Africa", in Harlan, De Wet and Stemler (eds), 1976, pp.67－106.
15. Cohen, David, "Food production and food exchange in the precolonial Lakes Plateau region", in Robert I. Rotberg (ed.), *Imperialism, Colonialism, and Hunger: East and Central Africa*, Lexington: D. C.

Health, 1983, pp.1 – 18.
16. Cohen, Mark Nathan, *The Food Crisis in Prehistory: Overpopulation and the Origins of Agriculture*, New Haven: Yale University Press, 1977.
17. Coursey, D. G., "The origins and domestication of yams in Africa", in Harlan, De Wet and Stemler (eds), 1976, pp.383 – 408.
18. Deshler, W. W., "Native cattle-keeping in eastern Africa", in Anthony Leeds and Andrew P. Vayda (eds), *Man, Culture, and Animals*, Washington DC: American Association for the Advancement of Science, 1965, pp.153 – 168.
19. De Wet, J. M. J. Z, "Domestication of African cereals", *African Economic History*, No.3, 1977, pp.15 – 32.
20. Ehret, Christopher, "On the antiquity of agriculture in Ethiopia", *Journal of African History*, Vol.20, No.2, 1975, pp.161 – 177.
21. Elphick, Richard, *Kraal and Castle: Khoikhoi and the Founding of White South Africa*, New Haven: Yale University Press, 1977.
22. Fagan, Brian M., "The hunters of Gwisho: a retrospective", In G. de G. Sieveking (ed.), *Problems in Economic and Social Archaeology*, London: Duckworth, 1976, pp.15 – 24.
23. Flight, Colin, "The Kintampo Culture and its place in the economic prehistory of West Africa", in Harlan, De Wet and Stemler (eds), 1976, pp.211 – 221.
24. Forbes, R. J., "The black man's industries", *Geographical Review*, Vol.2, 1933, pp.230 – 247.
25. Forbes, R. J., "Metallurgy", in Charles Singer et al. (eds), *A History of Technology*, Vol.2, London: Oxford University Press, 1956, pp.41 – 80.
26. Gabel, Creighton, *Stone Age Hunters of the Kafue*, Boston: Boston University Press, 1965.
27. Gabel, Creighton, "Terminal food collectors and agricultural initiative in eastern and southern Africa", *International Journal of African Historical Studies*, Vol.7, No.1, 1974, pp.56 – 68.

28. Good, Charles M., "Markets in Africa: a review of research themes: the question of market origins", *Cahiers d'Etudes Africaines*, Vol.13, No.4, 1973, pp.769-780.
29. Goody, Jack, *Production and Reproduction: A Comparative Study of the Domestic Domain*, Cambridge: Cambridge University Press, 1976.
30. Goucher, Candice L., "Iron is iron 'til it is rust: trade and ecology in the decline of West African iron-smelting", *Journal of African History*, Vol.22, No.2, 1981, pp.179-189.
31. Gray Richard and David Birmingham (eds), *Pre-colonial African Trade: Essays on Trade in Central and Eastern Africa before 1900*, London: Oxford University Press, 1969.
32. Guy, Jeff, "Ecological factors in the rise of Shaka and the Zulu Kingdom", in Shula Marks and Anthony Atmore (eds), *Economy and Society in Pre-Industrial South Africa* London: Longman, 1980, pp.102-119.
33. Guyer, Jane I., "Household and community in African studies", *African Studies Review*, Vol.24, Nos.2/3, 1981, pp.87-137.
34. Harding, Robert S. O. and Geza Teleki (eds), *Omnivorous Primates: Gathering and Hunting in Human Revolution*, New York: Columbia University Press, 1981.
35. Harlan, Jack R., J. M. De Wet, and Ann Stemler (eds), *Origins of African Plant Domestication*, The Hague: Mouton, 1976.
36. Harris, David R., "Swidden systems and settlements", in Peter J. Ucko (ed.), *Man, Settlement and Urbanism*, London: Duckworth, 1972, pp.243-262.
37. Hart, Keith, *The Political Economy of West African Agriculture*, Cambridge: Cambridge University Press, 1982.
38. Hay, Margaret Jean, "Economic change in Luoland: Kowe, 1890—1945", Unpublished PhD dissertation, University of Wisconsin, 1972.
39. Herbert, Eugenia W., *Red Gold of Africa: Copper in Precolonial History*

and Culture, Madison: University of Wisconsin Press, 1984.
40. Hindess, Barry and Paul Q. Hirst, *Precapitalist Modes of Production*, London: Routledge & Kegan Paul, 1975.
41. Hodder, B. W., "Some comments on the origins of traditional markets in Africa south of the Sahara", *Transactions and Papers of the Institute of British Geographers*, Vol.36, 1965, pp.97 - 105.
42. Horton, Robin, "African traditional thought and Western science", *Africa*, Vol. 37, No. 1, 1967, pp. 51 - 71; Vol. 37, No. 2, 1967, pp.155 - 187.
43. Horton, Robin, "From fishing village to city state: a social history of New Calabar", in Mary Douglas and Phyllis M. Kaberry (eds), *Man in Africa*, London: Tavistock, 1969, pp.37 - 58.
44. Howell, Nancy, *Demography and the Dobe! Kung*, New York: Academic Press, 1979.
45. Ingham, Barbara, "Vent for surplus reconsidered with Ghanaian evidence", *Journal of Development Studies*, Vol. 15, No. 3, 1979, pp.19 - 37.
46. Jones, William O., *Manioc in Africa*, Stanford: Stanford University Press, 1959.
47. Law, Robin, "Wheeled transport in precolonial West Africa", *Africa*, Vol.50, No.3, 1980, pp.248 - 262.
48. Leacock, Eleonore and Richard Lee, *Politics and History in Band Societies*, Cambridge: Cambridge University Press, 1982.
49. Lee, Richard B., *The ! Kung San: Men, Women and Work in a Foraging Society*, Cambridge: Cambridge University Press, 1979.
50. Lee, Richard and Irven DeVore (eds), *Man the Hunter*, Chicago: Aldine, 1969.
51. Levine, Donald N., *Greater Ethiopia: The Evolution of a Multiethnic Society*, Chicago: University of Chicago Press, 1974.
52. McIntosh, Roderick J. and Susan Keech McIntosh, "The inland Niger

delta before the empire of Mali: evidence from Jenne-Jeno", *Journal of African History*, Vol.22, No.1, 1981, pp.1 – 22.
53. Maddin, Robert, James D, Muhly and Tamarra S. Wheeler, "How the Iron Age began", *Scientific American*, Vol. 237, No. 4, 1977, pp.122 – 131.
54. Maret, Pierre de, "L'évolution monétaire du Shaba Central entre le 7e et le 18e siècle", *African Economic History*, 10, 1981, pp.117 – 149.
55. Meillassoux, Claude, "Essai d'interprétation du phénomène économique dans les sociétés traditionelles d'autosubsistence", *Cahiers d'Etudes Africaines*, Vol.1, No.1, 1960, pp.38 – 67.
56. Meillassoux, Claude, "A class analysis of the bureaucratic process in Mali", *Journal of Development Studies*, Vol.6, 1969, pp.97 – 110.
57. Meillassoux, Claude, "On the mode of production of the hunting band", in Pierre Alexandre (ed.), *French Perspectives in African Studies*, London: Oxford University Press, 1973, pp.187 – 203.
58. Meillassoux, Claude, *Maidens, Meal, and Money: Capitalism and the Domestic Community*, Cambridge: Cambridge University Press, 1981.
59. Miracle, Marvin P., *Maize in Tropical Africa*, Madison: University of Wisconsin Press, 1966.
60. Miracle, Marvin P., *Agriculture in the Congo Basin: Tradition and Change in African Rural Economies*, Madison: University of Wisconsin Press, 1967.
61. Mokhtar, G. (ed.), *UNESCO General History of Africa, Vol.2: Ancient Civilizations of Africa*, London: Heinemann, 1981.
62. Muller, J.-C., "Quelques réflexions sur l'auto-restriction technologique et la dépendance économique dans le sociétés d'auto-subsistence", *Cahiers d'Etudes Africainnes*, Vol.12, No.2, 1972, pp.659 – 665.
63. Munson, Patrick J., "Archaeological data on the origins of cultivation in the southwestern Sahara and their implications for West Africa", in Harlan, De Wet and Stemler (eds), 1976, pp.187 – 209.

64. Munson, Patrick J., "Archaeology and the prehistoric origins of the Ghana empire", *Journal of African History*, Vol.21, No.4, 1980, pp.457 - 466.
65. Odner, Knut, "Excavations at Narosura, a Stone Bowl site in the southern Kenya Highlands", *Azania*, Vol.7, 1972, pp.25 - 92.
66. Olivier de Sardan, Jean Pierre, *La système des relations économiques et sociales chez les Wogo Niger*, Niamey: IFAN, 1969.
67. Panseri, Carlo, "Damascus steel in legend and reality", *Gladius*, Vol.4, 1966, pp.5 - 66.
68. Phillipson, D. W., *The Later Prehistory of Eastern and Southern Africa*, New York: Africana Publishing, 1977.
69. Pilling, Arnold R., "Southeastern Australia: level of social organization", in Lee and De Vore (eds), 1968, pp.138 - 145.
70. Pollet, Eric and Grace Winter, *La société Soninke* (Dyahunu, Mali), Brussels: Université Libre, 1971.
71. Posnansky, M., "Introduction to the later prehistory of sub-Saharan Africa", in G. Mokhtar (ed.), 1981, pp.533 - 550.
72. Raulin, Henry, *La dynamique des techniques agraires en Afrique tropicale du nord* Paris: CNRS, 1967.
73. Reed, Charles A. (ed.), *The Origins of Agriculture*, The Hague: Mouton, 1977.
74. Rutman, Gilbert L. and David J. Werner, "A test of the 'uneconomic culture' thesis: an economic rationale for the 'sacred cow'", *Journal of Development Studies*, Vol.9, 1973, pp.566 - 580.
75. Sahlins, Marshall, "Notes on the original affluent society", in Richard Lee and Irven DeVore (eds), 1969, pp.85 - 89.
76. Sahlins, Marshall, *Culture and Practical Reason*, Chicago: University of Chicago Press, 1976.
77. Schmidt, Peter R., *Historical Archaeology: A Structural Approach via African Culture*, Westport, Connecticut: Greenwood, 1978.
78. Shaw, Thurstan, "The Late Stone Age in West Africa and the beginnings

of African food production", in Colette Roubet et al. (eds), *Préhistoire africaine*, Paris: ADPF, 1981, pp.213 – 235.
79. Shinnie, P. L., "The Sudan", in P. L. Shinnie (ed.), *The African Iron Age*, Oxford: Clarendon, 1971.
80. Spooner, Brian (ed.), *Population Growth: Anthropological Implications*, Cambridge: MIT Press, 1972.
81. Steinhart, Edward I., "The kingdoms of the March: speculations on social and political change", in Webster (ed.), 1979, pp.189 – 213.
82. Stenning, Derrick J., "Transhumance, migratory drift, migration: patterns of pastoral Fulani nomadism", *Journal of the Royal Anthropological Institute*, Vol.87, 1957, pp.57 – 73.
83. Sutton, J. E. G., "The aquatic civilization of Middle Africa", *Journal of African History*, Vol.15, No.4, 1974, pp.527 – 546.
84. Sutton, J. E. G., "East Africa before the seventh century", in Mokhtar (ed.), 1981, pp.586 – 592.
85. Sutton J. E. G. and A. D. Roberts, "Uvinza and its salt industry", *Azania*, Vol.3, 1968, pp.45 – 86.
86. Thornton, John K., *The Kingdom of the Kongo: Civil War and Transition, 1641—1718*, Madison: University of Wisconsin Press, 1983.
87. Tylecote, R. F., "The origins of iron smelting in Africa", *West African Journal of Archaeology*, Vol.5, 1975, pp.1 – 9.
88. Tymowski, Michael, "La pêche à l'époque du Moyen Age dans la boucle du Niger", *Africana Bulletin*, Vol.12, 1971, pp.7 – 26.
89. Van der Merwe, Nikolaas J., "The advent of iron in Africa", in Theodore A. Wertime and James D. Muhly (eds), *The Coming of the Age of Iron*, New Haven: Yale University Press, 1980, pp.463 – 506.
90. Vansina, Jan, *The Tiyo Kingdom of the Middle Congo*, Madison: University of Wisconsin Press, 1973.
91. Vansina, Jan, "Bantu in the crystal ball", *History in Africa*, Vol.6, 1979, pp.287 – 333; 1980, Vol.7, pp.293 – 325.

92. Webster, J. B. (ed.), *Chronology, Migration and Drought in Interlacustrine Africa* London: Longman, 1979.

93. Wente-Lukas, Renate, "Eisen und Schmied in südlichen Tschadraum", *Paideuma*, Vol.18, 1972, pp.112 - 143.

94. Wilmsen, Edwin M., *Diet and Fertility among Kalahari Bushmen*, Boston: Boston University Press, 1979.

第二章

商业前沿与经济接触（一）：
西苏丹与撒哈拉

西苏丹与撒哈拉是非洲大陆中被证明最早拥有以农业为中心发展的内部经济的地区，而这个地区也为对外接触刺激下的内部经济发展提供了最完整的佐证。与早期从渔猎采集向驯化生产的转型一样，同样是劣势和优势自相矛盾的组合推动了西苏丹稀树草原地区与世界经济的整合。此外，非洲其他地区都没有经历如此明显的内部增长与在国际经济中不断被边缘化的同步进程。

从地理学角度来说，从塞内加尔延伸到乍得湖的热带稀树草原及萨赫勒地带，很难说是理想的长途贸易和商业生产集聚的中心。北方的撒哈拉沙漠和南方茂密的森林限制了这个区域与外部世界的联系。沙漠环境一贯的干旱威胁着邻近的农业区，而南方更为湿润的热带草原和森林则阻碍了牲畜与农业或交通的整合，也阻隔了谷物耕种的传播。

然而，正如我在第一章中已经提出的，这些环境带来的压力对苏丹地区农业的最早诞生贡献颇大。相对于非洲其他一些对外贸易更便捷、水资源更丰富、生态环境更为同质化的区域，环境压力也催生了对长途贸易更为自主的经济响应。撒哈拉地区是苏丹地区和外部贸易伙伴最早也最重要的联系途径，要想穿越它只能靠缓慢低效的沙漠骆驼商队。这种情况相较于海运而言确实是在很大程度上提高了交通成本，却给苏丹草原地区内部市场提供了一个自然屏障，促进了能与进口商品竞争的当地生产制造的发展。类似地，这一区域的内部生态边界催生了经济互补；同时，为了购买出口产品而建立的市场网络提供了一个加强当地交易的途径，其本已存在的互补性也得以更为显著。

中古时期，长途贸易只能依赖面临重重危险的撒哈拉商队，苏丹地区是黄金向地中海地区核心市场流通的关键供应源，在世界经济中扮演了重要角色。这一区域的传统史家早就提出，一旦欧洲在西非大西洋海岸的航路得以开辟，大多数黄金将会转而向南运输，苏丹地区的经济将会大大倒退。与之相反，更近一些的研究表明，16世纪之后，当苏丹地区与沙漠和海洋贸易体系整合在一起时，这一区域的贸易和手工业达到了巅峰。然而，随着失去对金银供给的控制，苏丹地区也失去了国际经济中的关键角色。

接下来我们将会用一种本土化的视角来追溯苏丹地区经济在前殖民时期的发展。但接下来的内容也会表明这一发展的规模和局限如何成为这一区域与非洲其他区域比较的模板，也成为分析非洲大陆整体发展模式及贸易伙伴发展模式之间差异的参照。

贸易路线与出口商品：古代与中古时期

非洲大陆北部的干旱化造就了撒哈拉沙漠这一生态屏障，它迄今为止一直被认为是黑非洲和外部世界的主要界限。古代地中海文明的代表——埃及人、希腊人、迦太基/腓尼基人、罗马人、汪达尔人和拜占庭人都进入过撒哈拉沙漠的北部边缘，但没有一个能够与西苏丹和中苏丹越来越集中的农业人群建立起定期或直接的经济关系。

埃及人沿着尼罗河扩展而制造的接触是其中最为人所知的，这种接触在现在苏丹共和国的北部催生了纳帕塔（Napata）和麦罗埃（Meroe）等主要中心城镇。早前一些历史学家曾试图在这个埃及-努比亚联系地带的南部和西部勾画出一个轮廓性的"苏丹文明"，但现在我们认为尼罗河谷（就像同样受到地中海世界影响的埃塞俄比亚沿海地区）一直到中世纪以前都和非洲其他地区一样处于隔绝状态。从东向西穿越撒哈拉沙漠比起南北穿越更加难以完成，只能在之前已经建立的一些间距较短的贸易路线的基础上才可能发生。

这些贸易路线的开端似乎是迦太基、罗马，也包括希腊化的驾驶马车和牛车的人群的开拓，他们在公元前500年到公元早期曾从北非进入撒哈拉沙漠。撒哈拉沙漠中有关马车的岩画显示了两条进入路线，一条从利比亚和突尼斯穿过费赞（Fezzan）和阿尔及利亚东南部，另一条则在更西边，从摩洛哥进入毛里塔尼亚。尽管岩画显示有人曾到达过撒哈拉沙漠的最南端，但文字资料和地中海世界制品的分布证明接触仅仅扩展到了沙漠的中心地区。

不管渗透的程度如何，就经济影响而言，其对北非和古代地中海地区总体的重要性都非常小。对地中海文明在撒哈拉影响最详细的描述和考古学资料围绕着罗马人与费赞人——又称加拉曼特人（Garamantes）的关系而展开。这时罗马人看上去总体而言是防御性的，他们对经商并不热心，他们只是不想让游牧的加拉曼特人威胁到北非的农业聚居区。贸易仍有发生，但仅限于少量奴隶、象牙和其他野生动物制品以及一种叫"红玉"（carbuncles）的神秘宝石。有关摩洛哥-毛里塔尼亚路线我们知之甚少，因为它们离北非的殖民中心更遥远。希罗多德的说法很吸引人：迦太基人穿过一条距离较短的大西洋海上路线到达那里，获得了黄金。古典作家将非洲与黄金产地联系起来的叙述都很不可靠，虽然中古时代的跨撒哈拉贸易中黄金确实成了支柱。

西苏丹和中苏丹的农业群落从未在伊斯兰时代之前的北非记录中显现，他们看上去也没有在这段时期获得任何来自地中海的商品。尽管如此，这一时期的撒哈拉以南已经有一些群落，其人口密度已足以支撑定期的区域性甚至长途贸易了；正如毛里塔尼亚的提切特和塔格达斯特（Tegdaoust）的例子，这些群落将马车岩画所代表的世界和后来中古时期的贸易中心——如加纳①和奥达格斯特（Awdaghast）联系起来。这里我们可以推

---

① 指古加纳王国，与今加纳共和国不同。——译注

第二章　商业前沿与经济接触（一）：西苏丹与撒哈拉　　053

断的是，苏丹草原地区的最北部（包括当时比较肥沃的毛里塔尼亚和尼日尔河河曲地带）与地中海地区通过深入撒哈拉的贸易有了间接接触。有关撒哈拉的古代文字和考古学证据确实显示一些商品——如铜和盐——的生产对于北向贸易和南向贸易都有同样的吸引力。此外，炼铁制铁在西非的传播也很可能归功于这些撒哈拉沙漠中的接触。

古代撒哈拉贸易的主要限制在于交通。用来进入沙漠的马和牛拉的车永远不可能可靠地穿越到苏丹地区。直接的商业联系需要等待一场交通工具表面上的倒退：抛弃车轮，转而使用骆驼这一驮畜。

骆驼在公元前1世纪左右由中东进入北非，与迦太基被罗马人所灭的时间差不多。然而从地中海文明的角度来看，这一创新带来的最初似乎更像是威胁而非益处。罗马人尝试过将骆驼用于农业，但他们最在意的是这种动物将给侵扰农耕区的沙漠游牧民族带来优势。公元429年以后随着罗马防御体系的削弱和其在北非统治的丧失，在这一区域中较低效的汪达尔人和拜占庭人政权受到了南方骑骆驼的柏柏尔人的侵略。撒哈拉南部的农业中心也受到了类似劫掠，尽管这种劫掠对那里造成的影响最终倾向于更为积极：刺激了当地国家的发展，后来也为苏丹地区和沙漠地区的贸易提供了受保护的贸易集散地。

很难明晰地确定后期罗马人和拜占庭人统治的北非是在什么时候失序到能允许定期跨撒哈拉沙漠贸易的起步。一组来自拜占庭钱币资料和阿拉伯人在征服阶段（包括公元734年向摩洛哥南部和苏丹地区的远征）的证据表明，贵金属的主要贸易可能早在6世纪就开始了。然而，只有在8世纪中期撒哈拉北部穆斯林群体完全将骆驼作为贸易和战争工具的时候，我们才可以追溯到向西苏丹和中苏丹行进的沙漠商队的清晰资料。

骆驼因其独特的在干旱地区长距离负重的能力而使跨撒哈拉贸易成为可能，但同时骆驼运输的状况也给苏丹地区和北方的贸易活动施加了较大的限制。这些状况帮助解释了为什么沙漠商队体系没有成为整个伊斯兰世界经济增长的引擎，也为城镇中心和苏丹地区等边缘地区之间发展水平较小的差异提供了解答。

与现代交通方式和其他前工业化时期交通方式相比，骆驼商队效率较低。它速度慢，每天只能行进30到45千米，需要照看者一天一到两次给骆驼装货、卸货。长达两个多月的穿越沙漠的时间导致每头骆驼只能载重120到150千克，其中大部分还是旅程中人员的补给。就算有了精心设计的旅行路线，穿越撒哈拉也是一件非常危险的事，许多旅行者因为沙尘暴或者只是因为延误和迷路而葬身于沙海。

从最初引入到20世纪被机动车替代为止，北非骆驼运输相关的技术只有一次主要创新：罗马时期北阿拉伯马鞍的引入。这对提高商业活动效率并没有什么帮助，反而使得骑骆驼的游牧民族相对于其他进入沙漠的群体而言拥有了更具决定性的优势。撒哈拉地区因此落入了游牧的柏柏尔人和后来的阿拉伯居民的政治控制之下，而这在很大程度上提高了保护沙漠商队所需的成本。对于城镇穆斯林中的沙漠商队商人而言，整个情况的结果是他们几乎无法控制他们赖以为生的交通体系。这种障碍不仅仅限制了繁荣程度,也限制了贸易组织的结构,其导致的结果我将在下文介绍。

跨撒哈拉贸易的地理环境总是错综复杂的,在中古时期它随着沙漠和邻近地区政治、人口和生态的改变经常发生变化。因此在这里我并不能给出确定性的历史叙述,只能展现这些贸易路线的特点,并有选择地提及一些有代表性的特殊地点的情况。

苏丹地区商品目的地是地中海世界,而地中海世界的商人并不能决定沙漠交通的方式,总之就是以最快的方式把商品送到海边,然后利用更有效率的水路运输将这些商品送到终端消费者手上。作为苏丹地区最重要出口产品的黄金一般从西线进入沙漠,再从北非的港口运出,有时会由欧洲商人经手。但中古时期这些黄金的主要目的地是埃及,陆运和海运都可以到达这里。从埃及出发,这些黄金将穿越红海到达它们的最终目的地——印度,在那里换成地中海贸易所需的香料和丝绸。奴隶是排第二位重要的商品,他们大多数来自中苏丹,然后被运往突尼斯或利比亚,到那里之后他们不是在当地被利用就是被运往最东不超过埃及的地方,所以其贸易路线比较直接。我们后面将会看到,更能有效地满足印度洋沿岸国家奴隶需求的是东非的奴隶。

穿越撒哈拉的商队在沙漠北部前沿穆斯林建立的城镇中整装待发:摩洛哥的西吉尔马萨(Sijilmasa)、阿尔及利亚东南部的瓦格拉(Wargla)、突尼斯的盖达米斯(Ghadames)以及利比亚费赞地区的扎维拉(Zawila)和穆尔祖克(Murzuk)。商队行进路线途径撒哈拉沙漠中的各个战略要地，其中的一些，如奥达格斯特和特德梅卡（Tedmekka），仅是能为商队提供补给的绿洲；其他的一些地方，如塔哈扎（Teghaza）和塔克达（Tekedda），则能出产盐、铜等重要商品。规模较小的北非商队可能就走到那里，用自己的商品交换一些从苏丹地区来的产品。在伊斯兰时代之前，沙漠中心地带的居民扮演着撒哈拉、地中海和苏丹地区三者之间套利者的角色，同时也从事区域内贸易，甚至派出自己的商队前往地中海地区。

大型商队的最终目的地和整个跨撒哈拉贸易体系的南部终点都是萨赫勒地区：苏丹地区的"北岸"。这一区域的城市——古加纳的昆比（Kumbi）、廷巴克图（Timbuktu）、尼日尔河中游的杰内（Jenne）和加奥（Gao）、豪萨兰（Hausaland）的卡齐纳（Katsina）、卡诺（Kano）和其他城镇中心以及加涅姆-博尔努王国（Kanem-Borno）的恩吉马（Njima）和古扎尔加姆（Guzargamu）——是中古时期苏丹地区王国的口岸，也往往是政治中心。然而，它们只是扮演了集散地的角色，负责从那些骆驼和骆驼主人到不了的地方收集产品。

由于接下来我们要谈到的原因，北非商人并不能经常地越过萨赫勒地区，因此我们对于中古时期苏丹地区商品进入撒哈拉贸易体系并没有多少文字记载。在跨撒哈拉贸易最开始的几个世纪，黄金可以在离加纳和马里国家中心地带不远的两个区域获得：塞内加尔河上游和法莱美河（Faleme River）之间的班布克（Bambuk）和位于现今几内亚共和国东北部的布雷（Bure）。这一时期，来自尼日尔河流域中部杰内的商人有可能开发了位于现在布基纳法索境内的洛比（Lobi）的黄金资源。随着14、15世纪地中海南部和北部地区商业文明的发展，对黄金的需求也水涨船高。此时杰内成为黄金贸易的主要中心，而取金的路途变得更为遥远，需要走到西非的矿石主产区，即现在加纳的阿散蒂地区（Ashanti）。

奴隶的来源地比黄金的来源地更加模糊不清，因为奴隶的大多数都是在武装行动中被捕获的。这是一个扰乱区域正常秩序的进程，我们能找到一些撒哈拉相关人群和地中海世界商人联合在苏丹地区劫掠奴隶的文字资料。更为通常的情况是，苏丹地区的统治者们自己从邻近的——可能是更往南——的地区中掳掠人口。根据旅行者转述的资料和地理路线的逻辑，加涅姆—博尔努王国控制的中苏丹看起来比西苏丹输出的奴隶要多些。这一区域与主要的阿拉伯人地区和非洲人口稠密区相邻，但离金矿很远，这就使得奴隶成了这里唯一能获取高收益的出口商品来源。

其他商品也在与撒哈拉贸易相关的原始资料中被提及，但没有一种具有持续稳定的重要性。来自西非森林地区的柯拉果显然在地中海世界有一定的市场，但正如我们马上将要看到的，其主要消费群仍在苏丹地区。其他来自西非的调味品、香料和树脂可以在各类阿拉伯文献中见到，但其数量并不能使其成为长途贸易中的重要商品。最后我们很惊讶地看到，野生动物制品——尤其是象牙——在中古跨撒哈拉贸易中竟是如此无足轻重。一个关键的原因可能是其重量，要想把巨大的象牙从西非通过骆驼和船只运出去，成本太高，而地中海、南亚和东亚市场完全可以从东非获得更便宜的象牙。

黄金和奴隶是中古时期跨撒哈拉贸易中苏丹地区能提供的仅有的两种出口商品，但这两者仍以比较大的量级进入了地中海世界。贸易资料本身并不能为我们提供关于这两种商品的可靠数据。根据近期数据作出的估计则认为，在中古黄金贸易的高峰时期，每年运到地中海地区的黄金超过 1 吨，而跨撒哈拉奴隶贸易（包括东苏丹地区沙漠贸易中的部分）在 650 年到 1600 年间将大约 600 万非洲人带到了伊斯兰世界。

这一时期黄金的产量相对于 20 世纪动辄数百吨的产量并不突出，其有限的规模也解释了为什么到了 17 世纪非洲的黄金产量和新世界的银产量相比已相形见绌。然而，西非的黄金对中世纪地中海地区经济的货币化和平衡与南亚的国际贸易收支方面确实十分重要。

当时出口的奴隶数量很大，虽然后来欧洲人只用了一半时间就通过大西洋水路运走约两倍于此的奴隶。穆斯林主要将西非奴隶用于家务和军事目的，而不是用来生产商品；但在撒哈拉地区内和其北部边缘地带，奴隶劳工仍是农业生产和采矿的主要力量。

路线与商品：欧洲扩张的时代

就苏丹地区内部而言，9 世纪到 16 世纪这段时间是一个黄金时代。金粉的出口使西非在当时成为世界经济的关键助力者，苏丹地区最初的王国也在这个时期兴盛：加纳、马里和桑海王国在西苏丹接续出现，加涅姆和其后的博尔努则统治着中苏丹。

16世纪末，维持这种情况的一些关键因素改变了。欧洲人对大西洋的探索开辟了前往西非海岸的航路，对撒哈拉和苏丹地区的商业角色形成了挑战。同样的海上扩张进程打开了新世界的大门，它拥有比西非更多的贵金属储量，而对奴隶这一原本居第二位的非洲出口商品的需求也达到了前所未有的程度。

在苏丹地区内部，16世纪90年代摩洛哥苏丹阿尔-曼苏尔（al-Mansur）穿越撒哈拉沙漠对尼日尔河曲地区发动的侵略使人们立即感受到了这些变革所带来的影响。摩洛哥的侵略没有能够达到其赶走欧洲人、直接控制苏丹产金区的主要目标。但是，它仍然成功地摧毁了桑海帝国，把大帝国变成一系列小规模、互相竞争且内部不稳的政权。摩洛哥的侵略也被认为是17和18世纪西苏丹爆发严重饥荒和疾病的罪魁祸首。

直到近期，研究非洲的历史学家们一直被这些时间的清晰脉络所吸引，而很少关注1600年以后苏丹地区的经济情况。随着大西洋沿岸的开放，更靠近海岸的地区似乎变得更有活力，而苏丹地区一直到18世纪末和19世纪的伊斯兰宗教战争才重新走入我们的视线，这也为内陆地区倒退这一观点提供了佐证。

我们下面将会看到，有充分证据表明，在对外贸易和更重要的对外进出口与内部商业和生产的联结方面，大西洋海岸开放后的这一段时间见证了苏丹地区经济的重要增长。但这一趋势并不能以严谨的商业数据来呈现，因为我们几乎没有中古时期的直接数据来和后来的数据进行比较。前文对跨撒哈拉黄金和奴隶贸易的估计是基于18、19世纪欧洲在大西洋和北非地区的贸易资料推测而来的，18、19世纪的资料是我们能获取的最早有关这一地区的确凿数据。比较中古和近代苏丹地区经济活动的唯一外部指标是影响跨撒哈拉贸易量的一般情况描述。

伊斯兰中东的18、19世纪是人口和经济停滞甚至倒退的历史阶段，然而其对跨撒哈拉沙漠的负面作用很快就被北非越来越多的欧洲商人的活动所抵消，他们早在中古时代晚期就开始为苏丹地区商品提供重要市场。此外，19世纪工业革命伴随着欧洲海外贸易的迅猛增长，其结果不仅仅是增大了对源自沙漠地区商品的需求，也刺激了地中海伊斯兰社会生产力的复兴，反过来也增加了对西非商品的需求。

撒哈拉地区与大西洋竞争成为长途贸易通道的能力依赖于两个条件：从热带草原地区而不是森林地区给此类贸易提供商品供给；和从苏丹地区穿越沙漠与通过南部海岸相比较低的交通运输成本。第一种条件可以达成，因为苏丹地区不能出产的黄金在前往外国的商队中被其他商品组合代替了。而只要苏丹地区和大西洋沿岸的交通仍依靠比骆驼还低效的驴、牛和人力搬运，第二个条件就仍将持续。只有到了20世纪初期殖民地铁路得以铺设之时，从南部或西部进入苏丹地区才比北部穿越更便宜。

西非的黄金曾是欧洲人在大西洋探索的主要目标，而一旦海岸贸易集散地得以建立，大多数黄金便从更短的海路离开非洲了。黄金从来没有从跨撒哈拉贸易中彻底消失，仍然是西苏丹贸易中心城镇——比如廷巴克图——的通用货币之一。但据报道，19世纪每年到达摩洛哥（其地理位置决定至少占北非黄金进口的一半）的黄金数量只能以数十千克来计算，而不是中古时期（以及有文献记载的大西洋贸易时代）的动辄数吨。

跨撒哈拉奴隶贸易看上去在这一阶段颇为繁荣，并最终在19世纪达到了顶点。1600年到1800年之间，突尼斯、埃及和中东肥沃新月地带（Fertile Crescent）[①]城市和农田的萎缩可能导致了对奴隶需求的下降，但来自穆斯林摩洛哥和地中海东北部奥斯曼帝国控制地区的军事和民用需求弥补了这一点。1800年后所有的伊斯兰地区都需要越来越多的非洲奴隶移民来满足家庭服务、军事人力和农业劳动力的需求，尤其是在俄国扩张切断了与高加索地区（另一个相互竞争的劳动力来源）联系的情况下。尽管大西洋贸易对奴隶需求很大，但非洲的奴隶供应从来不是问题。苏丹地区世俗和宗教战争一样似乎也没有导致人口的减少，人口总体仍然在增长，奴隶商们得以利用这个机会满足日趋增长的需求。在这300年中，有逾300万非洲人以奴隶的身份进入跨撒哈拉沙漠奴隶贸易体系（大多数通过中苏丹和东苏丹），这一数字是过去1 000年总量的大约一半。

除了黄金和奴隶，对1600年后撒哈拉贸易的研究也有很多提到了一些中古时期非常边缘化的苏丹地区出口商品，譬如皮革制品、阿拉伯树胶、蜂蜡、象牙和鸵鸟羽毛。这些物品出现的一部分原因可能只是记录上对它们的关注多了一些，后期尤其是19世纪，一些记录对商品的描写越来越细致。然而，这些

[①] 从尼罗河下游流域延伸至亚洲两河流域的地区。——译注

资料的存在本身却反映了欧洲人在北非贸易中扮演的越来越重要的角色，其结果便是对上述物品的需求量增大，特别是对看起来奇怪却非常值钱的鸵鸟羽毛的需求。

除了跨撒哈拉贸易，在欧洲人停留于大西洋沿岸期间，苏丹地区的贸易可以从增长的非洲内部贸易中获益。中古时期从撒哈拉进口的盐很有可能需要依靠向地中海地区出口的黄金和奴隶来交换，但1600年以后情况变了，其更依赖于沙漠居民自己生产的物品。至少到19世纪，苏丹地区农民生产的产品不仅包括传统的谷类作物，也包括能进入北方市场的洋葱和烟草。而且撒哈拉地区使用的许多制成品——皮包和皮制挽具、棉衣和木头剑柄——在这一时期都是来自苏丹地区的城镇。与欧洲有直接贸易的西非森林族群同时也似乎加强了他们与苏丹草原地区的贸易联系。尽管有海路竞争，南方仍然存在着对穿越撒哈拉沙漠而来的地中海世界商品的市场。大量前往大西洋沿岸的奴隶人口经过了苏丹商人的转手。随着贸易的繁荣，森林地区的族群也购买了越来越多来自苏丹地区和撒哈拉的商品：盐、动物制品和纺织品。作为回报，森林地区虽然能提供跨撒哈拉贸易的商品有限，但却能给苏丹地区消费者转运一些从海路而来的进口商品。这些进口商品包括了各种制成品，但最特别的是一些贝壳，它对苏丹地区内部贸易非常重要（见下文），而跨撒哈拉运输又十分昂贵。此外，在曾经吸引苏丹地区商人寻找黄金的地区及其邻近地区——塞内加尔河谷和沃尔特河地区（Volta Region）的南部，人们发现并利用了柯拉果这一替代性商品，中古时期后其向苏丹地区的出口量得以增长，尤其是19

世纪。

1600年后撒哈拉地区贸易的变革的特点并不是总体的衰退，而是苏丹地区贸易中心的改变。从地理学角度来说，这种中心的迁移是向南或向东，远离尼日尔河区黄金贸易的集中地，走向中苏丹人口更稠密的地区，在那里可以有更大的机会把跨撒哈拉贸易与区域性及大西洋贸易结合起来。

廷巴克图和杰内可能因此在17和18世纪蒙受了重大的经济损失，尽管当时当地的历史学家仍在冗长的手写编年史中呈现与中古时期相比可算高超的文化水平，但他们同样也哀叹这一区域所面临的问题。此外，尼日尔河曲在这一时期仍然继续作为苏丹与西马格里布贸易的中心。甚至该地区稳定集权政权的缺失也在一定程度上因为穆斯林教长力量日益增长的影响而得以弥补，其集宗教和商业领袖于一身，这种模式预示了在更南方的圣战国家将会出现的新秩序。

市场区域最有效的政权巩固发生在中苏丹，而非西苏丹。在那里黄金从未成为跨撒哈拉贸易的主要商品，所以本地区的主导国家博尔努并没有因欧洲人在海岸线的存在而蒙受任何损失。然而，博尔努也并没有准备好像南方人口更稠密的豪萨地区一样从沿海贸易的优势中牟利。

豪萨人进入苏丹地区商业体系比较晚，他们在整个中古时代后期都被东北方的博尔努和西边的桑海的光芒所遮盖。然而，到了18世纪，豪萨商人和城镇手工艺品制造商建立了整个西非最繁荣的贸易体系之一。但这个体系的主要弱点在于互相独立的豪萨城邦间不断的互相攻伐，而战争的成本也转嫁到了贸易体系中。终于，从 1805 年开始，弗拉尼穆斯林改革者奥斯曼·丹·福迪奥（Usman dan Fodio）逐渐在豪萨兰建立了一个相对统一的国家。一些历史学家认为中古时期经济衰退，他们常常将弗拉尼圣战（加上 18 和 19 世纪西苏丹的一系列类似的宗教战争）解读为特别贫困的放牧者对这一地区经济和宗教总体衰退的反应。然而，我们从前一个世纪豪萨地区的总体发展以及改革派穆斯林领导层是出身富裕且较为孤立的弗拉尼定居精英这一点来看，此类运动同大多数成功的政治革命一样，代表着占主导地位的经济进程的完成，而不是反转。

苏丹地区在前殖民阶段晚期的繁荣必须也要归功于有利的气候周期。17 世纪和 18 世纪早期的多次旱灾之后，这一区域从 18 世纪中叶开始一直到第一次世界大战前期都很少有大旱灾的资料。"一战"前夕这一时间点也与新建的殖民地铁路从大西洋沿岸到苏丹地区热带草原的延伸大致吻合，而这也消除了向地中海运输的沙漠路线最后的优势。在同一时间，欧洲政治统治强加在了西非和马格里布地区，暴力扰乱了许多当地社群，也最终有效地抑制了跨撒哈拉奴隶贸易。

在紧接着的殖民地经济时期，苏丹地区与邻近西非的沿海地带相反，变得与世隔绝了。但就算在这些不利条件下，苏丹地区的企业家们仍然显示出了令人印象深刻的扩展经济活动的能力，而且他们与其他邻近海外影响中心的非洲人不同，独立性要更强。为了理解经历这些变化之后苏丹地区经济的复苏和变革情况，我们必须仔细研究当地市场和生产体系的内在结构。

发展的影响：贸易组织

与非洲所有国际贸易前沿的情况相同，交接于撒哈拉地区的地中海和苏丹地区经济体之间的关系最初很不对等。地中海商人垄断了两个地区之间的商队交通，苏丹地区商人基本上只是提供原初产品，换回地中海的制成品。这种联结的结构体现在两个群体对对方知识了解的侧重：地中海穆斯林撰写关于苏丹地区的地理专著，包含着利于开展贸易的信息，却传递出对"黑人土地"本土文化的鄙夷。游历北方的苏丹地区人士是朝圣者和学生，而不是商人。他们回去之后对伊斯兰城镇生活方式的世俗和宗教方面都非常欣赏（继而喜爱来自那里的商品），却对这种"宗主"性经济没有系统性的了解。

但是，与非洲其他地方的类似关系不同，撒哈拉贸易体系的发展随着时间的推移消弭而非加大了两者间的经济差距。在地中海世界伊斯兰经济体从中古时期后期开始停滞的同时，苏丹地区出现了本土商业的活跃，一个能与较大范围区域市场内的进口产品相竞争的城镇制造业经济发展起来。

这一转变的一部分关键原因是因为地中海地区给苏丹地区呈现的发展模式；事实上，这类"国际示范效应"在非洲经济史其他方面被认为是欠发达和依附的基础。相反地，我们需要更深入地解读地中海世界对苏丹地区渗透的局限性，以及国际贸易增长之前就有的并得以从中获利的本土经济的互补性。

朝向结构性（虽不是数量上）平等的变化最初可见于地中海商业群体和苏丹地区商业群体的关系中。从北非来到苏丹地区的穆斯林商人受益于其所拥有的中古世界最为先进的商业机构体系。在其阿拉伯地区的起源地，伊斯兰教基本上可以说是脱胎于城镇商业社会。伊斯兰教后来发展成了一个文化和法律体系，通过书面记述、结为商业伙伴和银行及信用系统正规化等手段支撑了长途贸易。尽管苏丹本土的商人也皈依了伊斯兰教，却没有消化吸收地中海商业组织的整体模式，其部分原因包括难以获得必要的物质和文化资源，也因为这一模式的效率有限。

与大西洋沿岸的欧洲商业组织和在印度洋活动的穆斯林相比，撒哈拉的沙漠商队确实看上去有很大缺陷：商行很小，基本局限于家庭成员；经商活动能开展的时间较短；难以有效地把各种商业活动和整个沙漠地区贸易体系联系起来。而历史学家对第四个弱点提出的解释则大体上与西非地区无关：中东地区脆弱的资源禀赋和伊斯兰中心地带对商业价值有敌意的军事政权的崛起。然而，过分依赖于沙漠商队艰险的陆路运输也是一个重要的因素。沙漠运输一般来说不安全且低效，这一特点使其基本上不可能承担大型企业所需的预先计划。我们掌握的对苏丹地区内部伙伴关系的扩展和信用证发行的记述显示，最远的联系落在撒哈拉北部的贸易集散地，如西吉尔马萨、穆尔祖克或者盖达米斯。在中古时期的突尼斯或埃及，往苏丹地区的路途过远，那里的商人因此被认为无法履行合同条款，也不能被授予银行票据。

更具体地说，沙漠商队的架构给地中海商人控制跨撒哈拉贸易造成了障碍。这一体系的主要固定资产——骆驼——以及贸易所经的领土，仍然在沙漠地区游牧者的手中，他们要保住自己的一份利益，对南北方的认同感都不强。此外，沙漠商队体系的技术低效性意味着大量的北方商人和其随从不得不在苏丹地区待上很长时间，在这期间他们需要依靠当地经济来获得给养。

在西非沙漠贸易集散地工作的商人作为依附体参与到了跨撒哈拉贸易中。他们向地中海伙伴提供出口产品（大多数是黄金），并把不那么值钱的进口商品（最珍贵的进口商品一般都被萨赫勒城镇精英消费掉了）分发到偏远的外围市场。所有证据都表明，这些苏丹地区商人努力获得的收益和跨撒哈拉商人相比相差甚远，后者通过信用垫款的方式得到了控制权。最初需要苏丹地区商人作为伙伴的原因是骆驼运输远离沙漠边缘后便不能使用了：但当地的替代品——牛、驴和人力运输更缓慢，也更分散，不太可能吸引地中海地区的直接投资。有传说称黄金生产商的交易方式非常原始，和他们打交道只能通过"无声交易"，加上贸易集散地的政治关系，这些证据都证明苏丹地区商人是刻意地在阻碍地中海商人对其区域的渗透。但是，入侵似乎又并不会严重地威胁经济，就算在摩洛哥人侵略余波未尽之时也是这样。

然而，苏丹地区商人最根本的实力来自他们在不直接依赖于跨撒哈拉交易的情况下精心组建贸易网络的能力。虽然单个商人并不能获得能与地中海商队商人相比的财富和声望，但他们对苏丹地区经济的总影响却要远远胜过地中海商人。定量研究显示，到19世纪末，苏丹内部贸易的净价值远远超过了向撒哈拉地区出口所得。我们接下来将会看到，当地商人在贸易动员和整合地区资源方面的角色也非常重要。

自主贸易体系的直接基础是西非几个主要生态区域的互补性：沙漠、热带草原和森林。前文已经提到，这些区域之间的交易在国际贸易发生之前便已存在。然而，随着商人为了搜索黄金不断地长途跋涉，深入腹地，传统食用商品也大大扩展了其流通范围，催生了全新的生产模式。当欧洲商人到达西非大西洋海岸之时，苏丹地区商人早已经由陆路来到了这里，准备好在新的国际贸易中分一杯羹。

商人作为分散在整个苏丹地区的职业群体，以其对伊斯兰教的信仰为特征。他们融入这一区域的多元文化相对容易，因为在此之前从事手工业的群体已经从占主导地位的农业人口中分离出来了。有一个最近形成的西苏丹商业群体——科洛科人（Korooko），其起源可以直接追溯到一个铁匠群体。然而更通常的情况是，本地穆斯林商人的身份是基于多层次种族划分的，划分的依据从他们说哪一种西非语言开始，到他们的先辈属于从事哪一种贸易的群体为止。通过追溯这些身份，我们可能可以重建整体市场架构经由苏丹地区从西向东和从北向南的传播路径。

西苏丹的迪乌拉人（Juula）和中苏丹的豪萨人（Hausa）是西非商人的两个主要群体。这两个名词都指的是他们中最大的热带草原耕作群体所说的语言，分别是西苏丹的曼德语和中苏丹的豪萨语。迪乌拉人兴起很早，一开始便从事黄金贸易。豪萨商人则出现较晚，一直聚焦于内部市场，但也进行一些象牙和奴隶的跨撒哈拉出口。

最早的迪乌拉群体并不是曼德人（Manding），而是索宁克人（Soninke），他们是向南方和东方迁徙而来的古加纳国家的臣民，一开始是为了淘金，后来则是为了躲避毛里塔尼亚故土的政治崩溃和环境干旱化。这些群体在中古时期马里和桑海帝国鼎盛时期采用了曼德语（可能还有桑海语）。可能是为了搜寻沃尔特河流域的黄金，也可能是与桑海统治者的政治宗教不和，以及对东方前往伊斯兰中心朝圣更直接路径的兴趣，他们在 14 和 15 世纪来到了中苏丹地区，在此建立与说豪萨语的商业人群的联系。豪萨人的贸易网络从此开始独立发展，它不只吸收豪萨语农民，也包括与北方有关联的来自其他文化区域的群体——来自博尔努的卡努里（Kanuri）盐商和鱼贩、说图阿雷格语（Tuareg）的农民，而他们又似乎是为了在骆驼游牧民控制下的萨赫勒地区获取利益而在更早期从热带草原地区迁徙而来的。

尽管整个贸易体系的共同特质在于对伊斯兰教的信仰，但伊斯兰教并不是贸易体系的内部正式组织形式。伊斯兰法律的规则可以用来维持萨赫勒贸易集散地地中海商人和苏丹地区商人的稳定关系，也可以沿着迪乌拉人和豪萨人的内陆贸易网络管理事务。对这些规则的执行以及城镇穆斯林和苏丹地区精英的其他考量产生了一个平行的教法学家群体。他们在宗教上并不总是严格要求服从于当地在俗的穆斯林社群，更不用说周围大多数无宗教信仰的人了。伊斯兰教的主要社会功用是给商人一个能够加强其职业角色的身份。苏丹地区商人作为穆斯林可以更好地彼此沟通。穆斯林商人政治中立，他们所代表的宗教与阿拉伯地区有着广泛的物质和精神联系，其影响力和影响面要比当地村庄偏狭的世界和热带草原国家更加大而广，他们由此受到了其他西非族群的尊重。

在定义苏丹地区贸易体系时，伊斯兰教的局限之处在于，大多数商人尽管经过了一些《古兰经》指导下的训练，但实际上他们仍处于半文盲状态。只有到了 18 世纪末 19 世纪初，索科托哈里发国家（Sokoto Caliphate）最大的豪萨商人群体才开始效法地中海商人，开始保存书面商业资料。继而对商品销售也作出了特殊安排，一些安排忽略了伊斯兰教有关伙伴关系、信用和财产继承的规定，转而几乎完全依赖于世俗化亲属关系的安排。一个例外是地主／中间人这个重要群体。他们在各个市场中心提供服务，为行商和当地消费者建立沟通的桥梁。这种职业在伊斯兰教法律术语中得到了界定，并能以更中立的姿态发挥作用（尽管中间商往往是其客户的亲属），但在许多地区中间商的角色是与非穆斯林的当地政权进行协调。

当然，苏丹地区的传统亲属关系并不能比伊斯兰教商业律令给商业组织提供一个更好的模式。但苏丹的情况和非洲其他地方一样，可以通过将年轻商业伙伴以代理人甚至奴隶的形式招入贸易组织，以控制其家族。家属中最有效率、最可信赖的人将会被提拔到更高的地位，方法包括将赞助人自己的家庭成员提供给他作为妻子以及给予聘礼。这类安排会大幅度提高营运资金量，并能在较长时间内获得商行所需的专业知识和商誉。

事实上，这种体系和城镇伊斯兰体系的差异并不像行事风格的差异那样巨大，因为伊斯兰体系也受到《古兰经》有关财产继承规则的影响，散布各地的商业资产和商人需要频繁利用代理人员做一些重要的工作。

发展的影响：生产的变化

衡量跨撒哈拉贸易对西非经济的影响需要一些必要的切入点和标准，包括正在扩张的市场体系与商人联系当地的生产体系。贸易的某些方面体现出这里存在的是一种"边缘性市场"，控制方是族群/宗教上不同的"互相陌生"群体，他们把出口的重点放在对当地农业事业不重要的方面，强调消费/奢侈品的进口。这种边缘性市场的联系机制和随之而来的影响要么不明显要么就是负面的。如果这一体系真正能够正面地推进当地发展，就需要证明这一区域商品的流通能调动许多当地因素进而促进生产进程，发展出一些能在西非本地生产的商品，而苏丹地区的企业家们也能够吸收一些地中海世界所拥有的更集约化生产体系的经验。

然而，苏丹地区穿越撒哈拉的出口产品主要是原初产品，也包括奴隶和野生动物制品，而黄金的地位则在日益萎缩。因此，前述的变化对当地的发展不能说没有一点作用，但影响总体而言是负面的。

这方面表现最为突出的是黄金的生产，商人从中获得的利润要远远大于生产者。近期我们获得的有关西苏丹黄金产区班布克和布雷的数据表明，如果说中古时期的需求没有把最富饶的金矿消耗殆尽，那么就是黄金采掘业的集约化程度较低。这一区域的黄金通过相对较浅的露天矿坑开采，一般来说深度在3米以下，尽管有时候可能深达18米。劳动单位是扩大的家庭团体，工作只有相对较少的定期酬劳（加上找到大金块的极小机会），他们在十分干旱的季节才会来采矿，因为这个时期没有办法从事农业生产。布雷是更有吸引力的金矿区，持续吸引着季节性的外来采矿工，这些工人和守在当地的商人一起，为当地食品生产者提供了市场。沃尔特地区的金矿发展较晚，一直到19世纪仍然能够继续大量产出，也催生了一些次要的经济活动。这里的矿井仍然是露天且没有木桩固定的，可能深达30米，十分危险。劳工是在单独的某一个挖掘现场由家族头人组织起来的，但有时候需要大约40个人才能把矿石运到地面。为了这项工作需要维持和补充大量额外劳动力（往往是以奴隶的形式），也需要一些专精于采矿工具生产的铁匠。

从严格的经济学角度来看，奴隶和野生动物制品出口的问题不需要进行太多解释。我们了解到基本上所有跨撒哈拉贸易中的奴隶都是从出口地之外捕获的战俘。这种形式的奴隶贸易增强了苏丹地区社群的军事化倾向，间接使生产活动遭受了损失，也给直接受到军事侵袭的区域带来了直接且难以估计的人口损失。鸵鸟羽毛和阿拉伯树胶的搜集——两种记载最全的野生出口产品——相比抓捕奴隶就要和平得多，但其主要局限于柏柏尔人企业家占多数的小型族群和他们的一些在塞内冈比亚和中苏丹地区沙漠边缘工作的依附者，他们的活动对区域其他地方的影响很小。

西非进口的大多数商品是奢侈消费品或军事用途所需的制成品，譬如细布、武器、盔甲和北非马。柏柏尔马（Barbary Steeds）是一种特别稀缺的商品，苏丹地区的畜牧业无法培育这种马，原因是气候条件和缺少能够诱导必要技术环节的中端出口市场。因此，昂贵的进口马匹几乎只被用来作为展示品和战马使用，而不是犁地或者运输。

但穿越沙漠而来的商品也包括了真正的原初产品，比如铜和贝壳——前者的使用者包括萨赫勒城镇的工匠以及尼日尔和喀麦隆森林中著名的铜／黄铜铸造师，而贝壳货币则在推动市场交易以及食品和其他稀有物品的生产方面起了很大作用。1600年以后苏丹地区经济增长的一项主要指标是其吸收大量增长的本地货币供给的能力。贝壳在这一时期的西非非常丰富，因为欧洲船员可以从印度洋以非常低廉的价格将其进口到这里。

最后，纸张和书籍是另外的重要进口商品。它们融入了当地的伊斯兰教学习过程，虽然看上去更属于对城镇消费品的模仿，但确实推进了贸易的组织和农业生产。

消费者被跨撒哈拉贸易吊起了胃口，甚至对最无价值和最有破坏性的商品也有兴趣。如果当地制造业能代替这些商品的话，这本可以助推苏丹地区经济的发展。撒哈拉沙漠边缘的条件不仅让那些无用的进口商品替代了很多地中海产品，也限制了苏丹地区能够生产的商品的范围。

本地手工艺品的正面激励来自陆路运输的高成本，不管是穿越撒哈拉还是穿越森林和热带草原，情况都是如此。因此，苏丹地区的手工艺品在价格上与外来商品不相上下。

萨赫勒地区的主要城镇——中古时期的廷巴克图和后来的卡诺——最终成为制造业和贸易中心。在那里，棉纺织品被编织、染色、制造成成衣；皮革变成了各种可供家庭使用的制品以及马和骆驼用的装备；从北方进口的剑刃与木制剑柄、剑鞘和其他配件相结合；即便是进口的丝绸也被引入了当地的服装制造业。整个区域中城镇的清真寺和宫殿原本是由地中海地区的建筑师设计的，但本地工匠的巧手使这些建筑很快能够适应当地气候条件和建筑材料供应条件，从而创造出了一种特别而又广泛的苏丹式城镇风格。

虽然这些产业光鲜夺目，却从来未能突破其传统内部经济的系统性技术限制。所有生产活动的主要力量来源是人力，从来没有以任何稳定和有效的形式由线性运动转向旋转运动（车轮）。我们要记住的是，作为苏丹地区模板的地中海伊斯兰世界同样也在没有牲畜、水资源和风力的情况下开辟了纺织业和冶金业，他们靠的是车轮和各种设备。这种能量转换在中古时期的北非和中东被用来灌溉农田或者加工谷物和糖类。苏丹地区经济中技术缺失的原因是历史、生态、文化和市场因素的混合。

当苏丹地区经济发展至其最完善阶段并与中东充分接触之时，穆斯林世界的技术已处于衰退之中，已不再像伊斯兰教早期那样是阿拉伯著作的主要描述对象。特别突出的是灌溉农业的大规模推广,这在任何情况下都很难适用于西非,这一点在后来的殖民时代和后殖民时代发展项目实施(见第九章)中得到了充分证明。地中海地区的糖作物作为舶来品进入了苏丹地区,却未能成功落地生根,谷物的研磨仍然是家庭中女性的专属工作。苏丹地区城镇对市场化食品的需求并不一定需要建立集中研磨设施来满足,就算当时有条件使用牛力和水力,也不会有什么变化。

最后,无论苏丹地区铁匠是否曾尝试将他们的作坊扩展到标准不锈钢生产和大规模铁器制造,这些努力都会面临两个主要障碍:首先,到15世纪时,欧洲冶金师发明了大型水力驱动的熔炉和锻铁炉,这使得他们生产不锈钢的成本比穆斯林地区要低得多,就算加上跨撒哈拉贸易的成本依然如此;第二,役畜在苏丹地区的有限使用以及当地的马匹不钉蹄铁的事实意味着西非并不存在欧洲和中东铁匠赖以为生的供应马蹄铁、马蹄甲、重型马具和犁的市场。19世纪卡诺铁匠们每年主要的工作很好地呈现了苏丹地区冶金工人活跃但有依附性的角色,他们只是将数以千计的进口剑刃装入本地生产的木制剑柄中。

苏丹地区的农业部门中,大多数经济活动与日益增长的区域市场有联系,较少为了跨撒哈拉贸易而提供商品。进入地区流通最重要的商品——盐和柯拉果——并不需要复杂的生产过程。盐矿开采和淘选可能从古至今都变化不大,然而盐的市场广大,从撒哈拉地区一直延伸到森林地带的最深处。为了满足增长的需求,其规模和所需的奴隶劳力势必大大增长了。柯拉果树直到20世纪之前都是一种通过实施保护而保证其能较好地自然生长的植物，而非耕种培育作物，尽管不断增长的市场需求会要求当地的人们想办法寻找新的采集来源和进行细致的运输准备。

相对来说不那么明显却很有说服力的是，长途贸易体系的牵引力也给牲畜和农业生产的基本过程带来了改变。这种改变在新作物的引进中最易观察到，一些作物本来是由商业群体为了贸易目的而耕种的，比如棉花、木兰属植物、洋葱和烟草。

最难厘清的是新引进或传统主食生产中土地和劳动要素分配的变迁。虽然苏丹地区人口的大多数保持着农业生活方式，食品供应自给自足，但日益增长的盈余必须提供给专精于贸易、手工业和国家事务的城镇群体。我们没有办法衡量这种变迁在产量上的反映，也不能衡量农村人口在多大程度上利用了商业流通来增进其对互补性农产品或制成品的消费。大型商业城镇周边的农业用地成了可议价的商品，但就算在这些地方也不存在公开的商业地产市场，有的只是一种政治统治者控制的再分配体系，他们通过授予地产或房产（尤其是位于特别有价值的种植区域的）来奖赏主要官员和支持者。

19世纪时这种形式的土地占有形式在整个苏丹地区急剧增长，尤其是在索科托哈里发国范围内。国家精英和商人都拥有土地，面积往往很广，其中安排了许多主要由奴隶组成的劳动力，常能达到数百人。学者们就这种情况导致的农业组织是否能被称作"种植园"而进行了大量辩论，它是一种与传统家庭生产明显不同的模式，并且也与更熟悉的新世界欧洲人控制的奴隶种植园中可见的对农村劳动力集中压榨的形式相近。

苏丹地区大型农场最像种植园的特点是其在主人或者主人在私有地代表的监督下，大量奴隶被整合成一支劳动力大军。因此，资本、土地和劳动力在同一个所有者之下被整合到了新的规模，而收益也完全为其个人占有。

然而，如果我们更仔细地分析其内部组织，即便是苏丹地区最广阔、最商业化的庄园也与传统的非洲农场更相似，而不像美洲的棉花和甘蔗种植园。将私有地中奴隶聚在一起的强制力量毫无疑问地增加了投入市场化商品生产的劳动力数量，但除此之外并不存在规模经济的证据——比小型农业单位更有效率的生产要素安排。尽管从理论上来说，工头监督下的一块土地上的大量工人可以比传统农业体系完成更多的任务，但其中的机会似乎并未被有效抓住。相反地，大规模奴隶群体被分成了每组约 25 人的小群体，其工作日程也复制了家庭农场中对男性、女性和孩童劳力的传统分工。在一些需要更为集中工作的时期，比如收割和种植的时候，可能会集结更大的劳动力群体，但这也算不上什么创新，因为这类季节性劳动力集中———般以年轻男性志愿者群体的形式——在大多数非洲热带草原地区的谷类耕种中早已屡见不鲜。

苏丹地区的奴隶庄园在耕种或加工收获的作物时都没有使用任何新技术。土地耕种用的是手锄，棉花（潜在市场最大）是由女性奴隶用卷线杆手动纺成线的。事实上，有观点认为在经济的其他部门缺少创新的情况下，农业奴隶成了变革的一个抑制因素，因为它能让苏丹地区的主导阶层在提高生产力的同时不用应对新设备或者新的生产组织带来的风险。西非草原地区采用畜力犁地的障碍我们已经在第一章中提到过了，而给奴隶施加他们不熟悉的工作可能会增加他们逃跑的倾向（19世纪时已颇为普遍），他们甚至会加入邻近国家的敌对势力。

考虑到庄园农业有限的经济优势和对强制劳动的社会抑制，苏丹地区大多数被俘获的劳工——甚至那些最初在私有地工作的劳工——都倾向于在村庄中耕作。这种环境下，奴隶们可以将所有或者大多数时间用在家庭自留地上，只需要上交给主人每年产量的一部分即可。农业奴隶制对身处其中的个人来说可能会慢慢转变为一种和名义上"自由"的农民纳贡义务类似的状态。在地理位置较好的地区，村庄中的奴隶主常常能依靠自己的奴隶卖出足够多的作物和手工品，达到一个较为富裕的生活状态。在其他例子中奴隶生产的物品并不进入市场，而是被用来供给主人的家庭和随从，甚至是奴隶们自己。因此他们便能够有空闲提供农业以外的服务，尤其是战争。

理解苏丹地区奴隶农业与非洲以外地区种植园的区别是重要的，但这种对比不应该掩盖苏丹地区奴隶农场所展现的变化过程。首先，无论劳动力的组织形式如何，只要通过将大量农民聚集在一起，奴隶制度便促进了市场发展。第二，将奴隶用于农业而不是（或者作为第二选择）作为出口商品意味着苏丹精英能够理解对生产的投入和交易或政治权力一样重要。最后，恰恰是因为它没有像它在新世界的对应物一样代表着一种与周围环境格格不入的生产方式，苏丹地区的种植园或是奴隶村庄没有成为一块孤岛，而是推动了地区经济的总体增长。

第二种遍布苏丹地区的农村劳动力集中形式是穆斯林阿訇

在远离城市的区域建立的聚居地。对于这类群体（与之相似的是中世纪欧洲的修道院），商业性农业生产只是作为支撑学术追求和严谨的传统伊斯兰生活方式的手段。劳动力中包括了作为阿訇服务的礼物或者货款提供的奴隶以及自由的学生，他们的劳动被视为支付学费和祷告活动的一种形式。但其经济后果是更为集约化的农村生产和新财富中心的建立，其财富也可以重新投入当地贸易。

总结：从非洲角度看苏丹地区经济

尽管有种种限制，苏丹地区的接触经济体代表着一种理想的非洲发展模式：持续而又普遍的增长，在关键商品和服务上保持对域外伙伴最低程度的依赖。与之相反的是将在第三章和第四章提到的贸易前沿与其腹地的联系效率较低且更依赖于外部贸易伙伴的关系。西非沿海地区与亚洲和欧洲技术更深的接触提供了出现比苏丹地区更根本经济变革的机会。但我们将会看到，这些潜力很少兑现为现实。

但这样一种对比并不意味着我们能使用苏丹地区作为衡量非洲整体发展的标准。考虑到其自身的生态脆弱性和必然要进一步融入正在扩张的欧洲世界体系这一事实，在非洲经济发展路径其他阶段遇到增长和依附的窘境时，苏丹地区并不能提供一个可行的历史性选择模板。尽管如此，我们至少可以肯定大范围调动本地物质和社会资源并保持区域高度自给自足状态这一基本的状态，在分析非洲经济史记述的更为苦难的经历时，相关内容或许能够派上用场。

参考文献

1. Abitbol, Michel, *Tombouctou et les Arma*, Paris: Maisonneuve, 1979.
2. Adamu, Mahdi, *The Hausa Factor in West African History*, Zaria: Ahmadu Bello University Press, 1978.
3. Agiri, Babatunde Aremu, "Kola in Western Nigeria, 1850—1930", Unpublished PhD dissertation, University of Wisconsin, 1972.
4. Ajayi, J. F. A. and Michael Crowder (eds), *History of West Africa*, Vol.1, London: Longman, 1971.
5. Amselle, Jean-Loup, *Les Négociants de le Savannne: Histoire et Organisation Sociale des Kooroko* (Mali), Paris: Anthropos, 1977.
6. Arhin, Kwame, "Succession and gold mining at Manso-Nkwata", *Research Review*, Institute of African Studies, University of Ghana, Vol.6, No.3, 1970, pp.101 – 109.
7. Ashtor, Eliyahu, *A Social and Economic History of the Near East in the Middle Ages*, Berkeley: University of California Press, 1976.
8. Ashtor, Eliyahu, "Levantine sugar industry in the Late Middle Ages: a case of technological decline", in Udovitch (ed.), 1981, pp.91 – 132.
9. Austen, Ralph A., "The trans-Saharan slave trade: a tentative census", in Germany and Hogendorn (eds), 1979, pp.23 – 76.
10. Austen, Ralph A., "Social bandits and other heroic criminals: a European concept and its application to Africa", in Donald Crummey (ed.), *Banditry, Rebellion and Social Protest in Africa*, London: Currey, 1986, pp.89 – 108.
11. Azarya, Victor, *Aristocrats Facing Change: the Fulbe in Guinea, Nigeria*

and Cameroon, Chicago: University of Chicago Press, 1978.
12. Baier, Stephen, *An Economic History of Central Niger*, Oxford: Clarendon Press, 1980.
13. Balandier, Georges, "L'or de la Guinée française", *Présence Africaine*, Vol.4, 1949, pp.539 – 548.
14. Batran, Abd-al-Aziz, "Abdallah Sidi al-Mukhtar al-Kunti and the recrudescence of Islam in the Western Sahara and the Middle Niger: ca. 1750—1811", Unpublished PhD dissertation, University of Birmingham, 1971.
15. Bergeron, C. et al., *L'ankylose de l'économie méditerranéenne au XVIIIe siécle: le rôle de l'agriculture*, Nice: Centre de la Méditerranée Moderne et Contemporaine, 1973.
16. Bemus, Edmond et Suzanne Bernus, *Du sel et des dattes: introduction à l'étude de la communauté d'Ingall et de Tegidda-u-tesemt*, Niamey: Etudes Nigériennes, 1972.
17. Boahen, Adu, "The caravan trade in the nineteenth century", *Journal of African History*, Vol.3, No.3, 1962, pp.349 – 359.
18. Bovill, E. W., *The Golden Trade of the Moors*, London: Oxford University Press, 1968.
19. Brenner, Louis, "The North African trading community in the nineteenth century Central Sudan", in Norman R. Bennett and Daniel F. McCall (eds), *Aspects of West African Islam*, Boston: African Studies Centre, Boston University, 1971, pp.137 – 150.
20. Brunschvig, Robert, "Abd", in *The Encyclopedia of Islam*, new edition, Leiden: Brill, Vol.1, 1960, pp.24 – 40.
21. Bulliet, Richard, *The Camel and the Wheel*, Cambridge: Harvard University Press, 1975.
22. Cissoko, Sékéné-Mody, "Famines et épidémies Toumbouctou et dans la boucle du Niger du XVIe au XVIIIe siécle", *Bulletin de l'Institut Fondamental d'Afrique Noire*, Vol.30, No.3, 1968, pp.806 – 821.

23. Cohen, Abner, "Cultural strategies in the organization of trading diasporas", in Claude Meillassoux (ed.), *The Development of Indigenous Trade and Markets in West Africa*, London: Oxford University Press, 1971, pp.266 - 281.
24. Cook, M. A. (ed.), *Studies in the Economic History of the Middle East*, New York: Oxford University Press, 1970.
25. Coquery-Vidrovitch, Catherine, *Afrique Noire: Permanences et Ruptures*, Paris: Payot, 1985.
26. Curtin, Philip D., "The lure of Bambuk gold", *Journal of African History*, Vol.14, No.4, 1973, pp.623 - 632.
27. Curtin, Philip D., *Economic Change in Precolonial Africa: Senegambia in the Era the Slave Trade*, Madison: University of Wisconsin Press, 1975.
28. Curtin, Philip D., *Cross-Cultural Trade in World History*, Cambridge: Cambridge University Press, 1984.
29. Day, John, "The great bullion famine of the fifteenth century", *Past and Present*, No.79, 1979, pp.3 - 54.
30. Demougeot, Emilienne, "Le chameau et l'Afrique du Nord romaine", *Annales ESC*, Vol.15, 1960, pp.209 - 247.
31. Devisse, Jean, "La question d'Audagust", in Denis Robert, Serge Robert, and Jeal Devisse (eds), *Tegdaoust*, Paris: Arts et Métiers Graphiques, Vol.1, 1970, pp.109 - 156.
32. Devisse, Jean, "Routes de commerce et échanges en Afrique occidentale en relatio avec la Méditerranée: un essai sur le commerce africaine médiévale du XIe—XVl siècles", *Revue d'Histoire Economique et Sociale*, Vol.50, 1972, pp.42 - 73, 357 - 397.
33. Dyer, Mark, *Central Saharan Trade in the Early Islamic Centuries, 7th— 9th Centuries AD*, Boston: Boston University Press, 1979.
34. Farias, P. F. de Moraes, "Silent trade: myth and historical evidence", *History in Africa*, Vol.7, 1974, pp.9 - 24.
35. Felix, David, "Technological dualism in late industrializers: on theory,

history policy", *Journal of Economic History*, Vol. 34, 1974, pp.194 - 238.
36. Garrard, Timothy F., *Akan Goldweights and the Gold Trade*, London: Longman, 1980.
37. Garrard, Timothy F., "Myth and metrology: the early trans-Saharan gold trade", *Journal of African History*, Vol.23, No.4, 1982, pp.443 - 461.
38. Cemery, Henry A. and Jan S. Hogendorn (eds), *The Uncommon Market: Essays in the Economic History of the Atlantic Slave Trade*, New York: Academic Press, 1979.
39. Godhino, Vitorino Maghalaes, *L'économie de l'empire portugaise du XVe - XVII siècles*, Paris: Mouton, 1969.
40. Goitein, S. D., "Commenda and family partnerships in medieval Islam", *Islamic Studies*, Vol.3, 1964, pp.315 - 337.
41. Goitein, S. D., *A Mediterranean Society: Jewish Communities of the Arab World, Vol.1: Economic Foundations*, Berkeley: University of California Press, 1967.
42. Goody, Jack, "Restricted literacy in northern Ghana", in Jack Goody (ed.), *Literacy in Traditional Societies*, Cambridge: Cambridge University Press, 1968, pp.198 - 264.
43. Harris, Rosemary, "Review article: the horse in West African history", *Africa*, Vol.52, No.1, 1982, pp.81 - 85.
44. Herbert, Eugenia, *Red Gold of Africa: Copper in Precolonial History and Culture*, Madison: University of Wisconsin Press, 1984.
45. Heyd, Wilhelm, *Geschichte des Levanthandels im Mittelalter*, Stuttgart: J. G. Cotton, 1879.
46. Hill, Polly, "Notes on the history of northern Katsina tobacco trade", *Journal of the Historical Society of Nigeria*, Vol. 4, No. 3, 1968, pp.477 - 481.
47. Hill, Polly, "From slavery to freedom: the case of farm slavery in Hausaland", *Comparative Studies in Society and History*, Vol.18, 1976,

pp.395 – 420.
48. Hogendorn, Jan S., "The economics of slave use on two 'plantations' in the Zaria emirate of the Sokoto Caliphate", *International Journal of African Historical Studies*, Vol.10, No.3, 1977, pp.369 – 383.
49. Hogendorn, Jan S. and Henry A. Gemery, "Abolition and its impact on monies imported to West Africa", in David Eltis and James Walvin (eds), *The Abolition of the Atlantic Slave Trade*, Madison: University of Wisconsin Press, 1981, pp.99 – 116.
50. Hopkins, J. F. P. and Nehemiah Levtzion, *Corpus of Early Islamic Sources for West African History*, Cambridge: Cambridge University Press, 1981.
51. Howard, Allen Marvin. "Big men, traders, and chiefs: power, commerce and spatial change in the Sierra-Leone-Guinée Plain, 1865—1895", Unpublished PhD dissertation, University of Wisconsin, 1972.
52. Hunter, Thomas Charles, "The development of an Islamic tradition of learning among the Jahanke of West Africa", Unpublished PhD dissertation, University of Chicago, 1977.
53. Hunwick, John O., "A sixteenth century African scholar: Muhammad Baghoyogho", Unpublished ms., 1978.
54. Hunwick, John, Private communication, 1981.
55. Ibn Abd-el-Hakam, *The History of the Conquest of Egypt, North Africa, and Spain*, New Haven: Yale University Press, 1922.
56. Idris, Hady Roger, *La Berbérie orientate sous les Zirideg: 10e – 12e siècles*, Paris: Maisonneuve, 1962.
57. Irwin, Paul, *Liptako Speaks: History from Oral Tradition*, Princeton: Princeton University Press, 1981.
58. Issawi, Charles, "The decline of Middle Eastern trade, 1100—1850". in D. S. Richards (ed.), *Islam and the Trade of Asia*, Oxford: Cassirer, 1970, pp.245 – 266.
59. Jagger, Philip John, "The blacksmiths of Kano City: a study in tradition,

innovation, and entrepreneurship", Unpublished MPhil dissertation, University of London, 1978.
60. Johnson, Douglas L., *Jabal al-Akhdar, Cyrenaica: An Historical Geography Settlement and Livelihood*, Chicago: University of Chicago Geography Department, 1973.
61. Johnson, Marion, "The cowry currencies of West Africa", *Journal of African History*, Vol.11, No.1, 1970, pp.17-50, 331-350.
62. Johnson, Marion, "Calico caravans: the Tripoli-Kano trade after 1880", *Journal of African History*, Vol.17, No.1, 1976, pp.95-117.
63. Johnston, H. A. S., *The Fulani Empire of Sokoto*, London: Oxford University Press, 1967.
64. Kaegi Jr, Walter Emil, "Byzantium and early trans-Saharan gold trade: a cautionary note", *Graeco-Arabica*, Vol.3, 1984, pp.95-100.
65. Klein, Martin and Paul E. Lovejoy, "Slavery in West Africa", in Gemery and Hogendorn (eds), 1979, pp.181-212.
66. Labib, Subhi Y., "Capitalism in medieval Islam", *Journal of Economic History*, Vol.29, No.1, 1969, pp.79-96.
67. Lambert, Nicole, "Les industries sur cuivre dans l'ouest saharien", *West African Journal of Archaeology*, Vol.1, 1971, pp.9-21.
68. Law, R. C. C., "The Garamantes and trans-Saharan enterprise in classical times", *Journal of African History*, Vol.8, No.2, 1967, pp.181-200.
69. Law, Robin C., *The Horse in African History*, London: Oxford University Press, 1980.
70. Levtzion, Nehemiah, "Ibn Hawqal, the cheque, and Awdaghost", *Journal of Africa History*, Vol.9, No.3, 1968, pp.213-233.
71. Lewicki, Tadeusz, "L'état nord-africaine de Tahert et ses relations avec le Souda Occidentale la fin du VIIIe siécle et au IXe siécle", *Cahiers d'Etudes Africaines*, Vol.2, 1962, pp.513-535.
72. Lewicki, Tadeusz, "Traits d'histoire du commerce trans-saharien: marchands et missionaires ibadites en Soudan occidentale et centrale au

cours des VIIIe – XIIe siécles", *Ethnographia Polska*, Vol. 8, 1964, pp.291–311.
73. Lewicki, Tadeusz, *West African food in the Middle Ages According to Arabic Sources*, Cambridge: Cambridge University Press, 1974.
74. Lovejoy, Paul E., "Interregional monetary flows in the precolonial trade of Nigeria", *Journal of African History*, Vol.15, No.4, 1974, pp.563–586.
75. Lovejoy, Paul E., *Caravans of Kola: the Hausa Kola Trade, 1700—1900*, Zaria: Ahmadu Bello University Press, 1980.
76. Lovejoy, Paul E., *Transformations in Slavery: A History of Slavery in Africa*, Cambridge: Cambridge University Press, 1983.
77. Lovejoy, Paul E., "The trans-Saharan trade and the salt trade of the Central Sudan: a comparison of nineteenth century patterns", in Habib El-Hesnawi (ed.), *A History of the Trans-Saharan Trade Routes*, Tripoli, forthcoming.
78. Lovejoy, Paul and Stephen Baier, "The desert-side economy of the Central Sudan", *International Journal of African Historical Studies*, Vol.8, No.4, 1975, pp.551–581.
79. McDougall, E. Ann, "The Sahara reconsidered: pastoralism, politics and salt from the eighth through the twelfth centuries", *African Economic History*, Vol.12, 1983, pp.263–286.
80. McIntosh, Susan Keech, "A reconsideration of Wangara/Palolus, island of gold", *Journal of African History*, Vol.22, No.2, 1981, pp.145–158.
81. Malowist, Marian, "The social and economic stability of the Western Sudan in the Middle Ages", *Past and Present*, No.37, 1966, pp.3–15.
82. Mason, Michael, "Production, penetration and political formation: the Bida state, 1857—1901", in Donald Crummey and Charles Stewart (eds), *Modes of Production in Africa: The Precolonial Era*, Beverly Hills: Sage, 1981, pp.204–226.
83. Mauny, Raymond, *Tableau géographique de l'ouest africaine au moyen âge*, Dakar: IFAN, 1961.

84. Mauny, Raymond, *Les obscurs de l'Afrique noire, histoire et archéologie*, Paris: Fayard, 1970.
85. Meniaud, Jacques, *Haut-Sénégal-Niger, Soudan Francais: géographie économique*, Paris: Larose, 1912.
86. Miége, Jean Louis, *Le Maroc et l'Europe, 1830—1894*, Paris: PUF, 1961.
87. Milburn, Mark, "On Libyan and Saharan chariots and 'Garamantes'", *Maghrib Review*, Vol.4, 1979, pp.45–48.
88. Miner, Horace, *The Primitive City of Timbuctoo*, Princeton: Princeton University Press, 1953.
89. Mischlich, Adam, *Über die Kulturen in Mittel-Sudan*, Berlin: Reimer, 1942.
90. Monteil, Charles, *Une cite soudanaise: Djenne*, Paris: Anthropos, 1932.
91. Munson, Patrick J., "Archaeology and the prehistoric origins of the Ghana empire", *Journal of African History*, Vol.21, No.4, 1980, pp.457–466.
92. Nachtigal, Gustav, *Sahara and Sudan*, Vol. 4, Wadai and Darfur, Berkeley: University of California Press, 1971.
93. Newbury, C. W., "North African and West Sudan trade in the nineteenth century: a re-evaluation", *Journal of African History*, Vol.7, No.2, 1966, pp.233–246.
94. Ogunremi, Gabriel Ogundeji, *Counting the Camels: The Economics of Transportation in Precolonial Nigeria*, New York: Nok, 1982.
95. Oliver, Roland and J. D. Fage, *A Short History of Africa*, Harmondsworth: Penguin, 1962.
96. Olivier de Sardan, P., "Captifs ruraux et esclaves impérieux du Songhai", in Claude Meillassoux (ed.), *L'esclavage en Afrique précoloniale*, Paris: Maspero, 1975, pp.99–134.
97. Panikkar, H. Madhu, *The Serpent and the Crescent: A History of the Negro Empires of Western Africa*, New York: Asia Publishing House, 1963.

98. Pérès, Henri, "Relation entre le Tafilalet et le Soudan à travers le Sahara, du XIIe au XIVe siècle", in Mélanges de géographie et d'orientalisme offerts à E.-F. Gautier, Tous: Arrault, 1937, pp.409 – 414.
99. Perinbam, B. Marie, "Trade and society in the Western Sahara and the Western Sudan: an overview, since 1000 AD", Bulletin de l'Institut Fondamental de l'Afrique Noire, Vol.34, 1972, pp.778 – 801.
100. Posnansky, Merrick, "Ghana and the origins of West African trade", Africa Quarterly, Vol.11, No.2, 1971, pp.111 – 114.
101. Prussin, Labelle, "The architecture of Djenne: African synthesis and transformation", Unpublished PhD dissertation, Yale University, 1973.
102. Rabie, Hassanein, "Some technical aspects of agriculture in Medieval Egypt", in Udovitch (ed.), 1981, pp.59 – 90.
103. Raymond, André, *Artisans et commercants au Caire*, Cairo: Institut Francais, 1975.
104. Richards, J. F. (ed.), *Precious Metals in the Late Medieval and Early Modern World*, Durham: Carolina Academic Press, 1983.
105. Riviére, Claude, "L'or fabuleux du Bouré", *L'Afrique Littéraire et Artistique*, Vol.5, 1972, pp.41 – 45.
106. Rodinson, Maxime, *Islam and Capitalism*, New York: Pantheon, 1974.
107. Saad, Elias N., *Social History of Timbuktu: The Role of Muslim Scholars and notables, 1400—1900*, Cambridge: Cambridge University Press, 1983.
108. Sanneh, Lamin O., *The Jahanke: History of an Islamic Clerical People of the Senegambia*, London: Oxford University Press, 1979.
109. Steensgaard, Niels. *The Asian Trade Revolution of the Seventeenth Century: the East India Companies and the Decline of Caravan Trade*, Chicago: University of Chicago Press, 1974.
110. Stewart, Charles C., *Islam and Social Order in Mauritania*, Oxford: Clarendon Press, 1973.
111. Swanson, John T., "The myth of the trans-Saharan trade during the

Roman era", *International Journal of African Historical Studies*, Vol.8, No.4, 1975, pp.582 – 600.
112. Teixeira da Mota, A., "Mande trade in the Costa da Mina according to Portuguese documents until the mid-sixteenth century", Unpublished paper delivered to Conference on Manding Studies, London, 1972.
113. Tymowski, Michel, "Les domaines des princes du Songhai, Soudan occidentale", *Annales ESC*, Vol.25, 1970, pp.1637 – 1658.
114. Tymowski, Michel, *Le développement et la régression chez les peuples de la boucle du Niger a l'époque précoloniale*, Warsaw: University of Warsaw, 1974.
115. Udovitch, Abraham L., *Partnership and Profit in Medieval Islam*, Princeton: Princeton University Press, 1970.
116. Udovitch, Abraham L. (ed.), *The Islamic Middle East, 700—1900: Studies in Economic and Social History*, Princeton: Darwin Press, 1981.
117. Watson, Andrew M., "Back to gold – and silver", *Economic History Review*, Vol.20, 1967, pp.1 – 34.
118. Watson, Andrew M., *Agricultural Innovation in the Early Islamic World: the Diffusion of Crops and Farming Techniques, 700—1100*, Cambridge: Cambridge University Press, 1983.
119. Watts, Michael, *Silent Violence: Food, Famine, and Peasantry in Northern Nigeria*, Berkeley: University of California Press, 1983.
120. Wilks, Ivor, "A medieval trade route from the Niger to the Gulf of Guinea", *Journal of African History*, Vol.3, No.3, 1962, pp.337 – 341.
121. Wilks, Ivor, "The Mossi and Akan states, 1500—1800", in Ajayi and Crowder (eds), 1971, pp.344 – 386.
122. Williams, D., "African iron and the classical world", in L. A. Thompson and J. Ferguson (eds), *Africa in Classical Antiquity*, Ibadan: Ibadan University Press, 1969, pp.62 – 80.
123. Willis, John Ralph, "The Western Sudan from the Moroccan invasion (1591) to the death of al-Mukhtar al-Kunti (1811)", in Ajayi and

Crowder (eds), 1971, pp.441 - 483.

124. Zouber, Mahmoud A., *Ahmad Baba du Tombouctou, 1556—1627: sa vie et son oeuvre*, Paris: Maisonneuve, 1977.

第三章

贸易前沿与接触性经济体（二）：
东非与印度洋

  非洲大陆的东海岸向印度洋上活跃的贸易浪潮张开了怀抱，最早将前现代的非洲和国际经济联系在了一起。类似撒哈拉地区的情况，印度洋使撒哈拉以南非洲融入了一个贸易生产体系，这个体系在中古时期顶峰时由穆斯林掌控，其形式和经济组织的特点与同一时代的地中海贸易体系有着某种联系。非洲东海岸和西海岸贸易前沿的商品交换模式也大体相似。然而全球性贸易对东部非洲发展的影响却与西苏丹和中苏丹的情况大相径庭。

  要想获知决定这些区别的关键因素，我们首先必须从两个区域的内部关系着手；其次是要考虑以海路而非陆路运输为特点的外部联结给市场造成的影响；第三点则是要考虑到与欧洲人的直接接触不但没有取代反而加强了穆斯林及亚洲人的经济存在。

发展的条件

正如第一章中已经提到的，所有创造区域性市场交换的因素在东非参与海路贸易之前就已存在了，虽然其条件在数量上和结构上可能比西非稍逊。东非地区从狩猎采集到驯化粮食生产的转变依靠着群体的迁徙和非洲其他地区传入的技术。不过，库希特（Cushitic）牧人和班图农业种植者在东非的分布却极其不均衡，留下了大量一直到近期仍在稀疏的狩猎采集群体控制下的区域。

总体较低的密度只是将东非的人口情况与同时代的西非区别开来的因素之一，人口分布的模式也能显出差异。沿着大湖区南北边界之间的纬度找寻，最大的人口集聚区位于内陆。这些区域和东非海岸之间是一个人口稀疏的区域，形同荒野。而到了东海岸，人口又变得稠密起来。只有在最南方的赞比西河谷，沿海和内陆之间的带状区域人口才较多。海边的斯瓦希里（Swahili）群落和赞比西河谷的绍纳人（Shona）都说班图语言，且很可能是在与印度洋贸易体系的联系建立以后才到达现在居住的地区的。

在与外界接触前，即便是更长时间的迁徙也不太可能会产生区域内的多样化长途贸易体系，这要归因于区域内互补资源的分布情况。与西非不同，东非的牲畜分散在耕种区。只有在坦桑尼亚、肯尼亚和其他更北地区的少数地方我们才可以找到主要以放牧为生的群体，而就算是这些人也从事一些农业活动。

东非农民和放牧人之间确实很早就有了贸易联系和冲突，这也解释了一些大湖之间令人印象深刻的中央集权国家的诞生。但这些国家与海岸相距甚远，与其他能够提供机会拓展贸易的前沿地区也十分遥远，以至于它们直到19世纪才被外部世界"发现"。

和西非一样，盐矿和铜矿是较早时期东非本土长途贸易的基础，但这些资源处在内陆人口稠密地区，因此人们也就没有动力向东部荒原进发，一直到19世纪之前都和沿海地区没什么联系。

维持东非和国际市场纽带的工具是印度洋帆船，一般来说——可能不完全准确——在西方文献中被称作单桅三角帆船（dhow）。与当时欧洲帆船的技术创新进程相比，单桅三角帆船看上去更像是一种海上的骆驼，即一种改变很小，需要的资本投入相对来说较低的交通方式。这种船的本质特点是它的大三角帆在面对外海的大风时会显得脆弱，但也无法对它进行大的调整。而这一特点从其发明开始便一直保持着。此外，1500年左右，单桅三角帆船的船体开始改用缝合的方式拼接，而不再用之前钉子固定的方法，这也限制了它们的大小和耐用性。

不过，即便在没有技术创新的情况下，在前机械化时代，水路运输的效率还是远胜于陆路搬运。在同等距离下，单桅三角帆船在印度洋上的时间只有骆驼穿越撒哈拉的三分之一，而一艘船的载货量则是一头骆驼的1 000倍；在船上几吨货品只需要一个船员看管，而沙漠贸易中一吨商品就需要两个或更多人照看。除此以外，接下来也会更详细地阐述，中古时期和后来欧洲人进入印度洋的时代，单桅三角帆船确实也经历了一些技术创新。与沙漠商队相比，这种运输体系的人力资本和固定资本使其能更直接地与印度洋商人的城镇世界联结起来。

集散地与出口：欧洲人到来之前（150—1500 年）

东非贸易前沿的关键特点在于它是一个能更深层次融入国际贸易体系的沿海地区，而西非萨赫勒地区的"集散地"则辐射内陆。尽管如此，海洋并不能给外部接触提供无限的机会。单桅三角帆船贸易的形式比较有限，它主要依靠邻近印度洋海岸线的人口聚居区和一年一度季风的方向和节奏。因此，与东非地区最早的外部接触来自红海，这一区域的古代航海者从未远离非洲和阿拉伯半岛海岸线，后来对东南和西南季风的利用使得最远来自波斯湾印度洋沿岸的船只也能到达。也有证据表明印度尼西亚人和中国人曾航行到东非，但与这两个区域的所有经济上比较重要的接触都是先通过印度再传到波斯湾的贸易集散地。

古代或中古时期的东非没有一个地方能长久保持海外贸易中心的地位。区域的内部地理情况决定了赞比西河谷以南的海岸位置很好，与内陆的交流最为方便，且当地的黄金矿藏使其最有经济价值。然而，季风的行进路径导致从波斯湾赶来的货主更喜欢北部的港口。这种不一致的结果是从索马里南部海岸到莫桑比克索法拉（Sofala）的离岸小岛发展出了许多城镇。

这些港口都出口内陆生产的产品，也在某种程度上是来自更南部地区的产品（尤其是黄金）的集散地。

海路运输的更高效率使得出口产品多种多样，而不是像撒哈拉地区那样局限于"奢侈品"。根据最早的古埃及资料（公元 2 世纪），东非贸易中最有价值的商品是象牙，其重要地位一直保持到了 19 世纪末。

与中古时期东非贸易相关的资料中经常提及奴隶，但要获得与其规模有关的推断甚至比西非苏丹地区更难。波斯湾农业、采珠业与阿拉伯、伊拉克和印度的奴隶军团所需的东非奴隶数量各有不同。根据 19 世纪以前已知的供给需求因素能较为精确地推断出 19 世纪的奴隶贸易数据，继而我们估计 650 年到 1500 年的奴隶贸易总数量是 500 万人。但至少一半奴隶来自邻近红海的国家，只有大约 200 万到 250 万奴隶在这 850 年间来自斯瓦希里海岸。

帆船贸易更加持久的支柱是木材，它在整个波斯湾南部地区都作为基本的建筑材料。铁也从东非向北方出口，北方本土铁产品的缺乏也解释了为什么粘制船身长久不衰。

黄金是跨撒哈拉贸易中最主要的商品，在东非却只能在赞比西河以南找到。对这一区域生产能力的估计分析表明，贸易的高峰时期——12 世纪到 15 世纪——每年的黄金出口量是 1.5 吨。但葡萄牙人到来前夕，黄金的产量开始不可逆转地下降。

如同大量且稳定供给的西非黄金一样，东非的黄金也逐渐来到了印度。但在途中黄金要路过一些沿海港口：首先是莫桑比克的索法拉，然后是坦桑尼亚南部的基尔瓦（Kilwa），最终则是蒙巴萨（Mombasa）和马林迪（Malindi）等肯尼亚北部的城镇。在东非黄金产量的高峰时期，基尔瓦曾在一段时间内几乎垄断了出口，这个地方也因此获得了令人印象深刻的内部发展，关于这一问题我们将在下文讨论。但到了15世纪，印度商人在沿海贸易中改用了更大的船只，其季节性航行模式使得他们无法前往肯尼亚以南的地区。蒙巴萨、马林迪和基尔瓦三者继而开始争夺黄金流通中各自所占的份额。

集散地与出口：葡萄牙人与阿曼人控制的时代（1500—1885年）

东非沿海城镇在融入世界经济的第一阶段所享受的政治独立同时也是其总体经济薄弱的一个因素。除了基尔瓦这个暂时性的例外，这一区域中没有一个城镇能够积聚起足够的对外贸易来支撑本地的集约发展。只有到外部贸易力量欧洲的葡萄牙人和阿拉伯半岛东南部的阿曼人在沿海强行立足的时候，一些贸易集散地才获得了较稳定的主导地位。从此，内陆腹地可以更有效地与沿海地区联系起来，市场商品的生产也开始了重大转变。

葡萄牙人最早到来，他们对贸易变革野心勃勃，但恰恰是因为野心，他们最终达成的目标较少。阿曼人响应并借鉴了欧洲人的计划，且最终根据东部非洲和印度洋地区的情况作出了相应调整，促进了更大程度的地方发展。

在东非经济变革的背后是控制印度洋、东南亚和东亚海上贸易路线的竞争。尽管斯瓦希里沿岸从来不是葡萄牙人海上扩张的主要目标，但瓦斯科·达·伽马（Vasco da Gama）在他划时代的1498年航行中，于马林迪利用了当地城镇的竞争状态，获得了前往印度所需的领航员。在葡萄牙人后来建立的印度洋贸易体系中，印度的果阿（Goa）成为行政中心，非洲海岸线极南段的莫桑比克成为一个主要补给站，而耶稣堡（Fort Jesus）控制下的蒙巴萨则提供了支配斯瓦希里北部海岸的手段。

葡萄牙人管辖东非贸易和从中收税的企图导致当地叛乱层出不穷。然而与印度、东南亚和东亚的情况不同，在这里没有其他欧洲竞争势力想要替代葡萄牙的位置。于是，这一角色被波斯湾阿拉伯国家阿曼接了过来。

在葡萄牙人到来以前，阿曼和波斯的西拉夫（Siraf）一样，向东非派出商船，但并不想寻求任何政治控制。作为对葡萄牙人控制其原有基地的回应，阿曼人按照欧洲方式改良了其船只的制造和武器装备，继而对蒙巴萨的葡萄牙人发动了反攻。

蒙巴萨的耶稣堡在1698年落入阿曼人手中，葡萄牙人很快向南至基尔瓦的其他沿海城镇派遣了小规模的守卫部队。葡萄牙人仍然控制着莫桑比克沿海，甚至在18世纪初几次威胁了阿曼人控制并不稳固的北方。最终阿曼人在桑给巴尔岛（Zanzibar）建立了自己的东非首都，成为这一区域的固定存在。继而，该地区的进一步发展也将围绕着这两个外部霸权展开。

葡萄牙人开发莫桑比克的手段包含了粗暴而又明目张胆的

国家计划，其结果却是事与愿违。其中最引人注目的行动是1569年为了征服穆帕塔（Mupata）的绍纳人王国进行的远征，他们错误地认为这样就能完全控制本地黄金生产。这次冒险后来被证明在军事上耗资巨大，而葡萄牙人获得的经济利益则有限，他们只是获得了直接参与小规模内部市场的权利。17世纪后期，随着穆帕塔国家更有活力，更偏向贸易保护主义的继任者昌加米尔的罗兹韦王国（Rozvi kingdom of Changamire）崛起，葡萄牙人的这种特权也被剥夺。

沿着赞比西河葡萄牙人夺取了穆斯林人在稍靠内陆的塞纳（Sena）建立的贸易站，然后继续向西扩张，在太特（Tete）和宗博（Zumbo）建立了主要贸易中心。赞比西河谷下游的整个广阔区域都被认作王室领地，并以普拉佐（Prazo）地产的形式分配给了一些葡萄牙人，以期能够推进农业产品和矿产品稳定、集约化的生产。普拉佐制度的社会和经济现实与其法律形式并不相符：对于许多地产拥有者而言，只不过是承认了他们本已拥有的土地；普拉佐的创造者们常常是印度人或非裔欧洲人，而非葡萄牙移民，这在创造者的后代中更为普遍。他们统治领地的方法很像非洲酋长，大量使用被称为奇孔达人（Chikunda）的奴隶武装。

普拉佐制度建立商业性农业的努力完全失败了，而它试图按照地方传统使用奴隶挖掘黄金的成果也不尽如人意。最终，普拉佐制度从促进商品生产的角色转向了向周边地区搜集商品。18世纪后期，当东非第一次感应到法国和巴西对奴隶的需求时，普拉佐制度才开始能够很好地供应这一商品，但在此期间它们也变得难以被沿海地区控制了。

在沿海地区，莫桑比克岛和克利马内（Quelimane）这两个处于赞比西三角洲的港口逐渐替代了索法拉成为内陆腹地商品的主要出口地。贸易路线不再像以前一样经过北方——不是途经东非城镇就是穿过波斯湾——而是直接前往印度。葡萄牙人只能间接从这一体系中受益，因为东非的黄金和象牙从未到达欧洲，而是在印度被用来购买香料和其他亚洲商品。但葡萄牙王室仍觉得必须通过收税和限制性许可的方式来确保莫桑比克贸易直接利润的大部分落入葡萄牙王室和人民的口袋，其结果是葡萄牙权力机构和主导莫桑比克贸易的印度商人之间的持续冲突。

一直到18世纪中叶，这一体系对葡萄牙人来说依然运作良好，因为借此他们可以对黄金出口保持一定的控制权，使其保持葡萄牙人到来之前的水平，不再继续下降：大约不到每年0.5吨。然而，18世纪后半叶，年均黄金产出（原因我们接下来会讲到）下降到了100磅出头。在此时的莫桑比克海外贸易中，象牙和奴隶占了主导地位，其来源地主要是赞比西河谷北部地区。因此，桑给巴尔崛起的时机到了，它不仅是一个替代者，也是对于东非广大内陆而言更有效的贸易集散地。

阿曼人在桑给巴尔的据点相比莫桑比克有两项优势：地理位置优越和统治者对待外国商人的政策更为宽松。虽然葡萄牙人对印度洋的侵犯迫使阿曼人采用了欧洲的造船方法，但其政府的行政机构——在阿拉伯半岛和后来在东非——都不能容许对商人的严密控制。此外，阿曼人的贸易利益与其他来到海岸的群体有互补性，而不是相互竞争。阿曼人主要将波斯湾的商品带到东非来交换奴隶，印度商人专门用纺织品换象牙。葡萄牙人之后最早经常进入当地市场的欧洲人来自法国。18世纪后期，法国人在莫桑比克和基尔瓦用印度洋波旁岛（Bourbon）和法兰西岛（Ile-de-France）（现在的留尼旺岛和毛里求斯）出产的糖来换取奴隶。奴隶的数量足以同时满足法国人和阿曼人的需求，因为阿曼人此时还没有建立自己的东非主要种植园。

19世纪，作为英属印度帝国的延伸，英国在波斯湾地区和东部非洲沿海建立了非正式的政治霸权。其贸易方面的后果包括对奴隶贸易持久但部分有效的干预以及对现行自由贸易体系的正式化。英国、法国、德国和美国都与桑给巴尔的阿曼人政府签订了"最惠国待遇"协定，开始输入日益增多的制成品来换取象牙、树脂、丁香和其他"合法贸易"产品。与其他印度洋区域进行的帆船贸易也日趋繁荣，其中包括在19世纪出口的50万奴隶。在东非的印度人虽然不再能进口南亚棉花，但仍然向家乡出口商品（尤其是象牙和丁香），他们作为代理商和投资家在国际贸易中扮演了重要角色。

19世纪早期，桑给巴尔的阿曼政权便不再是阿拉伯势力，而成了一个东非势力。这一转变的原因是处于统治地位的布赛义迪（Busaidi）王朝的一支将桑给巴尔作为了自己的永久居住地。在其他沿海城镇建立控制确实需要武力，但一旦为人接受后，维持统治的负担就较轻：小规模的驻防、按出口商品价值5%计算的关税以及能够保证对外出口商品途经桑给巴尔港。

桑给巴尔人对东非内陆地区的贸易渗透几乎完全以自发的

私营企业形式进行，它以沿海地区资本集中和内陆人口扩张的行动作为基础。但在从肯尼亚的蒙巴萨到索马里的摩加迪沙的北部沿海地区，直到19世纪中叶以后，桑给巴尔人的影响依旧不大，贸易路线的总体发展也较有限。在这一地区，阻挡内陆迁徙的自然屏障也给贸易活动带来了困难。此外，该地区从古代开始便建立起来的规模不大却重要的贸易活动在16世纪到18世纪期间受到了重创，放牧的奥罗莫人（Oromo）侵略者带来了战乱，影响了从索马里到蒙巴萨北部的整个地区。但到了18世纪后期，奥罗莫人开始接受一些来自索马里和肯尼亚沿海的小型沙漠商队，甚至在内陆的小部分区域建立了自己的贸易企业。除了蒙巴萨，康巴人（Kamba）也接入了沿海贸易体系，并向内陆渗透，远至肯尼亚山和乞力马扎罗山山脚地区。但1850年以后，所有这些贸易路线都笼罩在了来自坦桑尼亚北部沿海的桑给巴尔商队的阴影下。

在坦桑尼亚南部兴起了一种不依赖桑给巴尔人而直接组织的贸易形式，并且还非常繁荣。从18世纪后期开始，基尔瓦人（此时已经将其据点逐渐从岛上搬到大陆）的贸易活动得到复兴。正如阿尔佩斯（E. A. Alpers）详尽记述的那样，解答这一进程的关键在于探究18世纪后期尧族（Yao）内陆商人将其象牙和奴隶的贸易集散地从莫桑比克转移到沿海地区的动机，他认为主要原因是这样做能够更好地把握与法国人贸易以及参与阿曼—印度贸易的机会。从基尔瓦引出的陆上路线到达了马拉维湖——当时亦称尼亚萨湖（Nyasa）——周边人口稠密的地区，这里向东非沿海提供了大量奴隶。19世纪时，其数量超过了 100 万人，虽然其中大约超过一半被留在了本地的沿海种植园中。

将桑给巴尔岛对面的姆里马地区（Mrima）与坦噶尼喀湖和维多利亚湖周边富饶土地联系起来的"中部"路线见证了内陆—沿海关系最急剧的变化。坦桑尼亚中西部的尼扬姆韦齐人（Nyamwezi）的人口增长和商业积极性使这一联系的变革成为可能。但很快，沿海地区的商人成为其主要开发者，到了19世纪中叶，这些商人在尼扬姆维齐腹地的塔波拉（Tabora）和坦噶尼喀湖的乌济济（Ujiji）建立了主要城镇。沿着这条贸易动脉，沿海贸易中心向西北到了乌干达，向西部到了扎伊尔，向西南则开拓了赞比亚和马拉维。发生在更北区域的第二轮内陆发展将桑给巴尔贸易力量的代表带到了乞力马扎罗山区域，并从那里进入了肯尼亚中部、维多利亚湖东岸以及最远的现今肯尼亚—埃塞俄比亚接界的鲁道夫湖（Lake Rudolf）地区。

姆里马地区的巴加莫约（Bagamoyo）、潘加尼（Pangani）和坦噶（Tanga）等港口从 17 世纪的默默无闻转变成了桑给巴尔长途商人队的主要集散地。然而，就像沿海地区其他城镇、岛屿以及桑给巴尔岛本身的情况那样，这些贸易集散地也出口大量当地农业企业出产的商品。继而，19 世纪见证了贸易的大规模扩展和增长，其影响不只限于象牙（仍是最重要出口商品）、奴隶（此时达到了巅峰）和木材等传统国际贸易的主要产品，也见于非洲内部流通的商品，譬如食品、铁（及铁制工具）、铜和盐，此外，在此基础上还出现了一些新的主要出口商品：丁香、贝壳、透明树胶和谷物。这一变革对发展的意义比同时期西非撒哈拉前沿地区的变化更具根本性，但我们对此也更难作出总结性分析。

发展的影响：贸易组织

由于东非沿海地区海路通达且与腹地隔绝（直到19世纪），此区域的贸易比西非苏丹地区更容易落入外国商人的控制。尽管如此，我们不能像一些依附理论家认为的那样，简单地把该关系催生的经济进程归类为原始帝国主义导致的欠发展。该区域的贸易结构和其导致的生产变革都是复杂的，并包含了增长和衰退、依附和自主等各种因素。

虽然印度洋贸易体系在很多方面比跨撒哈拉商队贸易要有效率的多，但两者最开始都基于同样的伊斯兰商业体制。然而，事实表明，此区域在印度洋贸易全局中只占次要地位，加之16世纪欧洲船只到来之后该区域的贸易体系也经历了巨大的变革，因此，要想弄清楚这些体制如何影响东非是很复杂的。

我们能够获得的有关中古时期穆斯林和印度商业历史的一般材料显示，参与印度洋贸易的贸易机构比起组织跨撒哈拉商队的机构而言更为有效且稳定。形成这一区别的原因十分明显，我们之前也提到过，水路运输相比陆路运输在速度、承载量和所需人力资源方面都有优势。帆船运输可以归入城镇贸易企业的架构中，而沙漠商队就不可能了。因此，商人们便用部分资本来换取永久性船只所有权。即便商品分配给了其他商人拥有的船只（常常是为了分担风险）或者专精于操控单桅三角帆船的船长（nakhodas），参与其中的个人仍然属于同一个城镇社会，继而可以更有效地管理他们的共同利益，而与沙漠游牧民打交道的商人则很难做到这一点。甚至印度洋上船只的领航员也是城镇居民，虽然他们与船长或商人并无关系。他们大多能读会写，这一特质使得航海科学的积累增长成为可能。

在中古时期的开端，东非沿海的本地群体并不具备能使他们积极参与海洋文化所需的能力。事实上，这一时期出现的城镇中心中最初的精英的起源都可以追溯到阿拉伯半岛和波斯湾，因此这些城镇可以说基本上类似于殖民地。

然而，不管是文化上、生物学意义上还是政治方面，东非沿海的"斯瓦希里"社会都不是中东世界的简单扩展，而是外来和本土因素的混合体。斯瓦希里语作为大多数商人群体的通用语和母语，是在班图语的结构上加了大量的阿拉伯词汇。生物学意义上，此区域大多数人口是非洲人后代，而他们所宣称的外来起源〔最早的"设拉子人"（Shirazis）称他们来自波斯湾〕其实已是遥远的过去。后来进入此区域的葡萄牙人和阿曼阿拉伯人也逐渐与当地群体同化了，但至少其统治者一直保留着与母国亲密的政治和社会纽带。与当地人最为相异的商人群体是来自印度的各个穆斯林和印度教群体（葡属果阿的本地基督徒看上去至少在莫桑比克非洲社会被完全同化了），但如果这些群体不是作为英属印度的外延而卷入19世纪较早期现代欧洲殖民主义阶层—种族分类中去的话，他们也有可能变得更本地化。

无论东非沿海的商人群体是不是或者有多么"异质",他们作为经济殖民者的角色必须首先从贸易竞争和支配方面来定义:该区域与外部世界的贸易,以及沿海地区和内陆的贸易。东非商人想要获得印度洋和邻近海域长途贸易的控制权基本是不可能的。建造、维护和驾驶大型船只所需的资本、技巧乃至材料(柚木)的集聚只能在波斯湾找到,且无法在东非这一边缘地区复制。首个定居在桑给巴尔岛的阿曼统治者,曾经拥有一支由大型船只组成的舰队,最远曾经派到欧洲和美国。虽然他曾经试图发展本地造船业,但整个事业最终还是要仰仗于印度的船坞。斯瓦希里手艺人经常会建造他们自己的单桅三角帆船,但这些船的重量很少超过25吨,用途也只限于沿着海岸线航行。

控制或至少进入东非沿海的政治竞争在1500年前主要集中于一些斯瓦希里城镇,基本没有真正的外部干预。1500年后葡萄牙人干预的目的必定是殖民主义的,但却没有达成其控制贸易的任何一个主要目的。阿曼人将沿海贸易向桑给巴尔的集中也需要通过战争、密谋和呼吁英国帮助等手段来强制施行。但从这一"王国"中逐渐诞生的经济体系很快便断绝了与阿曼的任何政治联系,它给沿海地区提供了从宽泛意义上来讲足够的收益,从而使其可以在最低程度的镇压下维持控制。

外来和本土商人群体的竞争似乎在讨论东非内陆贸易组织时最有意义。葡萄牙人和阿曼人都大刀阔斧地将过去的贸易模式连根除去,将自己安置在比之前沿更往内陆方向靠的地方。然而,葡萄牙人对赞比西河谷的殖民对莫桑比克贸易的转变影响不大，尤其是考虑到一些阿拉伯-斯瓦希里群体曾经在公元1500年之前就与产出黄金的绍纳人群体建立了直接联系，我们就能发现事实就是如此。

从另一方面来说，以桑给巴尔为基地的贸易体系几乎辐射到了东非和中东部非洲内陆每一个有商业价值的角落，包括一些之前拒绝了葡萄牙人的地方，譬如现今扎伊尔加丹加省（沙巴区）境内产铜的卡曾伯（Kazembe）王国。在将商队分派到各个贸易路线的过程中，阿曼人不得不与一些在之前控制沿海-内陆货物运输的群体竞争：最值得一提的是控制蒙巴萨的康巴人、坦桑尼亚中部的尼扬姆维齐人和掌控基尔瓦的尧人。

在这一进程中，沿海商人使用经济、政治和军事的多重混合手段。在沿海地区，对内陆商人收取较多的关税。在内陆地区，总体而言阿拉伯-斯瓦希里商队相比其竞争者能够提供质量更好的进口商品，因为印度投资者给予了更多的借贷。

在前往沿海地区的商队组织方面，这些优势足够把康巴人和尼扬姆维齐人降为从属地位。尽管有来自内陆的比萨人（Bisa）和恩戈尼人（Ngoni）的竞争和袭击以及桑给巴尔贸易点的崛起将马拉维湖和北方贸易路线联系起来，但有更长沿海贸易历史的尧人仍然保持了对基尔瓦和马拉维湖之间的贸易路线的控制。

在东非内陆建立据点的桑给巴尔商人即便是在其势力的顶峰也并不代表印度洋商业体系的直接移植，而是本地和外来两种贸易体系的调和。重要的是，印度商人——无疑是沿海最有钱、最有经验以及与海外资本中心联系最为紧密的商人——一般都不会随着商队一起前往内陆。他们被排除在贸易活动本身之外的部分原因可能是阿拉伯-斯瓦希里商人故意为之的保护主义，也可能是印度人自己不愿意离开熟悉的群体生活。可是，内陆地区贸易的经济条件并不有利于这样一个专门性群体。这些区域的贸易组织和政治组织藕断丝连，后者则需要根据当地社会的情况进行调适。

在一些当地国家尤其强盛的内陆贸易点，如湖区的班图人王国（尤其是布干达王国）、尼扬姆维齐人地区和香巴（Shambaa）区域，统治者们要求在收益中分一杯羹，并要保证对商品来源地的专属权。在国家力量较弱或不存在的地方，如尼扬姆维齐人区域西部和南部，沿海商人——如著名的提普·蒂普（Tippu Tip）——就会干涉或者干脆自己接管权力。他们在这种情形下主要的工具是奴隶武装或雇佣武装，与赞比西河流域葡萄牙施行普拉佐制度地区的奇孔达人很相似。可是桑给巴尔人并不能垄断这种政治权力，正如米兰博（Mirambo）的例子显示的那样，他是一个尼扬姆维齐军阀，他在塔波拉的关键贸易区域击退了阿拉伯-斯瓦希里人的袭击；姆西里（Msiri）是另一个例子，他是一名尼扬姆维齐商人，推翻了当地的卡曾伯统治者，并在加丹加（沙巴）铜矿丰富的地区建立了自己的政权。

事实上，东非出口贸易的控制权仍然掌握在沿海印度债主和海商-货主手中，他们是内陆地区贸易能否独立发展的主要决定因素。然而，意识到金融依赖事实的内陆商人在沿海地区不同的贸易模式和政治条件下开始利用当地的资金收入。因此，阿拉伯-斯瓦希里商人不会立即返回沿海，而经常会在内陆地区待上几年，用借贷来的进口商品以最小的代价收集大量的出口存货。政治力量存在依赖于进口火器，而有了这一资本之后就可以获得非常广泛的东西，这可以被视为一种主要的自我积累资本的方式。另一种在支付维护费用同时产生出口商品的低成本方法是参与内部市场体系，参与食品、盐、当地布料、铜、铁和铁制品等的贸易。

总体而言，一直到19世纪末，东非贸易的组织形式与同时代西非的苏丹地区相比呈现了一系列弱点。外来和本土企业之间的差别要更大些。后者无论是由半外来的阿拉伯-斯瓦希里人开设还是完全由当地人控制，都依赖外部信贷，它们混杂了政治和贸易功能，没有专业化发展。然而，两者之间的差异不应被夸大，尤其是在它与变化更为剧烈的大西洋贸易前沿的预期对比中。对于东非而言，欧洲工业中心、印度洋沿岸城镇中商业-手工业资本家、海路和陆路贸易中阿拉伯-斯瓦希里群体和长途贸易中的本土参与者之间的媒介链条相较于苏丹地区更为层级分明，但这一链条中复杂关联的存在使得每次接触时的大量互相调适成为可能。其结果是将一个广泛的区域整合成了一个市场，再就是较低层级的代理商可以保持一定程度的自主。前殖民时期东非经济的依附性和动态上欠发展的问题在生产部门比贸易部门更为严重。

发展的影响：生产

对于东非出口贸易和区域内部生产能力的分析使一些并不

认同依附理论的历史学家们也将这一区域前殖民时期的经济史看作"通往绝境的过程"。有三个因素可以解释这种悲观性分析：大规模奴隶贸易以及19世纪沙漠商队传播疾病对人口的影响、奴隶和象牙获取的暴力本质、以牺牲本土制造业生产能力为代价的原初产品出口专门化。接下来我们将逐一分析这些问题，我们将会看到，事实上，印度洋贸易前沿给东非内陆发展带来的威胁要比撒哈拉带给苏丹地区的更大，但它又在某些意义上促进了持续的区域增长。

人口变迁与贸易

人口问题被放在第一位，因为它非常关键。人口问题并不直接属于经济史的范畴，且考虑到有限的现有证据，甚至在那些深入研究这一问题的学者眼中它都是很有争议的。在一些方面，对外接触的扩展提高了东非支撑更大规模人口的环境承载力。首先，新的主要作物，如大米、玉米、木薯和花生由沿海商人传播到了整个内陆地区。第二，运送长距离物品商队的迁徙与用于购买食品、盐和其他本地产品的新形式货币的引入（如珠子和贝壳）促进了食品和相关商品的区域流通。

东非（埃塞俄比亚和尼罗特苏丹除外）的奴隶出口量与撒哈拉和大西洋地区相比仍然较低，虽然其确实在19世纪得到了快速增长。但就算是在19世纪巅峰时期，奴隶出口增长仍然局限于临海的基尔瓦和克利马内，以及延伸到马拉维湖附近的内陆区域。19世纪中叶，这一区域中最靠近海岸的那部分确实显示出了人口减少的迹象，但奴隶的主要来源——马拉维湖西部讲切瓦语（Chewa）的湖区族群——一直到 20 世纪仍然人口稠密，即便他们一直持续向周边和遥远的经济活动中心输出劳动力。此外，我们必须记住，大部分从内陆地区强制带来的奴隶并不会离开东非，而是会被安置在沿海地区的一些地点。因此，这种人口重新分配的影响只有通过梳理这一进程才能理解（这正是我们接下来要做的），而不是考察奴役的水平和沿海奴隶劳动力与区域经济的关联。

东非的总人口——包括现在的肯尼亚、马拉维、坦桑尼亚、乌干达、赞比亚和津巴布韦——从 19 世纪 80 年代后期到 20 世纪 20 年代末这段时间内无疑经历了急剧下降。对于这一人口灾难有一个很难回答的问题，即它是代表了开始于 19 世纪商队贸易影响的延续还是接下来的殖民条件下特有的新现象。

商队运输的确影响了这一区域的疾病生态学，最明显的是意外地引入了外来的病毒性疾病。整个 19 世纪，天花和霍乱造成的死亡在所有商队经过的地方都有报告。贸易活动的加速也与一些流行地方性疾病的区域建立了联系——譬如昏睡病（sleeping sickness）和蜱虫传播的回归热（tick-borne relapsing fever），继而感染了那些对这些疾病没有自然免疫力也缺乏社会机制来预防的人群。可惜的是现有的证据都比较主观，无法对受到传染病感染的人口数量或者与之前人口变迁速率相对比的人口影响作出任何精确的统计。

19 世纪末的资料给我们呈现了一些全新的因素：通过赤道非洲西海岸传来的恙螨（jiggers）损害了没有准备的东非人的肢体；牛瘟（rinderpest）纵贯大陆，在东部和南部地区消灭了很多牛群；最后，昏睡病和呼吸道感染导致的发热以前所未有的规模传遍了整个大陆。恙螨与牛瘟的到来和欧洲人强加的统治没有关系，完全是巧合。牛瘟给放牧区域带来的影响也解释了昏睡病的传播，其病原体的携带者萃萃蝇需要荒草丛的庇护。然而，殖民者对非洲劳动力的需求（尤其是搬运服务）、对经济型作物胜过粮食作物的需求以及对那些易于控制的村庄人口的重新安置是东非地区大多数（生态）压力增长和疾病泛滥的主要原因。同时，该区域也成了英国和德国热带医学专家进行先驱性研究和开展公共卫生事业的场所。

因此，人口学是东非在融入印度洋市场过程中经济变革的重要因素，但通过现在可用的历史数据并不能弄清楚对外接触到底是增长了还是减少了当地人口，继而助推了或者是阻碍了进一步增长。但我们在考虑生产和国际贸易更明显的联系的时候，必须把这些探究人口学而得出的问题牢记在心。

掠夺与搜集

在东非海外贸易的早期发展中，其商品的范围和西非苏丹区域很相似：黄金和象牙占据主导地位，奴隶贸易则较为无足轻重。但到了 19 世纪，象牙和奴隶成为东非的主要出口商品，其中桑给巴尔的数据则表明农业产品的分量更重，但我们要考虑到的是这些农产品主要来自沿海地区（下面我们将单独讨论）。对于桑给巴尔港服务的内陆地区来说，象牙和奴隶成为占压倒性优势的最重要的出口商品。

鉴于其出口商品的种类，19 世纪的东非常常被作为一种依赖于不可再生资源崛起的掠夺性经济的一个经典例子。提供这些商品的区域没有什么回报，反而经常遭到破坏。

奴隶贸易人口学方面的因素我们已经探讨过。沿海地区西部和西北方向深入内陆的象牙捕猎不会像人口那样对本土经济有直接影响。一个相对而言较小的专业群体——大多是尼扬姆维齐人——承担了杀戮大象并将象牙运回出口点的工作。然而，这种行为的间接影响和奴隶贸易十分相似。为了迫使当地族群提供象牙，尤其是坦噶尼喀湖以西的族群，以及为了保证贸易路线的控制权，象牙商人和与其联合的内陆统治者们陷入了反复不断的暴力中。此区域大多数地区都笼罩在半武装侵略的氛围中。事实上，在解释大多数当地暴力行为的时候，我们很难区分奴隶贸易和象牙贸易的影响，也很难把与祖鲁人有关联的军事化的恩戈尼人现实中从南非向内陆的迁徙和持枪失地农民从北部尼罗特苏丹向南的迁徙区分开来。

对于那些处于掠夺性贸易路径上的人群来说，生存需要的是向更集中更易防守的村庄居住方式转变。在这些小区域生产食物的需求解释了为什么当地居民愿意采用如玉米和大米等新作物以及主动将畜牧业与作物种植联系在一起。但是，对于很多区域来说，转变也包括了抛弃过去用于轮耕和放牧的土地，这一行为似乎预示了牛瘟的流行，进而成为萃萃蝇和昏睡病传播的罪魁祸首。

东非黄金开采的崛起和衰退也代表了消耗性自然资源的出口，但这里的问题至少在开始时并不是围绕着人口和暴力，而是技术。金矿层在现今津巴布韦东北和莫桑比克西部的平原分布较为分散。金矿层最集中的地方要数石英脉，早期绍纳矿工已经认识到了这一点，他们用从农用品和军用品改进的铁制工具比较深入、大规模地挖掘了黄金。这里所采用的技术和那些用于大津巴布韦地区花岗岩建筑建造的技术很相似，我们接下来将会看到，城镇中心的崛起和 12 世纪到 15 世纪的黄金出口高峰有关。

但即便是在这个繁荣时期，金矿的开采也由于矿工无法控制水淹及将黄金同泥土和石英石分开过程的耗时、浪费而受到了限制。到了 15 世纪中叶，储量最丰富的金矿脉达到了当时技术所能开采的极限，东非黄金生产继而转向注重沉积地黄金的开采，主要由女性进行淘金或是较浅的挖掘。靠着考古学证据，学者们认为这一技术变迁导致了黄金产量的大幅下降。但是葡萄牙贸易资料显示一直到 18 世纪末的产量水平也只比之前高峰产量少了大约半吨。单个开采点效率的下降显而易见地得到了葡萄牙人活跃存在的平衡，他们既作为东部平原的商人，也是沉积层黄金开采活动向赞比西河以北扩展的组织者。18 世纪末期莫桑比克黄金出口的急剧下降部分原因是可获取的矿产资源逐渐耗尽，但最决定性的因素无疑是人力资源的转移，他们以不同形式转向突然扩展的奴隶贸易。掠夺性企业的回报来得很快，压制了原有耗时耗力的矿产开采。

铜的开采在东非出口经济中扮演的角色没有黄金那么重要，因为 19 世纪后期以前对这种金属的外部需求都不大。在这一时期，驻扎在加丹加的尼扬姆维齐商人姆西里试图加快铜的处理和对外出口的运输过程，但他粗糙的方法和这类非机械化企业必然会面对的高昂成本决定了他的失败。

更靠近海岸的地方，野生出口商品的搜集仍然处在外国商人的严格控制下，以至于对当地经济基本没什么影响。红木材从早期开始就是东非向阿拉伯半岛和伊朗的主要出口商品，由船员组成的临时工作队在靠近海岸的河流和河口将它们砍下，并最终出口。贝壳最初是印度洋东部马尔代夫群岛的特产，但随着西非的需求在19世纪早期超过了其供应能力，欧洲商人开始从肯尼亚沿海收集这些贝壳。这种情况下货主也可以自己作为生产者，因此也没有当地人什么事了。本地沿海地区的族群，本质上常常是农村的非穆斯林，垄断了柯巴树脂的采集，这是一种用在19世纪油漆生产中的野生树脂，在这一时期占到了桑给巴尔登记在册出口量的百分之十还多。然而，柯巴树脂在其原始状态下价格不高。大多数在桑给巴尔岛付出的成本是由商人而不是生产者承担，但清洗树胶这一主要增值过程掌握在外国商人甚至海外生产商手中。

种植园农业

19世纪之前，完全的商业化农业在东非任何地方都不存在。围绕着沿海城镇的是奴隶耕种的农场，产出各种商品；但城镇人口过小（15世纪基尔瓦的估计数为4 000到10 000人），加上海外贸易运输十分顺利有效，没有办法给市场生产提供助力。少量当地农产品流向了海外，尤其是送往索马里沿海的谷物和出口波斯湾的各种椰子制品（特别是椰壳纤维）。

1800年以后，种植园农业开始起飞，如果从增长率而不是绝对产量来看，它超越了出口经济中所有的其他部门。对肯尼亚沿海来说，谷物（主要是黍和大米）、芝麻和椰子制品是最重要的产品，虽然并没有确切的贸易数据。19世纪，桑给巴尔成为粮食作物的净进口地，但也增加了椰子的出口，且加入了新的有价值作物——丁香。在桑给巴尔和坦桑尼亚北部大陆也开展了糖料植物种植的实验，尽管从未成功过。

历史学家观察到的此种植园体系对东非经济的影响总体而言是有局限甚至是负面的。首先，整个现象与欧洲人在沿海地区影响的日益扩大有关，且其控制权掌握在当地来自阿曼和印度的亚洲人手中。第二，种植园与经济其他组成部分的联系是值得怀疑的：它们只是一些飞地，和新世界类似的地区一样，只为海外市场生产商品；同时它们保留了非洲传统，变成自给自足的社会单位，其目的不在于市场生产，而是为了保持所有者自己的地位。

虽然所有这些情况都存在，种植园仍然是东非经济发展的主要力量之一。与新世界的类比强调的是欧洲人在开创种植园体系方面的类似角色。更具体地说，法国在18世纪后期和19世纪初期在马斯克林群岛（Mascarene）建立了糖类种植园。这一事业增加了东非奴隶的流动，给当地以集约化商业性农业为特点的开发提供了模板，也成为印度尼西亚丁香引入的渠道，丁香后来成了桑给巴尔主要的种植园作物。然而，与早期葡萄牙人试图将欧洲开发模式强加到东非的影响一样，法国人的计划本质上加速了东非融入已在运行的中东—印度洋经济体的过程。

法国的劳动力需求太小，不足以解释19世纪东非穆斯林奴隶贸易的规模，尤其是将莫桑比克到巴西的贸易量考虑在内的时候。相反地，我们需要记住的是法国人到来之前就存在的大规模奴隶贸易和它的主要目的地是在波斯湾的一个区域，在那里非洲奴隶移民已经被用于商业性定期种植和珍珠捕捞。欧洲人通过扩展世界贸易的总体范围，主要在印度洋区域提升了这些亚洲产品的市场。相似地，桑给巴尔出产的丁香也在印度和阿拉伯半岛找到了主要市场，而非欧洲或美洲。

与邻近的印度洋经济体的整合而不是遥远的西方使得东非种植园体系打破了专门化农业生产的宿命：早期繁忙的扩张相对需求弹性的不足导致价格的大幅下降。这种情况在18世纪50年代的桑给巴尔岛有开始的迹象，也导致了桑给巴尔种植园某种程度上的停滞，继而一些种植园开始从商业种植转向自给农业。但同时其他种植园主，尤其是在肯尼亚沿海，提高了他们的较低价值商品的产量，比如椰子、谷物和芝麻，因为在周边地区这些商品仍不缺买家。

东非内部的阿曼种植园主切断了其与阿拉伯半岛的联系，将贸易和种植园得来的利润投入了当地经济。尽管如此，桑给巴尔岛上最大的土地所有者们还是与本土社会保持了一定距离，他们强调自己是纯种阿拉伯移民的后代，并在不改变他们信仰的前提下信奉伊斯兰教伊巴底派（Ibadi）。桑给巴尔的"孪生岛"——奔巴岛（Pemba）——的小型丁香种植园和肯尼亚大陆的谷物和椰子农场大多数被斯瓦希里人拥有。他们是混血人种，说班图语，已长时间定居沿海，信奉的宗教是传统逊尼派伊斯兰教。我们不太清楚这一界限保持了多久，尤其是因为19世纪中叶的阿拉伯移民中包含了贫困的逊尼派哈德拉毛人（Sunni Hadramautis）。如果英国人没有将印度人作为自己的附属而禁止其拥有奴隶的话，甚至印度人作为金融家和商人而非种植园主的角色也会发生改变。

最后，19世纪东非沿海经济的相对集约的农业生产和城镇部门几乎完全依赖于制成品进口这一事实形成了对比，这种现象在新世界的种植园地区也能见到。东非地区对奴隶劳动力的控制程度也要比西非的西苏丹和中苏丹区域高。大多数奴隶被用来参与生产经济作物，几乎只在地主的私有地工作。事实上，丁香和椰子树的永久性种植给当地的地产增加了一些价值，使得它们可以被用来抵押或偿还债务，而不是仅仅通过贡品收集来榨取价值。

然而，椰子种植园的作业制度比较松弛，即便是在收获季节需要集约化、严格监督劳作的丁香庄园，一年中的大多数时间也听由工人自便（不包括重要的手工业生产）。肯尼亚的马林迪拥有最严格的规定，那里的主要作物是黍和芝麻，经常由一千多奴隶劳工整年耕作，这些人被分成了5到20人组成的工作小队。

和西非苏丹地区一样（以及联系更紧密的红海和波斯湾地区商业性农业），东非的种植园奴隶没有把人力劳动与机械驱动或畜力驱动生产联系起来。基本的工作制度仍然围绕着手工工具以及小团体这一家庭和村庄生产的特点制定。此外，和苏丹地区一样，尽管许多种植园区域都与世隔绝，东非的奴隶仍可以经常设法逃脱，在一些情况下甚至会袭击之前主人所在的社群。这种情况可能限制了对奴隶劳工的创新性使用，也解释了为什么奴隶的生活舒适度和土地所有者相比并没有巨大差距的问题。许多奴隶从事的工作要好过单纯种地，逐渐的解放过程使得大多数人拥有进入沿海社会主流群体的希望。奴隶制度带来的地区经济增长的一个主要潜在因素便是当地城镇人口中自由民（被解放的奴隶）和其他自愿移民的持续流入。

城镇部门

人口数据不准确且不牢靠，即便是对那些在19世纪考察较多的东非沿海城市也是如此。尽管如此，还是有证据能清楚地证明人口在这个世纪内得到了增长，桑给巴尔岛的人口达到了五万多，基尔瓦接近五万（尽管一大部分人口是运输途中的奴隶），巴加莫约这一位于坦桑尼亚沿海的主要桑给巴尔贸易集散地人口亦达到了两万，而蒙巴萨则超过一万五千。人口也向内陆商队中心集中，如坦桑尼亚中部的塔波拉和乌济济，但这些地方的人口保持在中古时期沿海人口最大值（即 5 000 人）以下。内陆的中心尤其容易因为传染病而导致人口减少，这些聚居点中最大的城市——姆西里的加伦加泽（Garengaze）首都——的不幸结局就是最典型的例子。

除了不断增长的体量之外，东非沿海城镇缺少同时代撒哈拉附近城镇中心所能见到的手工业水平。这一差别本质上是因为地理位置的不同。印度洋使得海外的高级制造业体系能轻易进入主要的当地市场，也没有多少中间人族群——譬如撒哈拉地区的牧民——能够与海外商人竞争并获得当地制造商的青睐。

事实上，随着商业运输体系效率和规模的提高，东非手工业的自主性似乎倒退了。

沿海地区的基尔瓦和南部内陆的大津巴布韦地区很有可能代表了当地发展的顶峰，时间上来说是刚好在葡萄牙人到来之前，13世纪到15世纪之间。这些中心最引人注目的手工业成就都是纪念性建筑。在基尔瓦的例子中，工匠采用了中东地区的有关技术，但这两个地区的建筑都精心使用了本地材料，并在基本结构基础上添加了原创的、令人印象深刻的装饰细节。两个地方都有证据表明存在着相当规模的本地布料制造业（但不是印染业）。基尔瓦也生产作为当地贸易用途的珠子，当地的苏丹铸造自己的铜制钱币。在大津巴布韦，铜被制成铜丝，供给首饰行业。

15世纪这两个中心的衰退是因为新经济因素的出现，但并不是特指葡萄牙人。基尔瓦，前面已经提到，在其显赫的时候曾经在东非黄金贸易中拥有突出的地位，接下来的内部变迁和来自北部港口成功的商业竞争将其推下了神坛；大津巴布韦地区在同一时期被其居民所抛弃，其主要原因和当地环境的粮食承载力有关，但毫无疑问也同时与（至少从后来定居地建立的小规模架构的角度来说）这一区域富饶金脉的耗尽有关。

15世纪之后，基尔瓦或其他沿海城镇都再没有重新达到能与之前相比的建筑表现水平，也没有能维持大规模生产布料、珠子或者钱币的能力。但内陆地区生产的产品可以跟海外进口商品相比，尤其是赞比西区域的曼奇拉棉布（**Manchilla cotton** cloth）和更西地区出产的铜制品。随着商队路线的发展和 19 世纪海外供应体系效率的提升，便宜的美洲布料和大量的进口铜丝逐渐进入了内地，侵入了当地为数不多的能容纳制造业发展的地方。然而，同样的过程见证了东非铁制品流通水平的大大提升，既包括武器也包括铁制工具。沿海贸易前沿总是能够提供一些替代性的市场机会，但从 15 世纪到 19 世纪末的明显趋势是用进口商品代替制造过程更加复杂的当地产品。

总结

东非经济的发展与西非苏丹地区的经济发展相比显示了更多的依附和欠发展因素。这一区别最直接的指标是两个区域的城镇部分：苏丹地区城市达到的手工业水平可以与地中海地区的商品竞争甚至替代，而东非沿海和内陆的城镇仍然只是（甚至倒退到）原初产品出口和制成品进口的集散地的地位。然而，我们要知道，东非经济中最有活力的部分——向内陆进发的商队贸易和沿海地区的商业性种植园——一直到 19 世纪才出现。这两者一直保持增长，直到欧洲殖民统治中断了它们的进程。我们同样有理由认为，如果增长继续下去，它既可能会带来更严重的人口危机、当地环境和制度的破坏，也可能会促进处在扩展进程中的城镇中心经济的更为自主的发展。在接下来的殖民和后殖民时期发展中，东非与西非也形成了对比：东非对外部渗透更为开放，而其导致的结果是，当地经济变革的经历也多种多样。

参考文献

1. Abir, Mordechai, "The emergence and consolidation of the monarchies of Enarea and Jimma in the first half of the nineteenth century", *Journal of African History*, Vol.6, No.2, 1965, pp.205 – 219.
2. Abir, Mordechai, "Caravan trade and history in the northern parts of East Africa", *Paideuma*, Vol.14, 1968, pp.103 – 120.
3. Allen, James de Vere, "Swahili culture reconsidered: some historical implications of the material culture of the northern Kenya coast in the eighteenth and nineteenth centuries", *Azania*, Vol.9, 1974, pp.104 – 138.
4. Alien, James de Vere, "Swahili culture and the nature of East Coast settlements", *International Journal of African Historical Studies*, Vol.14, No.2, 1981, pp.303 – 325.
5. Alpers, Edward A., "Trade, state and society among the Yao in the nineteenth century", *Journal of African History*, Vol.10, No.4, 1969, pp.405 – 420.
6. Alpers, Edward A., *Ivory and Slaves: Changing Patterns of International Trade in East Central Africa to the Later Nineteenth Century*, Berkeley: University of California Press, 1975.
7. Amiji, Hatim M., "Some notes on religious dissent in nineteenth century East Africa", *African Historical Studies*, Vol.4, No.3, 1971, pp.603 – 616.
8. Austen, Ralph A., "Patterns of development in nineteenth century East Africa", *African Historical Studies*, Vol.4, No.3, 1971, pp.645 – 657.
9. Austen, Ralph A., "Abushiri et le lutte contre la domination allemande en Tanzanie", in Charles André Julien et al. (eds), *Les Africains*, Paris: Présence Africaine, Vol.1, 1977a, pp.51 – 81.
10. Austen, Ralph A., "The Islamic slave trade out of Africa (Red Sea and

Indian Ocean): an effort at quantification", Unpublished paper, Conference on Islamic Africa: Slavery and Related Topics, Princeton University, 1977b.
11. Austen, Ralph A., "From the Atlantic to the Indian Ocean: European abolition, the African slave trade, and Asian economic structures", in David Eltis and James Walvin (eds), *The Abolition of the Atlantic Slave Trade*, Madison: University of Wisconsin Press, 1981, pp.117 – 139.
12. Axelson, Eric, *Portuguese in South-East Africa, 1600—1700*, Johannesburg: Struik, 1960.
13. Axelson, Eric, *Portuguese in South-East Africa, 1488—1600*, Johannesburg: Struik, 1973.
14. Bathurst, R. D., "Maritime trade and imamate government: two principal themes in the history of Oman to 1728", in Derek Hopwood (ed.), *The Arabian Peninsula*, London: Allen & Unwin, 1972, pp.89 – 106.
15. Beach, D. N., *The Shona and Zimbabwe, 900—1850: An Outline of Shona History*, Gwelo: Mambo; London: Heinemann; New York: Africana, 1980.
16. Beachey, R. W., "The East African ivory trade in the nineteenth century", *Journal of African History*, Vol.8, No.2, 1967, pp.269 – 290.
17. Beck, Ann, *Medicine and Society in Tanganyika, 1890—1930*, Philadelphia: American Philosophical Society, 1977.
18. Bennett, Norman R., *Mirambo of Tanzania, co, 1840—1884*, New York: Oxford University Press, 1971.
19. Bennett, Norman R. (ed.), *The Zanzibar Diaries of Edward D. Ropes, Jr., 1882—1892*, Boston: Boston University Press, 1973.
20. Bennett, Norman R., *A History of the Arab State of Zanzibar*, London: Methuen; Brode, Heinrich, *Tippoo Tib*, London: Arnold, 1907.
21. Brown, Beverly, "Muslim influence on trade and politics in the Lake Tanganyika region", *African Historical Studies*, Vol.4, No.3, 1971, pp.617 – 629.

22. Brown, Beverly and Walter T. Brown, "East African towns: a shared growth", in W. Arens (ed.), *A Century of Change in Eastern Africa*, The Hague: Mouton, 1976, pp.183 – 200.
23. Brown, Walter T., "The politics of business: relations between Zanzibar and Bagamoyo in the late nineteenth century", *African Historical Studies*, Vol.4, No.3, 1971, pp.631 – 643.
24. Burton, Richard F., *The Lake Regions of Central Africa*, New York: Harper, 1860.
25. Chanock, Martin, "Agricultural change and continuity in Malawi", in Robin Palmer and Neil Parsons (eds), *The Roots of Rural Poverty in Central and Southern Africa*, Berkeley: University of California Press, 1977, pp.396 – 409.
26. Chittick, Neville, "East African trade with the Orient", in D. S. Richards (ed.), 1970, pp.97 – 104.
27. Chittick, Neville, *Kilwa: An Islamic Trading City on the East African Coast*, Nairobi: British Institute in Eastern Africa, 1974.
28. Chittick, Neville, "The peopling of the East African coast", in Chittick and Rotberg (eds), 1975, pp.16 – 43.
29. Chittick, Neville and Robert I. Rotberg (eds), *East Africa and the Orient*, New York: Africana Publishing, 1975.
30. Cooper, Frederick, *Plantation Slavery on the East Coast of Africa*, New Haven: Yale University Press, 1977.
31. Coquery-Vidrovitch, Catherine, *Afrique noire: permanences et ruptures*, Paris: Payot, 1985.
32. Coupland, Reginald, *East Africa and its Invaders: From the Earliest Times to the Death of Sayyid Said*, Oxford: Clarendon Press, 1938.
33. Cunnison, Ian, "Kazembe and the Portuguese, 1798—1832", *Journal of African History*, Vol.2, No.1, 1961, pp.61 – 76.
34. Cunnison, Ian, "Kazembe and the Arabs to 1870", in Eric Stokes and Richard Brown (eds), *The Zambezian Past*, Manchester: Manchester

University Press, 1966, pp.226 – 237.
35. Curtin, Philip D., "African enterprise in the mangrove trade: the case of Lamu", *African Economic History*, No.10, 1981, pp.23 – 33.
36. Curtin, Philip D., "Africa and the wider monetary world, 1250—1850", in J. F. Richards (ed.), *Precious Metals in the Later Medieval and Early Modern Worlds*, Durham, NC: Carolina Academic Press, 1983, pp.231 – 268.
37. Das Gupta, Ashin, "Trade and politics in 18th century India", in Richards (ed.), 1976, pp.181 – 214.
38. Datoo, Bashir Ahmed, "Rhapta: the location and importance of East Africa's first port", *Azania*, Vol.5, 1970, pp.65 – 75.
39. Datoo, Bashir Ahmed, *Port Development in East Africa: Spatial Patterns from theNinth to the Sixteenth Centuries*, Nairobi: East African Literature Bureau, 1975.
40. Deshler, Walter W., "Native cattle-keeping in eastern Africa", in Anthony Andrew P. Vayda (eds), *Man, Culture, and Animals*, Washington DC: American Association for the Advancement of Science, 1965, pp.153 – 168.
41. Duncan, T. Bentley, Unpublished ms. on Indian Ocean trade, University of Chicago, n. d..
42. Ehret, Christopher, "Nineteenth century roots of economic imperialism in Kenya", *Kenya Historical Review*, Vol.2, No.2, 1974, pp.260 – 283.
43. Fallers, Lloyd A., *The King's Men: Leadership and Status in Buganda on the Eve ofIndependence*, New York: Oxford University Press, 1969.
44. Feierman, Steven, *The Shambaa Kingdom: A History*, Madison: University of Wisconsin Press, 1974.
45. Ferrand, Gabriel, *Introduction à l'astronomie nautique arabe*, Paris: Geuthner, 1928.
46. Filliot, J. M., *La traite des esclaves vers les Mascareignes au XVIIIe siécle*, Paris: ORSTOM, 1974.

47. Ford, John R., *The Role of the Trypanosomiases in African Ecology: A Study of the Tsetse Fly Problem*, Oxford: Clarendon Press, 1971.
48. Freeman-Grenville, G. S. P., *A Medieval History of the Coast of Tanganyika*, Berlin: Akademie, 1962.
49. Freeman-Grenville, G. S. P., "The coast, 1498—1840", in Oliver and Mathew (eds), 1963, pp.125 - 168.
50. Gabel, Creighton, "Terminal food collectors and agricultural initiative in eastern and southern Africa", *International Journal of African Historical Studies*, Vol.7, No.1, 1974, pp.56 - 68.
51. Garlake, Peter S., *The Early Islamic Architecture of the East African Coast*, Nairobi: Oxford University Press, 1966.
52. Garlake, Peter S., *Great Zimbabwe*, London: Thames & Hudson, 1973.
53. Goitein, S. D., "From Aden to India: specimens of correspondence of India traders of the twelfth century", *Journal of the Economic and Social History of the Orient*, Vol.23, No.1, 1980, pp.43 - 66.
54. Good, Charles M., "Salt, trade and disease: aspects of development in Africa's northern Great Lakes region", *International Journal of African Historical Studies*, Vol.5, No.4, 1972, pp.543 - 586.
55. Good, Charles M., "Man, milieu and the disease factor: tick-borne relapsing fever in East Africa", in Hartwig and Patterson (eds), 1978, pp.46 - 87.
56. Gray, Richard and David Birmingham (eds), *Pre-colonial African Trade: Essays on Trade in Central and Eastern Africa before 1900*, London: Oxford University Press, 1969.
57. Hartwig, Gerald W., *The Art of Survival in East Africa: The Kerebe and Long-Distance Trade, 1800—1895*, New York: Africana Press, 1976.
58. Hartwig, Gerald W., "Social consequences of epidemic diseases: the nineteenth century in East Africa", in Hartwig and Patterson (eds), 1978, pp.25 - 45.
59. Hartwig, Gerald W., "Demographic considerations in East Africa during

the nineteenth century", *International Journal of African Historical Studies*, Vol.12, No.4, 1979, pp.653 – 672.
60. Hartwig, Gerald W. and K. David Patterson (eds), *Disease in African History*, Durham, NC: Duke University Press, 1978.
61. Herbert, Eugenia, *Red Gold of Africa: Copper in Precolonial History and Culture*, Madison: University of Wisconsin Press, 1984.
62. Hornell, James, "Sailing craft of western India", *Mariners' Mirror*, Vol.32, 1946, pp.195 – 217.
63. Hourani, George Fodio, *Arab Seafaring in the Indian Ocean in Ancient and Medieval Times*, Beirut: Khayats, 1953.
64. Huffman, T. N., "The rise and fall of Zimbabwe", *Journal of African History*, Vol.13, No.3, 1972, pp.353 – 366.
65. Iliffe, John, *A Modern History of Tanganyika*, Cambridge: Cambridge University Press, 1978.
66. Isaacman, Alan F., *Mozambique: The Africanization of a European Institution: the Zambezi Prazos, 1750—1902*, Madison: University of Wisconsin Press, 1972.
67. Johnston, T. M. and J. Muir, "Portuguese influences on shipbuilding in the Indian Ocean", *Mariners' Mirror*, Vol.48, 1962, pp.58 – 63.
68. Kjekhus, Helge, *Ecology Control and Economic Development in East Africa: The Case of Tanganyika, 1850—1950*, London: Heinemann, 1977.
69. Labib, Subhi Y., "Karimi", in *The Encyclopedia of Islam*, new edition, Vol.4, 1978, Leiden: Brill, pp.640 – 643.
70. Lamphear, John, "The Kamba and the northern Mrima coast", in Gray and Birmingham (eds), 1969, pp.75 – 101.
71. Landen, Robert Geran, *Oman since 1856*, Princeton: Princeton University Press, 1967.
72. Lewis, Archibald, "Maritime skills in the Indian Ocean, 1368—1500", *Journal of the Economic and Social History of the Orient*, Vol.16, 1973,

pp.238-264.
73. Mathew, Gervase, "The dating and the significance of the Periplus of the Erythrean Sea", in Chittick and Rotberg (eds), 1975, pp.147-163.
74. Moreland, W. H., "The ships of the Arabian Sea about A. D. 150C", *Journal of the Royal Anthropological Society*, Vol.69, 1939, pp.63-74, 173-192.
75. Newitt, M. D. D., *Portuguese Settlement on the Zambesi: Exploration, Land Tenure and Colonial Rule in East Africa*, New York: Africana Publishing, 1973.
76. Newitt, M. D. D., "The southern Swahili coast in the first century of European expansion", *Azania*, Vol.13, 1978, pp.111-126.
77. Nicholls, C. S., *The Swahili Coast: Politics, Diplomacy and Trade on the East African Littoral, 1798—1856*, London: Allen & Unwin, 1971.
78. Oliver, Roland and Gervase Mathew (eds), *History of East Africa, Vol.1*, Oxford: Clarendon Press, 1963.
79. Omer-Cooper, J. D., *The Zulu Aftermath: A Nineteenth Century Revolution in Bantu Africa*, London: Longmans, 1966.
80. Page, Melvin, "The Manyema hordes of Tippu Tip", *International Journal of African Historical Studies*, Vol.7, No.1, 1974, pp.69-84.
81. Pearson, Michael N., *Merchants and Rulers in Gujarat*, Berkeley: University of California Press, 1976.
82. Phimister, Ian, "Pre-colonial gold mining in Southern Zambezia: a reassessment", *African Social Research*, Vol.21, No.1, 1976, pp.1-31.
83. Pouwels, Randell L., "Tenth century settlement of the East African coast: the case for Qarmatian/Ismaili connections", *Azania*, Vol.9, 1974, pp.65-74.
84. Prins, A. H. J., *Sailing for Lamu*, Assen: Van Gorcum, 1965.
85. Prins, A. H. J., "The Persian Gulf dhows: two variants in maritime enterprise", *Persica*, Vol.2, 1965/66, pp.1-18.
86. Randles, W. G. L., *L'Empire du Monomotapa du XVe au XIXe siécle*, Paris: Mouton, 1975.

87. Richards, D. S. (ed.), *Islam and the Trade of Asia*, Oxford: Cassirer, 1970.
88. Ricks, Thomas M., "Persian Gulf seafaring and East Africa: ninth to twelfth centuries", *African Historical Studies*, Vol. 3, No. 2, 1970, pp.339 - 358.
89. Roberts, Andrew, "Nyamwezi trade", in Gray and Birmingham (eds), 1969, pp.39 - 74.
90. Roberts, Andrew, *A History of the Bemba*, London: Longman, 1973.
91. Sauvaget, Jean, "Les merveilles de I'Inde", (trans. and ed.) in Memorial Jean Sauvaget, Damascus: Institut Francais de Damas, Vol. 1, 1954, pp.187 - 309.
92. Sheriff, Abdul M. H., "The rise of a commercial empire: an aspect of the economic history Of Zanzibar, 1710—1873", Unpublished PhD. dissertation, University of London.
93. Sheriff, Abdul M. H., "Trade and underdevelopment: the role of international trade in the economic history of the East African coast before the sixteenth century", in B. A. Ogot (ed.), *The Economic and Social History of East Africa* (*Hadith*, No.5), Nairobi: EAPH, 1975, pp.1 - 23.
94. Sheriff, Abdul M. H., "The slave mode of production along the East African coast, 1810—1873", in John Ralph Willis (ed.), *The Slave Estate in Islamic Africa*, London: Cass, 1985, pp.161 - 181.
95. Shorter. Aylward, "Nyungu-ya-Mawe and the 'Empire of the Ruga-Rugas'", *Journal of African History*, Vol.9, No.2, 1968, pp.235 - 259.
96. Smith, Alison, "The southern section of the interior, 1840—1884", in Oliver and Mathew (eds), 1963, pp.253 - 296.
97. Summers, Roger, *Ancient Mining in Rhodesia and Adjacent Areas*, Salisbury: National Museum of Rhodesia, 1969.
98. Sutherland-Harris, Nicola, "Trade and the Rozwi Mambo", in Gray and Birmingham (eds), 1969, pp.243 - 264.

99. Sutton, J. E. G., *Early Trade in Eastern Africa*, Nairobi: EAPH, 1973.
100. Sutton, J. E. G. and Andrew Roberts, "Uvinza and its salt industry", *Azania*, Vol.33, 1968, pp.45 - 86.
101. Tibbets, C. R., *Arab Navigation in the Indian Ocean before the Coming of the Portuguese*, London: Royal Asiatic Society, 1971.
102. Unomah, A. C., "Economic expansion and political change in Unanyembe, ca. 1840—1900", Unpublished PhD dissertation, University of Ibadan, 1973.
103. Uzoigwe, G. N., 1969, "Kabalega's Aburusura: the military factor in Bunyoro", Nairobi: Makerere Institute of Social and Economic Research, Conference Papers, mimeo.
104. Verbeken. Auguste, *Msiri, roi du Garenganze*, Brussels: Cuypers, 1956.
105. Villiers, Alan, "Some aspects of the Arab dhow trade", *Middle East Journal*, Vol.2, 1948, pp.399 - 416.
106. Were, Gideon, *A History of the Abuluyia of Eastern Kenya*, Nairobi: EAPH, 1967.
107. Wheatley, "Analecta Sino-Africana Recensa", in Chittick and Rotberg (eds), 1975, pp.76 - 114.
108. Whitehouse, David, "Maritime trade in the Arabian Sea: the ninth and tenth centuries A. D.", *South Asian Archeology*, Naples: Istituto Universitario Orientale, 1979, pp.865 - 885.
109. Wright, Marcia and Peter Lary, "Swahili settlements in northern Zambia and Malawi", *African Historical Studies*, Vol. 4, No. 3, 1971, pp.547 - 573.
110. Ylvisikar, Marguerite, *Lamu in the Nineteenth Century: Land, Trade and Politics*, Boston: Boston University Press, 1979.

第四章

贸易前沿与接触性经济体（三）：
西非与大西洋

　　欧洲和南大西洋之间航线的开辟影响了整个非洲的经济发展。在前面的几章里我们已经看到了西非苏丹地区和东非本已存在的国际贸易模式如何在 16 世纪之后发生了改变。但最重要的改变发生在那些欧洲航海家成为与外界首要的、定期的联系中介的区域。

　　这一变化的发生地在从塞内冈比亚到安哥拉的海岸线延伸，经过好望角和纳塔尔，到达莫桑比克。莫桑比克在前文对于面向亚洲的印度洋前沿的讨论中已有提及；好望角和纳塔尔将在一个关注殖民化南部非洲的独立章节中涉及；而第一项，包括海岸和与之接壤的内陆地区——几内亚湾地区和赤道非洲地区——是本章的主题。

　　大西洋前沿的独特性体现在三个关键因素上：经由海洋而来的欧洲人和与之打交道的非洲人之间的技术差距；沿海地区多个互相竞争的贸易中心的存续；欧洲人对当地出口商品需求

的程度和多样性。这些特征的融合使得西部和西赤道非洲一度成为非洲接触性经济体中最有活力却也最劣势的地区。

贸易路线：欧洲人对海洋的控制

在欧洲人发现航路之前，非洲的大西洋海岸曾经作为苏丹地区贸易体系的外围而部分地参与了国际贸易体系。该地区的一些产品——主要是香料——进入了跨撒哈拉贸易，而其他产品如柯拉果和海盐则到达了内陆的热带草原。但此时最为活跃的交易似乎是区域性的，因为海洋本身就能给那些邻近的以淀粉类饮食为基础的族群提供比较充分的鱼类和盐。

至少在理论上，将从刚果到现今加纳不同河湾联系起来的内部水域使西非沿海的多种贸易成为可能，譬如珠子、铜和奴隶等的贸易。但不幸的是，我们对于这类贸易仅有的证据来自欧洲人开发、利用沿海地区内部联系的时期，并且其有可能本身就是欧洲人自己发起的。无论如何，非洲海洋贸易只有可能呈现出一种松散传递的组织形式，其中的大多数表现了联结沿海地区和相邻内部地区的市场结构和规模。

一些比较极端的修正派历史学家认为，各类航海家——不管是腓尼基人、阿拉伯人还是非洲人——在15世纪葡萄牙人的探索之前便在热带西非和地中海地区、新世界之间建立了联系。这些论据的弱点恰好帮助解释了现代欧洲的活动作为事件和过程的重要性。古代和中古时期划桨和航行的技艺无法支撑穿越南部大西洋的来回航行。此外，无论从非洲和新世界群落身上的生理和文化相似之处能得出什么有关航行的结论，都不能证明15世纪之前这些区域之间存在着持续的经济联系。

因此，葡萄牙人的海上冒险开启了非洲洲际贸易的崭新篇章。与中古时期撒哈拉和印度洋贸易前沿不同，在跨大西洋贸易中我们能看到运输技术持续的并逐渐加速的创新进程。从15世纪开始到19世纪，船只的风帆逐渐增大，设计越来越精巧，装备了新型转向装置，船体的规模和结构得到了提升，导航的工具和操作也变得更有效率。19世纪中期，船帆和木制结构被蒸汽和铁所替代，这也将航行工具的发展带到了高潮，并且，正如我们将在下一章看到的，给殖民占领扫清了障碍。但在早于殖民时期很久之前，效率不断增长这一因素便在形成非洲—欧洲经济关系的特性方面非常重要。

这种运输体系的影响在于：跨大西洋贸易中外部商人相对于中间和最终供给区域的独立性要比跨撒哈拉和印度洋贸易中高得多。大西洋中没什么重要的停留点，日趋频繁的航行从欧洲（或北美）直接来到非洲。其中一些贸易活动，尤其是在早期，包括了非洲沿海中心之间的货物集散，但这些航行活动只是抵消了同一市场中非洲独木舟的潜在或现实运营。

欧洲人运输体系的效率增长体现在船员和货物比例的持续降低：到大航海时代的末期，每9到14吨货物只需要一名船员，其运载量是印度洋单桅帆船体系的2到3倍，是撒哈拉骆驼商队的15到30倍。大西洋航行所需的大多数补给品都可以从家乡带来，只需要在非洲的一些选定地点补充一些如水、谷物和水果之类的基本物品即可。唯一需要非洲人设立的交通设施是驶入港湾的领航服务与船只受海浪和沙洲阻碍而需要的驳运服务。

非洲大西洋沿岸港口据点反映的货主需求较为有限，反映更多的是与内陆密集的联结体系产生的各种结构。欧洲人常常直接在船上开展贸易活动，并不在陆地上建立任何机构。在那些贸易站建立的地方，并不需要大规模的据点，并且往往其总影响是进一步减轻了欧洲人对陆地的依赖，这是因为这些贸易站的设计目的基本上都是在转向更为舒适的大西洋西部和北部海岸之前，尽可能减少船只在非洲水域所花的时间。

贸易路线：非洲供给区域

理解大西洋贸易中非洲供应者内部情况的关键因素不是运输技术——在这里它既不创新，包含面也较窄，而是新的沿海贸易前沿与业已存在的区域市场架构的自发整合。欧洲货主的贸易活动主要集中于一系列沿海地区，而这些地区在此之前便已经至少是当地市场交易的中心了。这些区域之间的一个主要区分是它们与早前苏丹洲际贸易体系的结合程度。这一贸易经历，加上独立的人口和政治因素，决定了非洲人在沿海和内陆出口商品来源之间的路线上获得控制权的形式。最后，每个区域中欧洲人存在的本质都大有不同，也反映了非洲内部和外部因素的互动。

为了便于分析，我们将非洲大西洋沿岸分为六个主要地区：(1) 塞内冈比亚－上几内亚（Senegambia-Upper Guinea）；

(2)黄金海岸（Gold Coast）；(3)贝宁湾（Bight of Benin）；(4)比夫拉湾（Bight of Biafra）；(5)加蓬-刚果（Gabon-Congo）；(6)安哥拉。排序越后的地区与苏丹贸易世界的整合程度就越低。区域1总体上是西苏丹热带草原地区的直接延伸，虽然其距离尼日尔河中游的经济和政治中心较远。区域2和3属于森林地带，其与苏丹地区经济联系颇深，但从未完全融入其中。最后，在尼日尔河东部和南部的地区与沿海三角洲地区，与苏丹地区的联系可以忽略不计。

沿海与内陆地区间贸易的组织形式也可以归为三种模式，尽管这些模式与苏丹地区的整合程度并不是完全对应的。在塞内冈比亚-上几内亚地区，长距离的物品运输仍然被苏丹地区的穆斯林迪乌拉人所控制，他们只需要那些占据沿海地区和与之接壤内陆地区相对较小且羸弱的国家提供保护和其他地主性服务。

在和苏丹地区相连的森林区域，大型内陆国家——阿散蒂、达荷美（Dahomey）、奥约（Oyo）和贝宁（Benin）——控制了通往沿海的交通，使自己的国民成为商人。在这一地区，国家体系的发展部分是为了响应苏丹地区的贸易，它们与热带草原地区乃至撒哈拉地区持续保持了贸易联系，甚至在大西洋沿岸开放之后亦是如此。位于内陆的地理位置使得它们可以同时从南向和北向贸易中套利，也能使它们与沿海地区的欧洲人保持一定距离，免遭其危害。

在安哥拉诞生了一种相似模式的内陆中间商国家（但它们缺少自己的长距离商人），不过这些国家并没有与苏丹地区产生联系。这些国家〔最有名的要数马坦巴（Matamba）和卡桑热王国（Kasanje）〕的人口组成是基于内陆地区隆达人（Lunda）和沿海地区姆邦杜人（Mbundu）的迁徙融合而形成。我们将会看到，葡萄牙人的威胁比正面的贸易因素提供了更直接的答案以解释这些贸易中心所处的位置；但这些地区也可以利用多重贸易路线带来的机遇，比如在安哥拉沿海同时与刚果以北的荷兰、英国和法国商人周旋。

在尼日尔河和刚果河之间，欧洲人的主要贸易伙伴是那些非洲沿海国家。这些国家实体负责将货品从内陆运抵沿海，有时经由水路，穿过尼日尔、卡拉巴尔（Calabar）、喀麦隆及加蓬地区的河流和河湾；有时则由刚果沿海的维利卢安果王国（Vili Loango Kingdom）的商队经由陆路运输。对于遥远内陆的商品来源地的控制则通过一个复杂的中间商网络最终传导到沿海商人那里。

15世纪起欧洲人沿着西非海岸布置的贸易站点为后来内陆地区的逐渐殖民化打下了基础。但一直到19世纪（对于大多数地区一直到19世纪90年代之前），这些贸易点仍然明显较小。欧洲人存在的性质在各个地区大有不同，有葡萄牙在安哥拉的小块殖民地，有塞内冈比亚、上几内亚和黄金海岸设防的城镇和贸易站，也有贝宁湾、比夫拉和加蓬-刚果沿海不设防的贸易站、停泊的大船和直接在过往船只甲板上进行的贸易活动。

这种差异并不是由商品的规模、价值或是组成（往往绝大多数主要商品来自那些欧洲人分布最少的沿海区域）所决定的，而是政治和文化因素导致的。大型贸易中心的形成一方面是基于在容易到达的塞内冈比亚-黄金海岸地区欧洲人之间的竞争,另一方面则是因为安哥拉的刚果和姆邦杜沿海国家无法驾驭葡萄牙人突然而来的国际接触(其他没有与苏丹地区接触经历的地区融入大西洋体系的过程更为缓慢)。不管欧洲人建立的贸易站的规模和结构如何,它们的主要功能都是从沿海地区接收可以立即装船运输的货品,而不是在内陆收集或制造商品。尽管如此,各种形式的外部渗透仍然会给非洲贸易和生产活动的发展带来一些影响。

商品:出口结构的变迁

繁荣的北大西洋经济体与西非地区交通联系的建立给一大批商品的交换创造了机会。非洲向这一体系的出口商品包含了诸如象牙、染料木和硬木、树胶、蜡等主要产品。然而此类贸易的主要阶段都体现为某一种商品或一系列商品的主导地位。最开始欧洲商人关注的关键商品是黄金,后来变成了奴隶,到了最后的前殖民地时期则是植物油和野生橡胶占据主导地位。历史学家常常倾向于将西非经济过多的转变归咎于出口商品的变迁。但是,这些变迁是重要的,为了理解它们影响的广度和局限,我们有必要厘清其模糊的时序。

文艺复兴时期的欧洲人很清楚,西非是黄金的主要来源地,也因此对他们的贸易体系十分重要。因此,葡萄牙人远航最重要的目标便是能够在穆斯林控制的苏丹-撒哈拉沙漠商队体系之外获得这一贵金属。葡萄牙人在荒芜的毛里塔尼亚沿海的阿古因（Arguin）建立了西非第一个贸易中心，以直接参与沙漠贸易。数年后这一地点被放弃，转向了位于塞内冈比亚-上几内亚的贸易站，在那里他们更容易生存且能够与西部班布克和布雷的黄金采掘中心建立直接的联系。最后，在现今的加纳（葡萄牙人以及荷兰人、英国人和丹麦人等后继者都称之为"矿山"或者黄金海岸），欧洲人发现他们所处的位置与西北黄金储量最丰富的地区相邻近。

对黄金的索求不只解释了欧洲人在这些本已融入苏丹贸易体系地区集聚的原因，也回答了其进入欠发达市场的起始动机。因此，在贝宁湾沿海这一与苏丹地区联系以间接形式存在的地区，葡萄牙人和荷兰人最初是用他们在黄金海岸获得的珠子、布料和奴隶来换取黄金。类似地，早期葡萄牙人在安哥拉扩张的原因也是需要用来送往黄金海岸的奴隶以及有关这一区域内部也拥有贵金属的幻想。

西非黄金经由大西洋向地中海地区的出口看上去要比一系列陆路运输有效率得多。历史学家们估计，黄金除了向苏丹地区和撒哈拉地区持续流动外，每年运往欧洲和美洲的数量大概在 0.75 吨到 1.75 吨之间。黄金贸易在 16 和 17 世纪达到了顶峰，然后便开始急剧下降，直到殖民时期欧洲企业家在黄金海岸的金矿引入新的开采技术后才出现一定程度的恢复。出口的减少可能是由于耗尽了以当时的非洲开采技术能够获得的黄金。另一种解释，以莫桑比克为例，则将其归咎于黄金生产和奴隶贸易新需求之间的竞争。

欧洲人在非洲获取奴隶的目的只有一个：为新世界热带地

区的种植园提供劳力。和黄金贸易一样，这种贸易也是从中世纪后期欧洲经济中产生的。后来成为大西洋种植园综合体系的基本模式来源于地中海东部地区，在那里欧洲人开始利用进口劳动力大规模获取蔗糖。最初，这些劳动力是意大利奴隶贩子从高加索和东欧雇佣的白人。但15世纪奥斯曼帝国的扩张关上了这些地区的大门，同一时期糖料种植园体系移到了伊比利亚半岛和非洲西北海岸的岛屿，因此奴隶主们便自然而然转而雇佣非洲黑人了。最初，其中的一些奴隶是通过跨撒哈拉贸易到来的，但很快，随着西非沿岸贸易中心的建立，欧洲人开始通过大西洋水路获取奴隶。

在最开始的150年里，大西洋奴隶贸易规模仍然相对较小，这是因为糖料体系此时局限于旧世界和巴西沿海。然而1600年之后，巴西地区的生产得到了扩张，荷兰人、英国人和法国人开始了在新世界拓展种植园生产的征程（尤其是加勒比海群岛）。这一体系在18世纪达到了高峰，此时奴隶已经成为非洲历史上最重要的出口商品。1810年至1870年这段时间奴隶贸易对于欧洲人和北美人是违法的，但来自巴西、古巴和美国种植园的持续需求促使了对英国禁制政策的合法或非法规避。因此，通过大西洋进行的奴隶运输占比在这一最终阶段达到了顶峰，尽管"合法贸易"出口商品的价值开始逐渐超越。

对于大西洋奴隶贸易总人数的估计仍有争议，但着眼于此的研究表明结果的范围应在1 100万到1 200万人之间浮动。这个数量十分巨大，尤其是考虑到达到这一数目的时间较短。相比起来，我们已经提到过，通过沙漠路线和海上路线进行的伊斯兰地区的奴隶总数比大西洋奴隶贸易要多三分之一，但即便是在其最高峰，也远远没有后者那么集中。但是我们也要考虑到，大西洋奴隶贸易的影响在地域上比较分散。在19世纪奴隶贸易的最后阶段，也是其最为集中的时期，15%的奴隶并不是来自非洲的大西洋沿岸，而是来自莫桑比克。在西非内部，奴隶的来源地一直变化，来自塞内冈比亚-上几内亚和黄金海岸的奴隶在早期占多数，但后来逐渐减少，此时来自比夫拉湾和加蓬-刚果北部沿海的奴隶占比上升。

　　大西洋奴隶贸易给非洲贸易和生产能力造成的具体危害将会在下文中讨论，但总体而言，一旦时机成熟，奴隶贸易并不会阻碍向其他出口活动的转型。

　　19世纪欧洲的工业革命和伴随的对进口原材料需求的提升以及采购成本的降低恰恰提供了这样一个时机。这一时期大西洋贸易的加速影响了所有非洲商品：象牙和其他大宗产品、黄金和奴隶。但增长最明显的门类则是在之前只有较小出口市场而又十分富余的植物性产品。

　　19世纪以前苏丹地区经济中唯一重要的长距离交易栽培作物是柯拉果、棉花和谷物，它们在森林、热带草原和沙漠地区交易。我们已经见到，这种贸易活动在19世纪得到了长足增长，部分原因是有利的长期降雨条件。跨大西洋贸易最初几个世纪出口海外的农产品主要包括胡椒，但它们从未在欧洲占有一席之地，其在西非的产量也走上了下坡路。因此，19世纪欧洲人对植物油和野生树胶这两种非洲产品的兴趣没有先例可循。

　　非洲植物油的来源是两种作物：油棕榈和花生，前者长期以来作为本地人的食品来源，后者是在 1500 年之后才由新世界引入。自 19 世纪早期开始，棕榈油和棕榈仁在整个几内亚和赤道丛林地区便是贸易的支柱，欧洲人最开始把它们用来当润滑剂和蜡烛的材料，然后演变成了肥皂工业的组成部分。花生既可以用来制作肥皂，也可以用于欧洲本土食物的制备中，其来源地主要是塞内冈比亚和安哥拉的沿海热带雨林区域。

随着硫化过程的完善与对橡胶鞋履、各种机械部件和自行车轮胎的需求增大，橡胶市场在 19 世纪后期才发展出来。在非洲大多数丛林区域都能发现野生形式的橡胶，但到了 19 世纪 80 年代早期，它在上几内亚、现今的加纳、刚果北部海岸和安哥拉都呈现了迅猛增长的态势。

欧洲人和非洲人在 19 世纪早期和中叶都尝试过将新世界和亚洲的种植园作物复制到西非。这些实验很大程度上失败了，棉花从未生根发芽，糖类作物、烟草和靛青植物也差不多是这样。然而，在葡萄牙人直接控制下的两个地方——安哥拉北部和圣多美群岛（16 世纪早期此地是世界上最重要的糖类生产中心），咖啡和可可的种植很成功。但是，这些新出口产品的扩张需要等到殖民时期情况变化时才能发生。

贸易的影响：欧洲人、非欧混血人与非洲穆斯林

考虑到当地商品在制成出口商品之前只需低强度的处理过程，大西洋沿海这一非洲的另一个贸易前沿的经济主要由商人而不是制造商所掌控。将这一区域与前面所述区域区分开的是更高强度的进出口交易与外部和内部贸易机构之间低水平同化这样一种结合。因此,欧洲化的非洲商人在大西洋沿岸的重要性不如他们在苏丹地区甚至此地信奉伊斯兰教的迪乌拉人和豪萨人那里这么明显。阿拉伯-斯瓦希里沙漠商队和其军事贸易设施的建立渗透了东非内部,而欧洲人对自己向沿海的贸易投资施加了限制。

这一对比产生的原因首先是欧洲人和非洲人之间的隔绝,欧洲人完全控制了航海技术,也在后来推动了殖民征服。第二点和接下来即将讨论的话题有着更直接的关系,即欧洲和非洲贸易前沿商人组织的广泛竞争。这种竞争与跨撒哈拉贸易和印度洋前沿交易点的集中形成了对比,其原因我们将在下文讨论,但其影响却是把贸易的影响分散到了各类参与者身上,而他们中没有一个能够或是需要承担推动社会和文化主要转型的重任。

欧洲人在西非开始从事贸易活动时目的明确,即通过在沿海地区关键中心建立精心设计的陆上设施来消除竞争。随着此类贸易从最开始的葡萄牙投资到19世纪英国人、法国人和德国人成为主导的演变过程,我们可以明显地看到很大一部分欧洲商人都可以进入跨洋航运,因为这些活动在西非沿海不用受到任何的集中控制。官方贸易集散地因此让路于一种趋近于自由贸易的体系。而对东非而言,变化的方向是倒退的,从19世纪桑给巴尔占主导地位回到中古时期斯瓦希里城镇林立的状态。

15和16世纪的葡萄牙人将西非贸易视为一个独占的国营组织活动,由居住在守卫森严的殖民领地里的王室官员来运营。

17世纪时，葡萄牙的地位受到了荷兰、英国和法国的挑战（其他较小的竞争对手包括丹麦、瑞典和勃兰登堡），欧洲的政府不再直接负责贸易活动，但仍然试图用那些官方特许公司实行垄断。各种各样的西非公司被认为在鼓励个人参与贸易活动方面是必要的，因为贸易活动风险较高，需要采取不只是针对葡萄牙人也包括其他新来者的军事行动。考虑到最终的复杂竞争，这些垄断组织都未能维持盈利性的运营。当18世纪奴隶贸易达到高峰时，当时的主要大国已经把西非贸易开放给了所有商人，且继续将企业的贸易站作为公共服务设施来维持，任何想要减少装满出口商品所需时间的船只都能以很低的成本获得这些服务。

19世纪时，各种政治和意识形态因素（见第五章）助力了葡萄牙、英国和法国对这些小规模殖民地的维持甚至零星扩张，尽管荷兰、丹麦和其他影响力较小的力量完全放弃了其在西非的领土主张。1800年后大多数参与奴隶贸易的企业消失了，代替它们的是更大数量的以出口"合法"非洲产品为生的商人。贸易更为简易的准入加剧了港口的竞争，但并没有为扩大个体企业规模或扩展贸易活动覆盖面提供什么动力。19世纪中期的主要创新是将蒸汽机技术引入了大西洋运输，这让人们更加重视前往西非地区的航运。然而，直到殖民时期之前，运营蒸汽船的企业的所有权仍然是与商业公司分离的，也事实上给沿海小型运营者进入进出口贸易提供了新的机会。

19世纪后期这些变革的主要得益者不是从欧洲新来的群体，而是当地出生的非洲裔欧洲人，又称克里奥人（Creole）。

这些人的混血状态很复杂，许多是欧洲商人和非洲女性联姻的后代，但大多数人是通过其他途径进入欧洲人贸易中心的势力范围。他们或他们的祖先往往是奴隶、收养的孩子、欧洲人的自愿雇员、白黑混血儿或是已经欧洲化的非洲人。19 世纪时，成千上万的非洲人被英国皇家海军从非法奴隶船上救下（也有一小部分要感谢法国和美国海军），接着被重新安置到了塞拉利昂、冈比亚、利比里亚和加蓬，在传教士的指导下结成了相当规模的克里奥社群。在其中的一些地方——包括达荷美和拉各斯（Lagos），在非洲以外得到解放的奴隶和其他在巴西或北美获得自由的奴隶混居在一起。

最早的非裔欧洲人存在的意义是在陆上为欧洲货运商提供服务。在他们原来的居住中心——塞内冈比亚、上几内亚和黄金海岸，这些代理商中的许多人发展出了足够独立进行当地贸易的能力，地点常常是在靠近欧洲人主要贸易中心的政治独立社区。到 19 世纪时，对非裔欧洲人最有吸引力的贸易区是位于塞内加尔、塞拉利昂、黄金海岸、拉各斯、加蓬和安哥拉的小块欧洲殖民地。但不断增长的规模和新的社区来源意味着他们的贸易活动扩展到了没有欧洲人永久政治监督的沿海中心，譬如达荷美、比夫拉湾和刚果北部沿海。

即便克里奥商人拥有最有利的投资条件，他们仍然只是一个外部欧洲经济体和非洲内部出口商品供应者之间存在的相对较弱的中间群体。非裔欧洲人都没能够富裕到在欧洲建立经济基地或是拥有大量远洋货船的地步。由于资本较为有限，他们倾向于专注进口和零售贸易，而非风险更大的本地商品出口。

在此基础上，这些克里奥人可以与沿海地区其他的小型欧洲侨商竞争，并且有时可以接管失败外国商人的财产，正如19世纪时在黄金海岸发生的那样。

即便是最成功的非裔欧洲人企业，一般而言也倾向于维持非正式的簿记，以及作为家庭延展的产权形式，他们并不愿意采用现代欧洲商业的组织和法律框架。这种模式不能够用缺乏教育或法律素养来解释：这两者在19世纪大多数非裔欧洲人所在的殖民飞地都能见到。一种解释是，与苏丹地区非裔穆斯林商人的情况类似，在雇佣劳动市场仍然较弱的社会中，本地的亲缘和奴隶关系是构成企业唯一可靠的基础。另一个同样令人信服的动机是保护财产免遭欧洲人的法定求偿，这也是考虑到非洲人倾向于依赖外来资本的提前预付，却常常无法按时还债。这种防御性的倾向在19世纪后期得到了进一步加强，当时植物油的出口价下跌导致沿海贸易比以前风险更大。

在依赖当地社会资源的情况下，克里奥商人相较于非欧洲化非洲中间人群体并无优势。非裔欧洲人的主要财富是他们能够获取欧洲进口商品、现代河流运输服务和有关外部市场的信息。如果沿海贸易在一些区域更为集中的话，他们所处的地位可能可以创造一个与苏丹地区和东非的非裔穆斯林拥有的类似的贸易体系。然而在现存的竞争性条件下，达成这一目标的努力都失败了，正如安哥拉的"庞贝罗"（Pombeiros）这一非裔欧洲人打入西非腹地最深处的例子说明的那样。

庞贝罗代表着那些在西非最发达的欧洲人贸易中心站稳脚跟的大型葡萄牙商业企业。庞贝罗商队从沿海的罗安达出发，前往安哥拉中部的卡桑热和刚果的马莱博（Malebo）等偏远市场。为了打通路径，葡萄牙人摧毁了曾经控制沿海贸易的姆邦杜和刚果王国，也与同样具有扩张性的卡桑热的因邦加拉王国（Imbangala）达成了协议，至此确立了庞贝罗活动的东部界限。即便是建立在这样的基础上，这一体系还是在18世纪后期分崩离析了，因为未经当局许可的庞贝罗开始与安哥拉北部海岸的非法船只进行贸易，因邦加拉和马莱博供应商也将很大一部分奴隶和象牙出口到了另一个从刚果北部海岸诞生的竞争性贸易体系中，英国、荷兰和法国货运商定期访问此地。在这一地区组织商队的群体基本上是来自卢安果王国的维利人和相关当地国家的群体，他们比庞贝罗更有效率地渗透到了内陆，这是因为维利人本身能够在贸易路线沿线的一些地点建立永久且政治中立的代理处。

维利人实质上是西非的独特现象，因为在其他地方只有来自苏丹地区的穆斯林贸易群体能够在大西洋海滨和遥远的内陆之间保持直接且自主的商队联系。在欧洲地理大发现时代，来自西苏丹的迪乌拉商人已经作为黄金、柯拉果、盐和干鱼的买家在塞内冈比亚和现今加纳沿海立足。在塞内冈比亚，欧洲贸易站点的建立没有给这一体系带来什么根本变化：迪乌拉商人继续在沿海和尼日尔河上游故乡之间运送商品。这一时期运输的速度很有可能大大增加了，因为欧洲人为苏丹地区的奴隶提供了一个主要市场，而除了已经在走下坡路的黄金之外不需要与其他沿海商品竞争。

现今的加纳是中古时期晚期苏丹地区黄金贸易的主要来源，

在这里迪乌拉人和欧洲人确实在开始时曾经相互竞争。然而一旦欧洲人在"黄金海岸"的贸易中心建成，苏丹地区商人便将他们的活动范围局限于后来成为阿散蒂国家的贸易中心中，这里距离海岸150多千米。这一区域的黄金主要流向欧洲人，而迪乌拉商人和后来的豪萨商人则主要是作为奴隶的供给商和欧洲商品的买家而得以兴盛。当19世纪欧洲对于这一区域奴隶的需求下降，并且黄金明显还没有足够的量来维持时，阿散蒂人已被拉高的进口预期最后是靠着与北方的贸易来维持的，尤其是通过豪萨人商队出口柯拉果。

对于现在加纳以东的地区，苏丹商业网络在中古时期从未到达海岸。此外，贯穿整个前殖民时期与欧洲贸易的是沿海和热带草原贸易区的分界线。在这些地方，要想在区域之间的互补性和竞争性因素之间达成平衡比在阿散蒂王国要难得多。奴隶贸易对双向需求比较敏感，但19世纪喀麦隆和加蓬的象牙则是一种更为稀有的商品，对于欧洲商人而言北方另一条贸易路径的存在可能某种程度上提高了象牙的价格。在所有这些区域中，苏丹地区的贸易，尤其是豪萨人的贸易活动，在1500年至1900年间得到了持续增长。这样看来，欧洲人在沿海的存在虽然并不能证明有益，但至少看起来没有造成什么危害。

贸易的影响：非洲族群的接力体系

在沿海地区欧洲人和非裔欧洲人活动区域与北方穆斯林商

队路线之间的几内亚、赤道森林和热带草原南部地区，存在着一大片出口贸易由当地人口控制的区域。除了前面已经提到的卢安果的维利人这个例子之外，在此区域没有能够发展出跨越地理和文化界限的市场网络和商人阶层。因此，内陆与沿海地区来往的货品并不是由一支商队或是同一个组织的中间商负责的，而是历经从一个族群向另一个族群的跨地区接力过程，而这个过程往往也是水路和陆路运输交替进行。

在非洲的这一地区通行条件较差，森林和河流通行能力有限，而且还要考虑季节的因素，这些地理障碍部分地解释了为什么会出现接力体系而不是由网络体系控制长途贸易。奴隶、采集产品和小规模农业产品代替黄金成为主要出口商品这一事实也是很重要的：前者来自分散的地域，因此也促成了多重供给路径的产生。

然而，通往苏丹地区和印度洋前沿贸易路线区间的相似条件并不能阻止整合的商队体系最终成为主导。导致大西洋供给线碎块化的关键因素是出海口之间的相互竞争。与欧洲人直接保持联系的非洲人因此在大西洋贸易中享受了一定优势，但其内陆伙伴却可能选择其他的沿海市场，这也在一定程度上抵消了他们的优势。

因此，大西洋贸易体系的核心实质上是更为碎片化的，也比前文提到的其他两个贸易前沿的任何一个都要不稳定。尽管如此，大西洋贸易体系也是由两种有时不太能区分开的制度结合起来的。第一个是将接力体系各区块（包括欧洲的部分）联系起来的交易工具：会计单位、信贷安排和伙伴关系联盟。第二种则是接力体系每一个区块内部的社会形态，如运送和储存商品、提供市场准入的必要条件。

西非的会计单位比较复杂，因为考虑到非洲贸易团体的政治和文化自主性以及当地交易中黄金的相对不重要，对伙伴双方都有共同价值的货币并没有出现。许多非洲社群中货币的形式包括但不限于这样一些物品：棕榈油、棉布、铜锭、黄铜锭、铁锭、黄铜制马蹄形状的手镯。这些"货币"主要用来内部交易，而在国际贸易中基本上是作为进口商品存在。国际收支因此不得不通过对等品的以物换物来实现，经常使用的是稳定的商品-货币单位：铁/铜锭、含金合金、箱装杜松子酒等，但其代表的交换价值实际上是非常有弹性的，一块铁锭的价值随着供给/需求因素上下浮动极大。欧洲市场上非洲商品以货易货条件的改变因此能够很准确地反映在沿海地区和内陆沿线商品的价格上。

进出口商品的交换，无论是在沿海还是内陆，一般都无法立即完成，因此也需要某一方进行信用预付。几乎所有例子中预付（主要例外是塞内冈比亚的迪乌拉商人与暂时孤立的欧洲贸易站进行的交易）都是从欧洲人流向非洲沿海居民，接着从这些中间商最终传导到内陆供应商。这种信贷流向反映了欧洲人使用资本市场的优先权。在具体的例子中，资本市场往往会因为违约或欺诈而导致外国商人遭受损失，但总体而言它允许了某种程度的对价格的外部控制，自然而然地便能在交易的每个环节都能提供较高的利润率。

当商人来到一个由陌生群体控制的市场时，为了确保交易能够发生且信贷安排能够得到尊重，有必要与当地群体中的个人建立规律性的关系。欧洲人常常用他们自己的方式处理这类问题，利用沿海地区的非裔欧洲人来给获得预付款的非洲人提供账单（即便是这些非洲人本身是文盲，也照样提供），或是在欧洲人群体内部发布有关各个非洲伙伴可靠性的信息，并利用其航船的机动性来避开那些不好打交道的合伙人。对于向内陆出行的非洲人和一些欧洲商人来说，他们需要更为复杂的社会联盟关系。这可能包括在"地主"贸易伙伴的建筑群的房屋中共同居住，发誓结成"血盟兄弟"或是一些类似的仪式性契约，以及联姻。联姻是一个经常发生的有效策略，常常反映了和信贷流向相同的不对称性：沿海的欧洲人和商人从他们的债务人伙伴那里获得妻妾，但并不会把他们的女人送给这些群体。

加入伙伴关系联盟这一决定本身就显示了西非地区贸易关系嵌入分散的社会关系的程度。这种特质在每个接力步骤中贸易组织的维持方面尤为明显。这些组织的变体基本上基于三种不同的模型：集体动员的血统/村庄体系、基于集权统治者或分散化强人权威的政治框架、围绕着区域性宗教成员身份的仪式型框架。必须强调的是，这些分类是分析性的抽象总结，目的是为了帮助理解各种不同贸易体系的主要特点。实际上，任何一个历史体系都包含了两个或两个以上的框架因素。

对于一个非洲社群来说进入某个贸易体系最简单的方式是在非农业季节动员当地男性人口与邻近地区进行贸易活动。这种做法不是西非或国际贸易中独有的，比如东非的尼扬姆维齐人用这种方式建立起了他们的商队体系，在其他进行区域交易的地方这也是惯常做法。这种贸易活动的基本组织形式是标准的同龄人和亲属之间的村庄/血统架构。掌权者和劳动力是同一拨人，他们都参与了社会的食品生产活动。这类组织的活动覆盖面取决于贸易远征队的季节局限以及参与群体的规模。在苏丹地区以外的西非，适宜出行的旱季没有东非那么长。因此，在中立或友好地区通行，村民们的小型商队已经足够，但他们无法轻易与那些想要在自己的势力范围内维持贸易控制的人群竞争。事实上，基于村庄的接力体系往往是非常碎片化的，其特点是主要商品的来源地十分遥远，或者是与沿海贸易集散地直接接壤的腹地，这些地区的贸易总量并不大，建立更专业化组织的动机也并不突出。

沿着那些迪乌拉商人不直接接触的大西洋主要贸易路线，即从象牙/黄金海岸向东和向南，大多数商人都是围绕着专门的政治权威而组织起来的。这些区域中的沿海贸易组织的内陆接力基于村庄/血统架构，很符合这种模式。在这里，长途贸易参与者的核心是当地统治者的附庸，很少参与通常的食品生产。直接监督或带领贸易远征队的责任总是属于那些接近权力中心的个人，有时是统治者自己，但大部分劳动力，尤其是搬运工和独木舟划桨手，常常是由特别针对这类目的而招募的奴隶构成。

西非的政治性贸易组织在其结构上差别很大。为了综合分析我们可以将他们分为集权和非集权两种体系，虽然很多现实中的例子处于这两个极端之间。几内亚内陆阿散蒂、达荷美、奥约和贝宁等较大的国家，葡萄牙在安哥拉的殖民地及其姆邦达（Mbanda）、因邦加拉、马坦巴和卡桑热等贸易伙伴至少在它们运转良好的时期是属于集权的一类。在这之中的每一个国家都有一个政治权威，通过在关键的贸易地区建立有效的行政-军事权威以及对进入市场的当地和外来商人进行管控，从而控制了贸易的准入。在大多数（但不是所有）例子中，统治者自己会维持一个官方商人-酋长团体，这个团体的成员在公共资本的供应、贸易开放度和税收减免等方面享有优待，但统治者不会完全垄断国际贸易。因此，重量级的商人并不一定是国家机器的一员，但他们的活动受到了来自国有商人的政治控制和经常的不公平竞争。

非集权化的贸易实体主要活动于象牙海岸、几内亚东部、喀麦隆和加蓬以及内陆刚果河及其支流流域，往往体现为滨海水域的独木舟贸易。在这些体系中，政治权威的领地从未超出一个单一的城镇定居点及其邻近的腹地（比如尼日尔河三角洲的"城邦国家"），有时候甚至局限在一个村庄中，在这种条件下与邻近地区的可见联系只能在抵御外来者入侵共同领土时才能见到。贸易是通过"家族"的形式组织起来的，组成人员主要为企业家团体的亲属和奴隶随从。家族在这里不是一个完全意义上的专门化单位，因为其食物来源大多依靠自给自足，但这里的维生模式有一种比较突出的是捕鱼业，其中已经包含了为了获取和交易可销售商品而离开家乡的远行。在从捕鱼业到进行海外商品出口贸易的转型中，家族成为真正的资本主义企业，为了利润的最大化而投资独木舟和奴隶等固定资产，继而根据其经济上的成功或失败而崛起或衰落。

最终，西非所有的贸易实体都被证明无法组织起大于一定规模的经济体。集权化国家，尤其是18世纪的阿散蒂和奥约王国，其影响力可以扩展到广袤的地域，但对这些区域的控制最终导致了政治危机和经济回报的下降。非集约化国家更不稳定，但更灵活；要想让高度集中的权力向贸易单位的竞争性本质妥协几乎是不可能的。事实上，社会动员的逻辑经常让领导权落入曾经的奴隶手中，正如19世纪后期尼日尔三角洲伯尼（Bonny）的贾贾（Ja-Ja）这一著名范例所呈现的那样。这种冲突的解决方法是建立听命于不同权威的新居住地。比如贾贾就从伯尼搬到了奥波波（Opobo），这样一来体系作为一个整体能够得到维持。然而基于独木舟运输的企业的经济活动范围受到了河流可通行性的限制。在水路到不了的地方，他们依赖于其他中间商的接力运输。

我们可以认为，如果西非国家当时拥有更高效的军事和行政管理技术，比如像19世纪中叶的阿散蒂王国那样，它们便可能成功地整合大片贸易区域，并逐渐创造出更高效的针对内部生产的市场。我们将会看到，这一论点给欧洲殖民主义提供了经济上的正义性；但它的反面，即国家权力的压倒性优势，也将会作为对殖民时期和后殖民时期非洲经济的主要批评对象而得到审视。对于前殖民时期的苏丹地区和东非来说，国家在将外部准入集中于长途贸易商品上非常重要，这在大西洋沿岸是不可能发生的。但是，相关国家又没有在内部贸易网络上建立政治领导权。在西非，迪乌拉和豪萨商人作为政治中立者运营着最高效的贸易网络，这两个群体因其共有的穆斯林身份而有了内部凝聚力。在西非森林区域的一些贸易体系中，当地的习俗性约束机制可以为广泛且非政治的市场组织提供类似的基础（虽然没有那么高效）。

我们所知的非穆斯林贸易网络在西非的三个区域运营：伊博地区（Igboland）中部，称"阿鲁体系"（Aro System）；尼日利亚-喀麦隆的克洛斯河地区（Cross River），称"埃克佩体系"（Ekpe System）；喀麦隆-加蓬南部地区，称"比拉巴体系"（Bilaba System）。在阿鲁体系中，商人们分布的区域较广，对一个超然存在于当地其他精神力量的神灵的信奉——丘库-"伟大精神"-阿鲁故土的神谕（Chukwu-Great Spirit-oracle of the Aro homeland）——是这一体系的基础。在其他体系中（阿鲁体系也部分符合），宗教习俗组织只会帮助那些明确地以村庄/血统群体或非集权国家贸易家族的形式组织起来的商人获得市场准入权。

这些宗教习俗体系只是给不同社群个体商人之间的伙伴-联盟关系提供了基础，这种联盟体系在西非接力体系范围的每一个环节都或多或少地存在。然而一旦与广为接受的宗教习俗结构建立联系，联盟就可以允许某一群商人穿越一系列不同的地域来进行覆盖面更广的贸易活动。虽然集权体制国家的贸易体系倾向于控制内陆前往沿海地区的通行，宗教习俗体系在这方面却作用相反，尽管在这之中只有埃克佩体系是从沿海传入的。经手此类贸易的群体一开始就接受了外部渗透的合法性，因为他们和商人拥有共同的信仰：阿鲁神谕、埃克佩的猎豹神力（Ekpe leopard force）、"比拉巴"（一种"夸富宴"形式）资金捐助者的信誉。通过这些途径，大多数社群都能以其生产的出口商品来换取进口商品作为有保障的回报。

即便在其最为成功的时期，基于宗教习俗的贸易体系也只是接力体系的扩展。阿鲁和比拉巴商人超越了单一种族群体之间的政治分隔，而埃菲克族（Efik）商人能够利用埃克佩的宗教联系跨越克罗斯河流域族群的界限，但他们却都无法再进一步了，因为通往西喀麦隆腹地蒙哥河（Mungo）的路线被一个竞争性的沿海商业群体杜阿拉人（Duala）所控制。利用穆斯林宗教身份的迪乌拉/豪萨商人不只建立了范围更广的贸易体系，也定义了一个更专门化且更加高效的商人角色，他们能从政治乃至宗教功能中挣脱出来。在西非本土的宗教习俗贸易体系中，当地人拥有的独立克服一部分竞争性局面的能力令人印象深刻。然而，宗教习俗贸易体系也表明，这些社群没有能够成功地吸收其海外伙伴的机制和技术，也就因此没有能够在大西洋接触前沿创造出对应的经济能力。

发展的影响：出口生产

支撑非洲大西洋贸易的生产体系——采矿、采集和农业——与联系其他对外贸易前沿的生产体系并无本质上的不同，因此在这里就不再赘述了。尽管如此，西非内部这些生产体系的演变有着大西洋经济和当地物质-文化态势两者的独特烙印。

与其他地区的相似之处在商品生产方面体现得最明显，其中包括了最早的主要出口商品：象牙和其他野生产品以及黄金。之前已经提到，黄金的来源和跨撒哈拉贸易的源头是同一个。它的海外出口除了增大生产规模外没有其他影响。大西洋航路的开辟确实大大增加了对野生产品的需求，以 19 世纪后期橡胶（大多数是非洲藤胶）的大量出口为标志达到了顶峰。这些事业与 19 世纪东非地区对象牙的搜寻类似；在西非的赤道区域，沿海的象牙商人-猎人也有相似的行动，安哥拉和扎伊尔东南部的柯克韦人（Cokwe）是很好的例子。

柯克韦人对隆达人政治权威的颠覆与来自坦桑尼亚的阿拉伯-斯瓦希里-尼扬姆维齐象牙商人在直接相邻区域引发的暴力和失序有相似之处。但柯克韦人缺少斯瓦希里文化和桑给巴尔根基赋予东部海岸商人的那种凝聚力。此外，在西非的大部分地区，人口的密度和/或对贸易接力体系的本地控制限制了商人群体获取出口采集大部分控制权的可能。因此，这种贸易活动的影响相比东非更为分散，正面和负面意义上的重要性也大大降低。

奴隶贸易是一种特殊种类的攫取性贸易，其在西非的影响要比其他地区强得多，尤其是考虑到大西洋市场和跨撒哈拉市场的奴隶来源是同一个。前面已经提到，大西洋市场奴隶需求的人口影响在西非（甚至是东非）沿海及其腹地分布较广。但奴隶出口对人口的负面影响也在某种程度上因为其对新世界粮食作物的吸收而得到了平衡（见第一章）。在奴隶出口的主要地区，如达荷美王国（现在的贝宁）的内陆地区和尼日利亚的

"中间地带"，呈现了明显的人口流失现象。但比夫拉湾的伊博人（Igbo）的腹地和东非的马拉维区域一样，一直被认为是奴隶贸易时代以及之后的主要人口出口地。即便是安哥拉西北部曾经被认为已被葡萄牙人掠奴所摧毁的古刚果王国，这个时期也经历了微小的人口增长。对于这一发现的解释是，安哥拉沿海主要参与的是大西洋奴隶贸易，而其目标主要是成年男性，因此大多数女性人口得以留在了非洲，她们在任何人类群体中都是繁殖的决定性因素。

此类证据并不能证明奴隶贸易曾经给西非带来过正面影响，它只能表明施加于生产力和内部市场整合的额外影响损害的是发展的潜力而非现实的发展。假如那些因为扭曲的贸易和现实中的奴隶出口而流失的人口能够留在这一区域的话，他们可能会在故土催生更高强度的经济发展，或者加入定居在赤道雨林（殖民时期伊博地区和喀麦隆草原奴隶来源群体就是这么做的）这一隔开西非人口稠密地区的相对空旷之地的行列。因此，就人口结构而言，奴隶贸易对经济发展负面影响最大的方面不是对人口的直接破坏，而是为了加强海外贸易联系而以内部贸易和生产力发展为代价对过剩人口实施压榨。

尽管如此，奴隶贸易给经济活动总体造成的代价是相对的，而不是绝对的，因为其他的市场生产形式也在西非发展了起来，这些行业往往不仅与奴隶出口处在一个时期，也仰仗于当地对奴隶的剥削。奴隶贸易的反义词——"合法贸易"因此只是一个西方的意识形态概念（见第五章），与非洲生产过程的变革关系不大。但 19 世纪西非原初产品生产的变革和世界范围对原初产品的高需求确实给我们提供了一个独特的机会来对比不同出口群体的影响。

新的贸易模式给生产组织、出口过程和其他经济部门的联结以及出口企业的社会构成这几个方面带来了改变。但在分析这些变革时，我们要考虑到攫取性生产（奴隶、象牙、橡胶和木材等）仍然在 19 世纪的西非出口中扮演十分重要的角色。

棕榈油和棕榈仁是超越这种攫取性经济统治的小进步。棕榈树在野外生长，主要围绕着已清理地区，在那里邻近的农民可以清理土地，清除杂草，维持他们的生长以期获得果实。榨取棕榈油、得到果仁以及运往当地市场需要相当集中的劳动力，虽然大多数工作可以由农庄中的妇女完成，而不用去打乱正常粮食生产活动的节奏。棕榈贸易中主要的企业活动仍然是主要内陆市场中心里生产的扩张、向沿海中心市场的运输以及维持贸易路线竞争性管控所需的各种军事-政治行动。

花生的生产在西非经济中更像是一种"革命"，因为这种作物在其主要栽培期需要农民的全力劳作。为了把握大西洋沿海港口对花生需求的机遇，许多非洲人每年都会从塞内冈比亚内陆地区迁移到离沿海地区不远的农田。一旦决定了要栽培出口用花生，农民并不需要改变他的任何栽种技巧或是获取任何新的资本品，因为这种作物早在几个世纪之前就被引入了当地的粮食生产体系。

即便是那些技术输入、技术投资甚至生产者和商人／运输者之间平衡没有发生多少变化的地区，相较于从前，19 世纪的出口经济将西非经济各个部分更广泛地连接在了一起。这一地区的攫取性出口体系总是需要当地经济以供给一定的粮食。19世纪时，随着海外贸易总价值的提升以及需要带到沿海地区以创造进口价值的产品的增加，与出口经济建立次级联系的需求得到了扩展。新出口商品的主要制造商，尤其是花生和棕榈制品的生产商，也作为一个新的因素补充到了市场体系之中，尽管他们通过中间商链条最终得到的回报总是较小。

这类制造商或生产商在19世纪出口体系中得到动员的程度从他们工作地区的社会组成中就可见一斑。粗略地说，商业性农业生产在农民和奴隶两者之间产生了差异，尽管这种差异有时候很难察觉。农民指的是那些在自有土地上生活，并为世界市场和当地消费生产商品的农民。在棕榈出口区，出口生产相对比较边缘化，在19世纪末价格下降的时期，这里的农民可以简单地从市场中退出。另一方面，塞内冈比亚的花生种植者在经济作物上投入了更大精力。此外，他们与早期奴隶贸易政权的军事精英产生了严重冲突，其原因是这些军事精英并没有大规模运输服务的需求（与过去一样，仍然由独立的迪乌拉商人负责），同时又经常没收农民的财产。这一冲突的结果是塞内冈比亚社会革命的爆发，农民和穆斯林神职人员结合在一起，形成了新的政治单元。这种政权形成之后却吸收了很多之前已被推翻的政权工具，包括军事机构与在出口和当地生产部署中纳入奴隶贸易。

19世纪塞内冈比亚经济中突出的社会创新并不是市场导向的农民生产者的出现，而是奴隶的利用成为出口农业的主要因素。即便在这里，实际发生的历史进程也并不就是理论上所说的将人力资源从贸易角色转向生产者角色。事实上，奴隶在参与19世纪大西洋贸易的几乎所有西非群体中都能见到，但大多数情况下西非地区对奴隶的使用没有苏丹地区和印度洋前沿那么集中，其参与的耕种形式也更有创新性。

大西洋地区农业奴隶时常被吸收进单独的家庭，与他们的主人一起工作或是被安置在附属居住区或村庄，他们有责任以劳动或其他形式向其所有者进贡。将这类奴隶和出口贸易联系起来的唯一证据是一些地区要求奴隶爬上棕榈树割下果实。这项任务对男性自由民来说太过危险，对于女性来说也过于艰苦，且不太得体，因为她们已经承担了棕榈生产要求的其他大多数工作。

作为控制出口商品准入的独木舟船员和军事团体成员时，奴隶的重要性比在生产部门中更大。然而，在19世纪西非的一些区域，当地精英把他们的一些奴隶劳力放置在了类似于农业种植园的大片领地中。其中一些庄园的控制权属于塞内冈比亚新兴的穆斯林领袖，因此这些庄园既有了当时该区域围绕伊斯兰教学术而建立的奴隶-学徒农业单元的特征，也有同时期尼日利亚北部新型农业构成的痕迹。更加孤立的种植园是随着沿海贸易中心形成的，比如达荷美以及几内亚、塞拉利昂和刚果的河流区，而随着时间的推移，贸易中心的主要货品也从奴隶发展成了合法商品。尽管奴隶制在西非与农业的商业化有着某些关联，但这种关联要想成为一种与众不同的生产体系还有很长的路要走，其差距要比斯瓦希里沿海和苏丹地区的相应差距更大。

发展的影响：制造业

19世纪西非种植者们参与市场竞争的迅猛脚步没能够改变这一区域自大西洋贸易开始起就有的相对分散的商贸企业架构。这一特质与承担农村产品贸易和手工业制造集中地功能的当地城镇中心的相对弱势地位互为因果。

在大西洋航路开拓以前，许多不同形式的制成品便已在西非的内部市场中流通。其中传播最广泛的可能要数布料了，因为纺纱技术从苏丹地区传到了塞内冈比亚和几内亚，而编制完成的酒椰-棕榈纺织品在刚果地区的本地交易体系中也扮演了重要角色。金属和金属制品也加入了商品行列，尤其是铜，我们现在所知的是它被纳入了早期尼日利亚人的仪式用具当中，同时也作为货币在赤道非洲西部广为流通。

然而这些产业的进一步发展因为西非需要面临欧洲制造业的直接竞争而受到了阻碍。与苏丹地区或东非的接触性经济体不同，大西洋前沿不会给本地企业提供阻挡进口商品进入的自然屏障，也没有在一定数量的贸易集散地中集中贸易以及真实或潜在的手工艺活动。相反地，由于可以轻易地获取来自亚洲、美洲及其故土的给养，欧洲航运商可以直接把商品带到以物换物条件最优的非洲港口进行交易。除此以外，随着欧洲人依次将工业革命最初的水力和风力驱动技术与后来更为革命性的蒸汽驱动工厂应用于纺织品和金属制品的生产，进口制成品的主要成本也随之得以稳步下降。

这种竞争对非洲制造业的影响是复杂的，但总体而言阻碍了非洲制造业正面的技术转型。非洲手工业生产萎缩或扩张依赖的是某一些工匠在大西洋市场和当地制造业流程的等级体系中所处的位置。由于内部运输的高成本，即便是离欧洲商品进入点超过 150 千米的西非企业的出口成本也要比进口低。但更为重要的影响是中间品生产者和最终制成品生产者之间的分裂。

在贸易港口，欧洲人卖给非洲人某些种类的商品，然后就不经过进一步处理直接到了消费者手中。这些商品包括白色和染色布料、金属器皿、刀片、枪支、珠宝和酒精饮料。但是欧洲商品也有一个更广大的市场，接下来的非洲手工业活动可以利用这些商品：纱线，或者有待拆成纱线的布料（尤其是当染了某种颜色的时候）以及铁锭和铜锭。这些物品的吸引力在于它们克服了非洲制造体系的一些瓶颈：纺纱瓶颈（由于没有纺车，其速度总是赶不上编织）、当地植物无法提供某些颜色的瓶颈（西非基本上只有靛蓝色）、铁熔炼的瓶颈。

非洲工匠在制造最终产品上比欧洲人有优势，这是因为非洲工匠可以将精力放在满足具体且多样化的本地需求上，譬如锄头或木工工具上刀片的种类、花色织物上的设计样式以及仪式方面对金属雕像的需求。即便在没有直接数据证明的情况下，考古学资料以及考虑到以出口为基础的繁荣条件下对一些物品不符常理的需求增长使我们可以推测，大量中间品的进口提高了非洲手工业制造的活跃度。然而，我们也必须认识到，改进非洲这些技术的动机的缺乏最终阻碍了其与欧洲人的长期竞争。织布工不再有理由通过使用纺车让纺纱的速度跟上自己（但大量女性奴隶的存在似乎使西非沿海监督棉布制造业的欧洲人都丧失了使用纺车的兴趣）。非洲铁匠使用质量较差的进口铁锭来制造工具和武器，而不是研究如何更高效地改进自己的高碳含量铁矿坯。

当然我们也并不能假定如果相关中间品的进口替代物不存在的话，这类变革就会发生。然而，参与接触性经济增长最活跃的非洲地区的发展过程在很多方面都比西非苏丹地区或东非更有局限性，这一事实确实显得很讽刺。这一进程的总结给国际背景下非洲的自主经济变革提出了一些综合性问题。

接触性经济变革的方向：发展、停滞抑或危机？

国际贸易前沿毫无疑问是前殖民时期非洲经济增长的主要推动力。然而，这种经历对非洲发展和依附的意义仍然是模棱两可的。接触性经济体的历史延续便是欧洲殖民政权对非洲领土的瓜分，我们将会看到，这一历史事件对非洲内部进一步变革的影响是深远的。现代非洲的历史学家因此不得不问自己，殖民主义的到来如何能够与之前的经济模式联系到一起？新的政权代表的是真实存在或潜在的本土经济发展的瓦解吗？是一种对难以破局的非洲停滞状态的外部解决方案吗，还是在这些接触性经济体中已有进程的逻辑性结果？对于这三个问题的论证可以从之前我们分析非洲经济史的不同角度中找到答案。一些研究强调的是非洲大陆以外的接触提供的市场机遇以及非洲人应对这些动力所作出的多样化回应，此类研究呈现的是一种发展的印象。但即便是从这个观点来看，我们也能明显看到实际的发展并没有延伸到生产组织和农业、制造业技术的转型方面。尽管如此，学者们也尽可以主张，贸易、生产和人口在卡诺、桑给巴尔和阿散蒂等中心地区的集中有可能可以逐步地为更剧烈的经济变革奠定基础。此外，这些中心地区本可以引进欧洲技术——其中一些地方确实作了尝试，但它们也只是部分地将一些东西吸收进了自己的发展体系。

我们可能更容易认为这一时期的非洲经济体只是在扩展其内部结构的承载力，而除了历史上实际发生的事件以外没有什么真正的变革可能。前文已经用了一定篇幅来论述对于此种滞胀的解释：应用畜力和轮子面临的生态阻碍、在人口高度集中区使用奴隶劳动力来替代资本密集的技术、规避风险的策略被深刻地嵌入许多近距离开展市场活动的非洲群体的商业文化中、已经发展起来的欧洲技术有能力给非洲提供比本地替代品更便宜的制成品。

有关非洲接触性经济体发展或滞胀的论证假设说外部前沿只不过是一些市场，非洲人可以利用手头任何看起来合适的资源参与其中。那些坚信19世纪的非洲正在滑向危机的学者则主张，非洲与欧洲特殊形式的市场关系没能够让非洲人保持真正的自主性。自由市场历史学家A. G. 霍普金斯（A. G. Hopkins）和大卫·菲尔德豪斯（David Fieldhouse）的观点属于危机论的一种，他们声称交易各种当地商品的可能性瓦解了非洲社会的古老组织，在商人、农民生产者这两个新兴群体与拥有奴隶的政治精英之间制造了冲突。根据这一观点，只有以现代外部世界组织结构和技术为基准进行社会的彻底重组才能解决非洲的困境，而在历史上这样一种变革只能通过殖民主义实现。

另一个版本的危机论来自马克思主义/依附理论的角度，它强调欧洲贸易伙伴的需求使得非洲人既不能作为传统经济的低效运营者游离在世界体系之外，也不能无条件地进入这一体系；非洲的角色只能是作为原初产品的"边缘化"生产者，然后以原初产品来换取西方的工业制成品。这些版本的共同特点是欧洲人在非洲经济前沿的存在决定了内部变革无法触及进行中的发展或停滞的模式。第一种危机论更直接地涉及了非洲内部发展模式，在论据已经提出的情况下只需要进行大略的回顾即可。第二种危机论指向了欧洲对非洲的关注，这将是第五章的主题。

霍普金斯和菲尔德豪斯指出的这种危机不太适用于西非苏丹或是东非地区的接触性经济体。前者能够避免与欧洲人的任何直接经济接触，所以其发展进程一直到殖民统治者真正到来前都没有遭到扰乱。葡萄牙人、法国人和英国人在东非进行了一些干涉，但这些影响虽然加速或减缓了长途贸易和以奴隶为基础的农业的演变，却没有给某个区域以任何替代性模式，于是这些区域仍然与亚洲而不是欧洲保持着最直接的外部联系。

因此，西非的情况能够真正检验"本土社会经济危机作为殖民主义前奏"这一理论的真实性。当然，西非是受欧洲影响最深的地区。此外，从奴隶出口向"合法产品"出口的转型与欧洲工业化的时序有紧密的联系。类似地，19 世纪 70 年代到 90 年代全球范围的经济不景气也反映在了植物油价格的下降，这导致了西非地区的贸易停摆以及信用和汇率方面无数不必要的麻烦。

但我们并不清楚外部贸易的这些危机触及非洲社会的程度有多深。奴隶出口的转型没有带来什么问题，因为它没有削弱区域奴隶劳动的总体市场，让一个基本相同或非常相似的社会形态接管了植物油产品的供给。棕榈制品和花生价格的下降给西非的欧洲贸易公司带来了大麻烦，因为它们的存在本身要依赖于这种贸易的存续。但非洲生产者和商人可以在情况变得适宜贸易活动之前直接退出市场。进一步来说，对于开展长途贸易最为频繁的阿散蒂和上几内亚沿海的社群而言，大西洋市场的衰退可以用面向苏丹地区的柯拉果贸易替代。简而言之，非洲经济的灵活性和在一些方面的发展的局限性使其可以从容面对欧洲市场需求的变化，而不会导致系统性崩溃。

欧洲人是否能容忍非洲人对常见经济问题的解决方式就是另外一个问题了。我在本书中始终认为，在与国际贸易体系更为紧密的结合中，非洲在世界经济中的重要性也同时在不断地下降。那么为什么欧洲人会在19世纪末接管非洲经济体呢？要回答这个问题我们必须暂时离开非洲本身，转而思考不断扩张的大西洋经济中心地区对这片大陆的认识。

参考文献

1. Alagoa, E. J., "Long-distance trade in Niger Delta", *Journal of African*

History, Vol.11, No.3, 1970, pp.319 – 329.
2. Amin, Samir, "La politique française à l'égard de la bourgeoisie sénégalaise commerçante (1820—1960)", in Meillassoux (ed.), 1971, pp.361 – 376.
3. Argyle, W. J., *The Fon of Dahomey*, Oxford: Clarendon Press, 1966.
4. Augé, Marc, "Statut, pouvoir, et richesse: relations lignagiéres, relations de dépendance, et rapports de production dans Ja société alladien", *Cahiers d'Etudes Africaines*, Vol.9, No.3, 1969, pp.469 – 481.
5. Austen, Ralph A., Cameroon Littoral fieldnotes, 1975.
6. Austen, Ralph A., "Slavery among coastal middlemen: the Duala of Cameroon", in Igor Kopytoff and Suzanne Miers (eds), *Slavery in Africa*, Madison: University of Wisconsin Press, 1977, pp.305 – 333.
7. Austen, Ralph A., "Metamorphoses of International middlemen: the Duala, Europeans, African and the Cameroon hinterland, ca.1800—ca.1960", *International Journal of African Historical Studies*, Vol.16, No.1, 1983a, pp.1 – 24.
8. Austen, Ralph A., "cult organizations and trading networks in non-Muslim west Africa", African Studies Association Meetings Papers, 1983b.
9. Bean, Richard, "A note on the relative importance of slaves and gold in West African exports", *Journal of African History*, Vol.15, No.3, 1974, pp.351 – 356.
10. Birmingham, David, *Trade and Conflict in Angola: The Mbundu and their Neighbors under the Influence of the Portuguese, 1483—1790*, Oxford: Clarendon Press, 1966.
11. Birmingham, David and Phyllis Martin (eds), *History of Central Africa*, 2 vols, London: Longman, 1983.
12. Brooks, George, "Peanuts and colonialism: consequences of the commercialization of peanuts in West Africa, 1830—1870", *Journal of African History*, Vol.16, No.1, 1975, pp.29 – 54.

13. Chamberlain, Christopher, "Bulk exports, trade tiers, regulation and development: an economic approach to the study of West Africa's 'legitimate trade'", *Economic History*, Vol.39, No.2, 1979, pp.419 – 438.
14. Cookey, Sylvanus, *King Ja Ja of the Niger Delta: His Life and Times, 1821—1891*, New York: Nok, 1974.
15. Coquery-Vidrovitch, Catherine, *Afrique noire: permanence et ruptures*, Paris: Payot, 1985.
16. Craton, Michael, "The historical roots of the plantation model", *Slavery and Abolition*, Vol.5, No.3, 1984, pp.189 – 221.
17. Curtin, Philip D., *The Atlantic Slave Trade: A Census*, Madison: University of Wisconsin Press, 1969.
18. Curtin, Philip D., "The Atlantic slave trade 1600—1800", in J. F. A. Ajayi and Michael Crowder (eds), *History of West Africa*, Vol. 1, London: Longman, 1971, pp.240 – 268.
19. Curtin, Philip D., *Economic Change in Precolonial Africa: Senegambia in the Era of the Slave Trade*, Madison: University of Wisconsin Press, 1975.
20. Curtin, Philip D., "The abolition of the slave trade from Senegambia", in David Eltis and James Walvin (eds), *The Abolition of the Atlantic Slave Trade*, Madison: University of Wisconsin Press, 1981, pp.83 – 97.
21. Curtin, Philip D., "Africa and the wider monetary world, 1250—1850", in J. F. Richards (ed.), *Precious Metals in the Late Medieval and Early Modern Worlds*, Durham, NC: Carolina Academic Press, 1983, pp.231 – 268.
22. Daaku, Kwame Yeboa, *Trade and Politics on the Gold Coast, 1600—1720*, Oxford: Clarendon Press, 1970.
23. Davies, K. G., *The Royal African Company*, London: Longman, 1957.
24. Davies, P. N., *The Trade Makers: Elder Dempster in West Africa, 1852—1972*, London: Allen & Unwin, 1973.
25. Dewey, Clive and A. G. Hopkins (eds), *The Imperial Impact: Studies in the Economic History of Africa and India*, London: Athlone Press, 1978.
26. Dike, K. Onwuka, *Trade and Politics in the Niger Delta, 1830—1885*,

Oxford: Clarendon Press, 1956.
27. Dumett, Raymond E., "The rubber trade of the Gold Coast and Asante in the nineteenth century: African innovation and market responsiveness", *Journal of African History*, Vol.12, No.1, 1971, pp.79 – 101.
28. Dumett, Raymond E., "John Sarbah, the elder, and African and mercantile entrepreneurship on the Gold Coast in the late nineteenth century", *Journal of African History*, Vol.14, No.4, 1973, pp.653 – 679.
29. Duncan, Bentley, *Atlantic Islands: Madeira, the Azores, and the Cape Verdes in the Seventeenth Century*, Chicago: University of Chicago Press, 1972.
30. Dupré, Georges, "Commerce entre sociétés les Nzabi dans la traite à la fin du dix-neuviéme siécle, Gabon-Congo", *Cahiers d'Études Africaines*, Vol.13, No.4, 1972, pp.616 – 658.
31. Ehrensaft, Philip. "The political economy of informal empire in pre-colonial Nigeria, 1807—1887", *Canadian Journal of African Studies*, Vol.6, No.3, 1972, pp.451 – 490.
32. Fage, John D., "Some remarks on beads and trade in Lower Guinea in the sixteenth and seventeenth centuries", *Journal of African History*, Vol.3, No.2, 1962, pp.343 – 347.
33. John D., "The effect of the export slave trade on African populations", in R. P. Moss and Richard Rathbone (eds), *The Population Factor in African Studies*, London: University Press, 1975, pp.15 – 23.
34. Fagg, William, *Nigerian Images*, New York: Praeger, 1963.
35. Fieldhouse, O. K., *Economics and Empire, 1830—1914*, Ithaca: Cornell University Press, 1973.
36. Fynn, John K., *Asante and its Neighbours, 1700—1807*, London: Longman, 1975.
37. Garfield, Robert, "A history of Säo Thomé Island, 1470—1655", Unpublished PhD dissertation, Northwestern University, 1971.
38. Gemery, Henry A. and Jan S. Hogendorn, "Technological change, slavery,

and the slave trade", in Dewey and Hopkins (eds), 1978, pp.243 – 258.
39. Gemery, Henry A. and Jan S. Hogendorn, "Comparative disadvantage: the case of sugar cultivation in West Africa", *Journal of Interdisciplinary History*, Vol.9, No.3, 1979, pp.429 – 449.
40. Godhino, Vitorino Magalhaes, *Céconomie de l'empire portugaise au XVe – XVIe siécles*, Paris: Mouton, 1969.
41. Goucher, Candice L., "Iron is iron 'til it is rust: trade and ecology in the decline of West African iron smelting", *Journal of African History*, Vol.22, No.2, 1981, pp.179 – 189.
42. Guilbot, J., "Le Bilaba", *Journal de la Société des Africanistes*, Vol.21, No.4, 1951, pp.163 – 174.
43. Hardy, Georges, *La mise en valeur du Sénegal de 1817—1854*, Paris: Larose, 1921.
44. Harms, Robert W., *River of Wealth, River of Sorrow: The Central Zaire Basin in the Era of the Slave and Ivory Trade, 1800—1891*, New Haven: Yale University Press, 1981.
45. Herbert, Eugenia, "Portuguese adaptation to trade patterns, Guinea to Angola (1443—1640)", *African Studies Review*, Vol.17, No.2, 1974, pp.411 – 423.
46. Herbert, Eugenia, *Red Gold of Africa: Copper in Precolonial History and Culture*, Madison: University of Wisconsin Press, 1984.
47. Hopkins. A. G., "Richard Beale Blaize, 1854—1904: merchant prince of West Africa", *Tarikh*, Vol.1, No.2, 1966, pp.70 – 79.
48. Hopkins, A. G., *An Economic History of West Africa*, New York: Columbia University Press, 1973.
49. Horton, Robin, "From fishing village to trading state: a social history of NewCalabar", in Mary Douglas and Phyllis M. Kaberry (eds), *Man in Africa*, London: Tavistock, 1969, pp.37 – 58.
50. Howard, Allen Marvin, "Big men, traders, and chiefs: power, commerce and spatial change in the Sierra Leone-Guinée plain, 1865—1895",

Unpublished PhD dissertation, University of Wisconsin, 1972.
51. Ikime, Obaro, *Merchant Prince of the Niger Delta: The Rise and Fall of Nana Olomu. Last Governor of the Benin River*, London: Heinemann, 1968.
52. Inikori. J. E. (ed.), *Forced Migration: The Impact of the Export Slave Trade on African Societies*, London: Hutchinson, 1982.
53. Johnson. Marion, "The ounce in eighteenth-century West African trade", *Journal of African History*, Vol.7, No.2, 1966, pp.197－214.
54. Johnson. Marion, "The cowrie currencies of West Africa", *Journal of African History*, Vol.11, No.1, 1970, pp.17－50; No.2, competition, pp.331－353.
55. Johnson, Marion, "Technology, competition, and African crafts", in Dewey and Hopkins (eds), 1978a, pp.259－269.
56. Johnson, Marion, "By ship or by camel: the struggle for the Cameroons ivory in the nineteenth century", *Journal of African History*, Vol.19, No.4, 1978b, pp.539－549.
57. Jones, C. I., "Native and trade currencies in southern Nigeria of Political during eighteenthand nineteenth centuries", *Africa*, Vol.28, No.1, 1958, pp.43－53.
58. Jones, G. I., *Trading States of the Oil Rivers: A Study of Political Development in Eastern Nigeria*, London: Oxford University Press, 1963.
59. Klein, Martin A., "Social and economic factors in the Muslim revolution in Sene-gambia", *Journal of African History*, Vol.13, No.3, 1972, pp.419－441.
60. Latham, A. J. H., *Old Calabar, 1600—1891: The Impact of the International upon a Traditional Society*, Oxford: Clarendon Press, 1973.
61. Law, Robin, *The Oyo Empire c. 1600—c. 1836*, Oxford: Clarendon Press, 1977.
62. Lovejoy, Paul E., *Caravans of Kola: The Hausa Kola Trade, 1700—1900*, Zaria: Ahmandu Bello University Press, 1980.
63. Lovejoy, Paul, *Transformations in Slavery: A History of Slavery in Africa*,

Cambridge: Cambridge University Press, 1983.
64. McPhee, Allan, *The Economic Revolution in British West Africa*, London: Routledge, 1926.
65. Manning, Patrick, "The enslavement of Africans: a demographic model" followed by comments, *Canadian Journal of African Studies*, Vol. 15, No.3, 1981, pp.499-526; Vol.16, No.2, 1982, pp.127-139.
66. Manning, Patrick, *Slavery, Colonialism and Economic Growth in Dahomey, 1640—1960*, Cambridge: Cambridge University Press, 1982.
67. Martin, Anne, *The Oil Palm Economy of the Ibibio Farmer*, Ibadan: University of Ibadan, 1956.
68. Martin, Phyllis, *The External Trade of the Loango Coast, 1576—1870*, Oxford: Clarendon Press, 1972.
69. Mauny, Raymond, *Les siécles obscurs de l'Afrique noire, histoire et archéologie*, Paris: Fayard, 1971.
70. Meillassoux, Claude, *Anthropologie économique des Gouro du Cöte d'Ivoire*, Paris: Mouton, 1964.
71. Meillassoux, Claude (ed.), *The Development of Indigenous Trade and Markets in West Africa*, London: Oxford University Press, 1971.
72. Miller, Joseph C., "Cokwe trade and conquest in the nineteenth century", in Richard Gray and David Birmingham (eds), *Pre-colonial African Trade: Essays on Trade in Central and Eastern Africa before 1900*, London: Oxford University Press, 1969, pp.175-201.
73. Miller, Joseph, "Slaves, slavers, and social change in nineteenth century Kasanje", in Franz-Wilhelm Heimer (ed.), *Social Change in Angola*, Munich: Weltforum, 1973, pp.9-29.
74. Miller, Joseph, "The paradoxes of impoverishment in the Atlantic zone", in Birmingham and Martin (eds), 1983, pp.118-159.
75. Newbury, Colin W., "Credit in early nineteenth century West African trade", *Journal of African History*, Vol.13, No.1, 1972, pp.81-95.
76. North, Douglas, "Sources of productivity change in ocean shipping,

1600—1800", *Journal of Political Economy*, Vol.76, 1968, pp.53 - 67.
77. Northrup, David, *Trade Without Rulers: Precolonial Economic Development in South-eastern Nigeria*, Oxford: Clarendon Press, 1978.
78. Ogadengbe, Kingsley Oladipo, "The Aboh kingdom of the lower Niger, 1650—1900", Unpublished PhD dissertation, University of Wisconsin, 1971.
79. Oriji, J. N., "A re-assessment of the organization and benefits of the slave and palm produce trade amongst the Ngwa Ibo", *Canadian Journal of African Studies*, Vol.16, No.3, 1982, pp.523 - 548.
80. Oottenberg, Simon, "Ibo oracles and intergroup Western relations", *Southwestern Journal of Anthropology*, Vol.14, 1958, pp.295 - 317.
81. Oyewumi, J. A. O., "Development and origin of palm kernel production in Nigeria, 1807—1960", Unpublished M Soc. Sci. dissertation, University of Birmingham, 1972.
82. Pallinder, Agneta, "Aborted modernization in West Africa? The case of Abeokuta", *Journal of African History*, Vol.15, No.1, 1974, pp.65 - 82.
83. Patterson, K. David, *The Northern Gabon Coast to 1875*, Oxford: Clarendon Press, 1975.
84. Pélissier, Paul, *Les paysans du Sénégal*, St Iriex, Haute-Vienne: Fabergue Peukert, Werner, 1978. *Der atlantische Sklavenhandel von Dahomey*, 1740—1797, Wiesbaden: Steiner, 1966.
85. Pitts, Delia Carol, "An economic history of cotton production in Senegal", Unpublished PhD dissertation, University of Chicago, 1978.
86. Priestley, Margaret, *West African Trade and Coast Society*, London: Oxford University Press, 1969.
87. Reynolds, Edward, "The rise and fall of an African merchant class on the Gold Coast, 1830—1874", *Cahiers d'Etudes Africaines*, Vol.14, No.2, 1974, pp.253 - 264.
88. Reynolds, Edward, *Chiefs, Farmers and Preachers: Tradition and Modernization in Akuapem*, forthcoming.

89. Rodney, Walter A., "Gold and slaves on the Gold Coast", *Transactions of the Historical Society of Ghana*, Vol.10, 1969, pp.13 - 28.
90. Rodney, Walter A., *A History of the upper Guinea Coast, 1545—1800*, Oxford: Clarendon Press, 1970.
91. Ross, David, "The autonomous kingdom of Dahomey", Unpublished PhD dissertation, University of London, 1967.
92. Ross, David, "The First Chacha of Wydah: Francis Felix De Souza", *Odu, N. S.*, Vol.2, 1969, pp.19 - 28.
93. Ruel, Malcolm, *Leopards and Leaders: Constitutional Politics among a Cross River People*, London: Tavistock, 1969.
94. Ryder, Alan C., *Benin and the Europeans*, London: Longman, 1969.
95. Stilliard, N. H., "The rise and development of legitimate trade in palm oil with West Africa", Unpublished MA dissertation, University of Birmingham, 1938.
96. Teixeira da Mota, A., "Mande trade on the Costa da Mina according to Portuguese documents until the mid-sixteenth century", Unpublished paper delivered to Conference on Manding Studies, London, 1972.
97. Terray, Emmanuel, "Commerce pré-colonial et organisation sociale chez les Dida de Côte d'Ivoire", in Meillassoux (ed.), 1971, pp.145 - 167.
98. Thornton, John K., "Demography and history in the kingdom of the Kongo, 1550—1750", *Journal of African History*, Vol.18, No.4, 1977, pp.517 - 530.
99. Thornton, John K., *The Kingdom of Kongo: Civil War and Transition, 1641—1718*, Madison: University of Wisconsin Press, 1983.
100. Turner. J. Michael, "Les brésiliens: the impact of former Brazilian slaves inDahomey", Unpublished PhD. dissertation, Boston University, 1975.
101. Van Sertima. Ivan, *They Came before Columbus*, New York: Doubleday, 1976.
102. Vansina, Jan, *The Tio Kingdom of the Middle Congo*, London: Oxford University Press, 1973.

103. Vogt, John, *Portuguese Rule on the Gold Coast, 1462—1682*, Athens: University of Georgia Press, 1979.
104. Wallerstein, Immanuel, "Africa in a capitalist world", *Issue*, Vol.3, No.3, 1973, pp.1 - 11.
105. Wallerstein, Immanuel, "The three stages of African involvement in the worldeconomy", in Peter C. W. Gutkind and Immanuel Wallerstein (eds), *The Political Economy of Contemporary Africa*, Beverly Hills: Sage, 1976, pp.30 - 57.
106. Wheeler, Douglas and René Pélissier, *Angola*, New York: Praeger, 1971.
107. Wilks, Ivor, "A medieval trade route from the Niger to the Gulf of Guinea", Journal ofAfrican History, Vol.3, No.2, 1962, pp.337 - 341.
108. Wilks. Ivor, "Asante policy towards the Hausa trade in the nineteenth century", in Meiltassoux (ed.), 1971, pp.124 - 141.
109. Wilks, Ivor, *Asante in the Nineteenth Century*, Cambridge: Cambridge University Press, 1975.
110. Wirz, Albert, *Vom Sklavenhandel zum Kolonialenhandel: Wirtschaftsraüme und Wirtschaftsformen in Kamerun vor 1914*, Zurich: Atlantis, 1972.
111. Woodruff, William, *The Rise of the British Rubber Industry during the Nineteenth Century*, Liverpool: University of Liverpool Press, 1958.
112. Wright, Donald R., "Darbo Jula: the role of a Mandinka Jula clan in the long-distance trade of the Gambia and its hinterland ", *African Economic History*, No.3, 1977, pp.33 - 45.

第五章

从奴隶贸易到帝国主义瓜分：
工业化早期欧洲经济框架中的非洲

经济依附给非洲带来的诸多负担之一是：在解释已经很复杂的内部发展时需要考虑到欧洲方面的因素。尽管对于大多数学者而言，欧洲因素的重要性更强，学者对此的熟悉度也更高，但这一任务并不简单。非洲在世界经济中的角色是一个悖论：在卷入其中的同时不断被边缘化。而以19世纪末帝国主义的瓜分为顶点的欧洲对非洲经济越来越深的介入也与非洲对欧洲的经济重要性不断下降这一事实格格不入。

这一悖论无法解决。我们将会看到，这将是非洲在整个二十世纪发展中面对的窘境的核心。但如果我们可以把欧洲与非洲之间的经济关系的不同维度区分开来的话，这一问题就可以得到更好地理解。首先是物质需求的问题，即两个大陆之间正在进行的市场交易，这些交易是确实发生过的。第二，正如非洲人和其他种族的经济行为一样，同时代欧洲政策制定者对这些关系的认知也受到了许多与市场并没有直接关系的意识形态和社会关切的影响。最后，工业革命时代早期欧洲人获得的渗透海外地区的技术能力与之前的欧洲-非洲经济关系的收益以及对未来经济关系的预支都有关。这些需求、认知和能力不那么协调的结合构成了非洲在18和19世纪世界经济中角色的基础。

18世纪末工业革命早期的非洲主要为欧洲人在西印度群岛的糖料种植园提供奴隶。直到近期，除了欧洲在这一时期明显的道德矛盾性之外，历史学家们并没有发现什么经济悖论的存在。对奴隶-糖料复合体的评价与同时代观察家所用的术语相同：高度繁荣的活动对于逐渐走向完全的工业发展有着重大贡献。然而，近期的研究则认为，奴隶贸易本身风险较大，其收益最多也只能算中等（19世纪末期顶点时占英国贸易收益总量的不到10%，占欧洲大陆的1%到7%）。西印度种植园投资带来的私人收益要高得多，但为了确定它们在国家经济中的角色，我们必须要考虑保护性关税、军事开支和行政开支带来的大量社会成本。对于英国而言，这些收益相对于当时的全国财政收入而言并不算显著，特别是并没有给早期工业化提供什么投资资本。

另一方面，18世纪欧洲的政治家相信，奴隶制对他们的经济体十分重要。与当时盛行的重商主义理论完全对应，奴隶制产生了一种具有高转卖价值的商品（糖料），以此可以获得更高层次的企业技术和贸易制成品，而这也是当地政府通过对外贸易所希望得到的。因此，加勒比海的种植园岛屿成了详尽的保护主义法案的保护对象，也成为这一时期经常发生的战争后的主要战利品。然而，尽管非洲出口的奴隶在数量和价格上呈现出显著增长的态势，但为了控制奴隶贸易而进行的政治干预还是没有过多地实施。与黄金贸易时期形成对比，非洲此时已只是欧洲搜寻海外财富的次等选择。

前文已经表明，我们很难认为从跨大西洋奴隶和糖类贸易中获得的资本是工业革命的重要成分。尽管如此，在热带地区长途贸易中发展起来的一些经济机制——集中的资本市场、保险、大众营销和不断提高的运输能力——在19世纪工厂商品贸易向日益规模化和复杂化的转型中确实十分关键。在这些发展中，对非贸易扮演了一定角色，但最重要的动机则是来自更大且更为稳定的荷兰东印度公司和英国东印度公司。前文也提到，这种垄断在更为开放的低资本对非贸易中是不可持续的。事实上，作为对奴隶贸易最后的大规模官方投资，1720年南海泡沫事件在之后几乎一整个世纪都限制着伦敦证券交易市场的运行。

因此，我们可以这样认为，欧洲初始和早期工业经济从非洲贸易中收获的生产要素较少，实际上相关方面是在以远高于实际价值的代价在大西洋地区糖类种植园中显示其力量。19世纪末法国和英国不同发展进程的比较可以提供一种对此类关系不那么完美的证明。两大强国参与非洲和加勒比地区贸易的程度总体上相同，在两个例子中这种关联都促进了低价出口商品在相关港口城市的生产。然而，法国人的事业走进了死胡同，因为他们没有像英国那样连接到一个更广大的国内和世界市场。

奴隶贸易的废除

作为在纺织品和铁制品的生产和营销上享有初始优势的结果，英国在19世纪尝试将热带地区贸易从以"旧殖民体系"为特点的重商主义转化为自由贸易。这一对各种垄断性限制的攻击与反对奴隶贸易的行动同时发生，在许多同时代人士以及现代历史学家眼中，它们的根源是密切相关的。但从经济学角度说，不管是理论上还是实际上这样一种密切关系都是没有逻辑的，而这两者之间的紧张关系也在19世纪欧洲对非关系的形成中扮演了重要角色。

废奴主义者喜欢引用市场经济理论的"圣经"——亚当·斯密的《国富论》——中的段落，此书中也提到了奴隶劳力相较于受到个人收益激励的自由工人的低效率。然而，斯密18世纪时同时代的法国经济学家、政治学家杜尔哥（Turgot）和19世纪英国专精于殖民问题的自由主义经济学家的理论并没有使热带地区的奴隶制度丧失合理性。这些学者都同意，在土地过剩和劳动力缺乏的条件下，资本主义农业要想发展，只能将工人在某种程度上束缚住，作为一个整体劳动单位来工作，不管是通过奴隶制还是使用其他限制性工具。

这一分析的确切性在19世纪非洲、中东和非洲人工作的新世界出口经济体中奴隶种植园的扩张中得到了证实。不同于历史学家所长期认为的，英国控制下的糖类生产体系在最终得以成功的反奴隶制骚动（18世纪80年代到1807年）中得以继续繁荣，一直到奴隶制废除和1833年英国所有奴隶得到解放之后才开始走下坡路。同时古巴和巴西仍然可以无视法律继续大量进口非洲奴隶，甚至把这些奴隶劳工成功地整合到了蒸汽驱动的制糖业工业化中。此外，棉花这一英国纺织业得以蓬勃发展的关键原材料也是在奴隶种植园生产的，首先在西印度群岛，而后转到了美国南部，尽管在美国南方奴隶劳动力可以自我更新，从非洲进口的人数很有限。

考虑到热带奴隶制和宗主国的工业资本主义之间的正面联系，废奴又是如何——尤其是在英国——成为一个广为接受的事业的呢？用市场经济的术语来讲，唯一的答案是受到直接影响的利益群体——奴隶贩子、糖类种植园主和商人——已经在新兴工业经济中的主要浪潮中被边缘化了。他们再也不能反其道而行之阻碍受到社会其他群体欢迎的政策的施行。这些群体并不能代表工业时代新型制造业的利益（尤其是纺纱工），因为他们在最初的反奴隶制运动中只是无名小卒，加上后来在非洲和其他地方进行的干涉，如巴西和美国等贸易伙伴奴隶制度的行动中，这些群体的表现也比较暧昧。因此，大西洋地区奴隶制和英国的资本主义可能是共同发展的，但两者之间关系的特点是废除前者不会威胁后者更大的发展。19世纪世界经济的这一特点使得废奴成为可能，但这并不能解释主动废奴的原因。

面对经济学解释所造成的矛盾，许多研究废奴的历史学家把重点放到"道德"动机上。从他们的研究中可以清晰地看到，除了少数奴隶贩子及其所有者，西方社会大多数有影响力的阶层在18世纪末都完全相信，奴隶制是一种应该受到谴责的制度。此外，这种抽象的世俗化启蒙运动思想也成为英裔美国人大多数活跃宗教运动的信条，而19世纪欧洲大陆天主教会的重要部门也吸收了这一思想。因此，废奴主义群体成为形成欧洲（尤其是英国）对非政策的真正因素，尽管他们呼吁采取切实步骤废止公海奴隶贸易和奴隶来源地相关活动的要求遭到了自由贸易理论家和商业团体的一些反对。

因此，废奴运动不能只是被当作英国或其他市场利益的工具。但废奴运动在工业化早期欧洲的盛行表明它传达了欧洲人对他们与非洲经贸关系的普遍看法。这些看法的根据不是来自海外贸易和种植园企业活动的经历，而是基于对向现代社会秩序转型的本地社会后果的忧虑，这也使其更为复杂。虽然如此，我们也必须简要地追溯一下这一立场的来源，因为反奴隶制意识形态在形成19世纪和20世纪欧洲在非洲的经济活动中十分重要。

对于欧洲人而言，废奴运动同时代表了对工业资本主义带来的世界的批评和肯定。我们说它是一种批评，是因为欧洲企业在它所受攻击的状况中难辞其咎。除此以外，废奴运动依赖的机构（教会）以及价值观（神谕、对个人良知的呼吁和对受压迫群体家长般的关切）都受到了新工业体系的威胁。同时，废奴主义强调了过时制度（奴隶制）和现代化的某些条件（个人自由和核心家庭的不可侵犯性）之间的对比，这可能同时给工业化欧洲的中产阶级和工人阶级带来了好处。我们并不清楚这种内部紧张关系的外部投射在多大程度上帮助维持了欧洲内部的社会稳定，但这样做的动机在所有的对非贸易关系中都可以见到，其意义超越了对物质收益的理性计算。

自由/合法贸易与政治扩张

19 世纪时非欧贸易的规模急剧增长，19 世纪 60 年代以前，非洲出口贸易条件也在朝看起来有利于非洲的方向演进。如同之前的奴隶贸易一样，欧洲人在给非洲产品支付更多货币，在易货贸易产品中亦是如此，而这些产品在欧洲的生产成本则在不断下降，继而在每个价格区间都给非洲提供了更大数量的出口额。

同一时期非洲贸易在大西洋经济体中的相对价值在数量上和结构上都在下降。世界经济整体而言的增长率要高于非洲贸易的增长，此时的非洲贸易与世界其他可以称为关键的区域断开了联系。非洲的出口商品不能给工业革命中的制造业以及纺织、炼铁和交通运输等提供任何关键的元素或能源。即便是那些在欧洲需求增长的商品（尤其是植物油），非洲也要与来自其他地区的替代产品竞争，而随着世界市场的扩大，这些地区的可通达性也得到了提高。在世界市场中，非洲人对日益增长的欧洲产品的购买能力相较于人口更稠密、通达性更好的区域而言只能说有限。

以严格的市场逻辑来看，在这种情况下欧洲人将要采取的政策看上去是一种利益最小化的投资。正如前面提到的，面临奴隶贸易中止和非人力出口商品需求的提升所带来的改变，非洲社群的适应能力较好。总体而言，在非洲沿海工作的欧洲商人没有向内陆扩张的迫切需求，在这些地方他们很难在收益上与非洲"中间商"日益膨胀的职能相竞争。在欧洲，主要的贸易利益集团和自由主义经济理论家都不乐意对非投资附带任何公共开支，甚至时常会尝试削减已有的殖民投入。

因此，在欧洲经济这一更大的情境中以及与宗主国社会和政治秩序联系的层面上，我们需要寻求一个解释，至少是对英国和法国来说，为什么和愈演愈烈的反奴隶制运动一样，整个19世纪欧洲在非洲的殖民投入都在增长，并在19世纪80年代和90年代迎来了增长的高峰？其中一个主要因素仍然是那种沉湎于无效工作的趋势，一个经济体系越是繁荣，越是不容易摆脱某些框架，就像英国那样。尽管19世纪中叶有一些人对在非洲部署海军和开拓殖民地提出疑问，但维持这些事业的资金总量在当时国家预算中的占比并不大。此外伴随着西方工业化进程的是在交通、医药和武器等方面技术能力的发展，降低了进一步干涉非洲事务的成本，此时欧洲人在不需要直接经济目标的情况下也能将非洲作为"探索"的目标。

这种探索的最基本形式是：富有探险精神的个人或者小型远征队进入非洲内陆以寻求有关自然和人文景观的系统性知识。这些探险家对各种河流在内陆流向的知识的追求显示了一种在经济层面上证明自己行为的需求，以及一种对积极参与对非贸易的同胞的关注点的浪漫主义的疏远。在地图上找不到这些河流，因为它们有限的通航能力使其在内陆和沿海贸易中没有用处。因而探索的成本由政府、学界和慈善机构（包括传教和反奴隶制）承担，不需要以利润为导向的私有部门参与。尽管如此，探险家的经历和信息确实也奠定了基础，使后来对这片大陆逐步且更为务实的渗透成为可能。

19世纪时蒸汽动力运输和医疗科学一度看上去是欧洲人在非洲扩张所必需的重要因素。我们已经看到，在联结欧洲、非洲和亚洲的运输体系中引入蒸汽给沿海贸易带来了重大影响。这种跨洋运输的两位先驱，麦克格雷戈·莱尔德（McGregor Laird）和威廉·麦金农（William Mackinnon）受到了废奴主义的充分启发，制订并实行了内陆贸易的大型计划。然而，即便是此时疾病的因素至少可能得到了控制，将蒸汽轮船沿着河流送入内陆的努力仍然遇到了河流本身的障碍。其中渗透最深的是从白尼罗河（White Nile）几乎到乌干达境内，但这项壮举是由参与奴隶贸易的穆斯林达成的，而非欧洲企业家。到了19世纪80年代，欧洲蒸汽轮船主要在非洲中东部大湖区以及塞内加尔河和赞比西河上游的短途贸易航线进行试验性运营，而在尼日尔河下游，蒸汽轮船成了非洲沿海商人的主要挑战。

军事层面上，蒸汽轮船的应用进一步巩固了航海时代欧洲人的霸权。现代武器和热带兵力组织经验的丰富确实给欧洲人提供了增强陆地控制的方法。但19世纪80年代以前，兵力只在大陆边缘的阿尔及利亚和南非等区域部署，其原因也与贸易没有直接关联。在塞内加尔和黄金海岸，法国和英国进行了小规模战役，这帮助他们在这些贸易中心站稳了脚跟，各方也因此觊觎更大规模的占有，但文官控制的母国当局始终竭力避免在这些遥远的区域发生战争。

在非洲的扩张从贸易角度评估是负面的,但促成扩张的技术能力却也在不断增长。这种平衡随着"自由贸易帝国主义"的到来被打破,欧洲经济的一些部门在其形成中施加了影响,它们考虑的是长期系统性的回报而非立等可得的私人回报。这些部门的主要代表不是商人或制造商,而是废奴主义者、意识形态倡导者以及政治家。我们不能将这些群体的角色归类为"非经济的"而放在一边,因为他们相信自己是为了完成世界经济转型这一远景,超越了那些参与非洲贸易群体短视而又斤斤计较的视野。

废奴运动是英国人试图在非洲变革贸易活动基础的直接原因之一。为了强制废除奴隶贸易,英国在非洲的大西洋和印度洋沿海都部署了小而精的海军舰队。这些军事力量经常被用来干预当地贸易活动,继而成为英国"非正式帝国"的基本制裁手段。废奴主义者在很长一段时间内都在这类暴力强制手段的价值上各执一词,这些舰队的开支在议会中受到了从经济角度发出的抨击,但它们仍得以存续,因为即便是最坚定的反对者也不敢公然为奴隶贸易站台。

与废奴主义者关于"基督教、贸易和文明"之间联系的一致观点更为协调的是19世纪从非洲沿海的各个地点出发的传教活动。传教士推进非洲经济体现代化的努力不怎么成功。他们的一些贸易活动红火了起来,但追根究底与之前世俗化的欧洲企业也没什么不同。传教士试图向当地经济体的制造业部门引入新技术和新的组织形式,但都遭到了失败。独立的非洲精英不可避免地要求他们对武器进行维护和保养，而这项活动无法给经济的其他部门带来正面影响，更不用说教会工作的精神目标了。在沿海飞地的传教活动成功地培育出了一批吸收了废奴思想中的中产阶级价值观的克里奥人精英。在西非，这些群体能够大致上平等地和小规模的欧洲沿海商人竞争，但对内陆经济体影响较小。这些受西方教育的非洲人从事的另一种主要职业不是现代农业或制造业，而是作为公务员、医生、律师、牧师和教师进入还在萌芽阶段的殖民地当地骨干队伍。

在传教士仅靠自己不能将非洲从奴隶贸易的"蛮荒之地"转向现代的情况下，他们的存在也把英国政府卷入了不能完全从贸易角度解释的任务中去。西非直辖殖民地和保护地的建立（1808年的塞拉利昂、1843年的黄金海岸和1861年的拉各斯）以及授予英国干预西非和桑给巴尔素丹国等国家事务的一系列反奴隶制条约都可以在某种程度上追溯到当地传教士的影响。类似地，1841年到1869年间尼日尔河上游贸易企业得到的政府补贴和海军支持也依赖于传教士对这些活动的关注。

这种政府-传教士-贸易三方合作需要国家政府官员相信非洲投资的风险会逐步变为红利。政治上有影响力的集团对废奴主义意识形态的投入平衡了政府因为未经许可的开支而遭受制裁的内部风险。19世纪中叶英国外交政策的关键制定者——帕默斯顿（Palmerston）和拉塞尔（Russell）——自己便是废奴主义者，他们相信如果采取恰当的公共行动——包括偶然的军事介入——就可以将非洲转化为英国的主要经济伙伴。更多的政府官员认为，即便是不能立即带来经济回报，在热带地区维持战略存在也是有必要的,这可以保证远距离的潜在或现有的贸易准入权。

为了维护世界经济网络中地位而进行的战略思考自然而然成了敌对力量发出威胁时最为急迫的问题。对于19世纪的英国而言,这一类威胁仍旧较小,因为没有一个国家能够在工业发展水平和海军力量方面与英国平起平坐。此外,即便是在好战的帕默斯顿看来,非洲的战略优先级也比世界其他地区更低。

直到19世纪70年代,法国都是英国在非洲唯一的潜在对手,英国和法国帝国主义者在非洲的大多数活动都可以归因于对被对方排除在外的恐惧,尤其是法国一方。这一时期法国的废奴运动就其影响力和活跃度而言比英国要差一些。虽然如此,法国为了不被英国行动的光芒所掩盖,也不得不在西非维持海军来对奴隶运输展开巡逻,并且为了接收新近解放的奴隶和给商人提供战略支点而寻找新的定居地。

就非洲总体而言,法国企业从来没有达到英国企业那样水准的集聚度和凝聚力,原因可以归咎于低水平的贸易、大众和传教士对废奴运动不够支持(在法属东印度和西印度糖类种植园内的非法蓄奴使其雪上加霜)和海军在政治上的不受重视,后者不断追求的政策没有得到废奴主义者或经济利益群体的近距支持。只有在塞内加尔,法国的贸易和官方代表联合体能够建立一个有效的新经济基础。这一联合的关键动机是行政和军事行动在一定程度上的局限以及地理规模与沿海花生贸易所需一致;然而,当时的各种行动也显示了法国人穿越西苏丹和中苏丹向尼日尔河谷上游进发的野心。来自法国人的威胁能够解释英国为什么会在拉各斯地区采取一些行动。此外，英国和法国无法将两者的控制地融合为一个共同的西非，这意味着有关贸易出口和关税条例的琐碎竞争将持续危害当地的贸易关系。

然而，一直到 19 世纪 70 年代，英法在非洲的竞争都在可控范围内，这是因为两大国都认为投资非洲的价值有限，它们会定期向对方保证自己没有扩张的计划。随着大国之间外交博弈和世界经济变得越来越难以控制，这类制约在 19 世纪末期便消失了。

19 世纪末期欧洲帝国主义在非洲的争夺可以说是非洲史学者研究最多的主题。我们在这里不会回顾这一进程中纷繁复杂的事件和动机。第七章将会进行一些细节分析，但南部非洲并不会被包括在内，这是因为该区域中国际政治活动及其导致的殖民地前沿与欧洲当地的经济利益息息相关。然而，瓜分非洲的总体外交必须要放在欧洲变革的语境下分析，尤其是德国的统一，而这也远远超出了本书讨论的范围。

事实上，对于历史学家而言相对比较简单的是抨击底气不足的"马克思主义"解读，从而证明经济利益团体和开发非洲的当务之急都没有影响那些政治家决定在非洲建立新殖民地的官方考虑。然而，这类"政治"和"经济"之间的简单分野再一次显得有些轻率。即便是在最崇高的外交家脑中也充斥着对于大国势力和经济帝国主义之间联系的虽然不那么现实却又有力的担忧。德国和意大利等新势力将之前英国经济复苏的原因归结为帝国主义而非自由贸易的意识形态。英国、法国和葡萄牙等老牌势力认为自己因为德国、美国和俄国的崛起而受到了羞辱，或至少被掩盖了光芒，其中最为焦虑的是葡萄牙。这时，非洲的殖民地代表着仅存的经济财产，虽然它们在过去的荣光中并不关键，但现在则可能通过扩张来保证其在未来有意义的地位。在激烈而又多层次的国际竞争条件下，非洲殖民化背后的经济原则在很大程度上是先发制人型的——为了确保能够获得潜在而非现实的市场、商品和通往亚洲这片更具吸引力的大量贸易路线的准入权。

非洲殖民瓜分期大略是在19世纪的最后二三十年，而这一时期欧洲也经历了一系列市场危机，其总体可以看作是一个延续约20年的大萧条。因为世界商品价格的下降对非洲最主要出口商品的影响较大，尤其是棕榈油和花生油，这一时期非洲对欧洲经济的重要性比之前又进一步降低了。另一方面，一些西非的欧洲商人应对这些由于价格下降而导致的当地危机的手段是要求宗主国政府出面干涉那些"不公平的"非洲竞争活动。根据这类商人在欧洲经济中的边缘地位以及帝国主义干涉的内部协调的缺乏，我们很难认为这种施加经济压力的活动是瓜分非洲的主要原因。尽管如此，这也反映了欧洲商人对能否在非洲市场上继续畅通无阻不再那么抱有信心。

因此，经济萧条和瓜分非洲之间的关联必须要从欧洲政策制定者对总体经济的认知角度来分析。在此，帝国主义的举动不能用于对现存经济事业的支持，而应用来创造全新的市场和制造业基础。为了对抗似乎是放任自由主义经济必然结果的周期性混乱，政治家们故意使自己独立于市场力量。这一时期，在欧洲本土与自由主义相竞争的主要意识形态是社会主义，其更为激进的马克思主义构想看上去得到了诸如 19 世纪 70 年代到 90 年代的经济萧条等状况的印证。通过在非洲建立殖民地，欧洲的政府试图绘制出第三种解决方案，它吸收了民族主义归属感、新重商主义政策和废奴主义情感，然后投射入保守主义的政治领袖群体，而也正是这些力量的复合体在正式的殖民统治中继续引领欧洲在非洲的经济政策。

总结

从最为广义的世界经济视角来看，在非洲出现经济帝国主义的一些形式看上去是不可避免的。正处于工业化时期的欧洲的增长率远远高于非洲内部的发展速度，以至于两个经济体之间的贸易前沿最后不得不呈现为一种外部侵入的状态。然而，19 世纪的历史条件决定了这类渗透更多代表的是当时欧洲经济体系的困境，而不是成就。考虑到当时世界贸易的动向和在非洲内部部署力量所需的成本，欧洲经济的私有部门不太可能独自完成这类市场渗透。扩张行动需要由国家主导，并由一套意识形态支撑。

非洲此时完全进入了西方工业社会的外围，这并不是因为西方社会需要直接控制非洲资源从而维持自己的增长，而是因为增长的路径变得过于宽广，以至于只要某个选项给人以重要的错觉，便不能被排除出去。正如我们将在第八章对新重商主义和去殖民化的讨论中将会看到的那样，非洲确实给西方经济的某些部门带来了有价值的投资回报。虽然就总体而言，殖民投资的价值仍然是有待商榷的，但对非洲而言，变革最关键的因素是殖民主义的架构而非贸易平衡。20世纪非洲的经济史是一部奋斗史，贯穿其中的是找寻一种能够有效驾驭19世纪欧洲帝国主义对这片大陆施加的影响的发展模式。

参考文献

1. Ajayi, J. F. Ade and Ralph A. Austen, "Comment on A. G. Hopkins, 'Economic imperialism in West Africa: Lagos 1880—1892'", and "Reply", *Economic History Review*, Vol.25, No.2, 1972, pp.303–312.
2. Anderson, B. L. and David Richardson, "Market structure and profits of the British African trade in the late eighteenth century: a comment", *Journal of Economic History*, Vol.43, No.3, 1983, pp.713–721.
3. Anstey, Roger, *The Atlantic Slave Trade and British Abolition, 1760—1810*, London: Macmillan, 1975.
4. Austen. Ralph A., "The abolition of the overseas slave trade: a distorted theme in West African history". *Journal of the Historical Society of Nigeria*, Vol.5, No.2, 1970, pp.257–274.
5. Austen, Ralph A., "Economic imperialism revisited: late nineteenth century Europe and Africa", *Journal of Modern History*, Vol.47, No.3, 1975, pp.519–520.
6. Austen. Ralph A. and Daniel Headrick, "The role of technology in the African past". *African Studies Review*, Vol. 26, Nos. 3/4, 1983, pp.163–184.
7. Bairoch, Paul, "Commerce internationale et genése de la révolution industrielle anglaise", *Annales ESC*, Vol.28, 1973, pp.541–571.

8. Barrows, Leland, "The merchants and General Faidherbe: aspects of French expansion in Senegal in the 1850s", *Revue Francaise d'Histoire d'Outre-Mer*, Vol.61, 1974, pp.236 - 283.
9. Bean, Richard Nelson, *The British Transatlantic Slave Trade, 1650—1775*, New York: Arno, 1975.
10. Beiguelman, Paula, "The destruction of modern slavery: a theoretical issue", *Review: Fernand Braudel Center*, Vol.2, No.1, 1978, pp.71 - 80.
11. Bolt, Christine and Drescher, Seymour (eds), *Anti-Slavery, Religion, and Reform*, Folkstone: Dawson, 1980.
12. Boulle. Pierre H., "Slave trade, commercial organization. and industrial growth in eighteenth century Nantes", *Revue Francaise d'Histoire d'Outre-Mer*, Vol.59, No.214, 1972, pp.70 - 112.
13. Boulle, Pierre H., "Marchandise de traite et développement industriel dans la France et l'Angleterre du XVIIIe siécle", *Revue Francaise d'Histoire d'Outre-Mer*, Vol.62, Nos.226/227, 1975, pp.309 - 330.
14. Brunschwig, Henri, "Anglophobia and French African policy", in Prosser Gifford and Wm Roger Louis (eds), *France and Britain in Africa*, New Haven: Yale University Press, 1971, pp.3 - 34.
15. Cain, P. J. and A. G. Hopkins, "The political economy of British overseas expansion, 1750—1914", *Economic History Review*, Vol. 33, No. 4, 1980, pp.463 - 490.
16. Coelho, Philip R. D., "The profitability of imperialism: the British experience in the West Indies, 1768—1772", *Explorations in Economic History*, Vol.10, 1974, pp.253 - 280.
17. Crouzet, Francois, "Towards an export economy: British exports during the Industrial Revolution", *Explorations in Economic History*, Vol. 17, 1980, pp.48 - 93.
18. Curtin, Philip D., *The Atlantic Slave Trade: A Census*, Madison: University of Wisconsin Press, 1969.
19. Curtin, Philip D., "Slavery and empire", in Vera Rubin and Arthur Tuden

(eds), *Comparative Perspectives on Slavery in the New Plantation Societies*, New York: New York Academy of Sciences, 1977, pp.3 – 11.
20. Daget, Serge, "British repression of the illegal French slave trade: some considerations", in Henry Gemery and Jan Hogendorn (eds), *The Uncommon Market: Essays in the Economic History of the Atlantic Slave Trade*, New York: Academic Press, 1979, pp.419 – 442.
21. Darity Jr, William A., "A general equilibrium model of the eighteenth century Atlantic slave trade: a least likely test for the Caribbean School", *Research in Economic History*, Vol.7, pp.287 – 326, 1982a.
22. Darity Jr, William A., "Mercantilism, slavery and the Industrial Revolution", *Research in Political Economy*, Vol.5, 1982b, pp.1 – 21.
23. Davis, David Brion, *The Problem of Slavery in the Age of Revolution*, Ithaca: Cornell University Press, 1975.
24. Davis, David Brion, *Slavery and Human Progress*, New York: Oxford University Press, 1984.
25. De Gregori, T. R., *Technology and the Economic Development of the Tropical African Frontier*, Cleveland: Press of the Case Western Reserve University, 1969.
26. Dickson, P. G. M., *The Financial Revolution in England: A Study in the Development of Public Credit, 1688—1756*, London: Macmillan, 1967.
27. Drescher, Seymour, *Econicide: British Slavery in the Era of Abolition*, Pittsburgh: University of Pittsburgh Press, 1977.
28. Drescher, Seymour, "Two variants of anti-slavery: religious organization and mobilization in Britain and France, 1780—1870", in Bolt and Drescher (eds), 1980, pp.43 – 63; Eley, Geoff, "Social imperialism in Germany: reformist synthesis or sleight of hand?", in Joachim Radkau and Immanuel Geiss (eds), *Imperialismus im zwanzigsten Jahrhundert*, Munich: Beck, 1976, pp.71 – 86.
29. Ellison, Mary, *Support for Secession: Lancashire and the American Civil War*, Chicago: University of Chicago Press, 1972.

30. Engerman, Stanley, "The slave trade and British capital formation in the eighteenth century: a comment on the Williams thesis", *Business History Review*, Vol.46, 1972, pp.430-443.
31. Engerman, Stanley, "Comment on Richardson and Boulle and the 'Williams thesis'", *Revue Francaise d'Histoire d'Outre-Mer*, Vol.62, Nos.226/227, 1975, pp.331-336.
32. Engerman, Stanley L. and Eltis, David, "Economic aspects of the abolition debate", in Bolt and Drescher (eds), 1980, pp.272-293.
33. Fogel, Robert William and Engerman, Stanley L., *Time on the Cross: The Economics of American Negro Slavery*, Boston: Atlantic-Little, Brown, 1974.
34. Gallagher, John, "Fowell Buxton and the new African policy, 1838—1842", *Cambridge Historical Journal*, Vol.10, 1950, pp.36-58.
35. Gavin, R. J., "Palmerston's policy towards East and West Africa", Unpublished PhD dissertation, Cambridge University, 1958.
36. Gray, Richard, *History of the Southern Sudan, 1839—1889*, London: Oxford University Press, 1961.
37. Hallet, Robin, *The Penetration of Africa: European Exploration of North and West Africa to 1815*, New York: Praeger, 1965.
38. Hargreaves, John D., *Prelude to the Partition of West Africa*, London: Macmillan, 1963.
39. Headrick, Daniel, *The Tools of Empire*, New York: Oxford University Press, 1981.
40. Hollis, Patricia, "Abolition and British working class radicalism in the years of reform", in Bolt and Drescher (eds), 1980, pp.294-313.
41. Hopkins, A. G., "Economic imperialism in West Africa: Lagos, 1880—1892", *Economic History Review*, Vol.21, 1968, pp.580-606.
42. Hynes, William G., *The Economics of Empire: Britain, West Africa, and the New Imperialism, 1870—1895*, London: Longman, 1979.
43. Inikori, J. E., "Market structures and the profits of the British African

eighteenth century", *Journal of Economic History*, Vol. 41, 1981, pp.745－776.
44. Inikori, J. E., "Rejoinder", *Journal of Economic History*, Vol.43, No.3, 1983, pp.723－728.
45. Kindleberger, Charles P., "The rise of free trade in Western Europe, 1820—1875", *Journal of Economic History*, Vol. 35, No. 1, 1975, pp.20－55.
46. Kindleberger, Charles P., "Financial institutions and economic development: a comparison of Great Britain and France in the eighteenth and nineteenth centuries", *Explorations in Economic History*, Vol. 21, 1984, pp.103－124.
47. Mandel, Ernst, *Marxist Economic Theory*, New York: Monthly Review Press, 1968.
48. Mantoux, Paul, *The Industrial Revolution of the Eighteenth Century*, New York: Harcourt Brace, 1928.
49. Mathieson, William Law, *Great Britain and the Slave Trade, 1839—1875*, London: Longman, 1929.
50. Morgan, Edward Victor and W. A. Thomas, *The Stock Exchange: Its History and Functions*, London: Elek, 1962.
51. O'Brien, Patrick, "European economic development: the contribution of the periphery", *Economic History Review*, Vol. 25, No. 1, 1982, pp.1－18.
52. Owen, Roger and Bob Sutcliffe (eds), *Studies in the Theory of Imperialism*, London: Longman, 1972.
53. Platt, D. C. M., "Further objections to an 'imperialism of free trade'", *Economic History Review*, Vol.26, No.1, 1973, pp.77－91.
54. Ratcliffe, Barry M., "Commerce and empire: Manchester merchants and West Africa", *Journal of Imperial and Commonwealth History*, Vol.7, No.3, 1979, pp.293－320.
55. Renault, Francois, *Lavigerie, l'esclavage africaine, et l' Europe, 1869—*

1892, Paris: E. de Boccard, 1971.
56. Robinson, Ronald and John Gallagher, *Africa and the Victorians: The Official Mind of Imperialism*, London: Macmillan, 1961.
57. Rosenberg, Hans, *Grosse Depression und Bismarckzeit*, Berlin: Gruyter, 1967.
58. Rotberg, Robert L. (ed.), *Africa and its Explorers: Motives, Methods, and Impact*, Cambridge: Harvard University Press, 1970.
59. Saul, Samuel Berrick, *The Myth of the Great Depression*, London: Macmillan Schnapper, Bernard, 1961, *La politique et le commerce francais dans le Golfe de Guinée de 1838 à 1871*, Paris: Mouton, 1969.
60. Schuyler, Robert Livingston, *The Fall of the Old Colonial System: A Study in British Free Trade, 1770—1870*, New York: Oxford University Press, 1945.
61. Scott, Rebecca J., "Explaining abolition: contradiction, adaptation, and challenge in Cuban slave society, 1860—1886", *Comparative Studies in Society and History*, Vol.26, No.1, 1984, pp.83 – 111.
62. Sheridan, Richard B., "The wealth of Jamaica in the eighteenth century", *Economic History Review*, Vol.18, 1965, pp.292 – 311.
63. Sheridan, Richard B., "The wealth of Jamaica in the eighteenth century: a rejoinder", *Economic History Review*, Vol.21, 1968, pp.46 – 61.
64. Smith, Woodruff D., "The function of commercial centers in the modernization of capital: Amsterdam as an international exchange in the seventeenth century", *Journal of Economic History*, Vol.14, No.4, 1984, pp.984 – 1005.
65. Temperly, Howard, *British Anti-Slavery, 1833—1870*, Columbia: University of South Carolina Press, 1972.
66. Thomas, Robert Paul, "The sugar colonies of the Old Empire: profit or loss for Great Britain?", *Economic History Review*, Vol. 21, 1968, pp.30 – 61.
67. Wallerstein, Immanuel, "European economic development: a comment on

O'Brien", *Economic History Review*, Vol.35, No.4, 1983, pp.580 – 583.
68. Walvin, James, "The rise of British popular sentiment for abolition, 1787—1832", in Bolt and Drescher (eds), 1980, pp.149 – 162.
69. Ward, J. R., "The profitability of sugar planting in the British West Indies, 1650—1834", *Economic History Review*, Vol. 31, 1978, pp.197 – 213.
70. Ward, W. E. F., *The Royal Navy and the Slavers*, London: Allen & Unwin, 1961.
71. Wehler, Hans Ulrich, *Bismarck und der Imperialismus*, Berlin: Kiepenhauer u. Witsch, 1969.
72. Williams, Eric, *Capitalism and Slavery*, Chapel Hill: University of North Carolina Press, 1944.
73. Winch, Donald, *Classical Political Economy and Colonies*, Cambridge: Harvard University Press, 1965.

第六章

殖民经济体（一）：
国家主义-小农体制

根据曾经占据非洲经济史研究主流的正统保守观念，强加于非洲的欧洲直接统治是非洲从原始、自给自足的生产体系向现代、市场导向的生产和交易转型的主要原因。本书前面几章的主要目的是证明，在内部和外部市场的双重刺激下这一转型在前殖民时期非洲经济体中发展的程度。此外，正如本章中将会提到的，欧洲对非洲政治控制的动机来自对现代化和市场需求模棱两可且常常令人困惑的理解。因此，当看到新的欧洲政权不只未能解决之前限制非洲增长的问题，又创造了新的重要难题时，我们并不惊讶。

除了这些保留意见之外，我们不能否定殖民主义确实给非洲带来了巨变，20世纪后期的非洲经济与之前大不相同。至少，欧洲殖民政府建立了新的行政、交通和社会服务体系架构，影响了交易和生产的方方面面。在新的秩序下，外国商人能够冲破之前在国际贸易中的贸易前沿，直接进入几乎整个大陆的市场。最后，殖民统治也为欧洲人创造了直接攫取非洲生产资源的可能性，并将非洲人降到了无产者的地位。

最后这种状况在非洲的大部分地区都只得到了部分的实现，但这为讨论殖民经济体提供了基础。与前面的章节不同，这一部分章节之间划分的基础不是与外部世界联系的地点，而是对生产的控制形式，尤其是土地的所有权。其边界部分而言是地理上的，但更清晰的划分是分析的角度，因此我在这里作一些简要的解释。

本章将要描绘的政权被归类为国家主义，这是因为在这类政权中欧洲利益的主要代表和组织新经济的主要力量都是代表着宗主国的官僚。将这一体系中的非洲对象称为"农民"可能会招致一些误解，我将在本章以及第七章和第九章澄清；但因为缺乏更好的标签，在这里农民指的是占据自己土地的小规模农业生产者。该分析中的主要问题是这类架构的原理及其给经济增长带来的后果。第七章讨论非洲经济体中欧洲私人企业家相互之间以及与非洲企业之间为了控制土地、劳工和政治影响而进行的直接竞争。这些经济体获得的是更为集约化的经济增长，在这里的关键问题是要解释这类发展与征服和剥夺非洲本土人口之间的关系。

这类体系主导的相应地理区域相当容易识别，但非洲也存在着一个灰色的中间区域，其中呈现了一些分析性问题。从塞内加尔一直延伸到尼日利亚的西非提供了国家主义-小农（étatist-peasant regimes）发展的典型范例，而包含现今南非共和国内的区域是竞争性剥削政权最完整的样本（第七章将对前文忽略的这一区域与外部接触后的历史进行完整的回顾)。在不同的时间和地点，东部、中部甚至是南部非洲都呈现了多样化的经济模式。除了西非以外，本章也将涉及所有这些经济体的国家主义-小农政权体制的问题。这些区域中主要的殖民者农业飞地、海外侨民所属的种植园和矿藏将在第七章讨论，虽然这些区域中没有一个政权能够发展到像南非殖民者那样的自主程度。

因此，在国家主义-小农政权和竞争性剥削政权这两种分类之间存在着明显的矛盾，在某种程度上这些矛盾可以很容易地引发长篇大论，但无法作为表示完全不同的殖民发展模式的标签。接下来有关去殖民化和后殖民主义经济体的几个章节将会涉及两种政权体制之间的趋同和差异性的问题。

基础设施：国家指导型企业的试验

对于前殖民时期非洲经济体未能与海洋贸易伙伴达成平等地位的最简单的解释便是基础设施的缺陷。考虑到在非洲大陆进行有效交通所面临的自然障碍，只有在现代交通方式上大量投资才能带来内部或外部贸易的快速增长。这类投资的必要条件是更大且更稳定的政治单元的建立。我们可以观察到，即便是在殖民统治不存在的情况下，一些如阿散蒂、索科托甚至乌干达等活跃的非洲王国也可能逐步为这类发展提供基础。然而，历史上它们从未能获得这样的机会，而那些代表着已经拥有现代资本资源的欧洲社会的殖民政权快速成功的可能性明显要更大。

殖民政权给非洲经济发展带来的明确贡献包括逐步建立起了新型交通网络、实现了前所未有的和平以及提供了各类卫生和教育服务。但即便对于19世纪后期的主要欧洲国家而言，在非洲建立这类基础设施在最开始也被认为成本过高。只有经过了长时间的踌躇和大规模的各种国家指导型企业解决方案的实验之后，殖民政府才终于开展了这些投资，而这也将使它们在非洲最南端以外地区的经济发展中扮演主要角色。

在几乎整个热带非洲，19世纪80年代和90年代早期外交官"纸上分割"之后接踵而来的是数年甚至数十年的相对停滞状态。首都以外的地区只有基本的行政管理，铺设了很少公路，也几乎没有铁路，对于大多数非洲人来说生活基本没有变化。这些踌躇不前的原因主要是财政方面的：欧洲私人投资者对非洲不感兴趣，宗主国法律反对在殖民地的大量开支，甚至已经在沿海贸易集散地建立的西方贸易企业也拒绝在与政府零敲碎打的"讨价还价"成功之前进入内地。

在非洲的一些地区，早期殖民政权试图找到不用与外部欧洲对手在政治主张上针锋相对的解决方案，并通过承认乃至于鼓励成立特许公司的方法提供内部发展所需的基础设施。作为对该政权控制地区专有开发权的回报，这些特许公司会自己负担现代化初期的主要成本。

这些国家指导型企业可以归为两类。在诸如尼日利亚北部、德属东非（现今的坦桑尼亚大陆）、英属东非（肯尼亚、乌干达）和英属中南部非洲（赞比亚、津巴布韦）等这些地方，企业得到了在宗主国政府官员不直接干预情况下统治整个领土的特许状。而在诸如法属赤道非洲、喀麦隆、利奥波德国王（Leopold）的刚果自由邦（现今的扎伊尔）以及莫桑比克等这些地方，特许权有选择性地授予了一些地区，殖民当局仍然是殖民地的总负责人。

但即便是有垄断收益的诱惑和有诸如乔治·戈尔迪（George Goldie）、威廉·麦金农、卡尔·皮特斯（Carl Peters）、塞西尔·罗得斯（Cecil Rhodes）或者"葡萄牙的罗得斯"——帕沃·德·安德拉达（Paivo de Andrada）等这类人的魅力，相关企业也仍难收集到能满足新殖民地基础设施需求的必要资本。除了罗得斯的英国南非公司（British South Africa Company）这个例外，国家指导性企业带来的只有灾难。

最先崩塌的是主权性质的特许公司，它们本就不足的资源在确定政治地位的未遂尝试中消耗殆尽。皮特斯的东非政权在1888年到1889年沿海反对德国人的动乱中轰然倒下。数年之后，麦金农的英帝国东非公司（Imperial British East African Company）在其第一次乌干达远征中宣布破产。戈尔迪的皇家尼日尔公司（Royal Niger Company）是热带特许政权中资金最充足的，其面临的是要与法国派遣的政府军事力量直接竞争以征服整个尼日利亚北部土地的挑战。到了1900年，这三个特许公司的特许状都被吊销，只有在南部非洲，罗得西亚还以一个私营公司的形式统治整块殖民地。

在各地区内部授予的特许领地持续的时间更长，对非洲发展造成的危害也更大。这类垄断性特权的主导者总体而言缺少帝国主义特许公司的视野（不管有多么错误）和政治话语权。这些特许公司虽然承担的事业有限，但其资本也一直处于紧缺状态。即便如此也有一些特许公司得以通过各种投机性欺诈的组合和将现存的掠夺性商品获取体系粗暴地强加于他人等手段获取可观的财务收益。

特许政权的一个很好的典型是比利时国王利奥波德二世私人拥有的刚果自由邦。利奥波德本人很有眼力，他将大量的私有财富和资本能量投资在自己的殖民地。在19世纪90年代刚果自由邦濒临破产之时，他作为立宪君主也享有特权，要求比利时政府给予了大量贷款（近6 000万法郎）。利奥波德进一步利用自己的影响力成功说服了比利时和外国的资本巨头前往刚果投资。为了保证这些资金能够得到合适的回报，利奥波德制定了一种双轨的垄断机制：刚果的一部分被宣布为国家领地，对私人企业不开放，另一部分则被分给了私营特许公司，其中许多公司中，国家（即利奥波德本人）也是主要股东。这一体系成功地为一个基础的行政管理机构和初级的铁路道路交通体系提供了资金，确实达成了其在基础设施建设上的直接目标。但在这些成就取得之后，刚果的投资率便急剧下降，资金出逃现象增加。正如世界在1904年之后将会知晓的那样，当刚果的情况成为重大国际丑闻的主题时，这些收益的代价最终落到了当地人身上，他们受到了残酷对待，被迫给欧洲出口商提供野生橡胶和象牙。

刚果的特许政权至少确实提供了大量的初始投资，其开拓的领地中蕴藏着大量矿产财富。比利时政府从利奥波德手中接过统治权以后（1908年），新的政权能够改良之前的弊端，并且仍然维持较高的收益和再投资。其他特许体系可能并没有做出那么令人发指的暴行，但它们也没能够为后来的发展奠定任何基础。在莫桑比克建立特许公司以及大多数投资的触动因素并不是来自刚果，而是来自罗得斯的南部非洲投资项目。1888年至1892年间，莫桑比克公司、赞比西亚公司（Zambesia Company）和尼亚萨公司（Niassa Company）被授予了广袤土地的特许权，以期能够找到贵金属或者钻石。这些公司留下的唯一基础设施是位于莫桑比克南部的港口和铁路运输体系，主要服务的是邻近的南罗得西亚的需求。其他情况中，特许政权只不过是一个放大版的普拉佐体系（见第三章），它们虐待当地劳动者，甚至将其作为合同劳工出口海外。19世纪20、30年代，安东尼奥·萨拉查（Antonio Salazar）对葡萄牙殖民体制进行改革，在这一过程中废除了特许权制度，但是，暴力剥削的传统却延续下来。

刚果的模式得到了邻近的法属赤道非洲和德属喀麦隆亦步亦趋的效仿，但这两个地区投资的资本有限，缺少本土劳力，且没有能够找到贵金属，所以基本上没有留下什么遗产。1897年，大约80%的法属刚果、加蓬和乌班吉沙里（现今的中非共和国）领土被分配给了总共40家公司，其中许多对发展特许领地都没有上心。在喀麦隆只有两个团体获得了德国政府给予的大量特许权，但这些只相当于总领土的50%左右。在法国和德国公司的例子中，它们都未曾建设铁路或其他基础设施。1913

年以前一些特许公司靠着出口野生橡胶确实曾经收益颇丰（法国殖民地一些公司的获益状态持续到了下一个十年，甚至更久）。然而，与利奥波德的刚果情况一样，这类成功伴随的是对非洲人的极端虐待，这在欧洲引发了丑闻，当地也因此动乱不断。

基础设施：国家与铁路

帝国主义开展争夺之前对殖民地的热情和其后国家指导的实验背后的假设是相同的——一旦欧洲打入非洲的表面障碍得以消除，私营企业和现代科技的结合会迅速转变这片大陆的经济。殖民地早期的历史证明了这种观念是错误的：不只是负责任的欧洲投资者会拒绝在非洲从事风险投资，内陆的非洲民族也没有如想象中的那样欢迎沿海垄断性中间商带来的"解放"，而是针对欧洲人的渗透进行了强有力的抵抗。

因此，最初的殖民政府承担的主要任务是军事征服，往往是在国家指导性政权失败之后去收拾它们引发的暴力活动等烂摊子；军事征服也可以在非洲的大多数区域见到，只要当地政权认为自己的政治经济利益受到了外来力量的威胁。从欧洲宗主国的标准来看，控制非洲的军事选项所需的成本基本可以忽略不计。但这类开支却远远超越了任何一个非洲领地当时的收入可以负担的水平，如果要拨付这些开支，就不得不大量削减母国政府给殖民地发展提供的公共资金。因此，每个殖民地都把税收优先用于维持军事力量，然而这些税收本应用于保证增长。

进一步的规划体现在对风险的规避，遏制可能导致社会不稳定的负面因素，巩固国家的政治-军事控制这一正面因素。负面风险的规避从殖民政府对农民生产的保护中可见一斑。正面因素与从争端时代就开始的战略动机相结合，决定了热带非洲铁路的架构。

尽管19世纪的欧洲探险家和条约缔造者对河流十分痴迷，但只有通过投资新的陆地交通动脉才能够突破非洲经济的交通瓶颈。根据19世纪末欧洲人拥有的技术水平，新的交通体系必然会是铁路的形式，它的高成本、明确导向和资本密集型的架构会给20世纪的非洲经济留下长久的印记。

铁路建设给热带非洲带来的沉重财政负担首先能从国家在规划交通时的角色中发现，其后则可以从非洲税收的压力中得到印证。除了在南部非洲的采矿区域，私营欧洲投资者并没有多少动力去参与昂贵的长期铁路项目。因此，只能是欧洲或非洲的殖民当局自己来承担建设的重任，从公共和私人来源借用资金，或者通过给予土地特许权和资本回报的公共担保等各种组合方式转包给私营铁路企业。第一种模式在英属和法属西非以及英属东非盛行，第二种则在比属、德属、葡属和一些英属中非政权中比较多见。

无论是何种情况，国家的深度介入意味着规划铁路时的市场考量很容易让位给存有潜在矛盾的战略考虑。因此，铁路项目的主要目的可能是对内陆领地进行军事控制，正如法国人向西非苏丹区域的扩张以及德国在坦噶尼喀对马及马及起义（Maji Maji Rebellion）的反应所显示的那样。而当政府开始担忧对于周边其他殖民势力区域的设施过于依赖时，商品的运输也成了战略问题。因此，在英法博弈的西非、非洲中西部的德属-法属-比属殖民地沿海、德属和英属东非以及连接着赞比亚-扎伊尔铜矿带和印度洋、大西洋的各类领土等地区，本质上相同的市场会有好几条互相竞争的贸易路线来服务。最后，当时有一些宏大的计划——法国的跨撒哈拉和塞内加尔-苏丹-几内亚铁路"大穿越线"、英国的"开普到开罗"线路，以及德国的中非线路设计等，它们都没有成为现实，但这些线路设计影响了现实中铁路建造的方向。

由于热带非洲的大多数铁路是由政府举债建造的，这些铁路留给途经地区的直接遗产便是对宗主国的大量负债。因此，公共收入的很大一部分被用来偿还欠款，其来源不是非洲人的个人可支配收入就是其他政府项目。此外，这类偿还必然要以国际汇兑的形式进行，继而成为以其他种类的经济活动为代价促进出口生产的额外动机。通过引导货物运输的地理流向，铁路显著地加强了此种倾向。

非洲殖民地铁路是一种国际贸易叶片状市场体系的经典组成部分，这一体系延伸到非洲内陆的各个区域，但并不在这些区域之间建立联系。也有一些铁路助推内部贸易发展的例子，其中最引人注目的是在尼日利亚南部和北部之间经营柯拉果商人对铁路的利用，但大多数铁路只服务于进出口贸易。

假如瓜分非洲发生在数十年之后，基础设施规划者们可能会把更多精力放在建设汽车公路上，它比铁路的建造成本更低，通行效率近似，且使用的灵活性更强。一直到铁路已经建成，殖民政府认为自己有必要限制其使用以保护其高昂的现存投资之后，公路运输在非洲才变得重要起来。公路作为铁路的支线建造，连接当时不通铁路的区域，但由于建设资源的分配和规定在铁路通行区域开展公路运输需要缴税甚至一禁了之的法案的存在，两种交通方式之间的竞争有限。

铁路和公路运输政策之间的冲突提出了更为复杂的问题：此类投资和非洲内部发展之间的结构性关系。根据前殖民时期非洲经济的瓶颈，我们可以明显看出铁路能够通过向生产者和消费者提供大量的"社会节省"（Social Savings）来抵消高昂的资本成本，即通过减少运输开支以使之前不存在的市场关系成为可能。打个比方，乌干达棉花和咖啡的商业化种植在1900年以前是不可能的，因为那时前往印度洋的人力运输成本高达每吨1 500美元，并且需要大量低收入劳工长达三个月的长途跋涉才能完成。随着1902年肯尼亚到乌干达铁路的建成通车，成本降到了每吨低于200美元，全程只需要6天，且每增加一人/天的劳动，就可以多运送好几吨货物。工人们此时也可以搬迁到就业机会较多的区域，享受更好的待遇和更多的消费品，劳动力市场也因此得益。

肯尼亚-乌干达线是为了战略目的而利用公共资金建设的一条铁路：英国人急切地要保护苏伊士运河免遭尼罗河上游建成的大坝的危害，大坝一旦建成，将切断埃及的水源供应。尽管如此，该铁路线也开发了拥有真正贸易潜力的一个内陆区域。

出于一些战略动机而作的投入往往难以获得收益回报,在今安哥拉、刚果、马拉维、马里和坦桑尼亚以及总体繁荣的加纳等所在地区建设的一些交通项目都没能够获得足以支付其建造成本的收入,在一些情况下,甚至连运营成本都无法填补。

但铁路资本密集的历史问题不能简单地归纳为可以即时测量的市场成本收益公式。在分析铁路时,与早前非洲前殖民地时期贸易前沿的交通体系一样,需要考虑到它们给非洲经济本土部门中贸易活动的扩张和整合创造的机会。此类分析的结果总体上是负面的。我们已经看到,铁路对市场的影响是如何推动了出口而不是内部交易的。铁路本身作为实体给那些优待欧洲人却排除或严重限制非洲人的交通企业、资本投入和就业提供了机会。

如果我们考虑到铁路中表现的资本集聚类似于欧洲人在前殖民时期非洲的大西洋贸易前沿获得的不同寻常自主权所依靠的大型而又高效的船只,我们才能更好地理解这一外向型影响。不只在蒸汽轮船和铁路机车之间存在着技术关联,大多数非洲铁路的建设和管理过程中也包含着现代化的海港系统,将新型的陆地运输体系和古老的海上路线连接到一起。这类企业或是位置或是服务设施的所有权完全超越了非洲企业家所拥有的工具,非洲企业家继而被完全排除在内部经济的主导部门之外。相较新型交通技术的现代特质,不可分割的集中的资本结构(经济学家称之"结块的")更能解释这一情况。非洲人很容易便适应了范围有限的机械化河流运输,在获取作为陆路运输工具的卡车、巴士和出租车的所有权与维护方面也非常活跃。

不管是否故意为之，将铁路的地位强加于非洲殖民地交通运输的力量，也是后来维护其地位的力量，它们威胁到了非洲企业家的利益。

非洲人从进入铁路建设与维护的物质和人力资本那里也受益较小；新的交通部门体现在非洲内部的关联性较少，机车、车皮、铁轨和其他设备以及原料钢铁都在欧洲制造，建设新铁路线与港口的工程单位和技术工人都来自宗主国。事实上，开展殖民地交通工程的一个动机便是向宗主国资本品工业提供就业岗位，但这样做也排除了来自其他工业化国家的可能提供更高效服务的竞标者的竞价，这有时给非洲经济体带来了额外的成本。

我们已经提到过铁路在调动非洲劳动力市场上的正面影响。在铁路建造时期，这一益处被铁路建设需要的非熟练工的庞大数目抵消了。在农业劳动力需求鼎盛的时间点，一次强制雇佣的人数成千上万，报酬很低，他们在铁路劳动组里挥舞着铁镐、铁锹、锯子、斧头和大锤。在最坏的情况下，比如1922年到1934年建设法属赤道刚果到沿海的路线时，工人们长时间长途跋涉，面临的是不熟悉的气候条件和陌生的食物，居住、营养和卫生条件极差。其结果是死亡率陡增。

一旦铁路线建设完成，它们便和港口一起给一小部分非洲人提供了报酬相对较高的永久就业岗位，但这些劳动力的技能无法轻易地转移到经济体的其他地区。铁路资本的飞地性质继而反映了非洲雇佣劳动者的分层：大部分人在现代经济部门没有保障，小部分精英的情况则类似于其由欧洲人担任的前任和管理人。殖民国家和交通项目本应该将热带非洲市场从固有的地理、社会和政治条件导致的规模限制中解脱出来。表面上看，这一目标得到了实现，但也有代价。我们对交通的审视中已经显现出了一些方面的代价，接下来我们在贸易和生产的发展中可以看到其更多的影响。

贸易：从竞争到寡头垄断再到国家主义

在对非洲进行殖民瓜分的同时，这片大陆上贸易组织的模式显示出通往更开放市场竞争的趋势。我们已经看到，19世纪末期的情况是在西非和东非沿海促进了越来越多欧洲和非洲私营商业公司的建立。内陆市场的准入权仍然在非洲王国的控制下，其中的许多国家只允许自己的代理商开展贸易，当时的假设是殖民统治会清除所有阻碍经济发展的过时的垄断性障碍，但殖民时期发生的事实则彻底颠覆了之前的期望。富有经验的私营企业之间的竞争度显著降低，而殖民地国家干涉贸易活动的程度比起之前的本土王国有过之而无不及。随着贸易额的极大提升，商业投资的机会也得到了增多，但贸易中主导部门的走向不只依赖于外部市场力量，也与当地的政府机构有关。

欧洲贸易企业对殖民瓜分的态度是支持而又矛盾的。而当可以实施殖民吞并的机会摆在面前时，它们变得更为谨慎。沿海企业确实希望欧洲政府在其与非洲贸易国家的争端中给予支持，但当这些国家被镇压之后，欧洲人便在是否向内陆进发的问题上犹豫不前，尤其是经济考虑以外幻想中的遥远腹地。欧洲进行直接内陆贸易是跟着国旗——在大多数情况下是指使用机关枪开路——和铁路。然而一旦立足之后，白人企业便永久性地替代了非洲的远距离贸易中间商。

不只是传统的非洲竞争者，大多数在19世纪末曾经相互竞争的欧洲和非洲克里奥商人也在贸易版图上被抹去了。到了20世纪20年代，西非这一贸易争端多发的传统地点被三个巨型贸易联合集团所控制：法国西非公司（French Compagnie Française de l'Afrique Occidentale, CFAO）、西非贸易公司（Société Commerciale de l'Ouest Africain, SCOA）和不列颠联合非洲公司（British United Africa Company, UAC）。到该地区的航运也在相关方协调的"会议"控制之下，在相关会议中，英国、德国和法国企业设定了统一的运费率，并且对那些不经常使用其运输业务的商人进行惩罚。这个贸易帝国的前沿是法属赤道非洲和比属刚果（现今的扎伊尔）之间的边界。在比属刚果，所有的商人都无足轻重，因为经济的主导权在大型生产厂商手中，尤其是上加丹加联合矿业（Union Minière du Haut-Katanga）的铜矿和钻石矿、坐落于开赛（Kaisai）的国际林业和矿业公司（Forminière）以及利华兄弟公司（Lever Brothers）的大型棕榈油种植园（见第七章）。在东非，由于我们接下来将要讨论的原因，欧洲企业的地位比较突出。

经济学家和经济史学家为了解释欧洲企业在非洲的聚集过程付出了很大努力。从国际视角来看，这一现象代表了同时间欧洲宗主国商业组织之间卡特尔化趋向的延伸。在非洲本土，铁路向内陆的渗透要求企业拥有一系列维持外部机构的能力：复杂而又成本相对高昂的集权化官僚体系、库存仓储能力和对远期状况的预估能力。此外，世界市场对非洲商品的需求一直在变动中，19世纪90年代后有一段时期欣欣向荣，"一战"扰乱了这种局面，1919/1920年需求再次上升，1922/1923年开始又下降，然后到1929年时出现需求急坠之前的增长，这种不停的波动使得那些没有足够资源迎接风浪的小型企业生存极为困难。殖民政府的重要角色与向商业企业分发合同和授予信用的单一银行制倾向于优待那些最容易拿出信用保证的大型资深企业。

一方面是交通问题、市场波动、政治和信用庇护，另一方面则是垄断/寡头贸易企业的存在，这两者之间的联系对非洲经济来说不是什么新鲜事。这种联系解释了前殖民时期许多地区中间商国家的盛行。在殖民时期新的特点是把西方工业社会最发达部门中诞生的商业体制转移到非洲，来管理相对落后的非洲经济。这种看上去不那么协调的存在来自殖民者带来的新技术的资本密集型特质，最突出的是蒸汽船只和铁路，也包括非洲中西部地区拥有的机械化深度挖掘开采设备和大型种植园。

诸如此类的创新使非洲人交出了核心经济部门的控制权，也为能够自我延续的外部影响下飞地的建立奠定了基础。但是它们的存在并不会抹去非洲企业家的追求精神，也不会把市场情况降为简单的非洲农民对欧洲商人的二元关系。殖民地经济的这两个支柱之间需要填充进能够在自身立足地之外区域运营的非欧洲贸易群体。这一角色的候选者包括欧洲化的非洲人

（克里奥人）、地中海东部和南亚的移民以及非洲穆斯林。

在这三个群体中克里奥人在适应新的贸易条件方面最为失败。在他们势力最强的区域，即西非沿海，它们作为诸多小型商行的一个组成部分，面对价格波动和来自大型企业集团竞争的双重压力难以生存。一些非洲企业家试图通过自己野心勃勃的寡头计划来在进出口贸易中占据主要地位，但由于欧洲政府的敌对态度和其创始人不现实的经济观点，这些人最终都失败了。一般来说克里奥商业精英在殖民时期早期便转变了其经营领域，他们有时会进行新经济作物的大规模种植，但更为经常的则是转向城市房地产投资或为其子女未来能有一个好的职业而进行教育投资和努力。

非洲人能获得更多贸易机会的地方是那些不能吸引欧洲企业的地区：城市中心的小规模零售以及远离主要贸易路线的农村中心的进出口业务。对于资深的克里奥精英而言，这种职业意味着身份的下降，比如在农村进行贸易，等于为了很有限的收入机会而牺牲舒适生活和社会关系。这一有利可图的市场部分地被从贫穷农村地区迁徙而来的非洲人占据，他们往往是之前被作为奴隶购买的人口，譬如尼日利亚的伊博人和喀麦隆的巴米累克人（Bamileke）。然而大多数农村人口缺乏独立进军贸易市场的手段和人脉关系，甚至伊博人和巴米累克人也是在后来的殖民时期才获得了重要贸易群体的地位。因此这类角色一开始被非洲以外的移民占据：在西非是地中海东部移民（黎巴嫩人和一些希腊人），在东非则是南亚移民。

这些移民在贸易上的成功要归功于在任何非洲群体中都见

不到的优势和劣势的结合。通过迁徙，就算是从家乡贫穷的农村地区走出，移民们也与宗主国和殖民地已经站稳脚跟的同胞建立了联系，并通过他们接触了欧洲人。一旦他们到了非洲，除了贸易之外基本没有什么其他的职业选择（一些在东非的亚洲人成为当局的底层员工，但基本上没有太多升迁的希望），所以他们愿意承担艰苦的流动经商和村庄店务管理等工作。此外这些移民把所有可用的资产，不管是现金收入、家庭劳力的控制权、新移民的服务还是对非洲农村客户的影响，都投入在进一步增长商业利益上，落叶归根安享晚年的目标十分遥远（常常也未能实现）。

  一些研究西非克里奥人的历史学家认为，移民崛起的原因不是非洲人缺乏经济动机，就是欧洲人有意借他们的手削弱具有政治威胁的当地企业家。这种观点不值一驳。除了与非洲和欧洲贸易群体偶尔发生的紧张关系之外，移民企业家承担的角色中并不存在有效的竞争。尽管如此，外国人占据如此关键的位置也显示了已经日趋融合的非洲经济和国际体系之间的另一种脱节。殖民地市场的发展又一次产生了结构性问题，尽管这个问题直到独立运动开始时才会显现出来。

  除了对海外进出口贸易的重视，殖民体系也给穆斯林贸易体系的扩张提供了大量机会，商品基本上集中在非洲内部生产并消费的商品，比如柯拉果、非洲布料、家畜、盐和鱼类。新建的交通设施使得长距离货品运输更为便捷，殖民地的政治障碍也并没有限制其流通。尤其是在非洲西部和中西部，迪乌拉和豪萨商人从新城市中心的增长中获得了收益，在其中许多地区，新近组织起来的贸易团体加入了进来，诸如居住在现今加纳的穆斯林约鲁巴人（Yoruba）（后来又有基督徒）。不幸的是，与之类似且涵盖广泛的东非殖民地的索马里家畜交易没有得到仔细研究。

这类内部导向型的贸易是从前殖民时期经济中最有活力的部门直接产生的，尤其是在西非的西苏丹和中苏丹地区，其在很多方面也是殖民时期非洲经济自主性的一个独特模板。穆斯林商人从事的主要事业不依赖于欧洲人贷款或赞助，他们也没有兴趣在殖民地阶层中爬升到白领行业，这点从其对西方教育的不屑一顾中可以看到。同时这一经济部门必须被看作是包含在主流殖民秩序中的，因为它既不能期望控制利润率最高的企业，也不能把生产大规模调动起来达到威胁原材料出口和制成品进口这一主要方向的程度。

从贸易到制造业：转型的局限

一方面是基础设施和贸易部门明显的现代化进程，另一方面是在作为本章分析对象的几个殖民地中，大都没有引入利用工厂和靠电力驱动的机器进行大规模生产，这乍一看有些自相矛盾。一些马克思主义理论家认为，20 世纪非洲发展的关键特征恰恰就是一个高度发达的商业资本主义与一个孱弱的生产者资本主义之间的分裂。这一分裂是真实的，也是重要的，但它更容易解释为什么欧洲主要贸易公司和政府没有投资制造业，而难以很好地解释涉及移民殖民地和殖民后期或后殖民时期发展工业基础的问题。

欧洲大型贸易企业在非洲的成功源自它们获得资本来源的能力可以和它在基础设施方面的高级技术兼容,但这种优势变为决定性的直接条件常常是市场不稳定和其他风险。经过了20世纪早期商业发展波动后生存下来的企业变得更为谨慎,而不是更有冒险精神。特别是它们基本没有从进出口流动投资——在好时节是很快便可以周转的营运资本,而在不景气的时候则可充当债务清偿手段——转向制造业工厂这类固定资产的动机。此外,将非洲与欧洲宗主国相连的交通设施的持续优化最直接的影响就是在现有的欧洲(后来是亚洲)制造业中心和分散在热带各地(包括但不只是非洲)的原材料生产区域之间运输成本的降低。因此,非洲任何一个地区对制成品需求水平的提升并不能证明其制造业得到了发展。

最后,欧洲殖民政府将它们自己视为受益于现有贸易机制的宗主国在非洲的代表。我们有清楚的证据可以证明,这种态度在一些情况下反映在了阻碍当地工业化努力的实际政策中。但大多数情况下,这种自发的工业化的尝试并不存在,而殖民政权的主要缺点则是未能积极推动当地的工业化进程。

这种失败也可以换个角度理解,即另一种因素及其功能的缺失。这一因素指的是来自当地或移民商人和工匠阶层的压力,他们的利益与有国际竞争力的工业部门的发展是一致的。缺乏这种压力的原因并不是非洲殖民经济规模较小的部门中的商人和工匠群体缺少制造业企业,更好的解释是这种企业与本应和它们竞争的主流部门之间出现了结构性障碍。

　　从非裔和地中海东部-亚裔商人群体中产生的当地制造商确实提供了一些进口商品的现代替代品，比如瓶装饮料、肥皂和香烟。消费者对这些物品需求较强，与售价相比该类产品的运费也较高，并且其中包含了很大一部分当地材料。在一些例子中，诸如联合利华等国际企业也被劝诱来到需求旺盛的非洲殖民地市场开办工厂，比如尼日利亚。这么做的目的是维持其在当地销售市场的地位，但这类事业的影响非常有限。

　　大量的非洲手工业者被迫改变他们的生产体系以适应新情况。一方面，进口商品易得的现状基本上占据了低廉纺织品和当地熔炼的铁等基本商品的市场空间。同时，进口商品中也包含了（正如之前的接触期）很大一部分中间商品，比如成纱、化学染料、废金属和橡胶等，非洲工匠可以用以满足当地的特殊需求。此外，殖民地经济的增长提升了需求和购买力，即便这一新兴市场的大多数份额都被进口商品占据，但当地工匠仍有受益空间。

　　因此，非洲手工业者们与国际进出口部门之间的关系是互补的，而非相互竞争。他们的适应方式有两种。第一种方式有些类似于本土穆斯林商人，在一些相对独立于欧洲和亚洲人贸易活动的行业中工作。对于非洲手工业者而言，这种工作机会主要见于需要精湛技艺的领域，比如编织奢华服饰和雕刻祭祀用品。非洲人口总体收入的增加扩大了这类商品的市场，他们甚至在游客和欧美为自己家中或博物馆添置"异域"工艺品感兴趣的人那里得到了某些外部需求。

第二种方式适用的范围更广，但自主性稍差，主要见于城市或乡村的"非正式部门"中。在那里许多手工业者赖以为生的职业是维修一些不那么"粗笨"的欧洲进口商品，诸如汽车、卡车、自行车和农具等，或者利用这些进口商品的组成部分或零件制造自己的商品，尤其是金属片（可作锄、刀的材料）。殖民时期开始后这一部门开始大规模扩张，但其结构特点在独立运动发生很久以前就显露无疑。如同前殖民时期的枪支和纺织品一样，围绕着进口商品和进口材料发展的产业显示出了勃勃生机和独创性，但它最终只能与国际进出口或"正式"部门形成依附性联系。他们成功地将自己的技术应用于现代机械化工业产品，但生产出的产品却不能替代复杂的进口商品以及自己生产所需的零件。

国家与市场：货币化

殖民政府自己没有压制也没有推动一个相当弱势的制造业部门的发展，但它在交换关系的管理上显示出了很强的兴趣。这类干预形式多种多样，政治意味最浓的要数对市场的管控。但最普遍的方式是发行一种单一的政府批准的货币，特别是在殖民时期早期。

货币化的发展早在殖民时期前就在非洲市场上出现了，所以这些都可以被视为经济发展自发进程的一个阶段。但我们需要着重理解的是殖民时期货币政策的特殊动机和方法，以及它们在区域经济的不同环境中造成的影响。

非洲最早的货币形式——其中很多一直延续到了殖民时期——由具有价值贮藏、交换介质和记账单位等功能的多种消费品构成，包括家畜、盐块、金属条、珠宝或工具、棉花、棕榈纤维制品或树皮布以及贝壳。那些看上去很像现代货币的物品，比如接触期之前中非使用的小型十字铜锭，可能只在政治权威参与的祭祀活动中使用，这也预示了殖民时期的一些钱币的用途。流通规模更大的货币——尤其是贝壳——在19世纪末期欧洲人采集和运输方式改良导致其供应量大增后出现了严重的通货膨胀。

殖民时期开始的前夕，中苏丹、西苏丹以及几内亚和斯瓦希里沿海等主要的贸易中心都从"商品货币"转而使用各种银质钱币，尤其是无处不在的玛丽亚银币或西班牙银元，也包括法国的五法郎钱币、英镑和印度卢比。这类货币对非洲人而言仍然有潜在的商品价值，但也可以作为欧洲人的返回补偿，这也减轻了欧洲人进入非洲贸易的难度。这类货币的价值相对稳定，尽管欧洲、亚洲和拉丁美洲发行的货币有时会对它们造成一些影响。

殖民地政府建立后最初的数十年中，它们都用政府发行新式硬币和纸币替代了原有货币，这些新货币以固定比率和宗主国货币体系挂钩。这么做与当时对货币的正统观点相一致：主要的世界货币与黄金稳定挂钩，并试图限制银币的流通，因为他们担心银币一旦流出殖民地，会造成当地的滞胀和宗主国的通货膨胀。殖民地内部的普适货币标准很大程度上方便了税收和公共开支的支付。最后，政府以及其指定的发行银行也可以从新货币的铸造中获利，即官方价值和相对较低的货币铸造成本之间的差异。

非洲经济体货币改革的影响是复杂的，尽管每个殖民体系从中心向边缘传导的结果是原本优势与劣势之间的平衡被打破了，并开始向负面的方向发展。在最严格的情况下管控货币的宗主国政府会限制在非洲流通的货币数量，甚至会强迫区域金库维持大量的储备基金（英国殖民地的储备基金存放在伦敦）。因此，政府融资和私营部门的发展在非洲是被限制的，尽管我们可以想见的是，在一个更为开放的货币制度中，许多本地产生的资本会给非洲创造一个更好的投资环境和更稳健的币制。

在尼日利亚沿海等已有的主要贸易中心，使用前殖民时期货币的非洲人会遇到一些不便的情况，这类货币在许多当地交易中仍然可用，政府在货币的赎回上也犹豫不决。这就导致了一定程度的货币囤积和投机行为。然而，长远来看货币的稳定总体而言是有利的，甚至扩大了小企业家的市场通路。

讽刺的是，困难最大的区域是之前殖民官员期望产生更多正面影响的农村腹地。在种种估算中财政问题是首要的，因为这些区域的政府收入主要依赖于直接的税收。但当时的想法是现金支付会让出口商品的采集者和种植者更多地掌控自己的可支配收入，而不用在当地主要产品采购的"企业内部商店"那里以物物交换的方式换取消费品。

当时的直接现实和后来的长期影响往往是差异很大的。在早期以及后来出口价格下降的时期，现金收入在满足了纳税义务之后便所剩不多了。此外，用官方货币支付的需求可能会使情况雪上加霜，尤其是当生产的初始收入的货币形式是纸币（容易磨损、烧毁或被虫蛀）或基础金属硬币时，这是因为第一次世界大战之后其在非洲的价值随着宗主国的货币贬值而大幅度下降。消息灵通且与银行关系紧密的商人和管理人员能够利用农民的无知和经验丰富的内陆群体对银币的偏好，从当地收入中再挤出一部分油水。在许多农村地区，流通的钱币很少，大多数都被囤积起来用于缴税和在其他特殊或紧急情况下使用。这类行为的本质与传统临时盈余投资相反，是低效的。非洲人自己也通过谚语格言表达了他们的不满，比如"先令无法繁殖"（shillings do not breed）这样的话。

市场中心范围以外货币化和税收的实施很有可能加速了市场经济的扩张，但这个过程中应运而生的是国家的强权干预和农民对市场机制的不信任，而这也在未来热带非洲的经济发展中留下了伏笔。

国家与市场：贸易的监管

在非洲殖民地实施的官方货币化在迫使地方市场自由化的层面上有一些卢梭主义（Rousseauist）的意味。殖民地政府开展的其他形式的贸易监管没有那么多的自由主义主张，但其动机、政策和结果却更为复杂。

这章讨论到的非洲几个区域中官方对市场干涉的分布和时

间都差异极大。东非和中非经历的干预持续时间最长；法属西非受到的干预是定期的，但强度不大，而英属西非则从最开始的有限监管变为后来严格的市场管控。政府这么做的理由也是各种各样，从促进宗主国的集体和个人利益，到给经济动机不足的非洲人施加他们认为渐进的经济行为，再到保护这些"无辜的土著"避开市场过分活跃带来的破坏性风险。

我们已经提到，殖民瓜分时期许多帝国主义狂热分子希望把非洲殖民地纳入新重商主义市场体系，这一体系通过关税壁垒与外部世界相隔绝。尽管非洲新领土中相互竞争的交通架构把这些殖民地和其宗主国联系了起来，但非洲对世界贸易贡献有限的现实和最大化每个殖民地收入潜力的需求阻碍了强有力的排他政策的实施。此外，各种国际殖民协定，包括1885年的柏林条约和"一战"之后国际联盟委任统治地的规定，明确地禁止"关起门来"进行贸易立法。即便是到了20世纪30年代，当所有宗主国都制定了区内优惠税率和监管体系以期能利用殖民地作为大萧条冲击的缓冲时，其对非洲贸易的影响也并不严重（主要结果是通过排除竞争力强的日本产品来提高制成品进口价格）。

收效最明显的监管政策与出口商品和内部市场的交易有关。在这些政策中可以见到欧洲人对非洲经济发展的所有不同态度。政府继而给特定的（往往是欧洲）企业授予购买特权，而小型产品采购商则需要获得成本不菲的各种执照才能在农村地区从事"合法可信"的贸易活动。法律常常禁止非洲人接受信贷或销售某些食品，从而避免使该地区的维持性经济和贸易搭上边。

最后，政府通过自身可以行使收税权的代理人管控出口商品的价格。

可以预料，这类干预最初出现在前殖民时期和殖民时期早期没有能够有效融入市场体系的区域：法属西非与比属、英属、法属、德属及葡属东非和中非。这些区域中的许多地区对非洲市场交易的管控与特许公司和欧洲农场主的冲突性利益有关。然而，法属西非的监管体系完全是从国家和农民生产者之间的关系中生发出来的。官方干涉最有说服性的形式是"土著公储协会"（Sociétés Indigènes de Prévoyance，SIP）。这一组织的名称与实际情况不符，它完全由欧洲裔地区行政人员运营，其目的是储存食品供给和赞助当地发展项目（英国行政人员控制类似资金的方式是从非直接统治体系下"土著金库"的纳税中抽成）。由于非洲人被迫要向土著公储协会提供资金，他们把非洲人作出的贡献视作一种税收，而不是控制市场的一种手段。当20世纪30年代早期和50年代中期价格出现下降时，法国人也设立了价格稳定基金来确保非洲商品生产者能够获得最低投资回报。价格由关税支撑，并不会直接影响种植户，但在已经与宗主国达成特殊贸易安排的情况下，这种模式在保护种植户免受世界价格影响的行动中作用不大。

当英属西非的殖民政府终于选择干涉市场交易的时候，它们的做法相比热带非洲其他一些不那么繁荣的殖民地要更有戏剧性。最初的动机来自20世纪30年代加纳人和一些尼日利亚可可种植者针对欧洲采购公司举行的抗议活动，他们想要通过达成在本土市场避免相互竞争的协议来对付大萧条带来的不利环境。政府决定介入危机,在市场中给一系列固定的企业担保价格并配置资源。第二次世界大战期间这种安排得以正式化,并延伸到了英属西非和乌干达的所有主要出口商品。原则上,控制性机构在出口价格高于法定最高值的时期收集盈余,然后在不景气的年份提供补贴。

但在实际操作中,控制性机构从来不用向农民提供任何东西,因为价格在殖民时期剩下的日子里未曾降到最低标准以下。相反地,当局收集了巨量的储备金,这些储备金最初存放在伦敦以帮助稳定英镑,后来逐渐成为非洲政府发展基金的主要来源。因此,在国家主义-小农殖民经济体的典型区域,市场收入主要份额的控制者明显是国家。英属非洲的一些学者们对于市场交易政策影响的争论最终取决于对农民这一基层生产者的现有和潜在角色的认知。

小农经济的扩张阶段

将 20 世纪的非洲农民称为"小农"是非洲经济史中市场解读和结构性解读之间争论的要点。这一名词本身常常被结构主义观点的拥趸使用,尽管左翼和右翼学者都抨击这一名词暗示的农村情况模式与农民对大规模经济和政治机构的依赖十分不符合现实。

在论战之余,双方也就殖民区域(曾经在非洲人控制时期生产经济作物)农业的一些特点达成了广泛共识。首先,非洲农业生产单元较小，由生产者自己"所有"（更确切地说是在不需要支付大量租金或有被替代的危险性的情况下占有）。第二，这类农民只是部分融入了现金货币经济。他们根据遥远市场的需求种植作物，利用了一些购买的工具、肥料和雇佣劳动。同时大多数农民则继续自给自足的生活方式，围绕着殖民时期之前以锄耕为主的种植技术与传统的家庭、亲属和社会模式耕作。这类农业形式的贸易产出往往在商业化出口的初期扩张很快，但后来速度就会逐渐降低，单个单元的生产力不会发生大的变化。

对于这些分析的不同看法着眼于解释增长的局限性。自由主义的分析倾向于强调持续的生态问题和政治对经济的错误干涉导致的市场不完善。结构主义（主要是马克思主义者）历史学家坚持认为传统"生产方式"的存在在本质上阻碍了增长，资本主义的殖民代理人故意这么做来维持他们对非洲经济的掌控。要想更好地理解非洲殖民经济这一关键部门中变革的各个方面之间的关系，我们可以将小农经济的发展划分为两个阶段：第一个阶段是进入主要出口商品的生产，第二个阶段则是适应这一角色后的固化。

市场导向的历史学家最看重初始阶段，其原因部分是该阶段能够很好地证明他们所持观点的确切性。许多经济作物——其中最重要的包括棕榈油、棕榈仁、花生、可可、咖啡和棉花等——可以被非洲的个体农民栽培的事实反映出只要有必要的机遇，对市场的响应能力在世界任何地方都存在。此外，非洲人在市场中赢得一席之地常常会引起欧洲人政权的惊讶乃至惊恐，欧洲人政权自己的经济计划基于种植园农业，也会有一些小农型作物生产，而其中这与非洲人自己认为最好卖的作物相当不同（比如在尼日利亚北部，他们选择了棉花而不是已取得成功的花生）。

本部分将会首先着重讨论小农出口经济的初始阶段，因为后来适应阶段的问题将在接下来有关去殖民化和后殖民经济体的内容中完整地讨论。虽然自由主义历史学家提到非洲小农的主动性在确定这一体系性质中的角色是有道理的，但历史进程不会像模型显示的那么简单。各个非洲殖民地之间的市场条件并不一致，农民的融入成本也差异颇大。此外，即便是在小农企业行为最成功的例子中，商业化农业发展中政治和社会胁迫所扮演的角色也常常和市场因素一样重要。只有深入仔细思考各类市场条件和制度性条件的相互作用，我们才有希望捕捉到一些殖民主义下非洲小农经济的复杂现实。

前文中我们已经用一些篇幅讨论了与农民商品化种植有关的一些市场因素：通过引入大而有效的政权以及机械化陆路交通来降低分销成本。接下来的讨论将着眼于相对宗主国或殖民地当局决策的有利位置而言不那么引人注目的方面：当与种植特定经济作物所得收益抵消之后农民本身要付出的成本。

任何一群冒险进入出口农业的非洲农村人口导致的最关键问题都是其给本地粮食供给造成的影响。在许多情况下这一影响并不大，因为为了扩张工业性生产所聚集的资源并不直接来自粮食生产活动。在一些森林区域，粮食作物的种植主要是女性的责任，男人们则主要承担起商业种植，作为非农业活动的替代。另一方面，女性在棕榈制品的工业化制备中扮演了重要角色，其日程安排对她们的其他务农和家务工作影响很小。然而我们也不能太快采用"剩余产品输出"这一传统的经济学论点，简单地认为交通成本的降低只会给原先使用不足的土地和劳动力资源创造市场。殖民地市场与现有维持生存模式相符合的程度依赖于特定耕作模式的不同物质和社会生态。

最安稳的出口业务涉及非洲人自己需要消费的产品，尤其是棕榈油和花生。首先这些商品的扩大化种植不需要对生产组织作出任何改变，事实上这些出口商品在19世纪就已经在西非和中非占据了主要份额。两者的生产在扩张的同时也不会给食物来源造成即时的威胁。油棕榈树能够在森林地带清出的区域内自发生长，不会和块根农作物争夺土地；花生在环境更不稳定的热带草原中栽培，但在这一区域的大部分地区花生可以和谷物一起施行间种，开始阶段甚至会因为固定了氮元素而使土壤更肥沃。饥荒时节，棕榈油和花生多余的产量可以从出口市场带回，成为本地消费品，虽然两者都不是淀粉类主食的合适替代品。

另外两种主要经济作物是可可和咖啡，它们并不能在非洲农村人口的膳食中增加营养价值，然而却能轻易地适应它们已有的生长模式。它们是以小型树木的形式栽培的森林作物，需要在多叶植物的林荫下生长，而这些多叶植物至少在商业化农业的早期阶段往往是已有的粮食作物，诸如芭蕉、芋艿或者木薯。另一方面，由于棉花高昂的栽培成本，非洲农民一开始对这种热带草原作物的落地有些抵触。当然，这种植物不可食用，它占据的耕地也不能再间种当地的主要谷类作物，并且还会消耗土壤的肥力。此外，种植棉花所需的季节性劳动力数量很大，而其又与粮食作物种植、除草和收获需要大量劳动力的时间重合。

我们在前文讨论棕榈油和花生时已经提过，一种能够降低殖民地非洲人参与出口农产品种植成本的因素是要了解并且熟悉世界市场中需求。按照这个标准，花生是比较好的一种作物，其商业化种植从 19 世纪中叶顺利地延续到了殖民时期。棕榈油和棕榈仁也从前殖民时期一直延续了下来，尽管在西非和非洲中西部的许多从前的棕榈产区，农民转向了种植那些能带来更高收入产出的商品，如可可等。非洲本土的橡胶品种在殖民时期前夕及其早期与采集的林产品销路一样出色，进入 20 世纪后不久，一些非洲人（也包括欧洲人）便开始大规模种植，到"一战"前夕造成了该产品世界价格的大幅度滑落。随着通往穆斯林热带草原地区的铁路和航行条件的改善，柯拉果的生产在西非的一些森林区域得到了扩展，但其需求的规模与出口海外的新品种作物不能相提并论。

可可和咖啡是作为新品种引入的主要作物。它们在当地花了一些时间才被接受，这是因为对它们的不熟悉和当地农民对这么小的树木种下几年后就会带来可观利润并没有信心。即便是在作为咖啡原产地的东非地区，由于其消费的量很小，只限于祭祀活动中，当地的农民出于经济和文化习俗上的原因对扩大生产也犹豫不决。但一旦被接受，这些作物传播的速度非常之快，一个有名的例子是加纳的可可，但我们在思考推进初始生产的措施时，也应该牢记以上例子中农民在早期的犹豫不决。

最后，非洲农民是否能进入新型的或扩展了的商品生产在很大程度上依赖于这些商品的世界价格。20世纪早期出口增长的大部分原因与19世纪70年代到90年代欧洲从经济萧条中的恢复有关。植物油在人造黄油制造和食品装罐时镀锡过程中的新用途推高了对它的需求，此时欧洲和美洲日益增多的工薪族群体收入的提高也提升了对诸如巧克力和咖啡等"殖民地食品"的消费。

棉花在这里仍然是一个大问题，因为非洲人生产的高成本并没有带来价格的大幅上涨。英国、法国、德国和葡萄牙统治的政权更多的是出于战略因素才推广非洲棉花，而不是因为市场因素。他们将纺织工业视作自己国内经济的重要组成部分，不想完全依赖于从美国进口。然而尽管美国南方在世纪之交时遭受了棉象鼻虫的虫害，其生产棉花的效率仍要比非洲高得多。此外，欧洲工业需求的增长在20世纪时逐渐慢了下来。欧洲政府甚至纺织品生产商联合会都认识到殖民地棉花生产需要一些补贴，但这些补贴的形式主要是资助研究工作以及保证棉花种植区域采购和轧棉站点外派操作员的最低收益。非洲种植者们并没有享受到现金直接支付这种形式的福利，尤其是我们要考虑到热带草原的棉花种植区域在总体上都远离沿海，即便是在铁路贯通之后，高昂的运输成本也仍然是重大的障碍。

棉花在德属和英属东非的出口获得了一定成功，它们出乎意料地在印度和日本新兴且扩张中的纺织品市场中找到了销路。在尼日利亚北部，农民们最初拒绝扩大棉花种植（也拒绝了当地的豪萨商人为之提供资金的动议），他们偏爱种植更有把握也更赚钱的花生。但逐渐地，尼日利亚北部的棉花产量获得了提升，不过大多数棉花都被本地手织机纺织业消耗了，它在英国人镇压的威胁下仍然保持了增长。然而，在整个非洲殖民地，棉花是最不受欢迎的经济作物，因此在棉花商业种植的推广中更多的是采取强制的方式。

基本上所有殖民地外向型农业的发展中都有必要使用某一种形式的强制手段。从对棉花的讨论中我们可以看出，强制的程度依赖于开始或继续种植经济作物的市场动机的强弱。另外一个重要因素是殖民政权面临的制度环境。最好的情况下，它们可以利用已有的非洲权威将理想中的农业分工强行施加到其下属身上；在其他情况中，就有必要创造新的压迫工具了。

虽然殖民地小农经济被视为种植园和奴隶贸易经济秩序理想中的对立面，但事实上，非洲奴隶在建立现代出口体系过程中是很关键的。一些特定殖民地的经济作物和19世纪发展起来的出口农作物之间的一脉相承是导致这一矛盾的主要原因。奴隶或曾经的奴隶仍然是加纳可可种植带和塞内冈比亚花生种植区域种植劳力的重要组成部分。尼日利亚沿海的约鲁巴人和喀麦隆的杜阿拉人中流动的商人群体开展了可可种植，其发展依赖于购置新的奴隶以及奴隶在中等规模种植园中的劳动。在东非的斯瓦希里沿海和尼日利亚北部的索科托哈里发国这两个在前殖民时期拥有最大规模奴隶种植园体系的区域，殖民地官员在是否废除奴隶制的问题上难以作决定，害怕一旦废除，会导致农业生产力的下降。最后，每个区域中都达成了妥协。在东非，土地和劳动法令规定桑给巴尔和肯尼亚沿海的种植园可以完整保留,这使得当地的个体农民不得不成了农民或非法居民。索科托王国的农业前沿更为开放,奴隶们在支付高昂货币税的条件下可以从种植园搬到自己的土地上去,其依据是新占有的土地属于整个群体所有,而这一群体的代表是殖民地国家。

而在非洲农村那些不存在企业活动的区域,殖民政府常常被迫引入欧洲的农村资本主义制度,即便是要实行强制性劳动力招募,有关方面也在所不惜。除了前文提到的特许公司对野生出口商品的粗暴采集之外,许多将会成为小农殖民地的区域(如乌干达和象牙海岸)也在其开始阶段零零星星地出现了小型欧洲种植园。

最后,殖民政府常常使用行政和税收压力作为工具来"鼓励"非洲人开展经济作物生产。非洲酋长在这一过程中扮演了重要角色,无论其身份是"传统"抑或是新近赋予的。酋长(尤其是在法国和德国殖民地)时常被布置任务(有时候是一个赚钱的好机会)要建立自己的出口农产品种植园,而劳动力则来自他的臣民。

除了在相对遥远且种植作物的市场动机不足的区域,这类强制生产在西非、中西非甚至英属东非的大部分地区让位给了自主性更高的小规模小农生产。殖民主义背后废奴运动的推动力在许多方面是重要的。殖民地政府被迫首先减少了内陆向沿海的奴隶供应,然后直接取缔了奴隶制本身。大多数时候,任何在直接殖民统治下非洲领地中发生的滥用强制手段的行为在宗主国传教士和自由主义、社会主义等团体的压力下,都会演变成一场政治丑闻。此外，西非和东非的商人群体也参与到了这些运动中，部分是因为真实的道德/意识形态方面坚定的信仰，另一方面也是为了保护自己的贸易利益不受生产商和非洲商品的海外工业消费者之间的直接联系的影响。

用严格的市场术语来说，一旦小型生产者投资新作物的限制得到了解除，看上去他们在生产主要的热带经济作物方面比任何一种形式的种植园都要高效。原本近海地区在成本上有优势，它们可以从遥远地区进口劳动力，但新的交通体系的出现使它们优势不再。再者，非洲大多数农副产品加工过程中规模经济占比都很少。对于某些笨重或易腐烂的商品而言，将种植、加工和运输过程整合起来是有一定好处的，这也解释了欧洲人在伐木业和香蕉种植业中的主导地位。然而，针对棕榈油作坊的投资，就算是联合利华等大企业的手笔，也几乎总是会带来经济损失，除非将制造的过程与树木种植结合起来。机械化榨油的高效率对非洲家庭来说经济价值有限，原本主要由女性以非常低的机会成本从事这项工作，用机械来替代只会让她们感受到威胁。此外，中央作坊的确有较高的出油率，但这相对于其间接成本以及从原材料采集地将整个而不是加工过的果实运送到作坊所需的额外农民劳动力成本而言，无异于杯水车薪。

小农经济的发展局限

强制尽管可能是过渡性的，但其在小农经济中的角色给寻找国家主义与小农经济政权之间的核心矛盾提供了一条线索：国有商业部门"制高点"与农业生产者"底层"之间在技术、社会组织和收入上长期的差距。然而，这一矛盾的完整含义只有在小农体系作为出口商品的主要来源开始自发发展并且不再进行任何内部转型的条件下才会变得明显。

这一进程的时间顺序在不同殖民地乃至同一殖民地的不同区域各有不同。对于已在出产棕榈油或花生的西非沿海地区，殖民主义带来的主要变化是20世纪初奴隶制正式地位的废除，这一目标达成的过程中也没有造成大的动乱。在英国最重要的没有移居者的热带殖民地，黄金海岸、尼日利亚、坦噶尼喀和乌干达，基于可可豆、咖啡、花生和棉花的新兴或大幅扩张的贸易体系基本上都建立在20世纪20年代早期。在一些法国殖民地如喀麦隆、乍得、象牙海岸和乌班吉沙里，直到20世纪30年代后期，欧洲人和当地酋长经营的特许公司和种植园才让位给了独立的小农商业性农业。其他位于海洋导向运输体系边缘，或不适宜生产经济作物的地区，在较早期便开始专门向日益增长的当地粮食市场提供农产品和家畜。最后，非洲还有一些遥远的内陆地区，尤其是法属西非和赤道非洲的萨赫勒地带，它们在殖民地经济中的角色基本上是流动劳动力的输出地。

从定量角度来衡量的话，几乎所有这些小农经济体的增长都延续到了获得独立的时代，原因是交通设施的提升、人口增加并且能够安全地在市场周边地区定居以及非洲商品海外需求的增长。而单个农场层面上的生产体系则并没有发生变化。

这种明确的停滞给我们提出的问题直指核心，这也是之前几章反复讨论的，并将在接下来有关殖民统治后期和后殖民时期非洲农业转型的讨论中再次出现。这一章将会简要地将这些问题与殖民地经济史中市场主义解读和结构主义解读之间的争论联系起来，然后会考察殖民地国家政策和非洲农村企业活动之间的一些关联。

研究非洲国家主义-小农政权的所有学者都注意到了殖民地政府在经济活动中的高度干预。但对于自由主义者而言，该做法背后的动机被视为一种经济上不理性的家长式统治，它的直接影响可以在交换和加工部门而非农业生产部门中见到。另一方面，极端的结构主义者则认为殖民地国家的干预性政策是为了服务欧洲人的经济主导地位而设计的，其最终目标是保留农业的传统生产方式。研究农业的自由主义学者进行了反击，提出传统非洲生产体系的延续并不是因为外部的支持或阻碍，而是因为它们的效率在与欧洲私营企业和号称"专家"的公共技术建议的竞争中得到了证明。

结构主义的观点认为，尽管存在农业部门中欧洲体系直接竞争的失败，殖民地国家代表的利益与非洲农村企业活动的发展仍有着直接的冲突。这些利益包括了殖民地国家本身，它们为了战略-政治目标而占用农业收入；当地的欧洲商人群体，他们控制了与碎片化的非洲生产商之间的贸易，并从中得益；宗主国，它们从小规模生产者那里以低廉的成本获取热带商品，而用来作为货币支付的是制成出口消费品。

这种观点并不能用有意识的意图来解释，因为热带非洲的殖民政权从没有一个明晰的目标，这与移民殖民地不同，在那里不只是欧洲的资本主义，非洲资本主义的政治姿态也很明显。相反，我们有必要审视各种政府政策与非洲农村企业家能够得到的生产要素之间的特殊关联，继而评估非洲农民在这些可用资源中获得了多少份额。

资本是最容易衡量且与政府政策关联最直接的因素。我们很容易证明，在整个殖民体系中，交税占据了非洲商业农产品种植者的大部分潜在可支配收入，在某些特定的时间和地点会严重限制可用于本地投资的资金。即便是在相对繁荣的情况下，如"二战"刚刚结束以后，英属西非和东非的营销局也大量减少了小农的货币收益。尽管如此，在一些时间点和地区，小农也能够实实在在地获得一定规模的财富。时间上，比如20世纪20年代、30年代后期以及（虽然有营销局的存在）40年代末期到50年代中期的时期；地区上，比如可可和咖啡种植的森林区域——而花生和棉花生长的热带草原或棕榈油产地则没这么好运。此外，在黄金海岸和尼日利亚南部，一直到20世纪30年代末税收都是以进口税的形式间接缴纳的，继而农民在一定程度上可以将消费者-公共收入开支和生产资料及服务的购买区分开来。殖民当局收缴的一部分资金甚至通过在政府、交通和服务业等部门创造的就业机会回流到了非洲人的手中。当然，这些就业机会主要集中在城市而非农村地区，但就业人口获得的大多数收入通过婚姻彩礼（整个殖民时期都在持续增长）、亲属汇款乃至农场的直接投资流向了农村地区。简而言之，有可能确实存在一个能给本土农村企业家留下较多可支配资金的安排的可能，而国家主义殖民政权也确实给予了非洲人一定的机会来自己决定做什么样的投资。

有时同时代的结构主义批评家与殖民时代的改革派政策制定者的观点一样，他们认为限制了土地商业性流转的政府政策才是系统性阻碍农村企业发展的黑手。这类限制确实在很多区域存在，有的是直接的禁令，有的则是坚持要求将土地分配置于非洲传统权威的监管之下。再者，这类政策的目的往往是很保守的，即为了阻止农村地区发生资本主义阶级分化。这类政策毫无疑问地使获取土地所有权的过程复杂化，甚至在一些情况下变成了不可能的事。然而，我们要牢记的是整个殖民时期即便是在土地需求高涨的商业化作物种植区域，土地也并不十分稀缺。此外，在许多这类区域内（尤其是西非丰茂的森林地区），一些个人通过购买或操控政治权威和亲属的方式成功地获得了大量土地。但这些私有土地中的生产组织相较于小农耕作的农场却没有发生什么变化——事实上，有时候耕种强度甚至降低了。

劳动力相对于土地的紧缺也被认为是非洲殖民地农业低集中度的一种解释。此时殖民政府的角色体现在奴隶制的强制废除中，这是一种在"资源开放"条件下聚集劳动力的经典手段。这种观察确实可以帮助我们理解前殖民时期非洲奴隶制（尽管我们在前面也提到，奴隶制中很少包含生产组织的极端调整）和殖民地流动劳动力之间的区别。后者经常以工资为报酬接受短期雇佣，这也阻碍了任何新组织成立的可能性。对于长期劳动者而言，主要的激励手段是逐渐提供自主土地所有权以及为了度过可可或咖啡等树生作物早期产量较低的年份而提供足够流动资本。但同样地，如果殖民政权收回企业家对劳动力某种形式的强制权力，这样的做法最终将带来企业负债的结果，考虑到大多数非洲出口商品起伏不定的价格，这是一种时常出现的但有毁灭性影响的因素。然而那些因此控制了邻近地区小农劳动力的非洲商人和富农开展的农业形式与完全独立的小型农场没有什么不同。

尽管国家政策有一定的负面影响，但在非洲农村企业家可以利用推进农业集约化的生产要素的情况下，他们又为何没能够和谐地与主流的欧洲工业资本主义体系结合起来？市场理论家给出的答案是这类选择并不理性，因为欧洲的科学技术并不能有效地提升非洲农业的效率。这一论点和规模经济有关，它和之前有关国家的结论一样，都是重要的，但两者最终都不能充分解释抗拒变革的原因。

进入非洲农村的各种欧洲种植园公司乃至加工企业的经历充分显示了现代科技的负面效应。首先，它们使用的设备（尤其是犁和一些化肥）在几乎整个西非和中西非以及东非的大部分地区都不能适应土壤的环境。其次，采用新技术的成本很高。前文我们已经讨论了将牲畜纳入农业体系中的问题（第一章），现在非人力的能源和拖拉机都需要当时被禁止的现金流转来采购、维护和提供燃料。

尽管如此，20世纪20年代末，非洲农民开始接触到一些不太昂贵的新型科技形式，尤其是轻型犁、小型脱壳设备、手持榨油机和杀虫剂喷雾，这些新发明常常是针对非洲的情况特别打造的。此外，殖民地政府本身也投资了不少，将这些农资分发给了非洲农民,并且就如何"提升"当地农业进行了总体指导。但即便是这些创新也遭到了持久且广泛的抵制,对此物质成本效益分析并不能很好地作出解答。

正是因为农业技术变革是殖民当局推动的,而小农又有足够的理由对外来且充满压制性的殖民当局采取不信任的态度,技术变革导致的负面反响并不令人感到惊讶。此外,对其他基本生产方式的成本计算也需要加入对与之相关的社会变革影响的考察。殖民地官员被很清楚地告知犁地会如何打乱农村家庭劳动原有的性别分工。我们已经看到,棕榈油的压榨仍以传统方式进行,部分是因为这主要是女性从事的工作,成本被认为相当低。富裕人口不愿意或不能将新的劳动纪律强加到经济比较弱势的男性群体身上,也是由现有的社会关系与扩大化、机械化的农业日益增长的劳动力需求之间的矛盾造成的。我们将在第七章讨论新的生产方式能够有效得到推广的情境,这一章主要涉及移民占主导地位的非洲社会。

然而,对于国家主义-小农政权统治下更为成功也更有野心的农村企业家而言,未能采用更集约化的耕作方式势必与农业部门以外的投资机会有关。最初,剩余农业财富的投资方向是明确的:更具体地说,进入了贸易、交通和面向白领职业的儿童教育领域。表面上这类投资比投入农业危害性更大,因为这样做的话,非洲人就与那些在贸易和城市部门的各种方面享受优惠待遇的欧洲人、亚洲人及地中海东部人群形成了潜在的竞争关系。但非洲人即便在这些方面投资失败,其失去的也只不过是这类投资所需的剩余资本,而用农业来进行试验则会威胁农村社群赖以为生的物质和社会基础。

这类对城市部门亏损的缓冲需求解释了城市财富在农业中进行再投资的需求以及投资时偏保守的倾向，即宁愿选择保险而不是利润可能最大化的风险投资。其他农村社会关系或社会地位的投资，比如婚姻、荣誉称号、建造夺人眼球的私宅，或者向教堂和清真寺捐款，本身就是一种在比农业回报率更高的行业中取得成功的回报。最后，使用新的农业形式剥削农村劳动力只会引起对方的反感，进而导致在城市的政治角力中有失去这部分支持的风险。

总结：国家主义-小农政权与殖民主义的矛盾

欧洲殖民瓜分的最初悖论——当非洲在世界经济中的重要性日趋下降时却对其进行瓜分和占领——看起来被国家主义-小农政权解决了。出口商品生产上升到了甚至可以涵盖沉重基础设施成本的程度，同时农村地区传统技术和社会组织的存活保证了收入微薄的农民与享受西方中产阶级收入标准的官僚-商业精英之间不会发生大的冲突。

但最终这一体系也不能逃脱其自身保守增长模式产生的变革压力。从非洲内部的视角来看，人口和商业性生产的扩张会逐渐耗尽这片大陆的生态承载能力；而从外部视角来看，很快欧洲势力就证明它们愿意冒着牺牲稳定殖民统治的风险，积极地把最初将它们吸引到非洲的欲望或理想付诸行动。

非洲环境下小农经济作物扩张的影响是以上这些压力中最大的一种，但它在殖民时期并不明显。这种延迟的一个主要原因是直到 20 世纪 20 年代殖民统治很有可能减少了而非增加了非洲人口。针对初始阶段乃至第二阶段非洲人抵抗运动的军事行动、强制劳动、加速跨区域接触导致的疾病的传播以及由于环境变化、干旱和鲁莽的商业化生产等原因综合在一起导致的饥荒，都在不同程度上造成了殖民统治最初数十年里死亡率的居高不下，而有效的公共健康和粮食分发计划少之又少。考虑到热带非洲更为开阔的土地，即便在人口恢复增长的时期，小农也能够在不需要调节生产体系的情况下提升农业生产水平。

因此，引发殖民统治分崩离析的起始因素来自经济基础之外，我们将在第九章和第十章对此进行讨论。后期的殖民政权将非洲的深度发展视为解决宗主国自身而非海外政治经济危机的方案。随后，西化的非洲民族主义者接替了欧洲殖民政府，他们推动社会变革的野心更大。对于这些新愿景的支持者而言，国家主义-小农政权是矛盾的集合体，因为这些政权在促进非洲经济和决定非洲与外部世界关系的力量协调一致方面没什么作为。但 20 世纪中叶开始作出的新的尝试还不能成功地替代这种有限形式的现代化发展。

我们在本书的最后一章将会探讨国家主义-小农政权的内在矛盾究竟是特殊殖民条件下的一种现象还是来自非洲经济史的基础框架。下一章考察的另一种形式的殖民主义，它催生了更有活力的经济变革，但其伴随的社会和政治成本也相应水涨船高。而在这类殖民主义发展成熟的条件下，两者之间的矛盾是难以承受的。

参考文献

1. Agiri, Babatunde Aremu, "Kola in western Nigeria, 1850—1930: a history of the cultivation of cola nitida in Egbaowade, Ijebu Remo, Iwo, and Ota areas", Unpublished PhD dissertation, University of Wisconsin, 1972.
2. Amin, Samir (ed.), *Modern migrations in West Africa*, London: Oxford University Press, 1974.
3. Amselle, Jean-Loup, *Les négociants de la savanne: histoire et organisation sociale des Kooroko, Mali*, Paris: Anthropos, 1977.
4. Austen, Ralph A., *Northwest Tanzania under German and British Rule*, New Haven: Yale University Press, 1968.
5. Austen, Ralph A., "The abolition of the overseas slave trade: a distorted theme in West African history", *Journal of the Historical Society of Nigeria*, Vol.5, No.2, 1970, pp.257 - 274.
6. Austen, Ralph A., "Slavery among coastal middlemen: the Duala of Cameroon", in Suzanne Meiers and Igor Kopytoff (eds), *Slavery in Africa*, Madison: University of Wisconsin Press, 1977a, pp.305 - 333.
7. Austen, Ralph A., "Duala versus Germans in Cameroon: economic dimensions of a political conflict", *Revue Francaise d'Histoire d'Outre-Mer*, Vol.64, No.4, 1977b, pp.477 - 497.
8. Austen, Ralph A., "Metamorphoses of middlemen: the Duala, Europeans, and the Cameroon hinterland, ca. 1800—ca. 1960", *International Journal of African Historical Studies*, Vol.16, No.1, 1983, pp.1 - 24.
9. Austen, Ralph A. and Rita Headrick, "Equatorial Africa under colonial

rule", in David Birmingham and Phyllis M. Martin (eds), *History of Central Africa*, Vol.2, London: Longman, 1983, pp.27–94.
10. Baier, Stephen, *An Economic History of Central Niger*, Oxford: Clarendon Press, 1980.
11. Ballhaus, Jolanda, "Die Landkonzessionsgesellschaften", in Helmuth Stoecker (ed.), *Kamerun unter deutscher Kolonialherrschaft*, Vol.2, E. Berlin: Akademie, 1968, pp.99–179.
12. Baltzer, F., *Die Kolonialbahnen mit besonderen Berücksichtigung Afrikas*, Berlin: G. J. Goeschen, 1916.
13. Bauer, P. T., *West African Trade: A Study of Competition, Oligopoly, and Monopoly*, Cambridge: Cambridge University Press, 1954.
14. Bernstein, Henry, "Notes on capital and peasantry", *Review of African Political Economy*, No.10, 1978, pp.60–73.
15. Bernstein, Henry, "African peasantries: a theoretical framework", *Journal of Peasant Studies*, Vol.6, 1979, pp.421–443.
16. Berry, Sara S., *Cocoa, custom, and socio-economic change in rural western Nigeria*, Oxford: Clarendon Press, 1975.
17. Berry, Sara S., *Fathers work for their sons: accumulation, mobility, and class formation in an extended Yoruba community*, Berkeley: University of California Press, 1985.
18. Brett, E. A., *Colonialism and Underdevelopment in East Africa: The Pattern of Economic Change, 1919—1939*, London: Heinemann, 1973.
19. Callaway, Archibald, "From traditional crafts to modern industries", *Odu*, Vol.2, No.1, 1965, pp.28–51.
20. Chauveau, Jean-Pierre, "Agricultural production and social formation: the Baule region of Toumodi-Kokumbo in historical perspective", in Klein (ed.), 1980, pp.142–174.
21. Clarke, Julian, "Peasantization and landholding: a Nigerian case study", in Klein (ed.), 1980, pp.176–219.
22. Coatsworth, John, *Growth against Development: The Economic Impact of*

Railroads in Porfirian Mexico, De Kalb: Northern Illinois University Press, 1981.
23. Cohen, Abner, Custom and Politics in Urban Africa: A Study of Hausa Migrants in Yoruba Towns, Berkeley: University of California Press, 1969.
24. Cookey, S. J. S., "The concession policy in the French Congo and the British reaction, 1898—1906", Journal of African History, Vol.7, No.2, 1966, pp.263 - 278.
25. Cooper, Frederick. From Slaves to Squatters: Plantation Labor and Agriculture inZanzibar and Coastal Kenya, 1890—1925, New Haven: Yale University Press, 1980.
26. Cooper, Frederick, "Peasants, capitalists and historians: a review article", Journal of Southern African Studies, Vol. 7, No. 1, 1981, pp.284 - 314.
27. Coquery-Vidrovitch, Catherine, Le Congo au temps des grands compagnies concessionaires, 1898—1930, Paris: Mouton, 1972.
28. Coquery-Vidrovitch, Catherine, Afrique noire: permanences et ruptures, Paris: Payot, 1985.
29. Cordell, Dennis D. and Joel W. Gregory, "Labour reservoirs and population: French colonial strategies in Koudougou, Upper Volta, 1914 to 1939", Journal of African History, Vol.23, No.2, 1982, pp.205 - 224.
30. Crowder, Michael (ed.), West African Resistance: The Military Response to Colonial Occupation, New York: Africana Publishers, 1971.
31. Cruise O'Brien, Rita, "Lebanese entrepreneurs in Senegal: economic integration and the politics of protection", Cahiers d'Etudes Africaines, Vol.15, No.1, 1975, pp.95 - 115.
32. Davies, P. N., The Trade Makers: Elder Dempster in West Africa, 1852—1972, London: Allen & Unwin, 1973.
33. Dewey, Clive and A. G. Hopkins (eds), The Imperial Impact: Studies in the Economic History of Africa and India, London: Athlone Press, 1978.

34. Dongmo, Jean-Louis, *Le dynamisme Bamiléké*, Yaoundé: University de Yaoundé, 1981.
35. Duignan, Peter and L. H. Gann (eds), *Colonialism in Africa, 1870—1960*, Vol.4, *The Economics of Colonialism*, Cambridge: Cambridge University Press, 1975.
36. Dumett, Raymond E., "Joseph Chamberlain, metropolitan finance, and railway policy in British West Africa in the late nineteenth century", *English Historical Review*, Vol.90, No.355, pp.287 - 321, 1975.
37. Dunn, John and A. F. Robertson, *Dependence and Opportunity: Political Change inAhafo*, Cambridge: Cambridge University Press, 1973.
38. Egboh, E. O., "The Nigerian rubber industry, 1939—1945", *Nigerian Field*, Vol.44, 1979, pp.2 - 13.
39. Ehrlich, Cyril, "Marketing boards in retrospective — myths and reality". in *African Public Sector Economics*, Edinburgh: Centre of African Studies, Edinburgh University, 1970.
40. Ehrlich, Cyril, "Building and caretaking: economic policy in British tropical Africa" 1890—1960", *Economic History Review*, Vol.26, No.4, 1973, pp.649 - 667.
41. Elkan, Walter, "The East African trade in wood carvings", *Africa*, Vol.28, No.4, 1958, pp.314 - 323.
42. Fieldhouse, David K., "The economic exploitation of Africa: some British and French comparisons", in Prosser Gifford and Wm Roger Louis (eds), *France and Britain in Africa*, New Haven: Yale University Press, 1971, pp.593 - 662.
43. Fieldhouse, David K., *Unilever Overseas: The Anatomy of a Multinational*, London: Croom Helm, 1979.
44. Flint, John E., *Sir George Goldie and the Making of Nigeria*, London: Oxford University Press, 1960.
45. Galbraith, John S., *Mackinnon and East Africa, 1878—1895*, Cambridge: Cambridge University Press, 1972.

46. Garlick. Peter C., *African Traders and Economic Development in Ghana*, Oxford: Clarendon Press, 1971.
47. Gastellu, J. M. and S. Affou Yapi, "Un mythe à décomposer: la 'bourgeoisie' des planteurs", in Y. A. Fauré and J. F. Médard (eds), *Etat et bourgeoisie en Cote d'Ivoire*, Paris: Karthala, 1982, pp.149 – 179.
48. Gertzel. Cherry J., "John Holt: a British merchant in west Africa in the era of imperialism", Unpublished D. Phil dissertation, Oxford University, 1959.
49. Gervais, Raymond, "La plus riche des colonies pauvres: le politique monétaire et fiscal de la France au Tchad", *Canadian Journal of African Studies*, Vol.16, No.1, 1982, pp.93 – 112.
50. Gregory, Robert G., *India and East Africa*, Oxford: Clarendon Press, 1971.
51. Grier, Beverly, "Underdevelopment, modes of production, and the state in colonial Ghana". *African Studies Review*, Vol. 24, No. 1, 1981, pp.21 – 47.
52. Guyer, Jane I., "Head-tax, social structure, and rural income in Cameroon, 1922—1937, *Cahiers d'Etudes Africaines*, Vol. 20, 1980a, pp.305 – 329.
53. Guyer, Jane l., "Food, cocoa and the division of labor by sex in two West African societies", *Comparative Studies in Society and History*, Vol.22, No.3, 1980b, pp.355 – 373.
54. Guyer, Jane I., *The Provident Societies in the Rural Economy of Cameroon, 1945—1960*, Boston: Boston University Press, 1980c.
55. Hammond, R. J., *Portugal and Africa, 1815—1910: A Study in Uneconomic Imperialism*, Stanford: Stanford University Press, 1966.
56. Hargreaves, John, *West Africa Partitioned, Vol. 1: The Loaded Pause, 1885—1889*, Madison: University of Wisconsin Press, 1974.
57. Harms, Robert, "The end of red rubber: a reassessment", *Journal of African History*, Vol.16, No.1, 1975, pp.73 – 88.

58. Hart, Keith, *The Political Economy of West African Agriculture*, Cambridge: Cambridge University Press, 1982.
59. Hazlewood, A. D. H., *Rail and Road in East Africa: Transport Coordination in Underdeveloped Countries*, Oxford: Clarendon Press, 1964.
60. Headrick, Daniel, *The Tools of Empire*, New York: Oxford University Press, 1981.
61. Helleiner, Gerald K., *Peasant Agriculture, Government and Economic Growth in Nigeria*, Homewood, Illinois: Irvine, 1966.
62. Hogendorn, Jan S., "Economic initiative and African cash farming: precolonial origins and early colonial developments", in Duignan and Gann (eds), 1975, pp.283 - 328.
63. Hogendorn, Jan S., *Nigerian Groundnut Exports: Organization and Early Development*, Zaria: Ahmadu Bello University Press, 1978.
64. Holmes, Ill, Alexander Baron, "Economic and political organization on the Gold Coast, 1920—1940", Unpublished PhD dissertation, University of Chicago, 1972.
65. Hopkins, A. G., "Richard Beale Blaize, 1854—1904: merchant prince of West Africa", *Tarikh*, Vol.1, No.2, 1966a, pp.70 - 79.
66. Hopkins, A. G., "Economic aspects of political movements in Nigeria and the Gold Coast, 1918—1930, *Journal of African History*, Vol.7, No.2, 1966b, pp.133 - 152.
67. Hopkins, A. G., "The currency revolution in southwestern Nigeria in the late nineteenth century", *Journal of the Historical Society of Nigeria*, Vol.3, No.3, 1966c, pp.471 - 483.
68. Hopkins, A. G., "The creation of a colonial monetary system: the origins of the West African Currency Board", *African Historical Studies*, Vol.3, 1970, pp.101 - 132.
69. Hopkins, A. G., *An Economic History of West Africa*, New York: Columbia University Press, 1973.
70. Hopkins, A. G., "Imperial business in Africa. Part II: interpretations",

Journal of African History, Vol.17, No.2, 1976, pp.267-290.
71. Hopkins, A. G., "Innovation in a colonial context: African origins of the Nigerian cocoa-farming industry, 1880—1920", in Dewey and Hopkins (eds), 1978, pp.83-96.
72. Hopkins, A. G., "Property rights and empire building: Britain's annexation of Lagos, 1861", *Journal of Economic History*, Vol.40, No.4, 1980, pp.777-798.
73. Howard, Rhoda, "Formation and stratification of the peasantry in colonial Ghana", *Journal of Peasant Studies*, Vol.8, No.1, 1980, pp.61-80.
74. Huybrechts, André, *Transports et structures de développement au Congo*, 1970, Paris: Mouton.
75. Iliffe, John, *Tanganyika under German Rule, 1905—1912*, Cambridge: Cambridge University Press, 1969.
76. Iliffe, John, 1979, *A Modern History of Tanganyika*, Cambridge: Cambridge University Press.
77. Ingham, Barbara, "Vent for surplus reconsidered with Ghanaian evidence", *Journal of Development Studies*, Vol. 15, No. 3, 1979, pp.19-37.
78. Isichei, Elizabeth, *History of Nigeria*, 1983, London: Longman.
79. Johnson, E. A. J., *The Organization of Space in Developing Countries*, Cambridge: Harvard University Press, 1970.
80. Johnson, Marion, "The cowrie currencies of West Africa", *Journal of African History*, Vol.11, No.1, 1970, pp.17-50; No.2, pp.331-350.
81. Johnson, Marion, "Cotton imperialism in West Africa", *African Affairs*, Vol.73, No.291, 1974, pp.178-187.
82. Johnson, Marion, "Technology, competition, and African crafts", in Dewey and Hopkins (eds), 1978, pp.259-269.
83. Johnson, Marion, "Cloth-strip currencies", Unpublished paper, n. d..
84. Jones, G. I., "Native and trade currencies in southern Nigeria during the eighteenth and nineteenth centuries", *Africa*, Vol. 28, No. 1, 1958,

pp.43 - 53.
85. Kaniki, Martin, "Economical technology against technological efficiency in the palm oil industries of West Africa", *Development and Change*, Vol. 11, 1980, pp.273 - 284.
86. Katzenellenbogen, Simon E., "The miner's frontier: transport and general economic development", in Duignan and Gann (eds), 1975, pp.360 - 426.
87. Kay, G. B. (ed.), *The Political Economy of Colonialism in Ghana*, Cambridge: Cambridge University Press, 1972.
88. Kay, Geoffrey, *Development and Underdevelopment*, London: Macmillan, 1975.
89. Kilby, Peter, *Industrialization in an Open Economy: Nigeria, 1945— 1960*, Cambridge: Cambridge University Press, 1969.
90. Kilby, Peter, "Manufacturing in colonial Africa", in Duignan and Gann (eds), 1975, pp.470 - 520.
91. King, Kenneth J., *The African Artisan: Education and the Informal Sector in Kenya*, London: Heinemann, 1977.
92. Kitching, Gavin, *Class and Economic Change in Kenya: The Making of an African Petite-Bourgeoisie*, New Haven: Yale University Press, 1980.
93. Klein, Martin A. (ed.), *Peasants in Africa: Historical and Contemporary Perspectives*, Beverly Hills: Sage, 1980.
94. Klein, Martin A., "The transition from slave labor to free labor: the case of Senegambia", Canadian Historical Association Meetings, Papers, 1981.
95. Koerner, Heiko, *Kolonialpolitik und Wirtschaftsentwicklung: der Beispiel französisch Westafrikas*, Stuttgart: Fischer, 1965.
96. Lennihan, Louise D., "Rights in men and rights in land: slavery, labor and smallholder agriculture in northern Nigeria", *Slavery and Abolition*, Vol.2, No.3, 1983, pp.111 - 139.
97. Lovejoy, Paul, "The wholesale kola trade of Kano", *African Urban Notes*, Vol.5, No.2, 1970, pp.129 - 142.

98. Lovejoy, Paul, *Transformations in Slavery: A History of Slavery in Africa*, Cambridge: Cambridge University Press, 1983.
99. McCarthy, Dennis M. P., "Media as ends: money and the underdevelopment of Tanganyika to 1940", *Journal of Economic History*, Vol.36, No.3, 1976, pp.645–662.
100. McCarthy, D. M. P., *Colonial Bureaucracy and Creating Underdeveloprnent: Tanganyika, 1919—1940*, Ames: Iowa State University Press, 1982.
101. Mangat, J. S., *A History of the Asians in East Africa, c. 1886 to 1945*, Oxford: Clarendon Press, 1969.
102. Marcus, Harold G., *The Life and Times of Menelik II: Ethiopia 1844—1913*, Oxford: Clarendon Press, 1975.
103. Marseille, Jacques, "L'industrie cotonniére francaise et l'impérialisme coloniale", *Revue d'Histoire Economique et Sociale*, Vol.53, Nos.2/3, 1975, pp.386–412.
104. Martin, Anne, *The Oil Palm Economy of the Ibibio Farmer*, Ibadan: Ibadan University Press, 1956.
105. Mason, Michael, "Working on the railway: forced labor in Northern Nigeria, 1907—1912", in Peter C. W. Gutkind, Robin Cohen and Jean Copans (eds), *African Labor History*, Beverly Hills: Sage, 1978, pp.56–79.
106. Meredith, David, "The construction of Takoradi harbour in the Gold Coast 1919 to 1930: a case study in colonial development and administration", *Transafrican Journal of History*, Vol.5, No.1, 1976, pp.134–149.
107. Merioni, H. V. and L. H. Van der Laan, "The Indian traders in Sierra Leone", *African Affairs*, Vol.78, No.34, 1979, pp.240–250.
108. Morgan, W. B. and J. C. Pugh, *West Africa*, London: Methuen, 1969.
109. Müller, Franz-Ferdinand, *Deutschland-Zanzibar-Ostafiika: Geschichte einer deutschen Kolonialeroberung*, East Berlin: Rütter & Loening, 1959.

110. Munro, J. Forbes, *Africa and the International Economy, 1800—1960*, London: Dent, 1976.
111. Mutibwa, P. M., "White settlers in Uganda: the era of hopes and disillusionment 1905—1923", *Transafrican Journal of History*, Vol.5, No.2, 1976, pp.112 - 122.
112. Njoku, O. N., "The development of roads and road transportation in Southern Nigeria, 1903—1939", *Journal of African Studies*, Vol.5, No.4, 1978, pp.471 - 497.
113. Nworah, Kenneth Dike, "The Liverpool 'Sect' and British West African policy", *African Affairs*, Vol.70, No.4, 1971, pp.349 - 364.
114. O'Connor, A. M., *Railways and Development in Uganda*, Nairobi: Oxford University Press, 1965.
115. Ofanagoro, Walter I., "From traditional to British currency in southern Nigeria: analysis of a currency revolution, 1880—1946", *Journal of Economic History*, Vol.39, No.3, 1979, pp.623 - 654.
116. Pearson, Scott R., "The economic imperialism of the Royal Niger Company", *Food Research Institute Studies*, Vol.10, 1971, pp.69 - 88.
117. Pfeffer, Paul E., "Political and economic strategies for French colonial — railroads in West Africa: the Senegal-Sudan rail axis", *Proceedings of the French Colonial Historical Society*, Vol.2, 1976, pp.60 - 71.
118. Poquin, Jean-Jacques, *Les relations économiques extérieures des pays d'Afrique Noire de l'Ilnion Francaise, 1925—1955*, Paris: Colin, 1957.
119. Porter, Arthur, *Creoledom: A Study of the Development of Freetown Society*, London: Oxford University Press, 1963.
120. Reynolds, Edward, *Chiefs, Farmers and Preachers: Tradition and Modernization in Akuapem*, forthcoming.
121. Richards, Audrey I. et al., *From Subsistence to Commercial Farming in Present-Day Buganda*, Cambridge: Cambridge University Press, 1973.
122. Rimmer, Douglas, "The economic imprint of colonialism and domestic food supplies in British tropical Africa", in Robert I. Rotberg

(ed.), *Imperialism, Colonialism, and Hunger in East and Central Africa*, Lexington: D. C. Heath, 1983, pp.141-165.
123. Rudin, Harry, *Germans in the Cameroons, 1884—1914*, New Haven: Yale University Press, 1938.
124. Sautter, Giles, "Notes sur la construction du chemin de fer Congo-Océan, 1921—1934", *Cahiers d'Etudes Africaines*, Vol.7, No.2, 1967, pp.219-299.
125. Simmons, John (ed.), *Cocoa Production: Economic and Botanical Perspectives*, New York: Praeger, 1976.
126. Slade, Ruth, *King Leopold's Congo*, New York: Oxford University Press, 1962.
127. Smith. Sheila, "Colonialism in economic theory: the experience of Nigeria", *Journal of Development Studies*, Vol. 15, No. 3, 1979, pp.38-59.
128. Southall, Roger J., "Farmers, traders, and brokers in the Gold Coast economy", *Canadian Journal of African Studies*, Vol.12, No.2, 1978, pp.185-211.
129. Stout, J. Anthony, *Modern Makonde Sculpture*, Nairobi: Kibo Art Gallery, 1966.
130. Stover, Charles C., "Tropical exports", in W. Arthur Lewis (ed.), *Tropical Development, 1880—1913*, London: Allen & Unwin, 1970, pp.46-63.
131. Stuerzinger, Ulrich, *Baumwollbau im Tschad*, Zurich: Atlantis, 1980.
132. Sudarska, Niara, "From stranger to alien: the socio-political history of the Nigerian Yoruba in Ghana, 1900—1970", in William A. Shack and Elliott P. Skinner (eds), *Strangers in African Society*, Berkeley: University of California Press, 1979, pp.141-167.
133. Suret-Canale, Jean, "L'industrie des oléagineux en AOF", *Cahiers d'Outre Mer*, Vol.3, 1950, pp.280-288.
134. Suret-Canale, Jean, *Afrique noire: occidentale et centrale*, Vol.2, L'ère

colonial (*1900—1945*), Paris: Editions Sociales, 1964.
135. Szereszewski, R., *Structural Change in the Economy of Ghana, 1891—1911*, London: Weidenfeld & Nicolson, 1965.
136. Tardits, Claude, *Contribution à l'étude des populations Bamiléké de l'Ouest Cameroun*, Paris: Berger-Levrault, 1960.
137. Tetzlaff, Rainer, *Koloniale Entwicklung und Ausbeutung: Wirtschafts-und Sozialgeschichte Deutsch-Ostafrikas, 1885—1914*, Berlin: Duncker u. Humblot, 1970.
138. Thompson, Virginia and Richard Adloff, *French West Africa*, Stanford: Stanford University Press, 1958.
139. Tosh, John, "Lango agriculture during the early colonial period: land and labour in a cash-crop economy", *Journal of African History*, Vol.19, No. 3, 1978, pp.415-439.
140. Tosh, John, "The cash-crop revolution in tropical Africa: an agricultural reappraisal", *African Affairs*, Vol.79, No.314, 1980, pp.79-94.
141. Usoro, Eno J., *The Nigerian Palm Oil Industry*, Ibadan: Ibadan University Press, 1974.
142. Vail, Leroy, "The making of an imperial slum: Nyasaland and its railways, 1895—1935", *Journal of African History*, Vol. 16, No. 1, 1975, pp.89-112.
143. Vail, Leroy, "Mozambique's chartered companies: the role of the feeble", *Journal of African History*, Vol.17, No.3, 1976, pp.389-416.
144. Vail, Leroy and Landeg White, *Capitalism and Colonialism in Mozambique*, Manchester: Manchester University Press, 1980.
145. Van der Laan, H. L., *Lebanese Traders of Sierra Leone*, The Hague: Mouton, 1975.
146. Vanhaeverbeke, André, *Rémunération de travail et commerce extérieur: essor dune économie paysan. ne exportatrice et termes de l'échange des producteurs d'arachides au Sénégal*, Louvain: Université Catholique, 1970.

147. Walz, Heinrich, *Das Konzessionswesen in belgischen Kongo*, Jena: G. Fisher, 1917.
148. Watts, Michael, *Silent Violence: Food, Famine and Peasantry in Northern Nigeria*, Berkeley: University of California Press, 1983.
149. White, Colin M., "The concept of social savings in theory and practice", *Economic History Review*, Vol.29, No.1, 1976, pp.82 – 100.
150. Wilks, Ivor, *Asante in the Nineteenth Century*, Cambridge: Cambridge University Press, 1975.
151. Wrigley, C. C., *Crops and Wealth in Uganda*, Kampala: East African Institute of Social Research, 1959.
152. Zarwan, John, "The social and economic network of an Indian family business inKenya, 1920—1970", *Kroniek van Afrika*, Vol. 6, No. 3, 1975, pp.219 – 236.

第七章

殖民经济体（二）：
竞争性剥削体制

　　欧洲人试图直接控制南部非洲、中部非洲和东部非洲的土地、矿产资源和劳动力，这些地区在20世纪所经历的经济发展模式与我们在第六章讨论的差异很大。在这些区域当地的非洲人无法使他们传统的生产方式适应新的欧洲式行政管理、交通和贸易体系。当地的种植者不是被迫采用新的技术和劳动组织形式与欧洲人竞争，就是在欧洲人拥有的农场、矿井和工厂中做工。由于欧洲人各群体之间在当地生产体系和与外部世界经济关系中的利益不同，他们在这些领域展开竞争。

　　这些非洲地区的殖民经济变革不只非常剧烈，也与政治冲突关系很深。因此，本章中我们将会用更大篇幅考察与争夺政府控制权有关的问题及其结果——首先是在不同欧洲势力之间，其后则是在现有的宗主国政权、当地白人定居者和非洲企业家三者之间。在这里，欧洲私营部门承担了更多基础设施发展的重任，尽管政府对这一角色的指定也让政府自身有沦为本地投资者工具的风险。同时，大多数白人定居者——至少在英属殖民地——能够为了自己的权益而要求对政府的控制权。最后，当地政府由于各种因素不得不考虑保护非洲人的利益不被少数白人群体侵蚀。本章进行的讨论只会涉及欧洲人统治时期政府保护非洲人利益带来的各种回应；而非洲人政府夺得大多数地区政权后经济结构变化的程度则将在第九章讨论。

本章的大部分篇幅着眼于一个仍然处于欧洲控制下的主要非洲国家：南非共和国。[①] 南非在很多方面是一个独特的例子，既能见到大规模的宗主国资本投资，也能在欧洲人群体中见到有影响的本地经济民族主义。尽管如此，它依然是非洲大陆北部欧洲殖民地发展效仿的模式乃至物质支持来源地。在南非之外，本章还会关注葡属安哥拉和莫桑比克、肯尼亚、罗得西亚（赞比亚和津巴布韦）以及比属刚果（扎伊尔）的移民农业和/或主要的采矿企业。在其他一些殖民地中也存在一些情况类似的飞地，如喀麦隆、法属赤道非洲、黄金海岸、几内亚、象牙海岸、利比里亚、尼日利亚、塞拉利昂、坦噶尼喀和乌干达的一些地方，但由于我们着重的是分析的连贯性而非叙述的完整性，本章中只能选择忽略这些地区或是对其进行简要的介绍。本章关注区域的与众不同之处不仅在于其中欧洲人生产活动的规模，也在于它们对阶级构成结构以及工业化进程这两者的总体发展施加的影响。

[①] 本书英文原版出版于1987年，当时南非仍在白人种族主义统治之下。下文表述亦有出自1987年前情境者，敬请留意。——译注

矿业革命之前的南非：脆弱的前沿

现在南非及其周边一些貌似独立的非洲国家所占据的区域不仅地理位置在大陆的最南方，而且这些国家所经历的历史也与非洲其他地区有所不同。当别的地方进入与外部经济体发生接触的时期时，这一区域仍然正在建立驯化粮食生产体系，而当时它也与非洲大陆内部其他地方的交易网络无法构成有效联系。当南非初次进入国际贸易体系之时，它的主要作用是给那些往来于欧亚运送高附加值商品的商人提供食物。而矛盾的是，这种不重要的地位从一开始就导致了外国人渗透南非的程度要比其他更有吸引力的贸易前沿更深。在 19 世纪最后数十年发现主要矿产资源之前，这里与欧洲人直接打交道——或者贸易或者战争——的非洲人群体在这一进程中经历了剧烈的社会和人口变迁，但当地经济体并没有为抓住新的市场机遇而进行大的调整。

本土内部经济

南非粮食生产模式从采集到驯化的基本转变来得相对晚一些，转变也不完整。在 16 世纪与欧洲接触的时期，现今的开普省和内陆的高山沙漠地区依然可以见到大量布须曼/桑人（Bushmen/San）狩猎-采集群体。而在开普的大部分区域取代了布须曼/桑人地位的科伊科伊人（Khoikhoi）——当地的欧洲人称之为"霍屯督人"（Hottentots），他们接受了畜牧养殖，却没有接受农业。因此，当生态灾难减少他们的牛群时，科伊科伊人不得不依赖于采集的弊端显现了出来；而当面对拥有更稳定的驯化生计基础的群落时，他们也容易失去自主性和/或领土。

给科伊科伊人第一次带来这类挑战的人是班图语族群。他们早在公元 8 世纪就到达了开普的北端。一直到 17 世纪之前，班图语族群人口增长和可用土地之间的比率似乎都没有给科伊科伊人造成什么严重的压力。然后，17 世纪早期，开普东北前沿的科萨人（Xhosa）开始向科伊科伊人的牧场渗透，逐渐吞并了土地，并同化了规模较小的科伊科伊人群体。

这类多样化群体在南非的共存鼓励了整个区域专门产品贸易网络的发展，相关的产品包括布须曼/桑人的狩猎产品、科伊科伊人的牛只及相关制成品、从内陆向开普运输的铁和铜以及一个当地品种的大麻。但这类贸易看上去并不是当地发展中的重要因素，因为相互争夺土地的群体经济并不是互补的，而是如彼此的复制品一般互相重叠。

南非班图语族群历史进程中最为剧烈的变革是"姆菲卡尼运动"，这是发生在 18 世纪末 19 世纪初的一场大规模的政治整合和冲突。一系列强势的新国家得以建立，一些群体踏上了遥远且危险的征途，最远到达了维多利亚湖区域。姆菲卡尼运动发生在欧洲与南非的第一次接触以后，但这一变革运动起源的区域与相应的族群——纳塔尔（Natal）与恩古尼人（Nguni）——并没有受到很大的外部接触影响。姆菲卡尼运动并不是对当时仍然稀少的贸易机会的回应，它看上去是当地生态周期性转变的一个结果，这种转变首先使北部恩古尼人可以大大增加他们的牲畜数量，后来则迫使他们为了维持这一繁荣而去争夺牧场。我们将会看到，姆菲卡尼运动推进了欧洲人在南非内陆的扩张，但它并不是由欧洲人造成的，运动中也没有使用欧洲技术来满足军事或农业的需求。丁吉斯瓦约（Dingiswayo）、恰卡（Shaka）和其他姆菲卡尼运动领袖操控了同龄组织和战争机构，重新安排了对土地和人口的控制。因此，恰恰就是在欧洲经济扩张的危险性显露最充分的前沿，南非社群最没有机会向更集约的生产体系转型，等到他们愿意做这些事的时候，一切都已经太晚了。

欧洲人早期的贸易与农业活动

欧洲人在南非最初的四个世纪——从15世纪末葡萄牙人的探险到19世纪后期有珍稀价值矿藏的发现——从经济学角度来说可以看作一个连贯的单一时期。在这期间欧洲人的政治地位经历了一系列变化：从16世纪的过路船只与非洲独立社群之间的关系到1652年在好望角建立荷兰殖民地，到19世纪初荷兰人被英国人代替，随后是欧洲人进一步在东海岸的纳塔尔与内陆的奥兰治自由邦和德兰士瓦建立统治。然而，在整个过程中，欧洲人都没有给当地的生产体系带来任何重大变化。相反地，他们扩展并改进了已有的畜牧经济，使得当地人能够更为完全地参与到国际市场中去，但欧洲人不会允许当地人从中获得太多收益。这一时段的主要变革是欧洲殖民前沿的不断扩张，而其总是以牺牲本土非洲人的利益为代价。荷兰和英国政府控制这一进程以使殖民地经济适应各自殖民大架构的企图并没有成功，反倒是加剧了整个接触前沿的暴力运动。

从葡萄牙建立了通往印度的直接海上路线开始，所有觊觎亚洲的欧洲势力都感到有必要在非洲的某个地方建立战略中转站。从严格的航海角度来看，开普敦看上去是建立站点的理想之地。但由于开普敦的内陆腹地并不能提供具有国际价值的贸易机会，葡萄牙人因为莫桑比克离非洲东南部的金矿更近而对其情有独钟，从而绕过了好望角。挑战葡萄牙人海上霸权的荷兰人最初也想要夺取莫桑比克，但计划失败后他们终于在开普建立了第一个欧洲永久据点。

开普敦的两个内在特色及其周边环境使得它成为来往欧洲和印度之间的船只中较受欢迎的补给基地。首先，当地的科伊科伊牧人愿意以非常低的价格提供牛肉补给。第二，当地适宜的气候和充沛的雨水为欧洲裔农民（布尔人）为来往船只提供水果、蔬菜、红酒和羊肉以及为自身生存种植谷物创造了条件。

开普殖民地延续的头两个世纪也确实给荷兰东印度舰队和商业船只提供了长距离跨洋航行所必需的食物，从这个意义上说它是成功的。但维持这一站点的成本总是要超过食品或者少数一些野生动物制品如象牙、鸵鸟羽毛和内陆来的兽皮等带来的利润。科伊科伊人很快便拒绝再向开普敦出售牛只，开普敦对他们的反制导致了耗资昂贵的冲突。欧洲人在开普敦周边建立了种植各种作物、牛羊成群的农场，但事实证明，要想维持农场的规模以使其能保证对开普的日常供给，就必须给规模有限的市场提供某种形式的补贴。

英国统治最开始的数十年中，南非经济运行如故，尽管随着大约一万新移民来到开普和五千移民进入纳塔尔，欧洲投资的规模也得到了增长。19 世纪 30 年代，开普内陆腹地的农民开始生产一种在欧洲需求量较大的产品：从进口美利奴羊身上获取的羊毛。虽然放牧（主要由非洲雇工承担）的方法相比之前的农业活动没什么大变化，但其带来的收入却给当地创造了前所未有的繁荣。然而，南非从未能够和澳大利亚一样获得英国羊毛市场的大量份额，所以从整个世界的角度来看，这一殖民地仍然相对贫穷，也很容易受到宗主国商品价格下降的影响，从 19 世纪 60 年代后期的情况就可见一斑。同一时段，纳塔尔殖民地开始发展糖类种植园生产，尽管其规模以世界乃至南非的标准衡量都较小。

欧洲人与非洲人在开普的竞争

15 世纪和 19 世纪末之间南非经济最重要的变革最终不是针对世界市场的生产水平提升，而是欧洲人对这一区域资源控制权的不断增加。很大程度上，这种欧洲扩张和之前与其竞争的非洲各种运动类似，更多的是为了让日益增长的人口能够维持一个舒适的生活水平，而不是为了给国外消费者提供商品。然而，即便是居住地最为遥远且目不识丁的荷兰农民，要想维持生活水平也需要以某种形式接触市场。南非白人定居者前沿的扩张运动同时见证了欧洲裔群体的非洲化和一片广袤区域与欧洲经济的直接整合。

就算是在市场层面上，南非前沿也与大陆和国际经济的其他交会点不同。非洲这边的差异在开普最初的贸易伙伴——科伊科伊人那里最为凸显。作为一个相对而言非集中性的纯畜牧群体，科伊科伊人最初对欧洲商品的需求有限。他们无法将这些产品投入生产；甚至最开始吃香的金属也只有在制造武器的时候才有价值。相似地，对于科伊科伊社群中任何一个主流群体而言，控制非实用性商品的流通对他们都没有什么好处。一些进口商品被转给了别的科伊科伊人或班图语族群，但部分因为担心二次接受者会变得在军事上比首要商人强大，这类转手也有局限。更为重要的是，非洲人很难真正满足荷兰人对交换商品的要求。

与其他在非洲接触前沿的外国商人相反，荷兰人不寻求非洲自给经济以外的采集或种植产品，而是要求一种既是当地财富象征也是实质性资产的商品：牛。科伊科伊人和班图语族群总是愿意卖出一部分新增加或剩余的牛只，但他们无法定期提供荷兰人所需的特定质量、数量的牛群。事实上非洲贸易的最终目标是卖出一些低价值的牛，并用回报的一部分从邻近群体那里换取更有价值的牛群，从而提升他们拥有的牛的数量。即便是在最初有限的定居地中，荷兰人也用了同样的策略，因为他们希望能建立起自己的本地牧群，从而确保牛肉制品和奶制品的供应。荷兰人从科伊科伊人那里拿走牛，却不给他们任何价值相当的物品作为回报。因此，整个贸易体系对科伊科伊人构成了威胁。

科伊科伊人不可避免地对他们土地上竞争性放牧群体的存在发起了抵抗，这很快导致了与荷兰人的激烈冲突，而荷兰人凭着先进的武器不出意外地获得了胜利。因为在贸易中投入过多、战争失败或自然灾害而失去牛群的各类科伊科伊人开始作为仆人、劳工和放牧人为荷兰人服务。这是不幸的科伊科伊人被迫选择的一种战略，随着成为比他们富有的人的帮工，他们希望能够逐渐累积起创建新牧群的基础。然而，科伊科伊人从没有完成重获独立地位所需的必要条件。相反地，布尔自由民从开普敦周边开始迁徙外扩并占据曾经属于科伊科伊人的牧场。这一进程在1713年进入了一个快车道，因为当时一场天花传播使科伊科伊人口数量从10万减少到了约5万。到了18世纪后期，居住在开普的约26 000名欧洲人成了当地的多数族群。

1713年时，开普只有约2 000名白人，到1865年时这一数字变成了250 000。虽然其中有移民的贡献，但最主要的还是自然增长。人口扩张导致了荷兰人最开始对科伊科伊人、后来又对班图语族群构成持续的人口压力。经济逻辑决定了扩张的形式是大规模放牛。大多数荷兰家庭缺少进入集约化农业的资本，且市场也很有限。参与对科伊科伊人的侵略是建立畜群的捷径，并且在内陆土地基本上是免费的。从19世纪初开始，弹药、糖、烟草和其他维持欧洲生活方式与一些科伊科伊或桑族依附者忠诚的基本物品的成本，可以通过在开普敦以及靠近沿海的其他城市定居地售卖牛肉进行抵消。到了19世纪30年代，羊毛产业给内陆农民提供了一个比牧牛更赚钱的行业，但其主要从事者是英国移民以及一些独立的"有色人"社群。许多英国人定居在之前说荷兰语的布尔人迁徙后空出来的地区，为了维持生计和当时已有的社会秩序，这些布尔人不得不长途跋涉到更远的地方寻找牧场。

欧洲人与班图语族群的竞争

18世纪70年代，持续的荷兰人向北扩张与班图语族群的向南迁徙开始形成冲突。最先发生冲突的主要区域是开普的西部前沿，在那里科萨人在内部人口增长的同时也受到了北方姆菲卡尼运动的压力。科萨人与荷兰人之间发生的贸易和暴力冲突与之前科伊科伊人与荷兰人的模式类似。虽然科萨人的政治组织和农业基础使得他们成为更好的贸易伙伴（供应象牙和牛群），但这也使他们与荷兰人在土地和牛群的控制权方面（此外还通过贸易获取枪支）展开了激烈争夺。从1779年到1853年科萨人和邻近的欧洲人在他们共同的边界发生了多次卡菲尔战争（Kaffir wars）。虽然科萨人的抵抗非常强大，但欧洲人仍然逐步取得了胜利，并将科萨人的活动范围限制在了现在的西斯凯（Ciskei）和特兰斯凯（Transkei）"黑人家园"所在的地区。整个过程中大多数科萨人都保留了自己的牛群和经济自主性。然而到了1857年，对自己无法赶走欧洲人感到绝望的成千上万科萨人开始仪式性地宰杀牲畜，焚毁谷物，希望这样的行为会让精神力量站在他们一边。然而，这样做带来的结果是饥荒以及随之而来的大范围死亡，还有大量科萨人降低到依附于欧洲人的仆从地位。

尽管很艰难，但从煎熬之中幸存下来的科萨人还是阻止了荷兰人向西的扩张。1837年，大约5 000名荷兰人越过开普殖民地的北部边界，开始向内陆欧洲社群从未到达的地区进发，这就是著名的"大迁徙"（Great Trek）。迁徙者离开开普的动机包括他们对英国政府政策的愤怒和仇恨以及相信内陆存在大规模尚未被占据的牧场。姆菲卡尼运动造成的动乱导致纳塔尔殖民地的中央草原和沿海平原区域暂时难觅班图语族群的踪迹,而所谓存在大片空地的想法则是来自在这些区域探险的一些人的信息。然而,当到了这些区域时,迁徙者发现他们不得不与高度军事化的非洲国家展开战争——其中最突出的国家包括祖鲁王国、恩德贝莱王国(Ndebele)和索托王国(Sotho)。尽管纳塔尔殖民地被放弃(主要是由于英国而不是非洲人的压力),荷兰人还是成功地在德兰士瓦和奥兰治河地区建立了两个主要定居点。这一次迁徙既是同时代阿非利卡(荷兰裔南非白人)民族主义者意识形态的中心主旨,也是19世纪前沿接触性发展的直接呈现。这些遥远地区的白人开拓者们几乎完全失去了与同时代欧洲文化和经济的联系,但为了保持霸权,这些定居者还是得用最极端的手段来维护自己作为欧洲人-基督教徒的身份,以确保与外部市场保持接触。

开普殖民地的经济与国家

在分析这一欧洲人农业的边缘性地带是如何成为南非经济增长的主要中心之前,我们有必要考察一下开普殖民地政府为了宗主国经济体的利益而限制当地发展作出的努力。除了在统治的最后几年之外,开普一直都由荷兰东印度公司的代表管理,而该公司的主要目的是保持对印度尼西亚的控制并从中牟利。政治上,荷兰东印度公司高度专制,当地定居者对自身事务都无权过问。而从经济政策角度来说,这种方法意味着荷兰东印度公司试图在土地分配和联结海洋市场的所有贸易通路获得控制权。当开普农业开始受到劳动力缺乏拖累时,荷兰东印度公司选择从非洲其他地方以及亚洲进口奴隶,而不是引入更多的定居者,这些奴隶只会给政府增加额外的负担。所有这些政策的结果是外部的成功——开普完成了其作为低成本食物供给站的功能,但也是内部的失败——定居者持续的不满导致了周期性叛乱。一旦有可乘之机,东印度公司的贸易规定都会因为走私行为而形同虚设,而东印度公司施以严格限制的内陆边界地区常常受到白人狩猎者、商人以及迁徙布尔人的跨越,他们流动的生活方式其实是一种机制化的反抗。

在 19 世纪前三分之二的岁月中,英国没有像荷兰东印度公司那样把可以建造一座海军基地的大量金钱花在内陆地区。英国不再选择维护重商主义和独裁统治,反而试图用一种经济和政治自由主义的政策来解决南非的问题。为了刺激自发的经济增长,更多的白人定居者被带到了这里。到 1871 年时,开普殖民地也获得了对其内部事务的几乎全部自治权。然而,针对定居者的自由主义政策也隐含了对非白人权利的考量。英国人在到达开普之时便废除了开普的奴隶贸易,并在 1833 年宣布本地奴隶制为非法,在 1828 年授予了开普有色人与白人同等的经济地位。此外,在东开普前沿的各类军事干预之后,英国政府也试图至少能部分保证科萨人的土地权利。这些英国自由主义中"亲近黑人"的因素很大程度上受到了当地传教士做法的推动,正是他们引发了导致大西洋奴隶贸易覆灭的同类运动。然而这也引起了开普社会中布尔人的反抗,他们认为这比荷兰东印度公司独裁统治更恶劣。大迁徙形成的德兰士瓦共和国和奥兰治自由邦试图在新的地方继续维持白人与黑人之间的劳动产权关系，仍旧与开普不同。

南部与中部非洲的矿业革命

1865年和1900年之间，南非从欧洲贸易和农业的边缘地转变成了世界领先的钻石和黄金供给源。这些矿业发展的革命性不只体现在财富的累积和它们给这片大陆带来的重要性，还在于它们的运营需要大规模且复杂的资本投资。南非能够吸引本地和国际资本投资采矿业，并进而为探寻北方新矿产财富提供基地和基础。在19世纪80、90年代的帝国主义瓜分期间，私营资本在南部和中南部非洲扮演的角色是其他非洲地区贸易公司不可想象的。最后且最重要的是，这一区域的集中化开采创造了一系列新的劳动关系，为范围更广的工业经济的发展提供了至少一个潜在的基础。

南部和中部非洲矿产开发始于1867年在开普殖民地北部边界地区发现钻石，随着1886年德兰士瓦金矿的开发攀上了高峰。到了20世纪初期，南非矿业光芒不再夺目，发展速度也稳定了下来，但南罗得西亚（津巴布韦）的黄金、北罗得西亚（赞比亚）和比属刚果（扎伊尔）加丹加（沙巴省）的铜矿的发现带来了又一次成功。接下来的讨论将会聚焦南部和中部非洲矿业的部分内容，相关矿产在各自所属的殖民地经济中都举足轻重，而我们也可以将它们作为这一区域和西非更大范围采矿企业内部发展的代表。

非洲高价值矿产几乎所有的生产和营销环节之间的联系都是由一组国际企业完成的，它们之间有着互相交错的利益，并且都在许多重要方面同南非连在了一起。这些企业的发展可以直接追溯到非洲的第一个大型现代采矿场——开普殖民地以北的金伯利钻石矿。金伯利采掘早期显得欣欣向荣，但这也只是这片大陆上许多非洲人开展了一千多年的冲积矿床开采的一个延续。然而，到了19世纪70年代中期表层钻石储藏耗尽时，开采更深处的丰富资源需要从个人采矿者负责的无序状态转型到依靠大资本家经验丰富的技术投资。金伯利钻石矿开采不到20年，其主导权就落入了德比尔斯联合矿业公司（De Beers Consolidated Mines）手中。该企业的形成与这一区域的其他类似企业一样，由当地的操英语企业家启动并指导，其中塞西尔·罗得斯是最具代表性的人物，但他们也需要欧洲主要金融投资家的支持。相应地，德比尔斯能够通过西方世界以及在包括安哥拉、比属刚果、塞拉利昂和西南非洲（纳米比亚）的其他钻石产区的开采企业中保留主要份额来逐渐控制钻石的营销。

德兰士瓦的威特沃特斯兰德（Witwatersrand）金矿区的开发需要从一开始就投入相当规模的投资，这是因为其储藏大多埋藏较深，且比较分散。在金伯利钻石矿筹措必需的资本十分容易，但在威特沃特斯兰德的例子中可供开采的矿层规模足以满足好几家企业的需求。除了早期的互相竞争，这些黄金开采公司之间的关系很快就显示出垄断企业的一些特点：单独的某一个金矿无法改变世界黄金价格（黄金价格由各个国家的政府和货币市场决定），对金矿所有者整体而言降低生产成本都是有益的。到了 20 世纪 20 年代，一个名字有误导性的单一企业——南非英美公司（Anglo American Corporation of South Africa）开始掌控南非黄金产业的资本，随着成功收购德比尔斯，它也控制了钻石开采业。

罗得西亚金矿的现代开发开始于塞西尔·罗得斯的私人企业，得到了来自德比尔斯和威特沃特斯兰德地区企业的资本和信用的支持。英国南非公司最初从罗得西亚土著居民那里收缴了土地，它既是垄断性土地所有者，也在这些土地上拥有政治主权。但这些领地上可供开采的黄金并不能偿还英国南非公司和其他一些得到特许的高度资本化企业在这里的直接生产投资。1903 年之后，英国南非公司开始把含矿点租给小型、低成本的企业，并从其收益中适度征税，自此之后罗得西亚金矿才变得有利可图。一旦这样一个回报的保障得以建立，威特沃特斯兰德的部分投资者便重新进入了罗得西亚，但即便是部分进入对当地也是很重要的。

罗得斯早在 19 世纪 90 年代的北向野心中就把铜列为目标之一。比属刚果的加丹加省仍然是一个活跃的铜矿区，铜在世界市场的价值也随着工业化社会中电力重要性的提升而水涨船高。一开始的几次失败后，加丹加铜终于在 1912 年上加丹加联合矿业公司投入了生产，该公司由来自比利时的资金和英国南非公司的一个分支——坦噶尼喀特许有限公司（Tanganyika Concessions Ltd.）共同出资组建。

另一方面，无论是英国南非公司还是与其合资的公司都无法从北罗得西亚的铜矿中挖掘利润。讽刺的是，英国南非公司最大的利润来源是 1923 年放弃对北罗得西亚地区的政治控制权后当地铜生产者支付的矿权税。到了这一时期，新的技术和市场需求的提升吸引了两个大型投资者——南非英美公司和真正来自美国的罗得西亚选矿托拉斯公司（Rhodesia Selection Trust），北罗得西亚因此成了世界最重要的铜产地之一。

矿业资本与帝国主义扩张

国际采矿企业向南非以外的扩张很明显依赖于欧洲政治控制的扩展。南部和中部非洲各个国家向殖民统治的臣服构成了更大范围内帝国主义瓜分进程的一部分，但其并不受主要经济利益群体的影响。继而帝国主义与矿业资本在这一地区的关联需要更进一步的解释，两者之间的关系也不能被归纳为一个简单甚至清晰的方程式。

19 世纪末同一时代的南非观察家很容易相信，英国的政治行为是一部分矿主和金融家的密谋导致的。1895 年塞西尔·罗得斯启动了推翻德兰士瓦的阿非利卡人独立政府的计划，即"詹姆森袭击事件"（Jameson Raid），但未能成功。四年之后英国卷入了与德兰士瓦和奥兰治自由邦的大规模战争中，这两地后来作为南非联邦的一部分纳入了大英帝国的版图。我们很容易就能联想到罗得斯的三个身份——矿主、开普殖民地的政客（1895 年时他还是当地的总理）以及向北方扩张的支持者——之间的一致性。此外，一些矿业巨头也参与了詹姆森计划，在 1895 年之后仍然继续与德兰士瓦政府冲突，并在 1899 年到

1902年的南非战争中支持了英国。

对于此类早期解读的自由主义修正强调了战略为上而非经济动机优先的英国南非政策。根据这一看法，罗得斯用他采矿积累的财富将自己对英国政治和文明目标的愿景付诸行动。相应地，英国政府官员将罗得斯当作廉价的工具来阻止阿非利卡人共和国利用其矿产资源主导这片次大陆。支持这一观点的证据是大多数矿主都没有支持詹姆森计划或者导致了战争爆发的英国咄咄逼人的外交政策。

最近有关英布冲突中经济问题的研究表明，德兰士瓦黄金的紧张局势可能给通往印度的贸易路线带来的不只是威胁。由于高资本投入和相对较低的产出，威特沃特斯兰德金矿比大多数海外矿业开采更容易受到敌对政府的压力影响，尤其是劳动力控制权这一决定盈利能力的主要因素。这就需要与当地政治权威的紧密合作。最后，在南非冲突时期，英国自己也经历了一场严重的黄金储备危机。

然后，这些学术发现都没有显示出矿主或银行家曾经有意识地通过煽动英国占领德兰士瓦来解决他们自己的问题。此外，英国军事胜利后建立的政权同时给矿业公司和重又获得自治权的阿非利卡民族主义者提供了一个更为友善的环境。后者会利用他们在现代国家中的政治权力给矿业资本设置一个从本地跨种族经济和社会模式观念中提炼出来的发展模式。

罗得西亚相较于南非是经济帝国主义更为清晰的一个案例，因为在这里英国的战略考量使罗得斯获得了许可，建立了一个既是帝国前哨也从事采矿工作的政权。但这一区域的困难之处在于它一直只是一个次要矿物产地，继而其最重要的区域意义来自与其他采矿区域的地理联系，以及很大程度上依赖于农业的内部发展。

北罗得西亚和刚果管辖区域之间铜带的划分是为了保证加丹加能够独立于英属南非影响圈之外，这是国王利奥波德二世和接下来的比利时政府作出的有意识努力的结果。但这种政治考量永远不可能完全抵消势在必行的国际金融与将加丹加和南部非洲其余的采矿工厂联系起来的区域交通物流的影响。尽管如此，殖民地边界也是解释领地中矿区和周边社会之间关系差异的一种因素。

矿业经济中的资本与劳动力

大型矿井的收益要大得多，私人固定资产投资的动机也比其他形式的非洲出口生产要高得多。然而，这类大型矿井对周边经济的影响差异很大，结果的好坏非常依赖于劳工政策。

尽管南部和中部非洲的主要矿井与农民出口种植者一样提供了送往海外进一步处理的初级产品，但矿井中的生产方式明显是工业化的——这指的是大量工人参与的围绕着集中化机械组织的劳动过程。这一体系的需求靠着三种基本劳动力形式的不同组合来满足：欧洲人占据了技术职位，获得的工资最高；作为单独的男性个体从农村迁徙而来的无技能非洲人获得的工资最低；与他们的家人"稳定地"定居在城市的有技能非洲人则获得中等收入。

在所有采矿企业的早期阶段，劳动力都主要由有技术的欧洲人和无技术的非洲移民组成。这个时间点上很少存在拥有技能的非洲人，并且在建造矿石机械化提炼、处理和运输所需的设施过程中，对非技术劳动力的需求都是压倒性的。此外，移民在一开始就给矿业经济提供了低风险且适应经济需求的资本和劳动力。从雇主的角度来看，移民相对来说是低效率的工人，招致了周期性的雇佣和交通成本；但他们农村家乡的家庭生活费用以及职工保险和退休的社会成本较低，继而他们的工资需求也较低，这也就弥补甚至超出了之前的用人成本。这些移民们本身尽管身心高度焦虑，但他们至少不用放弃自己在农村的生活基础了。事实上，虽然工资很低，但这些移民常常为土地、牲畜和婚姻的投资提供了关键资本，而当地的政治权威则获得了招聘红利，增强了他们的政治和社会地位。

然而，每个矿业开采体系都会逐渐到达一个转折点，经济上的原因使得此时有技术且稳定的非洲劳动力更受欢迎。这种转型压力部分来自劳动力供给端，由于我们将要讨论的原因，小农经济的后来者能够把握的机会变少了。对于矿主而言，一旦达成了机械化，用非洲人在技术岗位上替代高报酬的欧洲人能节省成本。尽管传统社会成本与现代医疗和教育服务都需要开支，鼓励劳工长期在城市居住仍是符合理性的，因为这些成本由于就业培训投资的高回报率而得到了平衡。

但南部和中部非洲矿业开采体系中不同部门之间（从一个严格意义上以移民为基础的劳动体系）的转型程度差异较大。这种差异部分是由矿石开采和劳动力供给的情况决定的，但政治因素的重要性更大。

在变革的连续体上南非代表了一个极端：在一整个世纪的集约化开采过程中，南非的劳动结构仍然保持基本一致。金伯利的钻石矿很容易雇到一群非洲移民劳动力，来源地有的是开普地区流离失所的群体，有的则是更为遥远的班图语族群人口，他们拥有获取枪支这一主要支付货币的政治优势。因为担心钻石盗贼以及为了在深度挖掘的资本密集型情况下控制劳动力，金伯利的矿主制定了针对非洲劳工的宿舍体系，在他们的整个合同期里都必须住在这些封闭式的宿舍（compound）中。即便是在那些不存在钻石工业走私问题的区域中，这种宿舍也能有效地满足外来劳动力的生存成本，并且在欧洲都市社区周边限制大量单身黑人男性的逃亡、罢工或犯罪。

矿工宿舍体系在兰德的金矿中尤其管用，那里的非洲劳工需要从遥远如莫桑比克的地方招募，甚至在1899到1902年的南非战争之后马上发生的严重劳动力短缺中，还需要用来自中国的契约劳工代替。对低收入移民的长期使用激起了白人社区的反对，特别是那些南非战争以后失去了土地而不得不前往城市寻找非技术工作的阿非利卡穷人。

采矿的需求和白人劳工之间的紧张局势在20世纪20年代初期达到了顶峰，当时利润率的下降使得矿主试图用非洲人替代一些现有的有技能欧洲劳动力。白人工人的回击十分有力，1922年时兰德基本上成了内战战场。尽管由史末资（Jan Christiaan Smuts）领导的政府支持了矿主，但我们目前并不清楚当时是否真的有呼吁非洲劳动力稳定化的运动。最初，矿工宿舍体系的成功和狭窄的地下竖井里用机器替代工人的难度导致矿主采用了一种倾向于维持流动劳工体系的政策。可能更重要的是 1924 年史末资在南非选举中败给了白人工人和南非农村强硬派民族主义者的联合派，后者给黑人劳工的迁移施加了新的限制。这样做的结果是，非洲矿工仍然局限于低收入职位，短期独居在宿舍里，而白人矿工则拥有担任技术类工作的特权，其收入足够他们享受与发达西方经济体类似的生活标准。

在南部-中部非洲矿业组织连续体的另一端则是 20 世纪 20 年代由联合矿业公司在加丹加省创立的稳定劳动体系，它后来也被比属刚果的其他矿业企业和安哥拉钻石公司所效仿。与南非的矿场相比（和竞争），加丹加省的矿场在运营早期很难招募和维持一定数量的流动劳力。同时，在刚果的白人劳动力也更加昂贵，因为采矿企业需要从南非甚至海外招募，而不能直接从当地的欧洲社区中吸收。

对于联合矿业公司而言，从大规模无技能劳动力转向小规模且待遇优厚的技术劳力是十分有吸引力的，这是因为加丹加省铜矿场有足够的空间放置机械以节省劳力，而不像兰德的金矿和北罗得西亚铜带那样，地下空间逼仄。此外，加丹加的管理者很容易压制白人雇工对种族肤色禁令的需求，因为这些工人（到 20 世纪 20 年代早期时其中许多还是南非人）没有能力让刚果的威权主义殖民政府站在他们一边。相反地，比利时行政官员给联合矿业公司施加了压力，迫使他们进行劳工雇佣稳定化行动，从而减少无休止的轮流雇佣对少数乡间农民的生活和农业生产率的破坏。

向稳定劳动力转型的结果是矿区周边的非洲社群虽然收入

中等，但可以享受相对高标准的居住、健康条件和孩子的受教育机会。事实上加丹加省的矿工变成了一群黑人劳工贵族，但他们仍然处于联合矿业公司的控制下，缺乏能与白人南非工人相比的政治、社会和经济影响力。

罗得西亚人在地理上和组织形式上都处于南非模式和加丹加模式之间的中间位置。在"一战"前夕巩固之后，南罗得西亚金矿能够有效地组织起来抵御白人工人对特权的要求，却仍不足以提升黑人劳工的工资或福利。矿工宿舍体系在这里被用来控制新雇佣的工人，但随着工龄的增加，黑人劳工可以获得更大的迁徙自由、一定的工资增长以及足以住下一家人的大房子。然而，这些住宅中的医疗服务微乎其微，教育服务也仅限于传教士群体运营的夜校，其所运营的一部分资金甚至来源于矿工自己。

北罗得西亚的铜矿认真考虑过采用相邻的加丹加省施行的劳动力稳定政策，但最终仍然维持了一种建立在官方合约基础上的流动劳工体系，考虑到大多数劳工都和其家庭一起住在城市的事实，体系也进行了一定修正。矿主自己在通往稳定化的过程中遇到了在加丹加省并不存在的一些经济障碍，在那里机械化的困难和英国南非公司的矿权税控制方隐瞒了本可用来再投资的收益，但南罗得西亚的矿主们总体上仍欢迎这项行动。主要的阻碍来自力量复杂和强大的白人工会，它们宣扬种族肤色有别的工资体系，支持英国的殖民统治。而后者则与比属刚果的殖民当局不同，认为工人的流失比农村和城市间的迁徙运动给农村社会稳定造成的威胁更大。北罗得西亚的矿场确实给工人提供了相对较好的工资、住房、食品和医疗服务，并且通过一种与世袭农村酋长制相关的选举"部落长者"的体系来控制工人居住的宿舍。然而，一直到独立前夕，殖民当局在针对非洲人的教育服务以及其他能够让这些家庭在就业高峰期以外留在城市的福利方面投资较少。

采矿劳工政策上这些差异的重要性直接体现在矿工的福祉以及他们的工作环境能在多大程度上激发他们追求自身利益的积极性。后者将在第九章阐述，但本章中，大型采矿企业的影响将主要与其他经济生产方式进行比较。拥有高精科技的矿场周边最初都围绕着仍旧基于传统非洲农业和手工业生产方式的经济体。矿场在此时很有可能承担了飞地的功能，在不改变广义地方经济的情况下给矿主、海外矿产消费者乃至非洲工人提供了收益。最终是工业生产的引入改变了这些生产体系。但我们必须首先考量南部和中部非洲农业的变革，才能更好地理解采矿业和制造业存在的关联以及这一关联发生地区的变迁。

农业转型的多种形式

在本章所涉及的地理区域和时期，总体的经济发展一直是不均衡的。南非是一个极端，它在20世纪30年代便跨入了工业化的较高级阶段。不那么引人注目但依然很重要的第二产业有关部门也开始在南罗得西亚和肯尼亚出现，这两个地区得以主导周边市场；第二产业在比属刚果也有发展，但在那里更多的是自给自足。而另一个极端是譬如贝专纳兰（博茨瓦纳）、巴苏陀兰（莱索托)、莫桑比克、尼亚萨兰（马拉维）和卢安达-乌隆迪（卢旺达和布隆迪）等国家，这些地方的现金收入主要依赖于劳动力出口。这些劳动力的进口地不限于正在工业化的地区，也包括如北罗得西亚、坦噶尼喀和乌干达等国家，它们与国家主义-小农殖民地类似，只生产用于出口和内部消费的初级产品。

解释这种多样性的关键点不在于地理位置——与西非类似的国家在这方面不同，这一地区的贫困贸易伙伴并不都是内陆国家和/或可耕地匮乏；多样性也不是因为主要矿业部门的分布，因为这无法解释肯尼亚和北罗得西亚的情况，在南罗得西亚和比属刚果的例子中可适用度也较弱。决定一个地区是否能成为区域发展中心的最重要因素是能够影响政府决策的资本主义农业部门的存在与否。

将这些地区的农业与第六章讨论的热带殖民地农业区分开的最明显特点是欧洲农民和非洲农民对土地的争夺。这种竞争使得许多非洲人成了无产者，但它也与从一小部分成功的非洲地主中诞生的更为集中的企业活动有关（生态因素也是一部分原因）。在本章涉及的时期中，只有欧洲裔农村资本家才能够通过他们与宗主国、当地政府以及贸易和采矿业中其他经济利益集团之间的联系来影响工业化进程。然而，我们在第九章将会看到，这种模式的本地欧洲资本主义与非洲黑人统治下的后殖民时期发展也有关联。

欧洲土地所有制的传播

矿产开发之前白人农民在开普殖民地的定居依赖于非洲

这一地区独有的三种因素：服务于联结欧洲和亚洲的贸易路线的战略必要性、使欧洲式农业成为可能的气候和土壤条件、并不是为了满足外部市场需求而运作的非洲当地经济。当殖民边界从开普向北推进时，这些战略、亚热带生态和本地贸易的弱联系性等因素继续影响着新的发展模式，但其影响的形式是复杂且模棱两可的，它也没有复制温带地区白人定居者的殖民模式或是前文讨论过的以小农为基础的热带非洲依附性出口经济体。

南部和中部非洲的战略考量并不直接与农业相关，但为了理解对农村资源的分配有主要影响的国家结构，我们有必要进行一下简要的回顾。这里的关键角色包括南非的阿非利卡人、安哥拉和莫桑比克的葡萄牙统治者以及英国人。

迁徙布尔人从开普向外的迁徙不只限于现在的南非共和国国境以内。19世纪60年代时，阿非利卡商人和采矿者便已经进入后来成为南罗得西亚（津巴布韦）的地区。英国政客害怕这样的扩张会损害他们在南部非洲努力维持的霸权地位以及在通往亚洲的航路上的关键位置。南罗得西亚建立的动机有一部分就是为了控制阿非利卡人，尽管颇具讽刺意味的是后者成了北罗得西亚（赞比亚）欧洲裔农业和采矿业社区的重要力量。

葡萄牙在其建立了从安哥拉和莫桑比克的沿海地区联结内陆的贸易联系之后，一开始声称它拥有整个中南非洲的领导权。由于宗主国葡萄牙未能在政治和经济发展上跟上其他发达工业国家的脚步，对这些殖民地的控制在当地造成了不同类型的后果。很快，到了19世纪末，其他欧洲势力便向葡萄牙在这一地区的利益发起了挑战，由此发生一系列复杂外交活动之后，刚果（扎伊尔）逐渐被比利时占据，英国也将它的触角伸向了罗得西亚和尼亚萨兰（马拉维）。在葡萄牙仍然占有的大量领土上，经济政策由宗主国根据重商主义者的需要而直接制定，不受自由主义或人道主义批评对政权威胁的影响。

英国在这一区域的地位最为复杂。1910年以后，英国实际上已经放弃了对南非的控制；1923年之后英国只对内部自治的南罗得西亚移民政权保留了微弱的特许保留权；巴苏陀兰（莱索托）、贝专纳兰（博茨瓦纳）和斯威士兰在政治上仍直接受英国控制，但在经济上则由南非摆布；北罗得西亚、尼亚萨兰、肯尼亚、坦噶尼喀和乌干达是英国直辖殖民地，理论上可以按照类似西非国家主义-小农政权的模式运行（坦噶尼喀和乌干达基本就是这样）。不管英国在这些领地中的直接利益是什么，保护通过好望角和埃及前往亚洲的海上航路都是重要的考量，这也对英国的决策产生了很大影响。

英国在从南非向北扩张中使用的工具是特许公司。肯尼亚和乌干达的是英帝国东非公司，中南非洲的则是塞西尔·罗得斯的英国南非公司。英帝国东非公司很快便崩塌了，尽管它的从肯尼亚的印度洋沿海到乌干达的尼罗河上游源头的铁路在肯尼亚的发展史上留下了浓墨重彩的一笔。

英国南非公司作为南罗得西亚和北罗得西亚的统治力量一直延续到了1923年，它甚至能够建设铁路将这些地区与南非、比利时殖民地的加丹加铜矿联系起来，以及穿越莫桑比克直达印度洋。英国南非公司可以完成这项壮举是因为它得到了南非矿业资本的支持，但它从来没有成功地将罗得西亚自己的采矿业发展起来，并使自己的投资得到回报。相反，为了降低成本，英国南非公司被迫将小型矿山特许权和大片农业区域分配给了南罗得西亚的白人移民，只把北罗得西亚当成铁路线两端矿区的食品和劳动力的供应区域。即便是当北罗得西亚成为直辖殖民地，并且自己管辖庞大的铜矿开采部门的时候，这一遗留问题仍然难以克服。

因此，欧洲向南部和中部非洲渗透的战略措施保证了殖民地国家和欧洲裔农业生产商的利益捆绑在一起，也与主导西非殖民地经济外向部门的贸易公司紧密相关。这种倾向由于生态禀赋与这一区域人口和贸易的历史而得到了加强且变得更为复杂，继而鼓励了欧洲人进入农业，也激起了非洲人的竞争。

虽然南部和中部非洲确实包含了一些热带森林区以及干旱的热带草原乃至沙漠地区，但其主要的生产区域与西非的典型农业区域有很大不同。这些生产区域是相对来说水源丰沛的草地和疏林，适宜谷物农业和家畜饲养，也是大多数当地班图语族群粮食生产体系的主要基础。

这片区域并不是所有地方都适合欧洲式农业；许多地方覆盖着沙质土壤，降雨稀少，只有少部分家畜以及西非品种的谷物——高粱和小米——才能够生长；这里的商业化种植只能局限于棉花、花生以及在一些地方种植的烟草。然而，见于南非部分地区、罗得西亚、肯尼亚和莫桑比克的黏土可以适应新的发展形式：商业化玉米种植以及集约化的牛肉和奶制品畜牧业。此外，牛在一些情况下可以有效地用于犁地以及向市场运输产品。

当欧洲定居者把这些新的耕作方式带到这片区域时（玉米早已存在，但长期以来只是作为次要作物，也没有后来逐步得到应用的杂交种子），非洲人没有理由不采用，而实际上他们确实逐渐接受了。但欧洲人一开始认为只有他们自己才能开展高效农业；事实上，遭遇到开普的科伊科伊人和更北方的祖鲁人的姆菲卡尼运动后，欧洲人仍然重复了这一观点。这种认知的原因可以用来解释为什么欧洲农业在一开始便如此根深蒂固，以及后来与非洲人的竞争是如何一步一步发生的。

坚持认为非洲人在农业上难有作为的主张与经济评估无关，完全只是种族歧视和政治斗争两者结合后的一种副产品。讽刺的是，偏见最强的阿非利卡人自己一开始进行的大规模混合耕作方式与他们在开普前沿遇到的班图语族所采用的基本没有什么不同。甚至后来阿非利卡人向集约化玉米种植的转型也给非洲土地侵占者提供了建立自主企业的大量机会。尽管如此，正是白人农民获得优待的要求为他们主导的领地设定了发展方向，这与热带殖民地中着重非洲小农生产的模式差异很大。事实是，非洲农业发展很大程度上都要归功于传教士的影响和直接努力，他们也是两种殖民经济形式之间唯一的具有同样家长式作风特点的联系。

且不说这些领地的创造者对他们遇到的非洲人可能有的一些同情，他们找到了一些证据可以证明本土人口缺少的只是确立商业性农业所必需的人口密度。我们也要记住，即便是阿非利卡人大迁徙的领导者们，也是受到了姆菲卡尼运动战争后人口减少的激发，才决定定居纳塔尔和内陆高地草原的。世纪之交时肯尼亚

—乌干达铁路沿线的土地看上去荒无人烟，这是因为这片土地由基库尤（Kikuyu）种植者和稀疏的马赛族放牧者共享，他们最近都因为牛瘟、天花和传染性疟疾失去了很多牲畜和人口。类似地，铁路在赞比亚经过的地区也是人烟稀少，虽然将这里的耕地送给欧洲人（正如罗得西亚的一些早期农业政策一样）的一个附带动机是迫使非洲人去周边的矿场参加雇佣劳动。

最后，19世纪通过贸易路线与印度洋联系起来的南部和中部非洲的部分地区主要出产奴隶和象牙，这些商品和西非的植物油一样，不能为殖民地出口型农业提供基础。此外，大多数贸易都掌控在南亚人手中，他们不能像西非的欧洲裔贸易家族一样，游说殖民政府以维持一个符合自己利益的贸易体系。

商业性农业中的互补与竞争

这些地区殖民农业得以发展的条件继而催生了远比西非复杂的一系列生产体系，从经典的农民种植经济作物，到欧洲人掌控的企业，再到一片产业类似且相互竞争的重点区域。这片区域更北一些的部分——莫桑比克北部、尼亚萨兰、肯尼亚、坦噶尼喀和乌干达——产出许多和西非相同的经济作物，尤其是咖啡、棉花和花生。这些商品大多数在使用传统手动锄地法的小规模土地上种植。

在这些农业区域，欧洲人的优势是不容挑战的，他们在一定程度上推行了机械化，控制了大量劳动力，并将作物的培育和处理相结合，从而实现了规模经济。令人惊讶的是，这些现象在移民或矿业公司控制力最弱的北部地区再一次出现：坦噶尼喀的剑麻、肯尼亚和尼亚萨兰的茶叶、一开始在南非的纳塔尔省后来则在乌干达出现（在这里亚洲人代替了欧洲人成为主要种植者）的糖类作物。

这一区域的生态因素以及英国直辖殖民地对拓荒者的支持解释了欧洲式农业相较西非更大规模的应用。但我们需要注意，尽管南部和东部非洲可供利用的土地较多，它们也只是在采矿方面取得了很引人注目的成绩，而没有成为现代大型种植园的重要所在地，即超大规模、高度机械化、由雇佣经理人在热带地区运营并由生产和分配终端工业产品的宗主国企业所属的种植园。总体而言，这类种植园的特点和非洲殖民地比起来，更近似于拉丁美洲、加勒比或东南亚的例子，而其中为数不多的非洲性特征在热带森林区域和适宜殖民农业发展的更为温和的条件中同样容易找到。

另一个完全由公司下属种植园体系主导的例子是西非的利比里亚。1926 年，该国将超过 40 万公顷的土地连同劳动雇佣权割让给了美国法尔斯通橡胶公司（American Firestone Rubber Company）。然而，利比里亚在任何一个层面上都不是一个殖民地，而是一个由美国城市黑人移民统治的名义上的独立国家。与法尔斯通达成协议的目的是将这个国家从巨大的国际债务中拯救出来。因此，利比里亚并不是非洲殖民地的典型，而代表着跨越大西洋移植而来的中美洲/加勒比地区的经典情景。

正式殖民地条件下大型种植园唯一的成功例子在喀麦隆西部，这是一个横跨西非和中非边界的火山活动形成的高低森林地区。世纪之交时欧洲人在这里占有的土地规模很大且高度资本化，但其投资者不是制造商，而是德国的贸易企业和银行家。因此，这里的发展模式与小型殖民农场差别并不大，种植园一开始生产咖啡，后来转变成了一度获得成功的可可，最终转型为在这里拥有持久竞争优势的作物：棕榈制品、橡胶和香蕉。

非洲殖民地中由移民和矿业企业利益支配的大型种植园最多只能说获得了部分的成功。早期在德属坦噶尼喀和尼亚萨兰尝试进行机械化棉花种植的失败以及20世纪40年代末政府赞助的大规模坦噶尼喀花生计划代表了欧洲企业在非洲殖民地所遇到的最大惨败之一。1911年，比属刚果政府给利华兄弟公司授予了接近80万公顷土地的特许权，该公司是主要的肥皂和人造黄油生产商，之前黄金海岸和尼日利亚倾向农民的英属政权用社会政策性质的理由拒绝了类似特许权的授予。虽然利华兄弟（后来的联合利华）下属的比属刚果辉利瑞公司（Huileries du Congo Belge）坚持运营到了国家独立，也一直与联合矿业公司和开赛的钻石特许开采区域并列为殖民地刚果的经济支柱，但事实上这家企业并不盈利。与大小适度且更为多样化的喀麦隆种植园企业不同，比属刚果利瑞公司投入基础设施、加工业的资金和对种植业滞后的投入远远超过了能使效率提升所需的数额，尤其是在其母公司看来，这些资金本可以用来从公共市场上以低价购买它所需的所有棕榈油和棕榈仁。

非洲殖民地的移民聚居区中，大型宗主国企业渗透进入农业生产的最重要的成功例子是肯尼亚的茶产业。英国最大的两家茶叶企业——布鲁克邦德（Brook Bond）和詹姆斯芬利（James Finlays）——于"一战"和"二战"之间在这里购置了超过 4 000 公顷的土地，占到了整个地区茶叶种植面积的 80%。然而，肯尼亚的大多数欧洲式农业都被当地移民所控制，其资金常常比较有限。

纵观整个南部和东部非洲，大多数欧洲人种植作物所要采用的耕作方法和资本支出也在非洲人的承受范围以内。这种重叠并不总是会引起争端，虽然回顾起来似乎非洲人总是占劣势的一方。从 20 世纪 20 年代开始，需要相对精细处理过程的弗吉尼亚烟草成为南罗得西亚殖民地的主要出口作物。绍纳农民早前曾经参与精致度稍逊的土耳其烟草的商业化生产，但由于他们在不稳定的烟草市场中缺乏政府的支持，这一本土工业在 20 世纪 30 年代便销声匿迹了。另一方面，马拉维的情况是 20 世纪 20 年代末欧洲人在弗吉尼亚烟草种植上遭遇了停滞，而非洲农民和独立的小农扩大了更易打理的美洲黑叶烟草的种植。

在东非，咖啡种植业是最典型的对非洲生产者在经济上无理歧视的例子。非洲人在坦桑尼亚西北部和乌干达南部主导了本地低价的罗布斯塔咖啡豆的种植，但肯尼亚高地的移民垄断了价格更高的阿拉比卡品种。阿拉比卡咖啡的培育和粗咖啡相比需要更为干燥、海拔更高的环境，但对规模经济的需求较低。实际上在一些合适的区域，诸如乞力马扎罗山、南方高地和坦噶尼喀的西部悬崖区域以及乌干达的埃尔贡火山，阿拉比卡咖啡在非洲小农群体中种植情况良好。因此，非洲农民对阿拉比卡咖啡在肯尼亚被限制种植感到非常不满。

非洲人和欧洲人之间最激烈的竞争发生在玉米种植业以及与其紧密相连的肉牛和奶牛的饲养领域。我们已经看到，这类乡镇企业很容易便适应了非洲本土内部经济，尽管欧洲人引入了重要的新品种种子、新的动物种类以及新的饲养方法。非洲农民被吸引到了玉米商业化种植和商业化家畜饲养中来，因为这些行业的门槛较低，对粮食供给构不成威胁，且可以同时从稳定的城市-矿业市场以及波动较大的海外需求中牟利。虽然欧洲人坚持声称他们自己的农场比非洲人的要高效得多，最易衡量的标准是玉米每亩种植的产出，数据显示当投入相似数额的资本时，产出结果差异不大。在南非、罗得西亚和肯尼亚，玉米种植和牲畜养殖成了欧洲人和非洲人之间农村经济竞争的聚焦点。

因此，在这一情景下欧洲人采用的主要武器并不是获取各类生产资本的优先权，而是他们对国家的影响。前一种优势常常会导致在大规模农业中灾难性的过度投资，并且在任何一种情况下，都会被非洲人学习新技术和降低劳动成本的能力所抵消。但国家可以用来操控所有生产要素的分配。在拓荒者占支配地位的地区，土地被划分成了拥有最佳种植条件的欧洲区域和土壤质量较差、面积不足的非洲人"保留地"。通过限制非洲人进行自主商业化农业以及对现金收入的征税，将劳动力引导到了欧洲农场之中。对交通、灌溉系统、农业推广、市场监管或价格补贴的公共资本投资经常偏爱欧洲人。这种国家干预的程度和形式依据每个政权对本地政治目标的投入程度的不同而有所差异，不出意外的是，南非的压制是最严重的。

南非政权直接服务于野心勃勃的白人农民，这一群体在 19 世纪末期和 20 世纪初期代表了城市资本主义和欧洲人口贫困的大多数之间的中间群体。当一个成长中的矿业部门和南非战争后重建的努力极大地扩展了当地农产品市场的时候，白人已经占用了南非大多数耕地，却不能够单独开发。富裕的地主往往同时也是城市企业家，对非洲农民持欢迎态度，因为他们既是高效的农民，也可以作为劳工储备满足工业部门劳动力的需求。仍然居住在自己土地上的阿非利卡农民与非洲"擅自占地者"达成了非正式协定，因为迁徙布尔人的后代缺乏维持一个私有地雇佣劳动体系所需的现金或制度基础。这一时代见证了南非黑人"农民"企业的黄金时期，当地黑人男性使用自己的家庭劳动力、牛和犁进行耕作活动，就其中的土地性质看，已有以"保留地"性质而分配的土地，也有在白人区域购置的土地，还有以租金或定期提供工作服务作为回报而占据的白人土地。

在南非，非洲本土农业衰退的部分原因是经济因素：人口和牲畜的增长减弱了黑人农民的流动性，继而也降低了他们与白人土地主之间的议价能力；铁路和公路运输消弭了非洲畜力运输的需求；国家的总体繁荣释放出了可供投资大型欧洲农场机械化和雇佣劳动生产的资本。但这些进程的步伐并不一致，半独立的非洲占地者直到 20 世纪 40 年代仍旧继续生产大量的市场销售农产品，尤其是玉米。从历史来看，摧毁黑人农民阶层的不是经济变革的逻辑，而是国家的行为。

南非乡村白人直接攻击黑人独立身份的特殊手段是一系列反占地措施，1913 年颁布的《土著土地法》(*Native Land Act*)、1936 年的《土著土地和信托法》(*Native Lands and Trust Act*) 和一系列通行证法规构成了 1948 年后种族隔离政策的核心。负责这些立法的欧洲人包括矿业公司，它们现在急于将劳动力供应集中在保留地里；也包括阿非利卡农业资本家，他们想要居住在更为"文明"的地方。在另一个层面上，这些法律的制定是出于对独立的非洲种植者与贫穷的农村白人相互竞争或相互联合的防范，防止其威胁种族划分这一南非社会的根基。

到了 20 世纪 50 年代，南非农业中的黑人劳工基本上已经成了完全在白人控制下的低工资无产者。这一变化的经济影响与其起始因素一样难以厘清。从严格的市场角度来看，中等规模的黑人农民很有可能获得能与获得胜利的大量白人工人相等水平的产出，并且成本更低。然而从结构角度来看，政府主导建立的这一体系给南非的发展提供了两个优势：保证了低价黑人劳动力的供应，保护了与重工业有联系的资本密集型农业。

考虑到南非内部黑人人口增速和周边国家流动劳力的即时可得性，第一项好处从长远来看可能并不十分重要。然而，正如我们将在本章的最后一部分看到的，该体系中农业与制造业的联系是有意义的。在任何情况下，这些农业政策都给居住在保留地的黑人带来了高昂的成本，而他们在保留地中都得不到维持生计的手段，更不用说商业化农业了。

在南罗得西亚殖民地，国家以更直接却不那么有破坏性的方式服务于白人农民的利益。罗得斯的英国南非公司把这片区域发展成矿区的努力失败后，它便通过把采矿特许权与土地特许权卖给个体白人移民的方式来收回投资。一旦这些移民获得了内部政府的直接控制权，他们便能够持续扩展自己所占的土地，并把非洲人逼入狭窄且生产力较低的保留地。1930 年的《土地分配法》(*Land Apportionment Act*) 为这一政策提供了关键的法律基础，我们在前文有关南非法律的讨论中也提到，它也包含了将非洲人从新设定的白人区域赶出去的措施。

然而，南罗得西亚白人移民却从未能像南非那样引入完整的欧洲化农业，这主要是因为此地欧洲裔人口的数量和财富不足以承担所有的商业性农业活动。种族隔离政策中总是包含了一些试图在非洲人中间发展更高效的市场化农业的努力，有时候（尤其是20世纪50年代）会对企业有一个互补的安排，欧洲人专精于烟草，非洲人则主要从事玉米种植。事实上，欧洲人与非洲人之间的竞争一直到20世纪60、70年代才达到了高峰，当地的白人单方面宣布独立，以应对外部自由主义的压力。但这些措施引起了非洲人从农村发起的游击战，最终导致了白人政权的覆灭。因此，南罗得西亚的例子表明，即便是一个移民统治的殖民国家，在对非洲农村进行直接剥削时也有些力不从心。

肯尼亚和北罗得西亚的移民人口拥有的政治权力较小，这是由于他们数量不多，且两块土地都是英国的直辖殖民地。尽管如此，白人农民还是通过其在立法机构、顾问团、营销委员会的正式代表以及不那么官方的与官僚机构同僚联系的方式对农业政策施加了较大影响。此外，在两个国家中，适合集约化种植的土地分配都不均衡，这导致的结果是白人控制住了大多数土壤肥沃、交通便利的区域，严重限制了非洲人商业化农业的发展。

对肯尼亚和北罗得西亚移民利益最有效的限制是其他能够对政权当局施压的欧洲利益攸关方。从20世纪20年代开始，北罗得西亚的铜矿开采便开始完全遮蔽了农业的光芒。长期以来这种情况都对欧洲裔农民有益，即便我们可以越来越明显地看到白人农民并不能完全满足城市粮食需求，并且从非洲农村移民来的矿工也不再稀缺。从20世纪30年代开始——特别是"二战"之后，政府开始支持培育更高效的非洲市场。后殖民时代赞比亚政权继承下来的农业问题，也从欧洲人和非洲人之间的竞争转变为了矿业飞地及其铁路沿线拥有大规模农业部门腹地两者的吸引力平衡问题。

肯尼亚的殖民地当局的收入来源几乎完全依赖于农业，因此被迫要对移民的需求和当地经济作物种植的必要性进行平衡。由于和南部非洲矿业开采体系没有关联，肯尼亚当局也因此对偏爱小农经济的家长式意识形态压力比较敏感。东非和宗主国的传教士在这方面最为强硬，一些地区行政负责人和当地欧洲商人也持这一观点。本已地位稳固的南亚商人想要在"白人高地"购买农场，而他们的失败让情况更加复杂化。为了在维持种族隔离制度的同时化解英属印度国家主义者的抗议声浪——他们的意见左右了帝国政策制定者，英国于1923年宣布其在肯尼亚的真实目标是"非洲人至上"，而不是任何一个"移民种族"的利益。

在两次世界大战之间的阶段，肯尼亚困境的暂时解决方法是维持一个"双重政策"。欧洲移民仍然获得保护，但非洲自主农业也得到了提升，相应的宽松措施甚至在20世纪30年代资金紧张时期扩展到了之前属于白人专有的阿拉比卡咖啡种植领域。然而，到了40年代和50年代早期，移民和非洲人数量的同时上升造成了新的土地危机。之前在欧洲人领地上做得不错的非洲暂住者此时都被驱逐了出去，加入了其他无地群体，这也为"茅茅起义"（Mau Mau uprising）奠定了基础。与20年后的罗得西亚不同，这里的殖民政府能够镇压肯尼亚农村的暴力抵抗运动。但英国也将这一事件视作一个信号：是时候将这片土地交给非洲人多数群体的代表来统治了。因此，以肯尼亚为最佳代表的移民主导的殖民体系，其最长远的影响在于非洲人参与的领域中资本主义关系发展的程度。

非洲农民中的阶层分化

与小农主导的非洲经济体相对应的是，南部非洲和肯尼亚的本土农村人口融入殖民地发展的步调十分不一致。在同一个国家乃至同一个行政区内，占有土地的面积以及更为重要的栽培方法都大相径庭。一个极端是真正的农村中产阶级，而另一个极端的阶层则完全依赖于受雇劳动，以至于就算其成员拥有一小部分土地，他们也会被贴上无产者的标签。造成这种情况的两个主要因素是：第一，由于欧洲人占用和各种自然禀赋导致的土地稀缺；第二，通过犁地耕作在扩大的土地上实现规模经济的可能性。

富裕和贫困人口在这一区域的所有农村地区都有分布，但财富的差别并不总是反映在农业中。在被称为南部非洲农村社会穷困保留地的模型中，不存在非洲人进行有效生产的可能性。在土地分配更为宽松"慷慨"的非洲农业区域，多数人口的依附地位是重要少数群体欣欣向荣的直接条件。

穷困保留地模型反映的特征在 20 世纪 40 年代的南非、大部分南罗得西亚和小部分北罗得西亚都能见到。在一些例子中，划分给非洲人的土地还算比较肥沃（如南非的西斯凯和特兰斯凯地区），但经过一个阶段的繁荣和脆弱的稳定局面后，保留地很快就变得过度拥挤了。其他的土地——如罗得西亚的贝林圭地区（Belingwe）——肥力有限，从低水平的自给自足逐步变得过度拥挤。其最终的影响是对外出务工的现金收入依赖性增强，而这反过来又导致当地农场劳工尤其是犁地所需劳动力的流失。从低工资中省下的收入又投入了牲畜，在个体层面上这是最安全可行的财富储存方法，而且这也是支付彩礼的工具。然而，整体而言，在土地短缺日益严重的情况下，南部非洲的畜群很容易造成过度放牧，然后导致土壤质量下降，牲畜本身也营养不足，不能提供可供商用的牛肉或奶制品。

尽管在受限制的保留地内存在着经济不平等，但这并不是农业上的成功导致的。南非和罗得西亚政府禁止这些地区的土地兼并，为了保持现有的群落结构，坚持要求这些耕地由传统酋长来分配。其结果是酋长本身或其他与白人政府（在近期南非则是班图斯坦政府）有直接联系的掌权者或雇佣劳动者构成了当地精英阶层。保留地农业体系因此把移民政权和官僚热带殖民地最坏的经济特点结合了起来：前者的缺点是农业种植资源不足，后者的缺点是农村精英中企业家精神不足。

但在南部和中部非洲的历史进程中，在一些时期以及一些地区，移民对农村的渗透也创造了一个新的非洲农村企业家阶层。持不同观点的各类学者将其称为"进步""现代"或资本主义农民。这些种植者身上的关键特点在于他们把新技术和新财产以及新的社会关系结合了起来。他们投资新型设备和土地改良，他们在扩大化的土地上寻求个别业权，他们雇佣的长期性工薪劳工并不是他们亲属，不是社区劳动互助组合成员，也不是商业化农场的所有者。

犁耕是这种变革的必要但并非充分条件。在坦噶尼喀和赞比亚的部分地区，当地人在不改变土地所有制或生产社会组织的情况下采用了犁地法。在所有社区或农田周边有大型非洲人群居住的区域，农户农田能够以相似（有时甚至更高）的效率生产出犁种作物。对于为什么在这里出现了新型农民以及这样一个新阶层会如何影响非洲经济其他部门的解释与结构因素和市场核算都有关系。

非洲农村资本主义出现的必要条件包括非洲社区组织的瓦解（通常是外部力量和移民入侵共同导致）、土地可获得性、欧洲统治集团中的保护性力量因素以及非农就业中形成资本的机会。19 世纪中叶到末期的南非是这种发展的经典例子，虽然这种发展最终也中断了。

在这期间东开普、纳塔尔和内陆高地草原的班图语族群面临着两项危机：祖鲁人的姆菲卡尼运动与白人移民边界的加速推进。从自己熟悉的家庭和社会流离失所的大多数非洲人都在政治上依附于欧洲人的同时，努力重建过去自己熟知的农业社会。然而其他人抓住了这一跨入新地区、传统规定崩塌的新机会，开始模仿欧洲式的农业，尤其是通过犁的使用，让男性劳动力和牲畜应用于农业。这一变革应用最广泛的典范是芬果人

（Fingos），他们是由来自纳塔尔的数千恩古尼难民在开普和特兰斯凯形成的种族群体。在故土，他们以传教士的保护人而闻名；在纳塔尔，小规模且更为碎片化的流离失所群体在无数的农村传教站周边扎下根来，形成了一个特殊的非洲裔基督教徒社会群体（Kholwa）。在传教站的庇护下，芬果族人和基督教徒开始了建立资本主义农业的征程。但转型并不简单，它需要长期的雇佣劳动来获取足够的资本，还要从事一些牛车运输的次要工作——这在南非发展的这一阶段十分有利可图，因为南非的贸易、农业和矿业中心比较分散，且缺乏内陆的河道、铁路以及公路运输，因此牛车运输很重要。事实证明，农村中产阶级在面对南非白人政府的攻击和保留地的人满为患时比小农要脆弱得多，但农村中产阶级在国家经济中扮演的潜在角色可以和下文即将讨论的白人资本主义农场主在工业化进程中的作用相提并论。

在南罗得西亚，非洲资本主义农场主的崛起没有那么戏剧性，并且其在种族隔离土地体系中也是边缘化的。尽管20世纪30年代欧洲移民成功地把一部分数量较小却重要的土地自由保有者从指定的白人居住地赶了出去，但政府和传教力量同时也合作设立了一个鼓励在保留地中开展"进步"农业的计划。这个项目的两个支柱是通过农业技术推广服务来传授新的耕地方法以及在保留地边界的土著可购买土地区域重新确立有资质的本地土地保有者的地位。大多数研究者强调了这些项目的低成效，原因是被授权履行这些项目的机构资源不足、保留地内部发展过程中由于人口过度拥挤和酋长想要继续维持对土地的控制而导致的困难，以及许多土著购买区域土地的低质量。尽管如此，还是有少量的成功者，他们是在保留地和土著可购买土地区域接受过正式培训的现代种植者，这一群体与该区域其他地方的欧洲和非洲农村资本主义模式相得益彰。此外，20 世纪 60 年代划分土著可购买土地区域的请求量增长，加上与白人罗得西亚政权游击战的战时和战后产生的希望空间，非洲农村都充满了对未来的向往，这显示了资本主义农场主在未来的津巴布韦经济中可能成为一支主要力量。

肯尼亚是非洲中产阶级从农业中崛起最有名的一个例子，也给我们提供了一个机会（见第九章）来分析后殖民时期这一中产阶级存在带来的一些后果。在这里，欧洲移民对非洲农村社会的破坏比起南非或者南罗得西亚的骇人情况要好得多，因为被挪用成为"白人高地"的土地很快就住满了放牧人口，尤其是马赛族人。然而移民随之突然强行打入了肯尼亚主要农业群体（基库尤人）的扩张和土地共享进程，继而迫使他们接受了欧洲式的农村财产所有权机制。此外，欧洲企业的劳动力需求影响了肯尼亚中央（基库尤省）和西部〔尼扬扎省（Nyanza）〕诸省的所有部门，这些省份是肯尼亚这个人员分散国家的主要人口聚居地。同一时间，正如前文所述，政府和传教力量保证了非洲人能够在农村地区保留一些自主发展可用的资源。

肯尼亚的非洲人在与欧洲经济的联系中获得的各种成功之间的区分包含了农业和非农活动的复杂组合。最早也最明显的差异来自欧洲经济部门中的就业。有着必要的野心、能力和教育经历（教会赞助在这里也是重要的）的非洲人可以从欧洲私营雇主那里获得丰厚的薪水，并且在地方行政当局获得有影响力的职位（尤其是对于基库尤人而言，传统的酋长权威没有成为阻碍具有企业家精神的个体的工具）。而对于大多数不那么幸运的农村居民，从事条件恶劣的流动劳工成了必需，一开始他们是受到了雇佣代理和缴税的需求而被迫为之，后来则因为人口对有限的土地资源造成了压力而不得已为之。

整个中部和尼扬扎省的部分地区，接触欧洲人提供的就业机会的不平等转化成了土地分配上的差异。一些更为成功的农场主利用他们累积的资本和影响力在获取土地的同时也得到了扩大化种植所需要的犁和其他农具。许多贫穷的农民，或是那些并没有能很快认识到从畜牧转向耕地价值的农民，甚至没有可供自给自足的足够耕地，继而便更加依赖于低水平的雇佣劳动，包括在他们更为幸运的邻居拥有的农场劳作。对于肯尼亚的非洲裔精英而言，务农从不是一项排他的事业，它总是与持续的雇佣劳动（尤其是当妻子们可以留在家里照管农村企业）以及相关活动的投资结合在一起，诸如交通、农村贸易以及农产品加工，但农场也总是这一精英群体寻求并发展的主要财产之一。20 世纪 50 年代中开始，移民政权逐步解体，曾经被非洲农村精英和欧洲人剥削的贫困农民发动的茅茅起义也加速了这一进程，与此同时这些人中的精英也早已准备好坐收渔翁之利。

由于农村资产阶级的崛起具有明显的剥削性特点，大多数负责揭开其历史实在的学者都对此表示了谴责。正如之前提到的那样，此类群体在南部和中部非洲的活动不能因为生产力的提高就成为正当；他们收取大量土地的宗旨并不是让每块地的耕作效率获得提升，而是为了更高水平的个人收入，继而模仿欧洲人宣扬的消费模式，而非生产模式。当小农采用集约化生产模式时，类似的模式可以说是必要的，但我们从坦桑尼亚和赞比亚的例子中可以看出，一些欧洲人本可以在达成目标的同时大大减少对非洲社会秩序的危害，从而避免南非、南罗得西亚或者肯尼亚的惨状。但就像第九章关于肯尼亚资本主义和坦桑尼亚"社会主义"的比较中将会显示的那样，在从商业化农业向更高水平的工业发展的转型过程中，本土企业家精英可能更倾向于一种不容挑战的国家-政党机器。本章的余下部分将会分析该区域殖民-移民政权内的此类运动（是如何发展到如此地步）以及这类运动与欧洲人社会中多种阶层利益的关联。

从初级产品生产到工业化

在第六章对于国家-官僚主义殖民经济体的讨论中几乎没有涉及工业化的内容，这是因为在此类政权下，一直到解体前夕，工业化发生的可能性都十分有限。只有在那些初级生产至少部分处于欧洲人控制之下的地区——尤其是比属刚果、肯尼亚、南罗得西亚和南非，殖民主义才会催生出一定程度的工业发展。这种差异部分是技术和市场因素导致的：更为集约化的初级生产和第二产业之间的直接联系以及欧洲人运营的出口企业更高的收入产生的投资资本。然而,要将这些条件转化成可持续的工业化进程则取决于控制经济不同部门的群体之间的社会和政治关系,从本章讨论的各个地区之间结果的差异就可见一斑。

国际与国内经济行为主体

尽管有过于简单图示化的风险,但通过在经济影响力最强的群体中区分其国际和国内导向可能可以厘清对工业化有关因素的分析。国际行为主体包括那些利益集中在出口生产和以最小的当地成本进行贸易的群体;国内行为主体则是那些愿意为了本地更高层次的自主发展而对进出口收税的群体。这里的过分简化建立在两种前提下:首先,经济利益总是可以归为这两类的其中一种;其次,在工业化的关键问题上,这两方必然是对立的。接下来的讨论会以国际-国内二分法为基础,但也会试图揭示出特定历史条件下的一些矛盾的细微差别。

以直接剥削为特点的地区中的国际行为主体和国家主义-小农政权中的参与主体相同,包括非洲农民、宗主国的官僚以及从事大规模进出口的商人,还要加上这一体系中独有的重要力量——矿区和公司运营的种植园。国内行为主体基本上都是独特的,也因此变得关键;中距离贸易商、移民农场主和享有政治特权的高收入工人。

两种殖民政权形式共有要素的国际导向已经在第六章进行了一定程度的解释。农民在移民者和/或矿业部门主导的领域影响政策的能力较小,但他们是资本主义农业真实或潜在的替代者,这增强了那些寻求维持成本最低化的出口经济的群体的力量。殖民地政府——尤其是英国，但也包括比利时——从来没有在这一区域大力推广过工业化。这样的目标与他们声称的给宗主国提供制成品销售市场和廉价原材料供给的主要任务相冲突。即便是官僚制度有维持当地稳定收入的直接需求，也因为工业化的经济风险（包括失去一部分进口关税）与对社会和政治秩序的潜在破坏性而得不到满足。大商人也从事一些从国际渠道进出口商品的业务，这是他们比较优势最大的方面，而提到从投资进出口存货向有风险的制造业固定资产投资转型，他们也比较犹豫。

运营良好的矿场和种植园对于许多殖民地经济学家而言，是欧洲企业在非洲的理想形式，这是因为它们带来了现代的生产方式，而不是从传统农村结构的边际产出中获得增长。这些矿场和种植园也能为自己的基础设施需求提供资金，因此国家就不用再承担大型交通投资的成本，并且能够保证这些投资是以经济目标为导向而非战略考量。大多数矿场和种植园在发展的早期都遇到了劳动力雇佣的问题，导致了一些已经在有关黄金和铜生产的讨论中提到的困难，并且也导致了像西喀麦隆种植园乃至具有自我进步意识的联合利华所属的刚果特许地中那种严重的虐待。然而，一旦劳动力在各类企业中得以稳定下来，非洲雇员积累的相对较高的工资和社会福利就成了这些企业的主要卖点。最后，这些事业的收益能够转而投入其他活动，既可以直接作为矿场和种植园所需的供给和生产投入，也可以间接地作为政府的课税基础。

矿场和种植园的所有这些正面特点显示了促进周边地区增

长的潜力,但如果没有来自国有部门的有效干预,这类资本密集型的初级生产就会倾向于作为飞地而自顾自发展,从而对更大范围内的发展起不到什么作用。和以小农为中心经济体中铁路的情况一样,矿场和种植园运营所需的设备只能由宗主国的工业部门生产,所以它们的导向联系基本是外部性的,这种情况也是原材料与外部世界的联系性造成的。南部和中部非洲矿区铁路在建设时很少考虑到当地市场的需求,常常使当地居民(如在莫桑比克以及铜矿业发展之前的北罗得西亚)和交通设施建设之前处于一样的贫困状态。

真正应聘到那些能提供较好报酬的企业的稳定劳动力只占相应地区劳动人口的很小一部分。事实上,雇主在机械和个体人事成本上提高投入的副产品便是劳动力规模的减小。其导致的消费者对农业和制造业的需求无法为更大范围的发展提供助力。最后,矿业(但不包括种植园)利益有投资到其他工业活动的动机,从而能够为金属萃取和加工提供投入,但这类煤矿或制造硫磺和砷类化合物的工厂的运营仍局限在初级产品生产的范围内。在针对更广大市场的当地制造业中投资不符合矿主或种植园园主的利益,因为非洲工业不太可能大幅度提升对初级产品的需求,非洲工厂能够获取的利益也不足以与世界市场上其他地方的机遇相提并论。相反,附近地区次要产业的前景是出口生产商的主要劣势:相关劳动力市场的竞争带来了工资支出的增加,政府为新的事业提供的补贴和保护性市场监管也导致了税收和外部成本的上升。

在归类为国内的经济行为实体中,正如我们在第六章提到的那样，中小型商人也有可能在当地价格低廉且规模较大的消费品制造业中投资。这种便捷的进口替代战略尤其在自治殖民地早期是可行的。移民农场主也很青睐当地制造业，这对他们来说比不稳定的外部市场更为安全。此时，国内的看法与殖民政府以宗主国利益为先的政策发生了直接冲突，殖民地当局倾向于通过提升出口产品的数量进一步降低当地的风险，从而应对出口价格的下降。

总体来说欧洲裔雇工都支持就业机会的扩展。与之前一样，诸如20世纪30年代的大萧条等危急时刻突出了对就业的需求，而诸如比属刚果的矿业公司等国际企业则会在同一个时期试图通过把工人送回老家来减少其所拥有的稳定非洲劳动力。

接下来的案例分析将会显示部门之间经济关系的各种差异。但我们要记住的关键点包括：可持续的工业化依赖于能够有效发声的本地经济利益的存在；一个区域中非耐久性商品的进口替代工业在发展上的相对进步，是掌控周边"民族主义"情绪不那么浓厚的殖民和后殖民经济体的重要推动力。

有关殖民地工业化的案例分析

比属刚果是前面所述准则的一个明显例外，因为这块土地经历的超乎寻常水平的工业化完全是由经济中的国际部门实现的。这里的关键要素是殖民政府，它所代表的宗主国经济体量太小，发展水平又太高，无法从初级产品出口和非洲依附国的消费品进口中牟利。但比利时确实在制造业设备的出口上是内行，20世纪20年代早期，比利时曾经利用这些设备在刚果建立了一整套进口替代工业。主导刚果出口的矿业和种植园飞地在这里以三种形式扮演了支持者的角色：给国家提供进口之外的税收收入、削弱大型商业企业的地位、在当地从事轻工业且相对收入较高的稳定劳动力中建立集中市场。这一体系的弱点在于它与农村的小规模务农者联系有限，这一部门的制造者并没有作为小农或移民-资本主义企业家参与到市场经济当中去，而是被迫以官方设定的低价提供食品供应和少量的出口商品。

刚果的消费性产业因而类似于矿业相关的化学和冶金重工业，只是出口飞地的附属品，这些产业甚至彼此之间都没有互相整合好，更不用说占经济大头的农业了。虽然这些经济因素不足以解释刚果/扎伊尔独立之后混乱的情况，但它们确实显示了为什么殖民统治下的定量增长没有能为活跃的国内发展和区域角色打好基础。

肯尼亚是英国殖民体系的一部分，也和这个体系本身一样没有能够促进非洲殖民地的工业增长，甚至阻碍了一些制造业企业的发展。非洲这一区域的商业企业在欧洲和南亚企业的夹缝中仍然很有竞争力，因此后者中的很多企业开始试图通过工业投资（至少是投资出口加工业）来维持自己的地位。然而，白人移民-农场主早在20世纪20年代就要求发展进口替代工业，并且通过他们对当地政府正式和非正式的影响成功地获得了保护这种发展的关税。20世纪30年代的全球经济危机促使移民们再一次尝试建立当地制造业，而无业无地的非洲人对整个殖民地秩序的威胁也为他们创造了良好的时机。要想在肯尼亚成功建立相对较发达的工业，宗主国制造商的投资必不可少，所以把这些企业称为"国内的"就有些误导人了。尽管如此，居住在当地的移民和商人（欧洲人和亚洲人都有）确实参与了许多企业。即便是独立之后欧洲人被非洲人代替了，肯尼亚作为东非增长极的地位依然不可撼动，我们将在第九章看到，这也是评估非洲发展的资本主义道路的重要案例。

南罗得西亚从作为属地一开始就从来没有受到过宗主国的直接控制。即便是1923年以前一直统治这片土地的英属南非公司也没有对本地企业施加任何限制，接下来随着当地获得了自治，移民可以采取任何有益于自身经济利益的措施。在出口体系中采矿业的重要角色没有阻碍制造业的增长，这是因为矿业在政治上影响力不大，并且同时它还能为制成品提供了一个集中的非洲消费市场，尽管矿工收入微薄，购买力较低，并且只是部分稳定了下来。

虽然有联结南非的铁路，但来自这个已工业化国家的商人和制造商很快就发现，在南罗得西亚建立进口替代企业是划算的，因为那里没有任何类似肯尼亚的贸易保护主义壁垒。南罗得西亚政府一直到20世纪30年代才开始积极推动工业化，很大程度上是受到了农场主、已有的制造商以及白人劳工的压力。贸易保护主义与补贴和国家对大型企业的直接投资相反，一直到20世纪50年代末才开始扮演重要角色，当时南罗得西亚和北罗得西亚以及尼亚萨兰一起加入了最终遭受失败的中非联邦（Central African Federation）。随着这一联邦的解体以及南罗得西亚非洲人购买力的停滞不前，经济增速逐渐降低。但拥有工业基础还是有好处的，当地经济对制裁的强有力回应显示了这一点，这一制裁是 1965 年罗得西亚白人单方面宣布从英国独立的直接结果。随着 1980 年黑人政权得到了世界的承认，这些经济资产存在的客观性和利益潜力使黑人政权在实施重大的社会转型时能保持克制。

种族隔离体制下南非获得的惊人增长可以生动地说明温和统治在南非短期工业化发展中为什么失败。开普殖民地早在 1872 年就得到了自治地位，并且考虑到当地商业企业规模较小，白人移民-农场主在选民中占统治地位，当地政府立即采用了轻工业保护以孵化更大规模的进口替代工业。这些企业在南非战争后和"一战"危机期间得到了迅猛增长，虽然不管是个体殖民地政府或是 1910 年后形成的联邦政权都没有再提供重要的进一步帮助。

从 20 世纪初开始，当地的制造商一直试图游说获得额外的援助，但他们的努力遭到了开普大商人和德兰士瓦的矿业利益集团的反对，这两者在当时代表了主要的经济力量。大多数农场主是阿非利卡人，他们把所有城市部门都当成危险的外来者，而这一事实使得选举人中农场主与前述经济群体的关系变得更为复杂。然而，从更实际的角度来说，阿非利卡领导层学会了利用对矿业部门的政治控制来牟利。在南非战争之前，德兰士瓦政府授予了阿尔弗雷德·诺贝尔（Alfred Nobel）企业在当地制造炸药的垄断权，并禁止金矿进口任何其他炸药，以期能够促进南非这项工业的发展。阿非利卡人的权力得以恢复之后，博塔（Botha）和史末资的早期联邦政府避免了大规模的贸易保护主义，但选择向矿区征税，以向那些支持并巩固资本主义农业的农村阿非利卡人提供补助。

向重工业资本主义的转型主要发生在1922年以后，当时史末资支持矿主通过提高黑人劳工数量来降低成本，这激起了白人工人阶层的反对。此时这一群体的大部分人都是阿非利卡人，因为人口、战争的创伤以及农村资本主义发展等原因，许多白人不得不远离土地进入城市。1924年，以贫困农民为基础的阿非利卡民族主义者和南非劳工党的联盟击败了史末资政府。这个新的联合政府开始将工业增长作为工作重心，以期能够给欧洲工人在矿区之外创造就业，并且加强国家经济抵御不可测国际冲击的能力。达成这一目标的手段包括在农业和工业中加强贸易保护主义，以及以半国营钢铁工厂的形式建立直接的国家资本主义。

因此，民族主义和种族主义在推动南非完全工业化进程中扮演了重要角色。不只是阿非利卡人政府的直接干预给当地的制造业提供了及时支持，数百万白人工人和农场主的特权地位也保证了一个大规模且消费能力较高的市场，在其中新的企业不仅能够承担一般的进口替代品生产，也能够生产与诸如钢铁工业、化学工业等基础重工业相联系的耐用消费品和农用机械。

同时，强制推行的非洲裔工人低工资标准（1900年到1965年黑人矿工的工资都没有实质性提高）保证了消费主义不会导致像拉丁美洲和以色列类似的民粹主义新工业经济体那种不能控制的通货膨胀。即便是对黑人工人失去控制的担心也成了投资节省劳力措施的一项动机，诸如大规模电气化，它给工业化的进一步发展奠定了基础。

但我们需要承认，在半国营领域之外，南非工业的关键基础仍然是金矿。无论干涉劳动市场和推行贸易保护主义带来了多少额外的成本，威特沃特斯兰德矿区在20世纪20年代尤其是其后的30年代世界性衰退（南非工业真正起飞的时期）中依然保持繁荣。20世纪40年代，在奥兰治自由邦开辟了一系列非常多产的金矿。南非提供了即便是对于国际经济部门来说都有吸引力的制造业投资机会。大型的欧洲企业，尤其是那些工程和化学相关企业，为了南非的服务和装备合同你争我夺。南非的矿业资本不只促进了其基本运营所需设施的发展，也因为对当地其他事业的了解而获利，甚至获得（尤其是当阿非利卡人大企业家这一新阶层加入之后）一定程度的南非白人民族认同。

南非经济的长处在于它有内化矿业财富并建立一个强大的本地工业基础。它的主要弱点包括对矿物出口和资本进口的持续依赖，而其中更为严重的是种族隔离制度压迫和排他的本性造成的紧张局面。

总结：作为一种发展模式的南非

南非看上去是非洲大陆唯一一个克服了困扰其他非洲经济体的内部增长和对外依存局限的国家。南非的工业化程度可以和欧洲、亚洲和美洲的最先进经济体相提并论。从南非在世界经济中作为矿产来源、国际投资目的地乃至此类投资来源的角色来看，很难将它视为边缘化国家。

经济发展的明显代价是对福利水平远低于少数白人群体的非白人大多数施加的政治和社会压迫。人们普遍认为这种体系不能长久维持，但分析家在变革的方向上有不同看法。一种观点认为，南非具有重现西方工业经济体发展的潜力，当时这些经济体的工人阶层也和南非一样，曾经被迫渡过"贫富分化积累"的阶段，从而使省下的钱和投资可以集中在能够产生最大程度增长的领域。在一些时期为资本家利益呼喊的阿非利卡人政治家表示，他们至少会将部分黑人劳工纳入经济中心。有观点认为，只有这种自由化才能产生消费者需求，从而提升生产，减少镇压的高成本。

然而，南非情况中的一些关键要素使得它与北大西洋世界核心经济体的类比变得不再恰当。首先，在南非很难把种族竞争的意识形态和阶级利益区分开来。对于白人社会中不那么富裕的那部分人而言，即便是对少数黑人中产阶级让步，也会让他们感到威胁。同时，资本集约化对南非工业的影响造成了很大一部分黑人的失业。就算在民主政权下，核心工业部门也没有这些底层人口的一席之地。当时指定的替代方案是成立所谓自治的"黑人家园"，但考虑到这些区域可用的土地和资本资源，这也是不现实的。南非的工业经济可能是建立在种族隔离基础上的（与自由主义者认为种族主义和经济逻辑之间有持续冲突的观点相反），但最终它必须接受无法纳入之前被剥削的群体这一事实（与马克思主义者认为种族主义只是资本家阶级剥削的一种本地形式的观点相反）。简而言之，南非的经济既不类似于欧洲，也不是美洲式的，继而也就既没有吸取其他地区的发展经验，也不是其他地区发展的模板。

19世纪末和20世纪初，随着农村非洲人资本家群体的诞生，南非为其他竞争性剥削殖民地的未来发展提供了一个更有建设性的解决方案。在南非内部，这一阶层由于缺乏资源，从而被来自欧洲矿业资本和掌权的农业社群的内部竞争所击败。但在其他不那么极端的同类型殖民地（尤其是肯尼亚和津巴布韦），类似的黑人社会形态可能是给跨越现代经济转型的困境提供了一个更为温和却可能也更持久的基础。

参考文献

1. Abshire, David, *Portuguese Africa: A Handbook*, New York: Praeger, 1979.
2. Allan, William, *The African Husbandman*, New York: Barnes and Noble, 1965.
3. Arrighi, Giovanni, "Labour supplies in historical perspective: a study of the proletarianization of the African peasantry in Rhodesia", *Journal of Development Studies*, Vol.6, No.3, 1970, pp.197－236.
4. Axelson, Eric, *Portuguese in South-east Africa, 1488—1600*, Johannesburg: Struik, 1973.
5. Ballard, Charles, "John Dunn and Cetshwayo: the material foundations of political power in the Zulu kingdom, 1857—1878", *Journal of African History*, Vol.21, No.1, 1980, pp.75－91.
6. Baylies, Carolyn, "The emergence of indigenous capitalist agriculture: the case of the Southern Province, Zambia", *Rural Africana*, Vol.5, 1978,

pp.65 - 81.
7. Bederman, Sanford, *The Cameroons Development Corporation*, Bota: CDC, 1968.
8. Beinart, William, "Production and the material basis of chieftainship: Pondoland c. 1830—1880", in Marks and Atmore (eds), 1980, pp.148 - 170.
9. Beinart, William, *The Political Economy of Pondoland, 1860—1930*, Cambridge: Cambridge University Press, 1982.
10. Berger, Elena L., *Labour, Race and Colonial Rule: The Copperbelt from 1924 to Independence*, Oxford: Clarendon Press, 1974.
11. Birmingham, David and Phyllis M. Martin (eds), *History of Central Africa*, Vol.2, 1983, London: Longman.
12. Blainey, G., "Lost causes of the Jameson Raid", *Economic History Review*, Vol.18, 1965, pp.350 - 366.
13. Bozzoli, Belinda, "Ideology and the manufacturing class in South Africa: 1907—1926", *Journal of Southern African Studies*, Vol.1, No.2, 1975, pp.194 - 214.
14. Brett, E. A., *Colonialism and Underdevelopment in East Africa: The Politics of Economic Change, 1919—1939*, New York: Nok, 1973.
15. Brown, George W., *The Economic History of Liberia*, Washington, DC: Associated Publishers, 1941.
16. Bundy, Colin, "The emergence and decline of a South African peasantry", *African Affairs*, Vol.71, No.285, 1972, pp.369 - 387.
17. Bundy, Colin, *The Rise and Fall of the South African Peasantry*, Berkeley: University of California Press, 1979.
18. Choate, Stephen, "Agricultural policy in settler economies: a comment", *Economic History Review*, Vol.37, No.3, 1984, pp.409 - 413.
19. Christie, Renfrew, *Electricity, Industry and Class in South Africa*, Albany: State University of New York Press, 1984.
20. Clarence-Smith, W. Gervase, "Capital accumulation and class formation in

Angola", in Birmingham and Martin (eds), 1983, pp.163 – 199.
21. Clarke, Simon, "Capital, fractions of capital, and the state: 'neo-Marxist' analysis of the South African state", *Capital and Class*, Vol.5, 1978, pp.32 – 77.
22. Comaroff, John L., "Class and culture in a peasant economy: the transformation of land tenure in Barolong", in Richard P. Werbner (ed.), *Land Reform in the Making: Tradition, Public Policy and Ideology in Botswana*, London: Rex Collings, 1981, pp.85 – 113.
23. Cooper, Frederick, "Peasants, capitalists, and historians: a review article", *Journal of Southern African Studies* Vol. 7, No. 1, 1981, pp.284 – 314.
24. Cowen, M. P., "Notes on agricultural wage labour in a Kenya location", in Christopher Allen and Kenneth King (eds), *Developmental Trends in Kenya*, Edinburgh: University of Edinburgh, Centre of African Studies, 1973.
25. Daniel, J. B. M., "The Swazi rural economy", in J. F. Holleman (ed.), *Experiment in Swaziland*, Oxford: Oxford University Press, 1964.
26. Davenport, T. R. H., "The consolidation of a new society: the Cape Colony", in Wilson and Thompson (eds), 1969, pp.272 – 333.
27. Davies, Robert H., *Capital, State, and White Labor in South Africa, 1900—1960*, Atlantic Highlands: Humanities, 1979.
28. Davies, Robert H., Duncan Innes, and Dan O'Meara, "Class struggle and the periodization of the state in South Africa", *Review of African Political Economy*, No.7, 1976, pp.4 – 30.
29. De Kiewet, C. W., *A History of South Africa: Social and Economic*, London: Oxford University Press, 1957.
30. DeLancey, Mark W., "Health and disease on the plantations of Cameroon, 1884—1939", in Gerald Hartwig and K. David Patterson (eds), *Disease in African History*, Durham: Duke University Press, 1978, pp.153 – 179.
31. Denoon, D. J., "'Capitalist influence' and the Transvaal government

during the Crown Colony period, 1900—1906", *Historical Journal*, Vol. 11, No.2, 1968, pp.301 – 321.

32. Egerton, F. Clement C., *Angola in Perspective*, London: Routledge & Kegan Paul, 1957.

33. Ehrensaft, Philip, "Polarized accumulation and the theory of economic dependence: the implications of South African semi-industrial capitalism", in Peter C. W. Gutkind and Immanuel Wallerstein (eds), *The Political Economy of Contemporary Africa*, Beverly Hills: Sage, 1976, pp.58 – 89.

34. Ehrlich, Cyril, "The Uganda economy, 1903—1945", in Vincent Harlow and E. M. Chilver (eds), *History of East Africa*, Vol. 2, Oxford: Clarendon Press, 1965, pp.395 – 475.

35. Elphick, Richard, *Kraal and Castle: Khoikhoi and the Founding of White South Africa*, New Haven: Yale University Press, 1977.

36. Elphick, Richard and Herman Giliomee (eds), *The Shaping of South African Society, 1652—1820*, Cape Town: Longman, 1979.

37. Etherington, Norman, *Preachers, Peasants, and Politics in Southeast Africa, 1835—1880: African Christian Communities in Natal, Pondoland, and Zululand*, London: Royal Historical Society, 1978a.

38. Etherington, Norman, "African economic experiments in colonial Natal, 1845—1880", *African Economic History*, Vol.5, 1978b, pp.1 – 15.

39. Fearn, Hugh, *An African Economy: A Study of Economic Development in the Nyanza Province of Kenya, 1903—1953*, Nairobi: Oxford University Press, 1961.

40. Fetter, Bruce, *The Creation of Elizabethville, 1910—1940*, Stanford: Hoover Institution Press, 1976.

41. Fieldhouse, David K., *Unilever Overseas: The Anatomy of a Multinational, 1895—1965*, London: Croom Helm, 1978.

42. Flint, John, *Cecil Rhodes*, Boston: Little, Brown, 1974.

43. Furedi, Frank, "The social composition of the Mau Mau movement in the White Highlands", *Journal of Peasant Studies*, Vol. 1, No. 4, 1974,

pp.486 – 505.
44. Gann, Louis H., *A History of Southern Rhodesia: Early Days to 1934*, London: Chatto & Windus, 1965.
45. Giliomee, Herman, "The eastern frontier, 1770—1812", in Elphick and Giliomee (eds), 1979, pp.291 – 337.
46. Guelke, Leonard, "Frontier settlement in early South Africa", *Annals of the Association of American Geographers*, Vol.66, No.1, 1966, pp.25 – 42.
47. Guelke, Leonard, "The white settlers, 1652—1780", in Elphick and Giliomee (eds), 1979, 41 – 74.
48. Guy, Jeff, *The Destruction of the Zulu Kingdom*, London: Longman, 1979.
49. Guy, Jeff, "Ecological factors in the rise of Shaka and the Zulu Kingdom", in Marks and Atmore (eds), 1980, pp.102 – 119.
50. Hammond, R. J., *Portugal and Africa, 1815—1910: A Study in Uneconomic Imperialism*, Stanford: Stanford University Press, 1966.
51. Hancock, William Keith, *Survey of British Commonwealth Affairs, Vol.2: Problems of Economic Policy, 1918—1939, Part 2*, London: Oxford University Press, 1942.
52. Harinck, Gerrit, "Interaction between Xhosa and Khoi: emphasis on the period 1620—1750", in Thompson (ed.), 1969, pp.145 – 170.
53. Harries, Patrick, "Kinship, ideology and the nature of pre-colonial labour migration: labour migration from the Delagoa Bay hinterland to South Africa, up to 1895", in Marks and Rathbone (eds), 1982, pp.142 – 166.
54. Hedges, David W., "Trade and politics in southern Mozambique and Zululand in the eighteenth and early nineteenth centuries", Unpublished PhD dissertation, University of London, 1978.
55. Hellen, John A., *Rural Economic Development in Zambia, 1890—1964*, Munich: Weltforum, 1968.
56. Hobson, John A., *The War in South Africa: Its Causes and Effects*, London: Nisbet, 1900.

57. Hocking, Anthony, *Oppenheimer and Son*, New York: McGraw Hill, 1973.
58. Hodder-Williams, Richard, *White Farmers in Rhodesia, 1890—1965. A History of the Marandellas District*, London: Macmillan, 1983.
59. Houghton, D. Hobart, *The South African Economy*, Cape Town: Oxford University Press, 1967.
60. Iliffe, John, *A Modern History of Tanganyika*, Cambridge: Cambridge University Press, 1979.
61. Innes, Duncan, *Anglo American and the Rise of Modern South Africa*, New York: Monthly Review Press, 1984.
62. Jeeves, Alan, "Rand capitalists and the coming of the South African War, 1896—1899", Canadian Historical Association, Historical Papers, 1973.
63. Jeeves, Alan, "The control of migratory labour in the South African gold mines in the era of Kruger and Milner", *Journal of Southern African Studies*, Vol.2, No.1, 1975, pp.3-29.
64. Jewsiewicki, Bogumil, "Rural society and the Belgian colonial economy", in Birrningham and Martin (eds), 1983, pp.95-125.
65. Johnstone, Frederick, *Class, Race, and Gold*, London: Routledge, Kegan Paul, 1976.
66. Kantor, B. S. and H. F. Kenny, "The poverty of neo-Marxism: the case of south Africa", *Journal of Southern African Studies*, Vol.3, No.1, 1976, pp.20-40.
67. Kaplan, David E., "The politics of industrial protection in South Africa, 1910—1939", *Journal of Southern African Studies*, Vol.3, No.1, 1976, pp.70-91.
68. Katzen, M. F., "White settlers and the origin of a new society, 1652—1778", in Wilson and Thompson (eds), 1969, pp.183-232.
69. Katzenellenbogen, Simon, *Railways and the Copper Mines of Katanga*, Oxford: Clarendon Press, 1973.
70. Katzenellenbogen, Simon, "The miner's frontier: transport and general

economic development", in Peter Duignan and L. H. Gann (eds), *Colonialism in Africa, 1870—1960, Vol.4: The Economics of Colonialism*, Cambridge: Cambridge University Press, 1975, pp.360 – 426.
71. Keegan, Tim, "The restructuring of agrarian class relations in a colonial economy: the Orange River Colony, 1902—1910", *Journal of Southern African Studies*, Vol.5, No.2, 1979, pp.234 – 254.
72. Keller, Bonnie B., "Millenarianism and resistance: the Xhosa cattle killing", *Journal of Asian and African Studies*, Vol.13, Nos.1 – 2, 1978, pp.95 – 111.
73. Kimble, Judy, "Labour migration in Basutoland, c. 1870—1885", in Marks and Rathbone (eds), 1982, pp.119 – 141.
74. Kitching, Gavin, *Class and Economic Change in Kenya: The Making of an African Petite-Bourgeoisie*, New Haven: Yale University Press, 1980.
75. Knight, C. Gregory, *Ecology and Change: Rural Modernization in an African Community*, New York: Academic Press, 1974.
76. Kosmin, Barry A., "The Inyoka tobacco industry of the Shangwe people: the displacement of a pre-colonial economy in Southern Rhodesia, 1898—1938", in Palmer and Parsons (eds), 1977, pp.268 – 288.
77. Kubicek, Robert V., *Economic Imperialism in Theory and Practice: The Case of South African Gold Mining Finance, 1886—1914*, Durham: Duke University Press, 1979.
78. Lacey, Marian, *Working for Boroko: The Origins of a Coercive Labour System in South Africa*, Johannesburg: Ravan, 1981.
79. Lacroix, Jean-Louis, *Industrialisation au Congo: la transformation des structures économiques*, The Hague: Mouton, 1967.
80. Leftwich, Adrian (ed.), *South Africa: Economic Growth and Political Change*, London: Allison & Busby, 1974.
81. Leo, Christopher, *Land and Class in Kenya*, Toronto: Toronto University Press, 1984.
82. Lewis, Jack, "The rise and fall of the South African peasantry: a critique and reassessment", *Journal of Southern African Studies*, Vol.11, No.1,

1984, pp.1 - 24.
83. Liebenow, J. Gus, *Liberia: The Evolution of Privilege*, Ithaca: Cornell University Press, 1969.
84. Lipton, Merle, "South Africa: two agricultures", in F. Wilson, A. Kooy and D. Hendrie (eds), *Farm Labour in South Africa*, Cape Town: Philip, 1977, pp.72 - 85.
85. Long, Norman, *Social Change and the Individual: A Study of the Social and Religious Response to Innovation in a Zambian Rural Community*, Manchester: Manchester University Press, 1968.
86. Lonsdale, John and Bruce Berman, "Coping with the contradictions: the development of the colonial state in Kenya, 1895—1914", *Journal of African History*, Vol.20, No.4, 1979, pp.587 - 605.
87. McCracken, John, "Planters, peasants, and the colonial state; the impact of the Native Tobacco Board in the Central Province of Malawi", *Journal of Southern African Studies*, Vol.9, No.2, 1983, pp.172 - 192.
88. Mafeje, Archie, "on the articulation of modes of production: review article", *Journal of Southern African Studies*, Vol.8, No.1, 1981, pp.123 - 138.
89. Marks, Shula and Anthony Atmore (eds), *Economy and Society in Pre-Industrial South Africa*, London: Longman, 1980.
90. Marks, Shula and Richard Rathbone (eds), *Industrialisation and Social Change in South Africa*, London: Longman, 1982.
91. Marks, Shula and Stanley Trapido, "Lord Milner and the South African state", *History Workshop*, Vol.8, 1974, pp.50 - 80.
92. Matsetela, Ted, "The life story of Nkgona Mma-Pooe: aspects of sharecropping and proletarianization in the northern Orange Free State, 1890—1930", in Marks and Rathbone (eds), 1982, pp.212 - 237.
93. Mawby, A. A., "Capital, government, and politics in the Transvaal, 1900—1907: a revision and a reversion", *Historical Journal*, Vol.17, No.2, 1974, pp.387 - 415.

94. Mendelsohn, Richard, "Blainey and the Jameson Raid: the debate revived", *Journal of Southern African Studies*, Vol.6, No.2, 1980, pp.157 - 170.
95. Michel, Marc, "Les plantations allemandes du Mount Cameroun, 1885—1914", *Revue Francaise d'Histoire d'Outre-Mer*, Vol.57, No.2, 1969, pp.183 - 213.
96. Morris, M. L., "The development of capitalism in South African agriculture: class struggle in the countryside", *Economy and Society*, Vol.5, No.3, 1976, pp.292 - 343.
97. Mosley, Paul, "Agricultural development and government policy in settler economies: the case of Kenya and Southern Rhodesia, 1900—1960", *Economic History Review*, Vol.35, No.3, 1982, pp.390 - 408.
98. Mosley, Paul, *The Settler Economies: Studies in the Economic History of Kenya andSouthern Rhodesia, 1900—1963*, Cambridge: Cambridge University Press, 1983.
99. Mosley, Paul, "A reply to Choate", *Economic History Review*, Vol.37, No.3, 1984, pp.414 - 416.
100. Muntemba, Maude Shimwaayi, "Regional and social differentiation in Broken Hill Rural District, Northern Rhodesia, 1930—1964", in Martin A. Klein (ed.), *Peasants in Africa: Historical and Contemporary Perspectives*, Beverly Hills: Sage, 1980, pp.243 - 269.
101. Murray, D. J., *The Governmental System in Southern Rhodesia*, Oxford: Clarendon Press, 1970.
102. Muzorewa, Abel Tendekai, *Rise up and Walk: An Autobiography*, London: Evans, 1978.
103. Nattrass, Jill, *The South African Economy*, Cape Town: Oxford University Press, 1981.
104. Neumark, S. Daniel, *Economic Influences on the South African Frontier, 1652—1836*, Stanford: Stanford University Press, 1957.
105. Odingo, Richard S., *The Kenya Highlands: Land use and Agricultural*

Development, Nairobi: EAPH, 1971.
106. O'Dowd, Michael, "South Africa in the light of the stages of economic growth", in Adrian Leftwich (ed.), *South Africa: Economic Growth and Political Change*, London: Allison & Busby, 1974, pp.29 – 43.
107. O'Meara, Dan, *Volkcapitalisme: Class, Capital, and Ideology in the Development of Afrikaner Nationalism, 1934—1948*, Cambridge: Cambridge University Press, 1983.
108. Omer-Cooper, J. D., *The Zulu Aftermath: A Nineteenth Century Revolution in Bantu Africa*, London: Longman, 1966.
109. Pachai, B., *Malawi: The History of a Nation*, London: Longman, 1973.
110. Palmer, Robin, *Land and Racial Domination in Rhodesia*, London: Oxford University Press, 1977.
111. Palmer, Robin, "Land alienation and agricultural conflict in colonial Zambia", in Robert Ⅰ. Rotberg (ed.), *Imperialism, Colonialism, and Hunger in East and Central Africa*, Lexington: D. C. Heath, 1983, pp.89 – 112.
112. Palmer, Robin and Neil Parsons (eds), *The Roots of Rural Poverty in Central and Southern Africa*, Berkeley: University of California Press, 1977.
113. Parpart, Jane, *Labour and Capital on the African Copperbelt*, Philadelphia: Temple University Press, 1983.
114. Peires, J. B., *The House of Phalo: A History of the Xhosa People in the Days Of their Independence*, Berkeley: University of California Press, 1981.
115. Perrings, Charles, "The production process, industrial labour strategies, and worker responses in the Southern African gold mining industry", *Journal of African History*, Vol.18, No.1, 1977, pp.129 – 135.
116. Perrings, Charles, *Black Mineworkers in Central Africa: Industrial Strategies and the Evolution of a Black Proletariat in the Copperbelt*,

1911—1941, New York: Africana Press, 1979.
117. Phimister, I. R., "Rhodes, Rhodesia, and the Rand", *Journal of Southern African Studies*, Vol.1, No.1, 1974, pp.24－90.
118. Phimister, I. R., "The reconstruction of the Southern Rhodesian gold mining industry, 1903—1910", *Economic History Review*, Vol.29, No.3, 1976, pp.465－481.
119. Phimister, I. R., "White miners in historical perspective: Southern Rhodesia, 1890—1953", *Journal of Southern African Studies*, Vol.3, No.2, 1977, pp.187－206.
120. Phimister, I. R., "Zimbabwe: the path of capitalist development", in Birmingham and Martin (eds), 1983, pp.251－290.
121. Ranger, Terence O., "Growing from the roots: reflections on peasant research in Central and Southern Africa", *Journal of Southern African Studies*, Vol.5, No.1, 1978, pp.99－133.
122. Ranger, Terence O., *Peasant Consciousness and Guerrilla War in Zimbabwe*, London: Currey, 1985.
123. Richardson, Peter, *Chinese Mine Labour in the Transvaal*, Manchester: Manchester University Press, 1983.
124. Richardson, Peter and Jacques Van-Helten, "The development of the South African gold mining industry, 1895—1918", *Economic History Review*, Vol.37, No.2, 1984, pp.319－340.
125. Roberts, Andrew, *A History of Zambia*, New York: Africana Press, 1976.
126. Robinson, Ronald and John Gallagher, *Africa and the Victorians: The Official Mind of Imperialism*, London: Macmillan, 1961.
127. Ross, Robert, *Adam Kok's Griquas: A Study in the Development of Stratification in South Africa*, Cambridge: Cambridge University Press, 1976.
128. Ross, Robert, "The Khoikhoi of South Africa" [review of Elphick, 1977], *Journal of African History*, Vol.19, No.2, 1978, pp.282－283.

129. Sansom, Basil, "Traditional economic systems", in W. D. Hammond-Tooke (ed.), *The Bantu-Speaking Peoples of Southern Africa*, London: Routledge & Kegan Paul, 1974, pp.135–176.
130. Schultz, Jürgen, *Land use in Zambia: Part 1*, Munich: Weltforum, 1976.
131. Schumann, C. G. W., *Structural Change and Business Cycles in South Africa, 1806—1936*, London: P. S. King, 1938.
132. Schutte, Gerrit, "Company and colonists at the Cape", in Elphick and Giliomee (eds), 1979, pp.173–210.
133. Simkins, Charles, "Agricultural production in the African reserves of South Africa, 1918—1969", *Journal of Southern African Studies*, Vol.7, 1981, pp.256–283.
134. Smith, Alan, "The trade of Delagoa Bay as a factor in Nguni politics 1750—1835", in Thomson (ed.), 1969, pp.171–189.
135. Sorenson, M. P. K., *Land Reform in the Kikuyu Country*, Nairobi: Oxford University Press, 1967.
136. Sorrenson, M. P. K., *The Origins of European Settlement in Kenya*, Nairobi: Oxford University Press, 1968.
137. South Africa, *Agricultural Census No. 34. Report on Agricultural and Pastoral Production, 1959—1960*, Department of Statistics, 1963.
138. Southan, Roger, "African capitalism in contemporary South Africa", *Journal of Southern African Studies*, Vol.6, No.1, 1980, pp.38–70.
139. Stichter, Sharon, *Migrant Labour in Kenya: Capitalism and African Responses,1895—1975*, London: Longman, 1982.
140. Stokes, Randall and Anthony Harris, "South African development and the paradox 3 of racial particularism: towards a theory of modernization from the center", *Economic Development and Cultural Change*, Vol.26, No.2, 1978, pp.245–269.
141. Ströbel, Herbert (ed.), *An Economic Analysis of Smallholder Agriculture in the Kericho District, Kenya*, Berlin: Technische Universität, 1973.

142. Stultz, Newell, *Transkei's Half Loaf: Race Separatism in South Africa*, New Haven: Yale University Press.
143. Sundiata, I. K., *Black Scandal: America and the Liberian Labor Crisis, 1929—1936*, Philadelphia: ISHI.
144. Swainson, Nicola, *The Rise of Corporate Capitalism in Kenya, 1918—1977*, Berkeley: University of California Press, 1980.
145. Tetzlaff, Rainer, *Koloniale Entwicklung und Ausbeutung: Wirtschafts- und Sozialgeschichte Deutsch-Ostafrikas, 1885—1914*, Berlin: Duncker u. Humblot, 1970.
146. Thompson, Leonard, "Co-operation and conflict: the Zulu Kingdom and Natal", inWilson and Thompson (eds), 1969a, pp.334 – 390.
147. Thompson, Leonard, "Co-operation and conflict: the high veld", in Wilson and Thompson (eds), 1969b, pp.391 – 446.
148. Thompson, Leonard (ed.), *African Societies in Southern Africa*, London: Heinemann, 1969c.
149. Trapido, Stanley, "South Africa as a comparative study of industrialization", *Journal of Development Studies*, Vol.7, No.3, 1971, pp.309 – 320.
150. Trapido, Stanley, "Landlord and peasant in a colonial economy: the Transvaal, 1880—1910", *Journal of Southern African Studies*, Vol.5, No.1, 1978, pp.26 – 57.
151. Trapido, Stanley, "'The friends of the natives': merchants, peasants, and the political and ideological structure of liberalism in the Cape 1854—1910," in Marks and Atmore (eds), 1980, pp.247 – 274.
152. Turrel, Rob, "Kimberley: labour and compounds, 1871—1888", in Marks and Rathbone (eds), 1982, pp.45 – 76.
153. Vail, Leroy, "Ecology and history: the example of eastern Zambia", *Journal of Southern African Studies*, Vol.3, No.2, 1977, pp.129 – 155.
154. Vail, Leroy and Landeg White, *Capitalism and Labor in Mozambique: A Study of Quelimane District*, Minneapolis: University of Minnesota

Press, 1980.
155. Van-Helten, Jean Jacques, "Empire and high finance: South Africa and the international gold standard, 1890—1914", *Journal of African History*, Vol.23, No.4, 1982, pp.529 – 548.
156. Van Onselen, Charles, *Chibaro: African Mine Labour in Southern Rhodesia, 1900—1935*, London: Pluto, 1976.
157. Vellut, Jean-Luc, "Rural poverty in western Shaba, c. 1890—1930", in Palmer and Parsons (eds), 1977, pp.294 – 316.
158. Vellut, Jean-Luc, "Mining in the Belgian Congo", in Birmingham and Martin (eds), 1983, pp.126 – 162.
159. Weinrich, A. K., *Black and White Elites in Rural Rhodesia*, Manchester: Manchester University Press, 1973.
160. Weinrich, A. K., *African Farmers in Rhodesia: Old and New Peasant Communities in Karangaland*, London: Oxford University Press, 1975.
161. Wilson, Francis, *Labour in the South African Gold Mines, 1911—1969*, Cambridge: Cambridge University Press, 1972.
162. Wilson, Monica, "Co-operation and conflict: the Eastern Cape frontier", in Wilson and Thompson (eds), 1969, pp.233 – 271.
163. Wilson, Monica and Leonard Thompson (eds), 1969, *The Oxford History of South Africa*, Vol.1, Oxford: Clarendon Press, 1969.
164. Wolpe, Harold, "Capitalism and cheap labour-power in South Africa: from separation to apartheid", *Economy and Society*, Vol.1, 1972, pp.425 – 456.
165. Wolpe, Harold, "A comment on 'The poverty of neo-Marxism'", *Journal of Southern African Studies*, Vol.4, No.2, 1978, pp.240 – 256.
166. Wright, Marcia, "Technology, marriage, and women's work in the history of maize growers in Mazabuka, Zambia: a reconnaissance", *Journal of Southern African Studies*, Vol.10, No.1, 1983, pp.71 – 85.
167. Wrigley, C. C., *Crops and Wealth in Uganda*, Kampala: East African Institute of Social Research, 1959.

168. Yudelman, David, *The Emergence of Modern South Africa: State, Capital, and the Incorporation of Organized Labor on the South African Gold Fields*, Westport, Conn: Greenwood, 1983.
169. Yudelman, Montague, *Africans on the Land: Economic Problems ... with Special Reference to Southern Rhodesia*, Cambridge: Harvard University Press, 1964.
170. Zachrisson, Per, *An African Area in Change: Belingwe, 1894—1946*, Gothenburg: Gothenburg University, 1978.

第八章

从新重商主义到非殖民化：
20世纪中期世界经济中的非洲

非洲殖民政权建立半个世纪以后，这片大陆经历了一系列快速且剧烈的政治变革。非殖民化在经济上的重要性不如帝国瓜分高。第一波转型摧毁了控制内部市场和准入的本地机制，代替它们的是与工业化欧洲直接相关联的架构。非殖民化使欧洲人放下了对这些新架构的正式控制权，但并没有让这些架构本身分崩离析。我们甚至在不点明独立运动的重要转折点性质的情况下也可以撰写一部非洲经济史。

因此，我们在这里并不把非殖民化作为创造新的经济条件的一个事件，而是非洲经济体与国际体系之间关系长期变化的一个时间标记。理解这一关系的历史难题在于理清其各个方面之间的联结，这几个方面主要包括：决定对非洲殖民地繁荣十分重要的出口货物需求的市场力量、决定了非洲人对市场反应的欧洲统治者的公共政策考量、在非洲有直接利益的欧洲私营企业的政治和经济行为。

与之前对前殖民时期和帝国主义瓜分时期非洲经济的讨论一样，自由主义和结构主义史学家认为，正式殖民统治后的非殖民化是一个有明确目标的模式。本章的分析将会挑战这种看法。本章大多数篇幅都将强调这样一个论点：殖民主义给跨越非洲和国际经济间的一些障碍提供了体制基础，到了20世纪50、60年代，这一整套机制可以安全地留在本土继任者手中，他们可以借此为非洲发展服务，也可以为外部剥削服务（取决于其自身的决定与行动）。

笔者同时还认为，非洲早在20世纪50、60年代导致非殖民化的变革之前就在国际经济中获得了崭新而又稳定的一席之地。宗主国和殖民地当局利用非洲殖民地来解决欧洲宗主国主要经济困难的愿景是导致这种变革的原因。但这些变革并不符合非洲的长期市场地位，也没有与欧洲私营部门中关键要素的迫切需求相一致。

这样的情况导致的历史进程用一种尤其戏剧化的形式再一次印证了构成本书中心主题的各种悖论。这一时期见证了非洲前所未有的经济增长，也目睹了伴随经济增长的许多问题及其灾难性迹象。在这数十年中，非洲比过去任何时候都更深入地和欧洲经济体整合在了一起，但最终的结果是欧洲主动放弃了之前巩固一体化的政治工具。从国际角度来看，这一改变代表了从对非洲经济重要性抱有幻想到对这片大陆的边缘性开始有崭新且清醒的认知。从非洲的视角来看，这一改变则是从明确的依附转向了十分模糊而脆弱的"自由"。

变革的历程：市场与公共政策

由于非洲经济体实际经历的变革与欧洲统治者想要利用非洲达成的经济目的之间的差异，我们很难对从殖民统治到非殖民化的不同阶段进行时代的划分。历史学家基本都同意，20世纪20年代的相对繁荣、30年代的衰退、"二战"及战后的资源短缺以及50年代中期和60年代的供给过剩造成的热带商品的需求波动给非洲造成了一系列严重的影响。这些市场行情伴随着殖民地经济政策的总体转变，诸如对非洲内部分配和生产体系的干预、将非洲纳入贸易保护主义框架以及宗主国开展非洲大型发展项目所需资金的调配等。

从广义来说，市场周期和政策导向之间存在着一定程度的关联：20世纪20年代是自由放任的自由主义，30、40年代是新重商主义的干涉主义，50年代中期则开始了新自由主义的解脱退出。然而，即便是这样一种概要总结也显示出了严重的矛盾之处。举个例子来说，为什么在价格衰退和上涨时都采取了新重商主义？倘若考察得更仔细一些，隐藏在时间顺序背后的逻辑反而更加模糊了。我们需要从整个时期的变革中理解的不是一个完全连贯的进程，而是一个高度不对称的世界经济体系中令人困惑的逻辑论证。

20世纪20年代：殖民地稳定性和帝国的愿景

正如前面两章所提到的，"一战"过后几年，大多数非洲殖民经济体便已经克服了早期半途而废的实验和需要用暴力来推行政策的窘境，建立了相对可行的出口商品生产体系，该体系是小农经济、移民农业和矿业的结合。20 世纪 20 年代初一系列严重波动之后，这些商品的价格稳定了下来，出口生产在 20 年代余下的时间里都获得了普遍性的增长。出口收入随之能够负担殖民当局的大部分经常成本，并且能够为在宗主国私营贷款者那里筹措适度的发展资本提供信用保证。

尽管带来了本地的相对繁荣，非洲殖民地出口总体而言没有在世界市场上赢得决定性的份额。黄金是最关键的产品，但其主要来源地是南非，这个实际上独一无二的移民国家。黄金海岸（现今的加纳）和尼日利亚（喀麦隆和象牙海岸也有一定贡献）的非洲可可种植者主导了世界生产，但这种作物对需求和海外购买力的波动尤其敏感。

在地区层面上，欧洲这一时期的政策导向与市场情况保持了相对一致。殖民地政府一般都会支持已被证明最高效的生产体系（除了东非和中非代表移民利益的一些地区），以谨慎乐观的态度进行新的交通和基础设施投资，并且得到了宗主国的首肯，只要是能够提供生存所需，任何地区的贸易和投资活动都会得到支持。最后一点得到了宗主国长期政策的印证：这一时期内，英属和比属殖民地继续维持着自由贸易，但法国仍然保留了保护主义关税体系，尽管 1928 年发生了一些倾向殖民地财政自主权的运动。另一方面，20 世纪 20 年代葡萄牙非洲殖民地转型为了一个新的"英国式"对外开放政权。

殖民经济体的这段稳定增长的小插曲与世界经济的总体增

长碰巧在同一时间，但欧洲宗主国从"一战"中的复苏并没有这么简单。十年中，英国经历了前所未有且难以挽回的失业率上升，法国货币的贬值一直持续到了1926年。这些问题的持续使得之前鼓吹帝国主义瓜分的政治群体及其经济观点焕发了新生。利奥波德·埃默里（Leopold Amery）领导的保守党派指出，只有通过建立帝国关税同盟和对殖民地实施大量公共投资，才能救活英国消费品和资本货物工业。20年代法国议会中阿尔贝特·萨罗（Albert Sarrut）领导的中左派殖民集团在非洲和印度支那推行了一系列大型投资项目，这些项目减轻了法国对法郎区以外地区的进口依赖。

埃默里和萨罗都没能够促使他们对应的政府在殖民地事业上冒着风险投入更多的公共资本。然而，到了20年代末，对立政治团体以大型殖民地贷款项目的形式开始了对殖民地发展更大程度的介入。英国工党内阁于1929年通过了《殖民地发展法》（Colonial Development Act）；同一年法国保守派塔尔迪厄（Tardieu）政府针对《殖民地贷款法》（Great Colonial Loan Acts）安排了有关项目。两个安排基于共同的假设：宗主国现在有足够的资源可以为非洲的发展提供资金（尤其是终于稳定了法郎的法国），非洲的发展也能为宗主国的进一步增长奠定基础。随着大萧条的接踵而至，这些观点会受到强烈的质疑，尽管后来人们使用了更广义的概念对这些观点框架下的安排进行了重新规划。

20世纪30年代：萧条与新愿景

英国和法国实施相关项目的早期，大多数提供给非洲殖民地的贷款和补助金都被用于发展基础设施（尤其是交通设施），然后用于提升出口商品的生产。这种尝试在大萧条期间收效甚微，因为当时宗主国经济体的问题已经远不是殖民地项目的合同能够减轻的了，并且世界市场对所有非洲商品的需求（黄金除外）都急剧下降。30年代早期英国和法国在非洲有三项投资可以说并不合理：第一项是为了让使用率不高的莫桑比克铁路线进入穷困的尼亚萨兰（现今的马拉维）而建立横跨赞比西河的大桥；第二项是完成刚果-海岸铁路的最后段，该工程与已经为法属赤道非洲服务的喀麦隆和比属刚果的铁路线路重叠；第三项是尼日尔河事务部在现今马里实施的灌溉农业计划。

由于出口商品的价格较低，非洲殖民当局很难偿还20年代欠下的债款，因此也对新的贷款热情不足。最后，1929年法规中提出要发行的债券只有四分之三得到了担保，其中也并不是所有都转化成了实际的贷款。

把非洲殖民地作为解决宗主国经济困难工具的观点在20世纪30年代随着殖民势力都转向保护主义的贸易政策而获得了新生。在1932年的《渥太华协定》（*Ottowa Agreements*）中，曾经是自由贸易守护者的英国采用了一个立意要为帝国利益服务的贸易体系。1936年，法国废除了与英国达成的保证西非自由贸易的互惠协定。萨拉查独裁统治下的葡萄牙也于1930年从自由贸易转向了保护主义，甚至比利时也开始鼓励从自己的殖民地进口热带商品。1885年在柏林签订的关于刚果的条约（实际上涉及英属东非、比属刚果和苏丹、莫桑比克和法属赤道非洲的大部分）与后来的国际联盟委任统治规定所提出的不可动摇的开放原则使得非洲这些变革的实质影响有限。此外，1932年之后英国在它的其他非洲殖民地并不太热衷于落实保护主义政权。但至少此时所有的殖民势力都对其国内市场和非洲依附国之间的贸易作出优惠性安排。

尽管如此，在30年代萧条最严重的时期，殖民保护主义对欧洲的经济恢复也只是杯水车薪，因为非洲经济体本身也遇到了许多困难。当地行政官员和投资者最初的反应是削减支出，政府雇员和公共工程项目因此必须减少，不少矿场和种植园关门或者至少解雇了一大批欧洲人和非洲人雇员。同时，剩下的资源投入到了非洲农民生产的事业中——既包括他们已经主导出口商品生产的区域，也包含他们尚未取得主导地位的地区，以期提升商业性种植的产量。

这最后一项政策自然是一个"小国家"的生产商对其无法控制的世界市场中价格下降的基本回应。转而重视非洲小农是因为他们低廉的生产成本，这也意味着非洲人自己相比其殖民者对市场的直接依赖程度要轻一些。因此，在价格下降的情况下为了保持或提升产量，需要采用一些市场之外的强制手段，包括盘剥税款、训诫和偶尔使用的武力等。

保护主义与强制生产的结合帮助非洲殖民经济体度过了萧条，但其方式对所有现行政策提出了挑战。如果没有这些措施，我们可以预见许多殖民地的行政和交通基础设施将会遭到严重打击。此外，法国、比利时和葡萄牙（但不包括英国）在20世纪30年代早期大大增加了其与非洲依附国的贸易份额以及非洲殖民地贸易占宗主国贸易的比率。同一时期非洲小农生产者面对他们在这一体系中被指定的角色,作出的回应是各种形式的抗议,包括抢劫可可豆、骚乱以及一些小型暴乱。

在殖民地决策圈核心,30年代早期的经历曾经导致了对新重商主义早期形式的怀疑,并且催生了一个更为野心勃勃的共同经济发展愿景。随着1933年帝国商品行销局(Empire Marketing Board)的解体,埃默里和他的追随者失去了对英国对非政策的控制权;几乎同时,殖民集团也从法国议会中消失了。但由于之前数年的努力对传统平衡的干扰,非洲和殖民相关问题仍然在欧洲公共生活中保持了重要地位。考虑到欧洲内部持续的经济不稳定,以及日益严重的国际政治紧张局势,主要的有影响力政治团体——包括1936—1938年的法国人民阵线(French Popular Front)政府的社会主义者和共产主义者——都不同意完全放弃殖民地。相反,对现行安排的不满推动了对改革的需求,这种改革既能克服对现有条件的滥用,也能为了非洲对欧洲繁荣发展的长期贡献建立一个更为可靠的基础。

新政策的制定来自早期的相关研究和经验,而负责非洲事务的政治家和殖民当局专业行政人员之间的献计献策也凸显出作用,他们中的许多人都对政策实施的成本尤其敏感。从这一进程中诞生了对公共投资的需求,该投资相比生产和分配而言更重视社会发展,尤其在医疗和教育领域。1936年法国人民阵线政府的部长们与殖民总督之间的磋商催生了一些最为明确、影响最为深远的计划,但这一时期唯一确实得到颁布的法律是更为温和的1940年英国发布的《殖民地发展和福利法》(*Colonial Development and Welfare Act*)。

第八章 从新重商主义到非殖民化：20世纪中期世界经济中的非洲 | 331

大萧条使非洲殖民地在欧洲市场和经济政策考量中获得了更重要的地位。然而，这一新地位的真正实现还需要等待20世纪40、50年代世界环境的变化。

世界大战与重建：新重商主义的顶峰

欧洲殖民势力在"二战"期间和结束后紧接着经历的危机传统上被认为是导致非殖民化进程的直接因素。用政治术语来说，这一假设是相当合理的："二战"及其结果标志着美国和苏联这两个超级大国绝对支配地位的建立，英国、法国、比利时乃至葡萄牙都被迫授予了它们的海外领地自治权。东南亚、南亚和中东的非殖民化成功范例给撒哈拉以南非洲造成了重要影响，非洲殖民地内部有限宪政改革的施行也给民族主义政治动员创造了舞台，从而很快就产生了对于更大让步的需求。

然而，在经济领域，这一时期非洲对于欧洲的重要性日渐增长，宗主国政策制定的目的是使殖民地和宗主国之间的联系更加紧密，而不是变得松散。政治和经济势头上的这一对比并没有导致任何严重的冲突，因为到了20世纪50年代中期，欧洲经济中非洲的实质地位和对其地位的认知再一次走向了倾向于结束正式殖民统治的方向。但被称为"福利新重商主义"（welfare neo-mercantilism）的干预阶段释放了这一时期经济变革的主要力量，也显露了一些一直持续到殖民时代之后的问题。

20世纪40年代新重商主义加速的最直接经济基础是这一时期世界市场对非洲商品需求的迅猛增长。"二战"扰乱了一些非洲商品的出口市场，尤其是西非殖民地的支柱出口商品可可。但突然扩大的军事需求以及日本侵略导致东南亚相竞争的供给区域产量的下降，使非洲的橡胶、剑麻乃至咖啡和可可的市场都从大萧条时期的低谷中很快恢复了过来。此外，在非洲人中征兵和使用非洲领地作为军事基地也创造了本来不会有的对人力和食品供应的需求。

反映在非洲商品价格中的这一需求增长在战后得到了持续，当时正常的欧洲市场得以重新开放，与"一战"刚结束的那几年不同，这些市场没有遭受任何随之而来的危机。非洲殖民地占法国和英国贸易的百分比也在这一阶段达到了顶峰，这部分是接下来将要讨论的倾斜政策的结果。同时，宗主国的发展投资也提高了非洲从欧洲进口的水平，使非洲内部对劳动力、服务和供给的需求高涨起来。

"二战"期间西欧国家在美国和苏联面前的黯然失色标志着19世纪末以来非洲被殖民瓜分噩梦的完结。20世纪中叶出现了两种解决这一窘境的方案：将被忽略的"殖民资产"发展成各个欧洲国家经济体的大规模延伸，或者将整个西欧整合成一个类似的超级大国。在20世纪30、40年代，后一项战略被认为等同于以阿道夫·希特勒为最极端表现形式的大陆扩张的危险传统。另一方面，海外殖民主义即便是在纳粹德国也被认为是一个能够更为温和理性地保证国家经济安全的道路。因此，"二战"之后，英国、法国和比利时决定从殖民地入手来尽可能地重新恢复他们往日的荣光。考虑到这些国家不可避免地丧失了亚洲殖民地，这基本上意味着要强化与看上去更有前途的非洲依附国的经济联系。

欧洲新重商主义政策一开始受到了美国的强烈反对，它对战后世界的规划设定了要有一个开放的贸易体系，还要让殖民帝国尽快终结。然而，随着对抗德国和日本的共同努力让位给与苏联之间的冷战竞争，美国很容易就转变了态度，它认为增强其西欧盟友的能力要比任何有关非洲的经济政治考量都优先。如果英国和法国为了保持经济稳定需要与其殖民地建立更紧密的联系，只要所需的措施也可以造福非洲人，美国就不止会接受它们，甚至会直接通过"马歇尔计划"之类的安排来提供大规模资金援助。此时，非洲要面对新的世界体系中复杂而又充满矛盾的不断变化，而美国这个新的变量加了进来。美国对欧洲复苏的考量给新重商主义以及欧洲内部的经济复苏和整合奠定了基础，而后者引发了非洲殖民地经济重要性的消弭。

20 世纪 40 年代执行的欧洲殖民政策的目标使得更早时期萨罗和埃默里提出的实施帝国统治战略的愿景焕发了新生。首先，法郎和英镑流通的殖民地区域将分别给法国和英国提供关键的原材料，这两种货币都受到了美元的强大压力；其次，宗主国消费品和资本货物出口工业此时可以在受保护且经济扩张中的殖民地获得一个有保障的市场。

为了达成这些目标，宗主国和殖民地当局发展了大萧条时期形成的商业管制，增加了新形式的市场干预以及前所未有水平的发展援助。英国在这一时期追求新重商主义的努力在某种程度上并不像法国那样煞费苦心，尽管每一种主要的非洲殖民体系都会在创新经济政策的某一方面超过其他体系。

贸易管制最为重要的手段是对英镑和法郎的货币管理，这可以追溯到殖民统治的最早期（见第六章）。然而，在"二战"后期外汇危机的条件下，英国和法国不再允许将本国货币与其他货币进行自由兑换，这样的限制给了那些主要进口这两国市场商品的非洲经济体重重一击。对于英国领地而言，为了解决英镑的问题而需要在伦敦存入100%的存款准备金也意味着这一时代非洲出口收入的大部分都被用在了稳定英国整体货币体系上，而不是放在非洲为当地开支或投资提供资金。法国更为自由化，它在"二战"期间创立了一个新的货币单元——非洲法郎，该货币在整个法属西非和赤道非洲联邦流通，也可以与价值不同的宗主国法郎自由兑换。法国没有要求非洲方面上交什么准备金，实际上它的那些非洲殖民地也只有少数几个能有贸易盈余。然而，通过对发行非洲法郎的中央机构施加控制，宗主国保持了在整个法属非洲经济中货币分配的巨大控制权。

英国和法国与其殖民地之间的关税结构在20世纪40年代变化不大，但两国也采取了一些已有的或新的措施来引导非洲领地与相应宗主国之间的贸易流通。"大宗采购"成了这一时期英国的伟大创新，就是宗主国政府从各个殖民地购买某种出口商品的所有或大部分产出。大宗采购在"二战"期间得到了应用，部分是为了给那些暂时与正常市场（尤其是西非的可可）切断联系的商品生产者提供一定的收入，但更多则是为了保证英国战略军需品和粮食的供应。这种措施在一些地区广泛施行到了50年代中期，其主要目的是减轻英国在获取热带商品上的困难。这些政策说起来是为非洲出口提供保障，但这期间大宗商品的世界价格总体而言远远高于英国政府支出的金额，英国政府甚至将货品向英镑区以外的地方转口,从而获得了一定收益。

法国在这一时期针对非洲殖民地贸易的安排方式没有英国那么新颖,但非常复杂。一些国内工业用户参与了诸如植物油和棉花等非洲商品的大宗购买,但这并不是最重要的控制方式。在进入法国的非洲产品和进入殖民地的法国消费品之上附加的关税优惠、配额(所有的国外采购都要与法郎区内的对等采购"配对")和法律规定的例外价格(高于市场价格)等已有政策措施的增强和细化保证了法国殖民地产品向宗主国的流动。与英国的例子不同,这种情况下欧洲和非洲消费者分摊了成本,使出口商在殖民帝国市场体系中的供给和需求端都能维持其特权地位。

"二战"后殖民经济体最引人注目的新现象是非洲发展公共支出的大量增长。英国和法国不只拿出了前所未见的大量资金,而且这些资金的大部分是直接拨款而非贷款。新政策正式开始于1940年的《殖民地发展与福利法》,随着1945年、1950年、1955年和1959年的修改条款不断提高额度,大量资金开始涌入非洲。法国通过经济与社会发展投资基金(Fonds d'investissement pour le développement économique et social, FIDES)引导其主要公共投资,并于1946年制订了第一个十年计划,1956年开始实施第二个十年计划。这些项目所需的资金一部分是宗主国贷款,但也有本身源自殖民地的税收。

《殖民地发展与福利法》与经济与社会发展投资基金的名号都显示了宗主国要实现20世纪30年代末期所提出愿景的意

图，其中明确政府的努力应指向社会和经济发展。这一时期，在医疗、教育、城市设施和其他社会福利方面的投资确实给非洲带来了巨大的影响，但大部分资源仍然流向了更为传统的项目，如基础设施的提升和生产能力的增强等方面。

相对于早期殖民时期对铁路和港口的重视而言，"二战"后的基础设施建设奠定了更广泛发展的基础。大量的投资流向了公路建设，殖民地内部的货物运输因此更为灵活，也给无数的本地交通运输业企业家带来了机会。这一时期最有雄心的基础设施工程是能够使用水力发电的大坝。这类投资非常昂贵，却完成了长久以来的一个理想：通过改变非洲的一个自然"缺陷"——将内陆和沿海地区分开的河流的断裂地形，弥补非洲的另一个自然"缺陷"——缺少易于取得的煤炭和石油。水力发电能提供工业化的主要动力，也被认为能为农业经济的转型奠定基础。

20世纪50年代（以及独立后）的事实证明水力发电站在改变非洲经济体结构方面成就甚微。位于喀麦隆的埃代阿（Edea）和几内亚的萨穆（Samou）的计划比较成功，它们能将能源输送给服务于外部制造业经济体的炼铝厂。只有当地制造业在大坝运营之前已经有一定基础的情况下水电事业才有可能获益，乌干达的欧文瀑布（Owen Falls）大坝和刚果（布）稍小的朱埃（Djoue）水电厂都是很好的例子，它们要想保持盈利，就得将大部分的发电量卖给肯尼亚和比属刚果的已有工业中心。赞比西河上的卡里巴（Kariba）大坝是这一时期启动的最大规模的水坝工程，其建造的目的是加强现有的增长模式，这是因为该水电厂的客户包括了北罗得西亚（现赞比亚）的铜矿场以及南罗得西亚（现津巴布韦）相对发达的工业部门。

20世纪40、50年代直接投入生产性企业的投资在规模和计划上也比战前要良性得多。1948年英国资助了两个特殊机构——海外粮食公司（Overseas Food Corporation，OFC）和殖民地开发公司（Colonial Development Corporation，CDC），以便启动和资助非洲的生产活动；同时法国也很重视其"经济与社会发展投资基金"框架下的项目，大多数此类项目都聚焦于初级商品而非制造业，但一些项目也促进了矿产、林产品和农产品的加工生产，一些商品可以在当地使用。尽管如此，当时资金投入最大的生产企业仍然着重于生产对宗主国具有战略意义的商品。

海外粮食公司的大规模预算全都花在了一个项目上，这就是"东非花生种植计划"（East African Groundnut Scheme）。该项目的明确目的是给英国提供安全廉价的植物脂肪来源，这种重要的食品之前只能通过在供不应求的世界市场上进口。经济与社会发展投资基金以及殖民地开发公司在这一时期的预算也花在了规模稍小但性质类似的塞内加尔和尼日利亚花生种植项目上。法国人为了提升非洲棉花出口量，也在现今的马里（战前尼日尔河事务部大规模拓展的区域）以及乍得东南部投入了可观资源，推进机械化和大规模灌溉工程。然而，与东非的计划不同，这些西非的工程都包含了当地粮食生产的主要组成部分，尤其是法国两个棉花增产项目中包含的大米种植。经济与社会发展投资基金下的第二大生产型企业是塞内加尔的里夏尔托勒（Richard-Toll）灌溉和机械化工程，其重点完全放在使用当地的大米替代从印度支那的大量进口上，法国在印度支那的控制能力正在迅速衰退。

各种生产计划是"二战"刚结束时法国和英国殖民政策引起争议最多的方面。部分而言，尤其是在英国，这场争论所涉及的矛盾是：既要达成保护初级产品有利进口条件的新重商主义目标，又要宣称应该优先满足非洲需求。但宗主国政府很容易就从过多考虑国内需求的指控中脱身了，而非洲民族主义的不满情绪也并没有把关注点放在殖民地经济状况的这一方面。但是，这些生产项目本身严重而明显的失败对整个新重商主义政策及其事业造成了伤害。

回过头来分析，导致这些失败的原因看起来是十分清楚的，以至于我们很难理解为什么当时那么多资金会以如此愚蠢的方式挥霍。大多数研究都认为要考虑"二战"造成的心理影响，大家都急切地渴求解决宗主国衰退和殖民地发展停滞的问题，当时人们也有信心，打赢一场高度机械化战争的投资规模和方式（盟军这边也是靠着美国的大规模资源）也能应用在建设性发展工作上。

这些项目的前提假设是早期殖民主义让非洲的土地和劳动资源对世界市场打开了大门，但资本的注入是高效利用这些资源所必需的关键因素，这样才能为大规模技术创新创造条件。他们的想法主要错在低估了非洲土地集约化开发面临的障碍。缺少可靠的降雨（甚至在灌溉项目中亦然）、土壤质量一般以及各种害虫对作物和牲畜的侵袭都是最直接的困难来源。而像尼日尔河事务部以及尼日利亚的莫夸（Mokwa）花生种植等这样的事业需要大规模的移民重新安置，而所需的必要劳力又无处可寻。我们很容易理解非洲农民们对搬入这些区域产生的抵触情绪。而且，主要的工程都位于热带草原区域，在那里使用传统农业生产体系种植殖民地农业所需的农作物，其成本要高于非洲森林和高地区域的经济作物。此外，价格的不断下降、计划作物出人意料的低产出以及项目管理人员对以生产服务和营销费用为名强征的款项都损害了效益回报。这一时期，已有的小农经济体系仍然是可行的，而对于寻找新机遇的非洲农村人口来说，"二战"结束后飞速发展的经济要比强制定居计划有吸引力得多。

幻灭、繁荣与非殖民化

如果仅仅是大型农业发展计划失败，那还不足以给殖民地经济政策带来任何决定性的变化。事实上，欧洲和美国的项目资助者完全有能力承受这类财政损失，然后过几年再继续赞助类似的项目（其原因将在下文阐述）。然而，意识到这些努力不太可能给欧洲带来任何大的收益的时间点正好是国际经济史上的转折点，此时非洲回到了原本的边缘地位。宗主国利益攸关方现在关注的是欧洲经济体之间的关系，共同市场/欧洲经济共同体成为旧殖民势力与非洲新型经济关系的基础。

非洲在更大范围的世界经济中角色转变最明显的指标是20世纪50年代中主要出口商品价格的稳定下降。虽然在日益繁荣的工业化世界中这类商品的需求水涨船高，但各个热带地区的产量已经供大于求了，这种情况只是在 50 年代被朝鲜战争时的恐慌性囤货所暂时掩盖。同一时期，欧洲与非洲的贸易相对欧洲与其他工业化国家的贸易而言也开始呈现相对下降的趋势。简单地说，欧洲经济体在没有得到它们非洲殖民地帮助的情况下从 40 年代的贸易赤字和商品短缺中恢复了过来，并且在未来也看不出还会对殖民地有什么需求。

放弃欧洲在非治权的实际决定，与一开始对殖民地的掠夺一样，其政治考量大于经济考量。宪政改革方案的起草、欧洲官员和非洲领导人之间的冲突和磋商、对国际地位的考虑、避免海外战祸等成了很多讨论的主题。尽管如此，战后新重商主义发展耗资巨大、高压控制的特点也吸引了更为严肃的关注。不像 19 世纪非洲殖民瓜分时期那样，那时欧洲的利益主要是投机性的。简要审视一下非殖民化的经济因素也是有必要的。非殖民化的主要人物始终是倾向于温和地解决问题，这实际上体现了新重商主义理想破灭，而非殖民化的主要思想则显示了欧洲和非洲之间经济依附关系一些可能的发展方向。

由于一些原因，英国新重商主义幻灭的表现比较容易去追溯：对殖民事务公共关注的悠久传统、前期经济政策和战后新重商主义之间的更为明显的割裂、海外粮食公司和殖民地开发公司的严重投资失败。

海外粮食公司的东非花生计划最终耗资 1 亿 9 000 万美元，早在 1949 年时保守派议员就在国会中抨击工党政府，要求其为该计划的启动负责；两年后，类似的攻击将矛头指向了殖民地开发公司承担的耗资较少的冈比亚家禽养殖计划，该计划的损失最终作为整个非洲、西印度群岛和东南亚总共 4 000 万美元坏账的一部分被一笔勾销。50 年代中期主要的传统经济学批评了新重商主义市场方面的内容，其中彼得·鲍尔（Peter Bauer）对西非贸易与查洛特·柳布舍（Charlotte Leubuscher）对大宗购买政策的研究十分有影响。哈罗德·麦克米伦（Harold Macmillan）的保守党政府召集的秘密研究得出的结论是对非殖民化的政治浪潮让步不会带来严重的经济损失，这也预示之前整个阶段政策的终结。

法国对战后非洲发展投入占本国收入的比例要比英国高得多，但法国对此类投资经济理性的讨论直到很久以后才突然浮出水面。这种犹疑反映了公众对殖民主义的关注不足，新的重商主义政策与战前政策更强的连贯性，以及诸如尼日尔河事务部等特殊工程（最终耗费了大约 1 亿 7 500 万美元）在经济与社会发展投资基金的框架下依然得以进行。事实上，在英国东非花生种植计划的失败广为人知之后，法国仍然对其在塞内加尔的大型花生种植项目投入了大量资金。

20 世纪 50 年代中终于开始了对当时通行政策的大规模抨击，但发起者并非议员或者学界，而是一位广受欢迎的右翼自由主义记者雷蒙德·卡地亚（Raymond Cartier）。许多人认为对非公共投资是一种浪费，而这些资源本可以用于宗主国自己的社会与经济发展——"卡地亚病"（Cartierisme）很快成为这种观点的代名词。经济学家和政治家随后也接受了这一观点，但他们却遭到了中间偏左和中间偏右的法国和非洲有关人士的抨击。然而，我们很难追溯它对政府政策的直接影响，因为撒哈拉以南非洲决定性的政治步骤都直接取决于阿尔及利亚的危机和戴高乐的新政权。

欧洲对非洲殖民地经济价值幻灭的正面影响在于，它们认识到与其他工业化国家维持更紧密的关系有能给自己带来巨大增长的潜力。这样一种方向的转变需要在国内投资模式和外部贸易政策上的变革，但它提供了解决一些问题的可能，因为投入热带依附殖民带来的沉重负担可能可以得到转化。

尽管法国对战后殖民地发展尝试所需的成本比较后知后觉，但它作为欧洲经济共同体（EEC）的创始成员，却能够更快地找到其他选项。在欧共体成立之前的早期磋商中，法国很好地在其他国家的压力下维护了自己的殖民利益。但到了1956年，法国和比利时都开始鼓动其他参与者分担对非援助的责任。这导致的结果是法国和比利时的依附国作为"伙伴"被纳入了新的组织，其中宗主国仍然是主要赞助者，但与非洲的贸易和对非洲的援助对整个欧共体开放。

英国在1961—1962年第一次尝试加入欧共体，但没有成功，因为欧共体要求英国废除建立于1933年的英联邦特惠制度，但这一架构实际上从未直接影响到大多数非洲殖民地。当法国正在加入欧共体之时，英国政府规定，信用在某种程度上受到损害的殖民地开发公司应停止向新独立的殖民地提供贷款，这显示了英国想要免除援助负担的类似愿望，而新独立国家要想获得此类援助只能转向以私营部门为基础的英联邦金融发展公司或多边的世界银行和国际货币基金组织。热带前殖民地此时对英国施加了压力，要求它继续其援助项目，英联邦发展公司就是这种压力下的遗留，此时我们也能从中看出维持这类关系的主动权归属也发生了变化。

法国和比利时的非洲殖民地在独立之后不久就通过1963年的雅温得协定（Yaoundé Concention）与欧共体商定了一个新形式的特惠贸易关系。非洲其他地区的民族主义领导人一开始认为这是一种新殖民主义安排，从而拒绝了这项协定，但他们接下来加入了一系列将它们与欧共体联系在一起的类似协定安排。从这些协定中诞生了由54个"发展中国家"参与的正式组织：非加太集团（Africa, Caribbean and Pacific Countries; ACP）。非洲自称加入非加太集团的动因是担心如果自己被排除在外，便有可能失去欧洲市场的准入权以及欧共体援助。实际上，尽管有这些协定存在，非洲在欧共体（也包括法国）各个地区中的贸易地位在独立后的头些年里大大下降了。非加太集团与欧共体之间的关系因此既体现了导致非殖民化的市场变革的延续，也代表了从殖民主义时期延续下来的依附关系的延续。在审视维护这些纽带的外部动因之前，我们有必要考虑新重商主义／非殖民化进程中其他的一些经济维度。

变革的成本与收益：欧洲私营企业

对世界市场大势和欧洲公共政策的考量不能完全涵盖有关非洲殖民地发展与世界经济之间联系的内容。很多欧洲私营企业家是非洲内部的商人、出口商品的生产商与宗主国产品和服务的提供商，他们是非洲殖民主义的利益攸关者。影响所有这些事业的市场因素也影响了公共政策的决策，最终这些事业还因为政策的改变而作出让步。尽管殖民主义是大多数私人利益扩展的必要因素，但殖民主义对非殖民化的政治影响如此之低还是让我们感到很惊讶。殖民帝国不堪一击的原因各不相同，但我们可以大略地把牵涉到的这些利益分为两类：一类是因为地位的改变导致其对统治非洲的政治体制不再关心；另一类则是因为它本身对于宗主国经济的重要性就不大，所以其面对非殖民化的脆弱性也就不难解释。

西非的大型贸易公司为我们提供了从传统殖民地条件向新重商主义和后殖民时代成功转型的清晰样本。20世纪20年代时这一区域的进出口贸易就在一小组企业的掌控之下（见第六章）。30年代的大萧条淘汰了许多与之竞争的中间贸易组织，进一步强化了这些企业的地位。然而，寡头垄断经营的本质招致了被挫败的非洲商人的批评（见第九章），也在出口商品采购中受到了来自政府干预的限制或竞争。

"二战"后这些企业本身认识到，即便是没有外部压力，从杂乱无章、资本量较小的营销网络中赚取的收益也没有其他种类的大量资金投资来得有吸引力。对这种情况的一个反应是从非洲撤出资本，这在两个法国企业——法国西非公司和西非贸易公司——身上表现尤其明显。但非洲市场生产和公共发展投资规模的扩大也给了这些企业机会以利用其自身的地位，在新的领域开展工作，比如工程承包、消费者耐用品（如汽车和冰箱）的进口和保养以及它们更为驾轻就熟的一般消费品在城镇超市中的流通（也是这些企业在欧洲的投资热点）等方面。

尽管这些贸易公司因此从殖民地经济的中心获得了新的财富，但它们也把私营部门或国营部门中的农产品采购和小零售交给了非洲企业家。实际上，这些贸易公司当时从事的活动不会与非洲人构成竞争，甚至在运营的整个过程中都可以不依靠非洲人。殖民时代低风险的贸易运营成功转型成为适合非殖民化时代的资本更集中也更多元化的运营方式。

另一方面，通过采矿业和农业直接参与出口生产的欧洲企业看上去受到了非殖民化的严重威胁，甚至有可能使它们失去对非洲土地和劳动力的控制。尽管在与非洲商业种植者竞争中依赖于殖民当局的移民农场主对此发动了抵制，但现实中，这一转型并不一定会损害具有飞地特征的大型企业。"二战"后期的大规模企业既加速了"劳动力稳定化"进程，消弭了欧洲老板和黑人劳动力之间的紧张关系（见第九章），还使这些企业能够免受殖民地变革的影响。这类企业的主要担忧是非洲民族主义可能走向极端，从而破坏与外部市场的联系，并且试图国有化大型私有公司的有财产。

在比属刚果（扎伊尔）联合矿业公司所属的铜矿企业与北罗得西亚（赞比亚）的英美公司和罗安选矿托拉斯（Roan Selection Trust）这些企业的相关历程中，我们可以清楚地看到，几乎不存在试图劝说宗主国政府抵抗非洲自治诉求的努力。这两个地方的矿业公司都支持了民族主义运动中的保守温和者：在刚果，联合矿业公司支持了公司所在地加丹加省（现沙巴区）的分裂；在邻近的英属区域，英美公司和罗安选矿托拉斯支持了南罗得西亚白人主导下的中非联邦试图保留北罗得西亚的努力。但在这两个例子中，矿业利益都没有启动或主导这类策略，也没有限制其向保守方提供资金；当民族主义者最终获得控制权之时，也没有对它们采取任何惩罚性行动。但到了最后，尽管理由不同，扎伊尔和赞比亚都将它们的铜矿国有化了。只不过，基本上仍然是同样的几个欧洲公司成了矿业的运营者和海外市场的中间商，国有化的安排实际上基本没有严重伤害这些公司的经济地位。

非殖民化进程中的被挫败的欧洲人（以及加丹加分裂和中非联邦背后的主要力量）是从事贸易和农业的小型企业家，还有在矿业部门中本享有特权的白人工人。尽管欧洲政府采取了一些措施保证这些群体在被非洲人替代时不会损失过重（特别是在肯尼亚，这些移民放弃土地之后得到了丰厚的补偿），但变革的过程告诉我们，他们对于欧洲在非洲的长期利益而言是多么无足轻重。另一个遭受挫败的群体是作为欧洲群体与非洲群体中间人的地中海东部和南亚的商人、制造商及种植者。这些社群在非殖民化政治中作用不大，但非洲国家获得独立后，这些群体面临的环境便十分模糊，他们既有可能获得更多的经济机会，也有可能面临失去财产和政治权利的危险——这些威胁包括财产充公、驱逐以及被迫宣布自己为当地居民，而这样就意味着他们要放弃之前殖民政府或他们母国政府的任何保护。从非洲的角度来看，关键的问题在于如何找人替代这一群当地企业家。

在欧洲宗主国，工业产品出口商作为一个整体从来不把非洲殖民地作为他们的重要市场。然而，制造业的一些部门，主要是英国和法国的棉织品工业,确实非常依赖于殖民地保护主义来减缓它们在世界市场上的总体衰退,尤其是在面临日本和印度竞争的情况下。20世纪30年代的优惠配额代表了新重商主义的发展高峰。"二战"之后,宗主国经济规划者随着高端工业的发展,有了足够的信心把非洲纺织品市场留给了亚洲人和非洲人自己。第三世界这类初级工业化的扩张有点类似于受到政治支持的殖民后期发展项目,它提升了对欧洲资本货物和特殊消费产品的需求,因此宗主国经济体中更为活跃的制造业部门仍保持稳定,并能从早期殖民架构的解体中获得一定的收益。

考虑到殖民后期和后殖民时期的发展项目对较少涉及非洲的西方经济部门的正面影响,我们需要探究最后一系列问题,这些问题牵涉到这类利益对非殖民化政策的影响。对非殖民化进程的激进批判者提出了两个问题。第一,根据"二战"后国际经济中大量高端企业都是总部位于美国的跨国公司这一事实,这个时代的美国反殖民主义是否像19世纪中叶的英国自由主义一样,成了防止弱势竞争者在当时主要工业势力面前保护他们市场的工具?第二,我们是否可以这样说,从一个更为广义的西方角度来看,殖民后期和后殖民时期发展与援助的支出主要不是为了资助非洲人,而是作为这些资金直接接收者的宗主国承包商、技术人员和资本货物供应商?这些论点都得到了重要的实证证据支持,但最终看起来他们还是误读了非洲在当时世界经济中所处的位置。

"二战"期间和刚结束之时,美国政府受到了国内私营企业及其集体代表的压力,包括国家制造商协会和美国商务部,它们要求消除在非洲和殖民世界其他地区的保护主义贸易限制。当美国经济受到20世纪30年代大萧条后创伤的困扰时，一些力量通过战时租借法案下的项目渗透进了非洲市场，试图寻求贸易销路。对于这些呼吁，美国官方作出了回应，提出不只要求殖民地进行政治改革，还要求建立一个在国际贸易组织框架下的国际贸易体系，这样便能够消除所有早期保护主义的残留。

然而，正如前文已描述的情况，接下来数十年统治非洲的经济体制并没有向自由化发展，而是走向了新重商主义的加强版。此外，也没有证据表明20世纪40年代中期之后美国曾经对这些安排表示过反对。从之前起对开放的要求向后倒退的原因毫无疑问是政治上的：西欧与共产主义的针锋相对超越了任何与非洲市场相关的利益。这一时期热带非洲在美国贸易中的地位确实下降了，但同一时期美国国内经济及其与世界其他地区贸易的爆发式增长使得非洲贸易占比的这一变化影响不大。而对于那些在40年代中期对维护在非洲立足点最为在意的美国企业来说，它们也并不担心，因为战后它们的总体出口得到了巨大增长。我们很难找到对非贸易占这类产品出口额比例的数据，但我们知道当时英国的本土工业无法向东非农业种植计划提供足够的拖拉机，继而不得不与加拿大企业签订采购合约，而后者在其美国的工厂中生产了所需的设备。

美国就非洲非殖民化作出最有争议的表态是在60年代初期第一波独立国家出现之后，当时的政治关注点仍然在葡萄牙（安哥拉和莫桑比克）以及当地白人移民统治下（罗得西亚和南非）的南部非洲区域。尽管美国在这些地区的经济利益要比在早先黑人获得统治权的热带区域更重要，但美国的政策依然模棱两可，没有明确的方向。

葡萄牙的情况尤其困难，这是因为它与西欧其他发达经济体不同，葡萄牙十分依赖莫桑比克的原棉供给以及安哥拉钻石和咖啡出口获得的利润来支撑其宗主国经济。葡萄牙也是北大西洋公约组织成员，在地中海入海口具有重要的战略地位，也因此获得了美国提供的武器，它将这些武器用在了非洲的殖民战争中。尽管如此，葡萄牙殖民政权还是不信任美国，并将美国企业排除出了它在非洲的主要发展项目——莫桑比克的卡布拉巴萨大坝（Cabora Bassa Dam）。

安哥拉和罗得西亚的美国企业在这些殖民地的独立运动进程中保持了非政治姿态。安哥拉附近卡宾达（Cabinda）飞地的石油公司作为收入来源受到了葡萄牙政权的军事保护，但安哥拉在独立后却与美国并不承认的马克思主义政府保持了合作关系。在白人独立统治罗得西亚不受承认的时期，美国右翼群体游说要求解除罗得西亚和美国之间的贸易禁令；但没有证据表明这种变化理论上的主要受益公司铬铁合金制造商扮演了重要的煽动角色。对于完全工业化的南非而言，黑人要想取代白人统治，明显需要比南部非洲其他地区更为激进的政治变革才会成为可能；外国公司投资在这种情况下已不再是一个独立的因素，而是那些希望颠覆现政权者直接的攻击对象。美国企业的回应本质上是寻求一种"中间路线"，通过承诺在公司内部保持平等种族关系来抵御种族隔离的影响。

20世纪60年代之后，美国在热带非洲和南部非洲的政治作用都得到了很大扩展。然而只有在南非，其经济模式仍然与新重商主义时期别无二致：边际贸易和投资通过欧洲关联到复杂的跨国企业中，而不是特定的国家利益。非洲的直接贸易和资本纽带继而仍然聚焦在欧洲。但这些关联规模的大大增长又是如何使西方经济中的先进部门作为一个整体从中获益的呢？

虽然"二战"后新重商主义公共政策的主要目标是维持重要原材料的供给和防止美元外流，它的子主题则是从消费品出口向资本货物的转变。因此，表面上殖民主义的最后阶段类似于对霍布森-列宁（Hobson-Lenin）理论迟来的确认，该理论将资本盈余展望为"帝国主义的根源"。事实上，我们从新殖民政策制定者的陈述中可以看出他们的目的是为自己高级技术的扩张寻找销路，继而也就可以与美国更大国内市场中培育的工业保持竞争态势。

用这种方式来解读20世纪40、50年代非洲发展的困难在于，西方资本市场在这整个时段都处于赤字而非盈余状态。欧洲不得不向美国借款以及接受直接的拨款，以便重建自己受到战争摧残的经济，尽管对资本的需求在扩张中的美国也十分强烈。一些人批评对非殖民地投资，他们认为消耗的资本本可以用来提升欧洲社会环境或者建立宗主国工业基础，以便更好地与其他西方发达经济体进行贸易。这不只是一个理论观点，我们从法国的例子可以看到，将部分制造业产能转移到非洲的大型纺织企业与完全忽略非洲市场的类似规模高科技企业为了获取公共支持而展开了竞争。但最终是后者对法国政府的工业政策产生了支配性影响。

余论：现时代的世界经济与非洲

新重商主义政策和殖民政权的终结并没有导致对非投资和非洲经济发展的绝对下降。但其意义在于，流入非洲的外部资本不再受到为宗主国经济创建重要附庸这一动机所支配，宗主国也不用再为非洲内部这类投资的成果承担直接责任。

非洲在世界市场上地位的持续下降是欧洲人和美国人对非洲在经济上的忽视最直接的原因。远没有达到成为稀缺出口商品来源地地位的非洲农业现在吸引关注的主要原因是它已经逐渐无法给非洲人自己提供足够的食物了。矿产品出口有时会得到高价，尤其是 20 世纪 70 年代中期起尼日利亚和加蓬出产的石油，但它对国际经济的影响仍然是若有若无。一些鼓吹者有时会把具有丰富钻石和其他金属矿产资源的中部和南部非洲作为对工业化地区十分重要的"矿产波斯湾"（Persian Gulf of Minerals）。但这些商品过去数十年的价格走势反映了其大规模的积存以及可替代品的存在，因而拿这些矿产和石油来对比是不恰当的。一些人试图把非洲一些国家当作低成本出口商品和零部件制造业的基地，从而使非洲能被纳入"新兴工业化国家"的群体，但到目前为止这项工作依然无利可图。

如果热带非洲在后殖民世界经济中的地位真的如此边缘化，那又是什么使得投资依然流入这一区域呢？概括来说，对这种现象的解释类似于 19 世纪奴隶贸易终结和殖民瓜分开始之前非洲在国际体系中参与度提升的原因。这里的一个重要因素是世界经济的整体增长，这在提升非洲对市场和资本的准入的同时也降低了其在世界经济中的地位。其次，反奴隶制和发展援助的思想体系之间通过殖民投资和殖民"愧疚"而构成直接的联系。这两种理念体系以复杂的形式与宗主国工业社会的内部紧张局面以及诸如联合国、国际劳工组织和世界银行等国际组织的机构职能有着千丝万缕的联系。因此，对于某一特定对非投资决策而言，直接的经济回报并不是必需的。

这些努力中最引人注目的主题很有可能重复了殖民瓜分的动机：在一个高度竞争性的世界政治秩序中维持关键战略地位的考量。即便是很大一部分对非私营部门投资也符合这一分析，跨国企业将其资本的收益投放在边际市场中，免得这些损失在远期成为竞争者积累优势的资本。

在公共领域，美国和西欧的投资占了对非双边和多边援助的很大一部分，其动机很大程度上是因为害怕它们在这片大陆的影响力会被苏联集团压过。泛非主义者经常谴责这种态度，称之为既自私又不现实的，因为他们把非洲发展的内部需求纳入了一系列由赞助者精心定义的政治、意识形态乃至军事考量中。然而，正如新重商主义时期美国、欧洲和非洲三者之间自相矛盾的关系那样，这些冷战考虑可能也成了把一些物质资源输送到非洲的主要基础。

不考虑非洲现实需求的外部投资给这片大陆带来的最严重的代价是非洲经济基础和上层建筑之间日益明显的两极分化。前者自从 20 世纪 20 年代的小农经济以来就没有发生大的变化，中间只有一些集约化生产的飞地。政府、交通、通信、第二产业和高水平消费等以技术和社会组织为代表的基础设施在最近 40 年得到了突飞猛进的发展,但这种发展仍然集中在城市,并且还十分依赖于外部的支持。正是因为这一支持,非洲后殖民政权才能继续推动新重商主义时代开始的转型项目。我们将在下一章对其中一些项目的过程和结果进行评估。

参考文献

1. Abbot, George, "British colonial aid policy during the 1930s", *Canadian Journal of History*, Vol.5, 1970, pp.73 – 89.
2. Albertini, Rudolph von, *Decolonization: The Administration and Future of the Colonies, 1919—1960*, New York: Doubleday, 1971.
3. Andrew, Christopher M. and A. S. Kanya-Forstner, *France Overseas: The Great War and the Climax of French Imperialism*, London: Thames & Hudson, 1981.
4. Austen, Ralph A. and Rita Headrick, "Equatorial Africa under colonial rule", in Birmingham and Martin (eds), 1983, pp.27 – 94.
5. Baldwin, K. D. S., *The Niger Agricultural Project*, Cambridge: Harvard University Press, 1957.
6. Bauer, P. T., *West African Trade: A Study of Competition, Oligopoly, and Monopoly*, Cambridge: Cambridge University Press, 1954.
7. Berry, Sara A., "Agrarian crisis in Africa? a review and an interpretation", *African Studies Review*, Vol.27, 1984, pp.59 – 112.
8. Beusekom, Monica van, "Problems surrounding rice cultivation at the Office du Niger", Unpublished workshop paper, Johns Hopkins

University, 1984.
9. Birmingham, David and Phyllis M. Martin (eds), *History of Central Africa*, Vol.2, London: Longman, 1983.
10. Bloch-Lainé, Francois, *La zone franc*, Paris: PUF, 1956.
11. Bouvier, Jean et al. (eds), *Histoire économique et sociale de la France*, Paris: PUF, 1982.
12. Burgelin, Henri, "La décolonisation et les relations entre puissances occidentales", in J.-B. Duroselle and Jean Meyriat (eds), *La communauté internationale face aux jeunes états*, Paris: Colin, 1964, pp.61–97.
13. Cairncross, Aléc, "The postwar years, 1945—1977", in Roderick Floud and Donald McCloskey (eds), *The Economic History of Britain since 1700*, Vol. 2, Cambridge: Cambridge University Press, 1981, pp.370–416.
14. Chanock, Martin, *Unconsummated Union: Rhodesia and South Africa, 1900—1945*, Manchester: Manchester University Press, 1977.
15. Clarence-Smith, Gervase, "Capital accumulation and class formation in Angola", in Birmingham and Martin (eds), 1983, pp.163–199.
16. Constantine, Stephen, *The Making of British Colonial Development Policy, 1914—1940*, London: Frank Cass, 1984.
17. Coquery-Vidrovitch, Catherine, "L'impact des intérêts coloniaux: SCOA et CFAO dans l'ouest africain, 1910—1965", *Journal of African History*, Vol.16, No.4, 1975, pp.595–624.
18. Coquery-Vidrovitch, Catherine (ed.), "L'Afrique et la crise de 1930 (1924—1938)", *Special Number of Revue Francaise d'Histoire d'Outre-Mer*, Vol.63, Nos.232/233, 1976a.
19. Coquery-Vidrovitch, Catherine, "L'impérialisme francais en Afrique noire: idéologie impériale et politique d'équipement, 1924—1975", *Relations Internationale*, Vol.7, 1976b, pp.261–282.
20. Coquery-Vidrovitch, Catherine, "Le mise en dépendance de l'Afrique noire: essai de periodisation, 1800—1970", *Cahiers d'Etudes Africaines*,

Vol.16, No.1, 1976c, pp.7-58.
21. Coquery-Vidrovitch, Catherine, "Economie de traite et misere des investissements en Afrique noire", *Herodote*, Vol.11, 1978, pp.68-96.
22. Coquery-Vidrovitch, Catherine, "Colonisation ou impérialisme: la politicpe africaine de la France entre les deux guerres", *Mouvement Sociale*, Vol.107, 1979, pp.51-76.
23. Cowen, Michael, "The British state and agrarian accumulation in Kenya", in Martin Fransman (ed.), *Industry and Accumulation in Africa*, London: Heinemann, 1982, pp.142-169.
24. De Wilde, John C. et al., *Experiences with Agricultural Development in Tropical Africa, Vol. 2: Case Studies*, Baltimore: Johns Hopkins University Press, 1967.
25. Dougherty, James J., "Lend-lease and the opening of French North and West Africa to private trade", *Cahiers d'Etudes Africaines*, Vol.15, No.3, 1975, pp.481-500.
26. Dougherty, James J., *The Politics of Wartime Aid: American Assistance to France and French Northwest Africa, 1940—1946*, Westport: Greenwood Press, 1978.
27. Drummond, Ian M., *British Economic Policy and the Empire, 1919—1939*, London: Allen & Unwin, 1972.
28. Ehrhard, Jean, *Le destin du colonialisme*, Paris: Eyrolles, 1957.
29. Ehrler, Franz, *Handelskonflikte zwischen europaeischen Firmen und einheimischen Produzenten in Britisch Westafrika: die "Cocoa Holdups" in der Zwischenkrieqzeit*, Zurich: Atlantis, 1977.
30. Fieldhouse, David K., "The economic exploitation of Africa: some British and French comparisons", in Prosser Gifford and Wm Roger Louis (eds), *France and Britain in Africa*, New Haven: Yale University Press, 1971, pp.593-662.
31. Fieldhouse, David K., "Decolonization, development, and dependence: a survey of changing attitudes", in Gifford and Louis (eds), 1982,

pp.483 - 514.
32. Flint, John, "Planned decolonization and its failure in British Africa", *African Affairs*, Vol.82, No.328, 1983, pp.389 - 411.
33. Gallagher, John, *The Decline, Renewal, and Fall of the British Empire*, London: Oxford University Press, 1982.
34. Gardner, Lloyd C., *Economic Aspects of New Deal Diplomacy*, Madison: University of Wisconsin Press, 1964.
35. Gardner, Richard N., *Sterling-Dollar Diplomacy*, Oxford: Clarendon Press, 1956.
36. Ghai, D. P. and Y. D. Ghai (eds), *Portrait of a Minority: The Indians of Uganda*, Nairobi: Oxford University Press, 1970.
37. Gifford, Prosser and Wm Roger Louis (eds), *The Transfer of Power in Africa: Decolonization, 1940—1960*, New Haven: Yale University Press, 1982.
38. Girault, René, "Les relations économiques avec l'extérieur (1945—1975)", in Bouvier et al. (eds), 1982, pp.1379 - 1423.
39. Goldsworthy, David, *Colonial Issues in British Politics, 1945—1961*, Oxford: Clarendon Press, 1971.
40. Guyer, Jane, "Head-tax, social structure, and rural income in Cameroon, 1922—1937", *Cahiers d'Etudes Africaines*, Vol.20, 1980, pp.305 - 329.
41. Guyer, Jane, "The Depression and the administration in South Central Cameroon", *African Economic History*, No.10, 1981, pp.67 - 79.
42. Hayter, Theresa, *French Aid*, London: Overseas Development Institute, 1966.
43. Hayter, Theresa, *Aid as Imperialism*, Harmondsworth: Penguin, 1971.
44. Hildebrand, Klaus, *Vom Reich zum Weltreich: Hitler, NSDAP und Kolonialfrage, 1919—1945*, Berlin: Wilhelm Funk, 1969.
45. Hildebrand, Klaus, *The Foreign Policy of the Third Reich*, Berkeley: University of California Press, 1970.
46. Hogendorn, Jan, "The East African Groundnut Scheme: lessons of a

large-scale agricultural failure", *African Economic History*, No.10, 1981, pp.81 - 115.
47. Hopkins, A. G., "Imperial business in Africa, Part II: interpretations", *Journal of African History*, Vol.17, No.2, 1976, pp.267 - 290.
48. Hymer, Stephen, *The Multinational Corporation: A Radical Approach*, Cambridge: Cambridge University Press, 1977.
49. Jackson, Henry F., *From the Congo to Soweto: United States Foreign Policy toward Africa since 1960*, New York: Morrow, 1982.
50. Jewsiewicki, Bogumil, "The Great Depression and the making of the colonial economic system in the Belgian Congo", *African Economic History*, No.4, 1977, pp.153 - 176.
51. Kahler, Miles, "Political regimes and economic actors: the response of firms to the end of the colonial era", *World Politics*, Vol.33, No.3, 1981, pp.383 - 412.
52. Kahler, Miles, *Decolonization in Britain and France: The Domestic Consequences of International Relations*, Princeton: Princeton University Press, 1984.
53. Kesner, Richard M., *Economic Control and Colonial Development: Crown Colony Financial Management in the Age of Joseph Chamberlain*, Westport, Conn.: Greenwood Press, 1981.
54. Killingray, David, "The Empire Resources Development Committee and West Africa, 1916—1920", *Journal of Imperial and Commonwealth History*, Vol.10, 1982, pp.194 - 210.
55. Kirkpatrick, Colin and Frederick Nixson, "Transnational corporations and economic development", *Journal of Modern African Studies*, Vol.19, No.3, 1981, pp.367 - 399.
56. Kolko, Joyce and Gabriel Kolko, *The Limitations of Power: The World and United States Foreign Policy, 1945—1954*, New York: Harper & Row, 1972.
57. Lake, Anthony, *The "Tarbaby" Option: American Foreign Policy toward*

Southern Rhodesia, New York: Columbia University Press, 1976.
58. Lee, J. M., *Colonial Development and Good Government: An Examination of the Ideas Expressed by the British Official Classes in Planning Decolonization, 1939—1964*, Oxford: Clarendon Press, 1967.
59. Leubuscher, Charlotte, *Bulk Buying from the Colonies*, London: Oxford University Press, 1956.
60. Louis, Wm Roger, *Imperialism at Bay, 1941—1945: The United States and the Decolonization of the British Empire*, Oxford: Clarendon Press, 1977.
61. McCarthy, D. M. P., *Colonial Bureaucracy and Creating Underdevelopment: Tanganyika, 1919—1940*, Ames: Iowa State University Press, 1982.
62. McGhee, George, *Envoy to the Middle World: Adventures in Diplomacy*, New Harper & Row, 1983.
63. Maier, Charles, "The politics of productivity: foundations of American economic policy after World War II", *International Organization*, Vol.31, 1977, pp.607 - 633.
64. Manning, Patrick, *Slavery, Colonialism and Economic Growth in Dahomey, 1640—1960*, Cambridge: Cambridge University Press, 1982.
65. Marseille, Jacques, "L'industrie cotonniére francaise et l'impérialisme coloniale", *d'Histoire Economique et Sociale*, Vol. 53, No. 213, 1975, pp.386 - 412.
66. Marseille, Jacques, "Le conférence des gouverneurs généraux des colonies 1936", *Mouvement Sociale*, Vol.101, 1977, pp.61 - 84.
67. Marseille, Jacques, *Empire colonial et capitalisme francais: histoire d'un divorce*, Paris: Albin Michel, 1984.
68. Maxwell, Kenneth, "Portugal and Africa: the last empire", in Gifford and Louis (eds), 1982, pp.337 - 385.
69. Meredith, David, "The British government and colonial economic policy, 1919—1939", *Economic History Review*, Vol. 28, No. 3, 1975,

第八章 从新重商主义到非殖民化：20世纪中期世界经济中的非洲 | 359

pp.484-498.
70. Meyers, III, Desaix, "U. S. domestic controversy over American business in South Africa", in Alfred O. Hero Jr and John Barnett (eds), *The American People and South Africa*, Lexington: D. C. Heath, 1981, pp.67-82.
71. Michalka, Wolfgang, "Conflict within the German leadership on objectives and tactics of foreign policy, 1933—9", in Wolfgang Mommsen and Lothar Kettenacker (eds), *The Fascist Challenge and the Policy of Appeasement*, London: Allen & Unwin, 1983, pp.48-60.
72. Middlemas, Keith, *Cabora Bassa: Engineering and Politics in Southern Africa*, London: Weidenfeld & Nicholson, 1975.
73. Milewski, Jan, "The Great Depression of the early 1930s in a colonial country: a case study of Nigeria", *Africana Bulletin*, Vol.23, 1975, pp.7-45.
74. Minter, William, *Portuguese Africa and the West*, New York: Monthly Review Press, 1972.
75. Mitchell, B. R. and Phyllis Dean, *Abstract of British Historical Statistics*, Cambridge: Cambridge University Press, 1962.
76. Morgan, D. J., *The Official History of Colonial Development*, 5 Vols., London: Macmillan, 1980.
77. Munro, J. Forbes, *Africa and the International Economy, 1800—1960*, London: Dent, 1976.
78. Mytelka, Lynn Krieger, "The French textile industry: crisis and adjustment", in Harold K. Jacobson and Dusan Sidjanski (eds), *The Emerging International Order*, Beverley Hills: Sage, 1982, pp.129-166.
79. Mytelka, Lynn and Michael Dolon, "The EEC and the APC countries", in Dudley Seers and Constantine Vaitsos (eds), *Integration and Unequal Development: the Experience of the EEC*, New York: St Martin's Press, 1980, pp.237-260.
80. Ngango, Georges, *Les investissements d'origine extérieure en Afrique Noire francophone*, Paris: Présence Africaine, 1973.
81. OEEC, Organization for European Economic Co-Operation, *The Flow of*

Financial Resources to Countries in the Course of Economic Development, 1956—1959, Paris: OEEC, 1961.

82. Olusanya, G. O., *The Second World War and Politics in Nigeria, 1939—1953*, London: Evans, 1973.

83. Pearce, R. D., *The Turning Point in Africa: British Colonial Policy. 1938—1948*, London: Cass, 1982.

84. Peemans, Jean-Philippe, "Imperial hangovers: Belgium — the economics of decolonization", *Journal of Contemporary History*, Vol. 15, No. 2, 1980, pp.257 - 286.

85. Poquin, Jean-Jacques, *Les relations extérieures des pays d'Afrique Noire de l'llnion Francaise, 1925—1955*, Paris: A. Colin, 1957.

86. Price, Harry Bayard, *The Marshall Plan and its Meaning*, Ithaca: Cornell University Press, 1955.

87. Rendell, William, *History of the Commonwealth Development Corporation, 1948—1972*, London: Heinemann, 1976.

88. Robinson, Ronald, "Non-European foundations of European imperialism: sketch for a theory of collaboration", in Roger Owen and Bob Sutcliffe (eds), *Studies in the Theory of Imperialism*, London: Longman, 1972, pp.117 - 140.

89. Rood, Leslie L., "Foreign investment in African manufacturing", *Journal of Modern African Studies*, Vol.13, No.1, 1975, pp.19 - 34.

90. Rubin, Newell and William M. Warren, *Dams in Africa*, New York: Augustus Kelly, 1968.

91. Sarraut, Albert, *Le mise en valeur des colonies francaises*, Paris: Payot, 1923.

92. Sauvy, Alfred, *Histoire économique de la France entre les deux guerres*, Paris: Fayard, 1965.

93. Sklar, Richard, *Corporate Power in an African State: The Political Impact of Multinational Mining Corporations in Zambia*, Berkeley: University of California Press, 1978.

94. Smith, Allan K., "Antonio Salazar and the reversal of Portuguese colonial policy", *Journal of African History*, Vol. 15, No. 4, 1974, pp.653–667.
95. Sorum, Paul, *Intellectuals and Decolonization in France*, Chapel Hill: University of North Carolina Press, 1977.
96. Stuerzinger, Ulrich, *Der Baumwollbau im Tschad*, Zurich: Atlantis, 1980.
97. Suret-Canale, Jean, *Afrique noire occidentale et centrale, Vol.3: De la colonisation aux indépendances (1945—1960)*, Paris: Éditions Sociales, 1972.
98. Twaddle, Michael, *The Expulsion of a Minority: Essays on Uganda Asians*, London: Athlone Press, 1975.
99. US Department of Commerce, *Survey of Current Business*, Washington DC: US Government Printing Office, 1953, 1965, 1979.
100. Vail, Leroy, "The making of an imperial slum: Nyasaland and its railways, 1895—1935", *Journal of African History*, Vol. 16, No. 1, 1975, pp.89–112.
101. Van der Laan, H. L., *Lebanese Traders in Sierra Leone*, The Hague: Mouton, 1975.
102. Vellut, Jean-Luc, "Hégémonie en construction: articulation entre état et entreprises dans le bloc colonial Belge (1908—1960)", *Canadian Journal of African Studies*, Vol.16, No.2, 1982, pp.313–330.
103. Wallerstein, Immanuel, "The three stages of African involvement in the world economy", in Peter C. W. Gutkind and Immanuel Wallerstein (eds), *The Political Economy of Contemporary Africa*, Beverley Hills: Sage, 1976, pp.30–57.
104. Wallerstein, Immanuel, "Imperialism and development", in Albert Bergesen (ed.), *Studies of the Modern World-System*, New York: Academic Press, 1980, pp.13–23.
105. Wasserman, Gary, *The Politics of Decolonization: Kenya Europeans and*

the Land Issue, Cambridge: Cambridge University Press, 1976.
106. Wicker, E. R., "Colonial Development and Welfare, 1929—1957: the evolution of a policy", *Social and Economic Studies*. Vol.7, No.4, 1958, pp.170 - 192.
107. Wood, Alan, *The Groundnut Affair*, London: Bodley Head, 1950.
108. Yeung, Patrick and Shamsher Singh, "Global supply and demand for cocoa", in John Simmons (ed.), *Cocoa Production: Economic and Botanical Perspectives*, New York: Praeger, 1976, pp.341 - 372.
109. Younes, M., *Les investissements publics d'origine locale et d'origine extérieure dans les pays francophones d'Afrique tropicale*, Paris: Institut d'Étude du Développement Économique et Social, 1964.
110. Young, Crawford, "Decolonization in Africa", in L. H. Gann and Peter Duignan (eds)., *Colonialism in Africa, 1870—1960, Vol.2: The History and Politics of Colonialism, 1914—1960*, Cambridge: Cambridge University Press, 1970, pp.450 - 502.
111. Zartman, I. William, *The Politics of Trade Negotiation between Africa and the European Economic Community: The Weak Confront the Strong*, Princeton: Princeton University Press, 1971.

第九章

从非殖民化到后殖民政权：
内部转型的努力

本章的目的是讨论继承欧洲殖民政权（除南非外）的非洲国家体系的经济基础和经济后果。这一段覆盖的时期很短，主要集中在非洲独立后的 20 年，但这一时期的数据数量和文献数量却远远超过了非洲历史的其他时期。因此，本章的分析无法充分地涵盖政治经济学的各个方面。在本章中我希望能够在一定程度上阐明将殖民乃至前殖民时期与现代的情况联系在一起的历史进程，从而对本书前文的论点作些补充和延伸，并且也就现时代非洲发展的宽泛性讨论谈一些我自己的看法。

20 世纪中叶持续性和变革的总体条件已经在前文中得到了论述，我们在这里也可以引用一个常见的格言来对其进行一番总结：任时光飞逝，岁月改变，有些事物依旧如初。经久不变的是殖民经济体中的一些关键特点：国家的主导地位、本土企业家和有组织劳动力的弱势、对外部市场和资本的深度依赖。

但国家持久的强势地位也使得后殖民时代的非洲政权能够

比它们殖民时代的前身获得更多更广泛的经济创新机遇。新的精英群体从殖民统治者手里接过了当地的威权,但并没有抹杀与宗主国之间的关系。此外,前面已提到,外部资本的来源变得更为多样化,彼此之间相互竞争,并且与非洲内部的经济成果解除了绝对性的关联,在这种情况下,资本接收方政权至少在短期政策选择上拥有很大的自主权。

然而,真正的问题是在结构保持不变的条件下启动新政策是否能带来持久的变化。为了寻求这一问题的答案,我们首先有必要分析新的非洲政权在殖民统治末期逐渐形成阶段的阶级构成。其次,本章的大部分篇幅将会被用于分析四个后殖民政权在经济变革上所作出的特殊努力,这些政权的意识形态和殖民背景各有不同。

非殖民化的内部经济因素

第八章中的论点是 20 世纪 30 年代到 50 年代殖民经济政策的变革主要受到了外部因素的影响,这些外部因素包括对非洲商品市场需求的波动以及宗主国利用非洲来解决自身内部问题的想法和做法。根据这一观点,非殖民化只能从政治方面获得正向动力,而只有当欧洲人再一次认识到非洲相较于欧洲市场和投资考量的边缘地位之后,非殖民化才有经济上的意义。

然而,同一时期的非洲经济体也没有停滞不前。相反,正如前面的数据显示的那样,从 20 世纪 30 年代到 60 年代非洲既度过了重大危机，也经历了前所未有程度的增长。这些变革的主要根源再一次是来自外部的：世界市场和新重商主义政策倡议的影响。但正如 A. G. 霍普金斯所提出的，我们也可以认为应该给予"开放经济体中的内在动力"同等的关注，即相对于殖民经济体系而言，我们要关注非洲贸易、劳工和农业部门中要求获得更大自主权的力量。

霍普金斯认为非洲经济体的内在动力等同于私营部门和国家之间关系的观点毫无疑问是正确的。但在他的观点中，这些部门在非殖民地化政治中的突出地位暗示了一旦获得独立，私营部门和国家之间的关系就会发生重大变化。本章一开始就提出这种变革并未发生。因此，在对非洲经济利益和接下来非殖民化的讨论中，我们将在不假设预期目标得以实现的情况下讨论转型的问题。而事实上，对于后殖民时代非洲政权而言，维持一个"开放经济模式"的可能性和利用某种形式的经济民族主义来替代的概率旗鼓相当。路径的选择决定了新政权的性质，但并不一定可以预期其经济事业的成果。无论是哪一种情况，关键的内部力量的结盟其实在新重商主义和非殖民化时期就已经呈现出来。

政治精英

无论其对各类私营部门造成了什么影响，殖民统治末期国家的重要性再一次得到了凸显，成为新重商主义政策的主要工具和新非洲经济中主导阶层崛起的媒介。

20 世纪 30 年代大萧条之后的 20 年见证了殖民国家放弃其

旧有的风险承担者和在欧洲人直接开发区域竞争群体之间的中立调停者的固有地位。公共部门此时开始强力直接介入所有的经济领域。我们已经看到，由于即便是在政策导向更为谨慎的时期也存在的国家主义经济政策传统，政府能够通过精心设计的规定和直接的政府商品购买进入市场。对集约化基础设施发展和尤其是农业生产的考量表现了与过去做法相比更大的反差，这是因为此类发展项目给非洲农村带来了新的官员和私人承包商，而他们最终都与国家有着千丝万缕的联系。从此公共部门便有意识地作为一方势力踏入了非洲经济生活中之前从未涉足的领域，我们将会看到，这也促成了非殖民化政治中更广泛的公共参与。

但国家活动的扩张和欧洲人愿意放弃对整个国家机器的政治控制造成的最直接影响是一个新的非洲统治阶级得以参政。对后殖民经济体中这一占主导群体的分析形成了非洲研究界最近的主要关注点，由此出现了一系列争论广泛的概念，如"新殖民主义者"（neo-colonialist）、"官僚资产阶级"（bureaucratic bourgeoisie）、"过度发展国家"（over-developed state）、"买办精英"（comprador elite）、"新专制主义"（neo-absolutism）等。此类政权的细微区别将在案例研究的部分进行完整的分析。但这里我们也会提出一些大略的观点，分别是这一在政治上定义的群体与殖民前任、更广范围外部支持者和内部支持者之间的关系。

尽管本土民族主义者和殖民行政官员存在直接的对立，但欧洲人还是给新的非洲人统治者提供了现成的主要模式。迈入统治阶层的关键是正式的教育。欧洲人坚持非洲人要达到一定教育程度后才有资格替代欧洲人地位,而一旦达到一定教育程度后,非洲民族主义者就会要求政治权力,这种政治权力要么直接来自殖民地当局,要么间接地归功于宗主国各类左派和自由派群体的支持。在将政治权力转交给一群最为"西方化"的非洲人群体时,欧洲人设想他们会维持哺育他们成长的制度结构。用严格的政治学术语来说,对这些体系的定义由于宪政主义和多党选举引入了非殖民化进程而变得模糊不清。然而,独立之后没过多长时间,大多数非洲政府便转向了更威权主义的统治形式。尽管后者当然也受到了将它们推上掌权之位的自由主义政治的影响(接下来的案例分析中都是文职而非军人政府),它们都与"二战"之前较为普遍的传统殖民地政权更为相似,而不是20世纪50年代和60年代宗主国进行民主试验的那些模式。

从经济学角度来说,殖民地国家主义的延续性甚至更为显著。前文已经提出,放弃权力的欧洲统治者最为关心的是如何维护"殖民地政治经济的结构和必需品"。然而,正如第八章的论述指出的,50年代末期人们还不清楚哪一种特定的欧洲必需品需要通过与非洲的经济关系来维持。无论宗主国政策制定者的目的如何,新的非洲政权被迫保留了开放经济的一些方面,继而又由于坚持要维持现代统治机构和相应消费风格而依赖于西方。保持这类生存方式唯有依赖于从工业化经济体进口,非洲政府因此只能与之前的殖民地当局一样,被迫通过出口来赚取外汇。

在向国内支持者推介自己的时候,非洲民族主义领导人从来都不太看重经济有关问题的细节。大多数早期政党组织和后来的资助分配都按照区域或民族来区分，而不是阶级。加纳的恩克鲁玛（Kwame Nkrumah）是最早的本土统治者之一，在他塑像上镌刻的箴言非常好地总结了这一时代的主旨："先求政治的王国，然后一切就会到来。"

欧洲殖民者与非洲殖民对象之间的全面对立维持了对这类救世主式经济学的信仰。在论述中经常引入的"社会主义"也服务于相似的目的，因为资本主义被解读为等同于外国支配，而不是任何一种特定经济体系。

因此打破殖民秩序的可能性并不明确。新的非洲统治者一面依赖于外部市场生存，一面也可以将殖民地国家后期的干涉力量与他们的"社会主义"辞令结合起来，从而尝试大大偏离开放经济的模式。这些领导人采取的路径很大程度上是个人选择的结果，但也依赖于私营部门利益集团的相对影响。

企业家精英

现代非洲社会秩序中政治精英自我界定的显赫地位之所以能够达成，也是由于本土私营部门中并不存在任何竞争性群体。前面几个与殖民经济相关的章节指出了削弱本土企业家的一些因素：商人和制造商不能有效地与资本化程度更高、与政治权力关联更紧密的外国企业竞争；种植者们无法或不愿意控制劳动力、管理规模经济或反抗那些偏向欧洲移居者的歧视性政策。殖民秩序的逻辑继续使非洲人将他们从贸易或农业投资获得的盈余资本投入了子女的正式教育中，以期能进入官僚序列（见

第六章）。

但这些弱点既不是始终如一，也不是无可救药的，私营部门因此也不是不能在非殖民化进程和接下来的经济发展中扮演重要的角色。大体而言，它们的作用在民族主义的早期更为重要，当时私营企业家对殖民政权恨之入骨，这种愤懑也最容易表现出来。

非洲企业政治的进攻性阶段可以追溯到 20 世纪早期的英属西非，尽管该阶段在 30 年代的加纳可可劫掠和 1947 年加纳第一个现代政党——黄金海岸联合大会（United Gold Coast Convention，UGCC）——成立才达到了高峰。肯尼亚基库尤人中的农村土地所有者早在 20 世纪 20 年代就结成了政治团体，以此来增进各类贸易利益。在象牙海岸，相对富裕的种植者于 1944 年成立了非洲农业联盟（Syndicat Agricole Africain），其目的是对抗有特权的欧洲人农民，它后来又成了一个普遍性民族主义政党的基础。

然而，到了 20 世纪 50 年代，变革消弭了这些企业家群体的不满，他们的许多要求都直接或间接地随着殖民后期的改革和发展项目而得到了满足。在整个英属和法属西非，正如前文所述，寡头式的欧洲贸易公司已从当地零售贸易中抽身，给非洲商人留下了更广阔的天地。在许多地区，生产采购被政府委员会接管，但相应鼓励合作化营销协会的政策出台也给一系列新的半私营非洲商人的出现奠定了基础。这一时期基础设施的提升和建设项目以及总体而言更易获取的机动车辆大大增加了非洲人进入交通运输和合同承包业的机会。50 年代期间，很多西非的非洲商人（尤其是在塞内加尔、加纳和尼日利亚）开始涉足轻工业领域，譬如食品和出口品加工业以及纺织品制造业，有时也获得了政府的帮助。最后，在象牙海岸和肯尼亚，欧洲移民和当地人口之间始终无法完全平息的冲突导致了殖民地农业政策的一些重大变化，促进了当时一个"温和的"非洲农村资产阶级的增长和发展。

企业家精英在非殖民化政治中确实倾向于扮演一个温和的角色。没有证据能够表明他们感受到了同时施行的殖民政策中新重商主义部分固有的长期不利因素。整体而言，他们反对像恩克鲁玛在加纳成立的大会人民党（Convention People's Party）、肯尼亚的"茅茅起义"或者喀麦隆人民联盟（Union des Populations du Cameloun）等这样的激进民族主义运动。虽然殖民政府常常采取措施压制极端的民族主义者，但它们也对扩展选举权的要求作出了妥协，这就使当地有产阶级按自己的条件获得政治权力变得更为困难。在一些地区，欧洲掌权者通过资助更可接受的政治势力的方式来与不受欢迎的民族主义政党对抗。这些政治势力趋向于以区域性或民族忠诚为基础，他们关注的是传统的统治者，而不是商人或种植者，因此企业家精英被放在了支持民族主义运动而非其引领者的位置上。企业家的金钱和关系网络在这类政治运动中起了重要作用，相较于更为集权化的运动，他们并不会更认同区域性的保守政党，即便是像恩克鲁玛或法属西非民主联盟那样宣称自己信奉社会主义，他们也依然认同自己的原则。

对于成功的民族主义领袖来说，本地企业家精英支持的重要性比不上大量选举人的投票（其阶级基础将在下文讨论）与外部力量的政治和金融资助的吸引力。本地企业家最终也依赖于同样的外部资本来源，这些都要逐步通过本地政治组织的中介和转手。非洲独立运动因此增强了本地的私营部门，使其成为进一步经济发展可能的基础，但也将本地的私营部门置于新的后殖民国家政策选择的支配之下。

有组织的雇佣劳工

在非洲殖民地的大部分地区，除了葡萄牙殖民地和津巴布韦之外，争取独立的政治斗争都要比亚洲的殖民地更为简短，也没有那么多暴力。尽管如此，倘若这些运动只局限在受过教育的精英和企业家精英中，那么甚至自由主义殖民政府都可以比实际情况维持更长时间的统治。因此，非洲民族主义领袖的成功仍然要依靠在城镇和农村社会部门中的大规模动员。

在独立之时，所有非洲国家中的城市人口仍然只占总人口的少数。然而，与城市人口相关的城市和就业岗位则在迅速增长，他们是新政治运动最为直接的大众支持者。用经济学的术语来讲，城市劳动力必须再一次被分为两个主要的次级部门：正式部门中的雇佣劳动者，其在"二战"之后广泛结成了贸易组织；以及快速增长中的个人聚集体，这些个人不是不定时地参与正式部门的工作，就是在非正式部门中的各类事业中受到雇佣或个体经营，并且这些个体也在很大程度上处于就业不足或失业的境地。后者这些群体的组织形式往往依照亲属或种族关系，与其经济角色并没有直接联系。

在分析近期非洲社会经济变革的学者中，有组织劳动力与获取非洲独立的相关性以及代表性是一个争议颇大的问题。一个比较极端的历史学派非常重视正式部门的工人阶层，将其作为带来政治独立和经济逐步转型的关键因素。另一群比较激进的自由主义学者则认为，劳动力的有组织部门基本上是一群"工人贵族"，他们比企业家阶层更依赖于政府和海外企业的资助，这是因为这一部门的收益往往都是在损害城市和农村大多数非洲人的代价下达成的。从短期来看，后一种观点更站得住脚。

在殖民地经济内部，即便是在其后期，那些非洲裔工人能够组织到一起的地区仍然比较局限，且享有特权。20世纪30年代时在非洲几乎所有的殖民地中，劳动力都已经处于过剩状态了，所以工人们只能在一些需要一定程度技术和/或在经营手段容易受到欧洲自由主义势力或非洲民族主义政治影响的岗位中讨价还价。属于后一种的雇主只有政府（在任何一种情况下都是最大的单一组织）和主要的欧洲企业（与本地和亚洲/地中海东部人士的企业并存）。因此，有组织劳动力的特定职业来自政府机构、大型公共基础设施（尤其是铁路和港口）以及欧洲人的矿场、贸易设施和工厂。

在这些情况下，尤其是在"二战"之后，非洲工人能够结成工会，并且为了获得更高的工资和其他福利而进行长时间的罢工。这些行为往往需要参与者的极大勇气和长期牺牲。尽管如此，他们的成功也在很大程度上缘于欧洲的自主决定，因为一些宗主国和殖民当局将贸易组织视作稳定乃至具有潜在保守性的极端民族主义活动的替代者。与这些政策相关联，英国和法国政府鼓励它们宗主国劳工组织的代表前来非洲，指导当地的工人如何"合法地"组成工会。欧洲企业也开始倾向于工人的工会化（仅在企业内部而非行业乃至国家层面上），将之作为利用非洲"稳定化"劳工替代欧洲技术劳动力的工具，也寄希望于能拉拢这些工人，使之加入维护现行经济体制的队伍。

这些战略并不总是会获得成效，在那些种族敌对情绪较强烈的殖民地中（以及有时对组成广泛的非洲政党进行了过于严重的镇压时），劳动工会确实支持了激进民族主义运动，正如我们在喀麦隆、几内亚和肯尼亚见到的那样。（在最后一个例子中，非洲工会由于与印度裔工人领袖的关系而变得极端化了，这些工人领袖针对亚洲人所属的私营企业中的严酷环境而进行了反抗。）

然而，在大多数例子中，非洲工会的发展路径与民族主义政党有着清晰的区别（常常领先数年）。工会是群体组织的模范，罢工是民族主义情绪的聚集点，这对政治领袖很重要。但尽管有时民族主义组织会帮助罢工者（尤其是在1947到1948年的法属西非大型铁路罢工中），工会还是很少会允许罢工成为一种政治工具。此外，除了民族主义运动提供一些人员之外，工会无法给政党提供多少财政支持，因为它们不能收集大量款项，并且工会实际上也依赖于它们外部的捐助补贴。

非洲工会在20世纪40年代后期和50年代初期获得了最大的收益，当时改革派殖民政府同情它们的关注点，对非洲商品贸易的积极态度也促使工资真正得到了增长。在独立前夕和独立之后，大多数非洲国家的政党都开始控制工会，出口商品价格的下降和政府开支的增加导致了通货膨胀，从而降低了从工资上涨中能够获得的真正收益。

对于有组织的非洲劳工是"工人贵族"这一观点的反对者则摆出了证据，有组织非洲劳工的生活水准与无组织劳工和农民（在任何一种情况下有组织工人几乎都需要与其分享大多数收入）之间的差距并不比他们与国家和企业家精英之间的差距大。另一方面，资本密集型经营的跨国公司在非洲的持续扩张对高技术工人的需求量相对较小，但其支付的高工资又在相反的方向形成了张力。此外，有组织工人的经济利益看上去仍会阻碍任何类似于无产阶级意识的发展。因此，已经得到证明的是，个体工人有志于将自己的工资作为进入小型独立营生的投资资本。总体来说，即便是被紧密控制的工会也能在诸如粮食定价政策等问题上给政府施加压力。而就此而言，我们接下来将看到，这对于整个后殖民非洲的农村生产者而言是一种歧视和剥削。

城市非正规部门

"二战"之后的十年见证了非洲人从农村到城市的加速迁徙。原则上，这一运动可以被解释为殖民地非洲经济中内在力量导致的结果，尤其是人口对农村资源的压力、向城市区域迁徙成本的降低，以及非洲生产中最为活跃的部门从农业向工业的转换。但这些因素在促进城市化方面至多也只起了部分作用。到了20世纪40年代，非洲只有一部分区域出现了可耕地的短缺。交通设施的新进步相比于早期铁路和公路机械化运输的引入对迁徙成本的影响较小，并且工业化制造业的"起飞"在这一时间点并没有出现在这片大陆的大多数地区。

相反，我们必须再一次审视新重商主义殖民政策的外部影响，并将其视为决定城市化步伐的关键因素。促使非洲人离开农村地区的原因是，销售控制在此时限制了供出口或当地消费作物种植者的直接回报。另一方面，教育和卫生服务的扩展也在城市率先推开，在那里除了这类生活服务之外，也有能让个人已学技能得以施展的机会。最后，这一时期的发展项目大多未能促使农业的转型，但赋予了城镇中心一系列新的职能，包括管理和为这些事业提供服务。

这种情况导致的结果是城镇就业在直接和间接回报方面都要比农村企业高得多。大量移民前来寻找机会，尽管其中只有少数能在正式部门找到职位。相反地，大多数留在城市的移民只能在短期人力劳动、服务行业、小额贸易以及第六章叙述过的各类小规模、半现代的手工制造业中谋得一席之地，越来越多的人甚至走上了犯罪道路。

这一部门中群体利益的表达因此也变得复杂了。诸如女商贩或出租车及卡车驾驶员等小型创业者可以形成松散的"行会"，他们有时可以通过该组织向公权力提出要求，或是控制市场环境。正式部门的劳工组织也试图将其他种类的工人纳入进来，继而在扩展工会人数的同时也削弱这些工人的凝聚力，因为非正式部门中的情况并没有演变成雇主和雇员之间的集体对抗。

尽管如此，非正式部门中的劳动力也没有形成一个初期的城市群众形态。通常来讲，移民进入城市的行为本身仰仗于农村故乡亲属和亲族纽带的支持。这类亲族和"邻里"之间的联系常常超越了一开始的"阶层"界限，构成了庇护-服务关系的基础。政治精英特别利用了这些架构，从而获取选举人的支持、组织大规模示威以及从未就业的接受过初等教育的年轻人中雇用了全职党干，比如恩克鲁玛的"走廊男孩"（verandah boys）和非洲其他很多民族主义政党的"青年分支"（youth wingers）。

城市非正式部门与政治领域外经济架构的关系不像一般的工会那样明晰，而反殖民民族主义与新重商主义的问题在这一城市利益群体中联系最为紧密。这一时期的城镇动乱直接表现了对新发展项目中分配给非洲人的物质回报的不满，种种分配安排无法给那些离乡背井的人们提供足够的就业岗位（最重要的代表是塞内加尔和加纳的参加过"二战"的老兵），而自身情况也欠佳的欧洲宗主国受保护的市场也没有因为非洲对其出口的扩展而提供足够的消费品作为回报。

如果说民族主义政治为那些与受限的经济现实不协调的期望提供了一个出口，但它基本上并没有为提出的问题提供实质的解决方案。与正式部门中的工会不同，非正式部门的工人不容易受到控制或是被位于飞地的就业机会收买。相反，他们需要大规模的公共开支来提升城市生活质量和一些自助互助机制的安排，城市贫困人口正是靠着这些方法满足他们对收入、住房和与精英阶层建立联系等方面的直接需求。但是，这些需求既消耗了公共资源，也威胁了非洲政治领袖试图去表达的现代性与纯朴传统相结合的形象。

农民阶层

对非洲民族主义运动的终极检验依赖于它们在城市之外大多数农村人口中鼓动大众支持的能力。在大多数热带非洲殖民地，甚至在一些移民开展农业的地区，农民都被视为保守的力量，他们只关注维护自己相对不受扰乱的农业基础，认同本地而不是区域性/国家的政治单元。当然，与城市群体相比，非洲殖民地的农民确实生活环境较为稳定，生活范围也较小。然而，最近30年欧洲统治过程中的发展扰乱了农村生活，使农民很容易受到民族主义呼吁的影响。

除了强制这一重要因素之外，殖民地出口经济的最初阶段可以被理解为小型农场主为了有吸引力的外部市场生产商品机会而进行的低成本扩张。但从20世纪30年代开始，管理出口市场和农村生产的方式便形成了阻碍或与农民自我认识到的利益形成了对立关系。大萧条期间出口价格的滑落和殖民地政府要求提高出口量的压力（见第八章）一起推动了这一转变的发生。当出口需求在"二战"期间和"二战"后得以恢复时，农民获得的报偿很有限，这是因为市场管理机构和施加于对外贸易的各类新重商主义控制手段限制了流向初级生产者的价格上升和消费品份额。

农业收入新型分配的主要受益者是末期的殖民地政府。殖民地当局确实对农村发展给予了一些税收优惠，但给予帮助的方式却并不受农民的欢迎。20世纪30年代期间，欧洲政权已经开始了有时被称为"第二次殖民侵占"的过程，这是一种技术专家前往农村直接干预非洲作物培育体系的运动。此种形式干预最初也同时是最为持久的主题是防止水土流失。殖民地官员正确地观察到了新的经济作物、加速的粮食生产和扩大的牲畜群体数量对之前开发集约程度比较低的生态体系具有毁灭性影响。然而，他们提出的解决方案有时看起来是一种对生产的限制，有时则是采取宰杀牲畜并给主动放弃牲畜的农民给予最低限度补偿的方式，这既不受农民的欢迎，现在看起来也不符合农业科学理论。西非的可可农也不喜欢政府代理人对病害树木的平毁，尽管这一做法很可能确实有必要。

而那些着眼于提升产量的新农业政策的特点也招致了同样负面的反应。我们已经讨论过（见第八章），将灌溉和机械化农业结合在一起的大型移民计划总体上并不受欢迎。"二战"后对白人移民农业种植的鼓励实际上是对非洲农民的威胁，这不仅仅发生在英属与葡属东非和中南部非洲等区域，也在法属西非领地如象牙海岸、喀麦隆、刚果和乌班吉沙里（中非共和国）等地有所动静。

农民对这些政策的反应是直接抗议和退出农业并举。前一种选项一开始是相当地方化的，形式包括骚乱和个人的消极抵抗。农村分销业和各类城市产业工作机会的增加也将一大批非洲人口从农业中抽出，尽管我们在前文对非正式部门的讨论中也提到，他们人虽离开，仍然与农村社群保持着紧密联系。民族主义对非洲农村政治渗透的秘诀在于它为所有这些自发的当地回应提供了一个聚焦点。民族主义领袖利用了移民、商人-运输者、合作企业和民族性组织的网络与农村选民取得联系，并将民族主义表达为解决所有这些问题的潜在解决方案，而在农民眼中，这些问题也确实是发源于殖民当局。

民族主义事业中农民的动员比较容易解释。而一旦获得独立之后，要想预测这一运动的发展方向就难了。政治领袖们向农民们允诺，对他们安全的威胁将成为过去时，从农村生活中抽离出来的迁徙者也将享受城市更好的待遇，但政治领袖对于农业本身的具体正面计划是什么，我们并不清楚。我们将会看到，控制生产价格、生态损害和农业生产的集约化等问题，仍然十分棘手，差异较大的政策导向决定了不同的发展方向。

后殖民时期的经济体制

在非洲民族主义运动的语境中，无论对"政治王国"的探寻曾在多大程度上模糊了其中的经济问题，一旦取得独立以后，新的非洲统治者仍然不得不作出重要的经济政策决策。尽管有外部依附和内部孱弱等限制，这一决策权仍使得非洲政治精英手中掌握了大量权力。当这些政治精英根据可以把握的连贯逻辑作出决策时，我们就可以识别出不同政策中蕴含的两个主要的意识形态导向——我们在这里将这些意识形态和从中衍生出的体制分为"社会主义"与资本主义。

体制分类："社会主义"与资本主义

在解释这些术语的意义之前，我们有必要简要指出一些它们不涵盖的领域。对于泛非主义者而言，根据体制种类对国家进行分类是有必要的，但也是一种危险。在非洲有太多的政治单元需要根据其自身的特点进行归类，而本书前几部分采用的分类、地理区域划分和殖民主义形式在后殖民时期都显得不合时宜了。但这种体制分类的方法具有将非洲历史现实缩减为抽象方程式的危险性，此种分类也常常不够深刻，无法给非洲发展的分析提供任何长久的研究框架。使用这种分类的正当性在于它将会被应用于相对较少数量的案例，继而能够在进行一定程度上的细节审视的同时保持综合性、比较性。

本章选择的案例和被用来作对比的案例只代表了那些针对后殖民时期经济发展作出了认真努力的经济体。因此，我们忽略的是那些不那么幸运，却同样有代表性的国家，它们独立后的资源禀赋和/或政治历史使得正面的经济变革同样成为可能。第一种情况适用于西非和赤道非洲的内陆、矿产和雨水资源缺乏的法语国家，也包括非洲沿海或临海的一些小型国家。以狷獗的军事独裁统治为形式的政治灾难使其中一些国家如乌干达和扎伊尔等本可以更有活力的经济体遭受了打击，本章的分类也省略了这些国家。但我们不能忘记，更为成功的非洲经济体也并不完全免于总体贫困、生态灾难和国家权力的破坏性使用等经济的灾难性破坏因素。与其他类似的体制分类一样，此处着眼的也不过是独立后短短 20 年的发展进程。

不管怎样，这里的分析将会集中于四个案例。"社会主义"的代表是恩克鲁玛统治下的加纳（从约 1960 年到 1966 年）与 1967 年以后的坦桑尼亚；资本主义国家则包括整个独立后阶段的象牙海岸和肯尼亚。更大范围的后殖民政权公开表示遵循社会主义，包括第一批独立国家中的刚果（布）、几内亚和马里以及 70 年代之后的贝宁、埃塞俄比亚、马达加斯加、索马里，此外还有安哥拉、几内亚（比绍）和莫桑比克等前葡萄牙殖民地。我们选择加纳和坦桑尼亚的原因是有关资料尤其翔实，这两个国家完成了一整套"社会主义"试验，我们不谈它们总体的失败，但它们确实比其他我们有着类似情况的非洲"社会主义"国家在经济基础上更为稳固。

很少有非洲国家直接声称自己走的是资本主义的发展道路，但考虑到西欧和美国在这片大陆的强势影响，资本主义可以被认为是那些没有主动有意识选择其他路径的国家所存续的历史遗留模式。毫无疑问，非洲最重要的资本主义国家（以及后殖民国家中最为重要的）是尼日利亚，接下来的讨论中也会提到该国。但如果我们把尼日利亚放到比较分析的核心，那就不可避免地会造成不平衡的问题，这不仅仅是因为尼日利亚发展的规模（包括了大量石油财富的因素），也是因为这样一来我们便不得不谈后殖民政权的一系列复杂政治转型——尼日利亚经历从最开始的共和国到内战和军事政权再到第二共和国及其军事继任者的一个复杂过程。其他可以作为非洲资本主义样本的案例包括喀麦隆、马拉维、塞内加尔以及（未来可能是）津巴布韦。我们选择象牙海岸和肯尼亚的原因也是它们一直坚持资本主义发展体系，有关资料文献翔实。这两个国家也在可比性上代表了东非与西非、英国殖民经历与法国殖民经历以及农民主导殖民地经济体制与移民主导经济体制之间的对比。

我们根据意识形态来界定将要讨论的例子。然而，我们探寻的目标并不是意识形态本身，而是意识形态暗含的政策决定以及这些政策的经济后果。实际上，非洲领导人意识形态宣言的特性和他们是否会跟随"社会主义"或资本主义发展战略的逻辑并没有直接相关性。一般而言，"社会主义"国家的行动宗旨要比资本主义国家更为清晰和详细。非洲"社会主义者"中传统的马克思主义/列宁主义特征（加纳的恩克鲁玛的大部分著作都有对这些特征的阐释）与坦桑尼亚尼雷尔（Julius Nyerere）的更为民粹主义的"乌贾马"（ujamaa）之间的学术分野并不能够告诉我们这些政权的实际经济实践。如果这里的问题是对各类政权进行宏观比较，那么对意识形态间的细微区分投入更多精力是有必要的，近年来有关全世界发展中国家威权主义的阶级基础的文献就是如此处理的；但这类分析并没有贡献能够适用于非洲情况的重要成果，这主要是因为经济发展程度的限制——而对这里所说的限制，学者间也有分歧。

在当下的语境中，我们只需要探究非洲发展意识形态学术内容中的一点：它与整本书中影响我们理解非洲经济史的学术分析角度之间的关系。"社会主义"一面，无论是吸收了马克思主义还是包含一些有关西方和非洲文化模式差异性的理解，它们都明显地属于结构主义者阵营。因此，非洲的"社会主义者"对于直接社会经济转型的努力既有激进的一面，也同时与之前的殖民经验和后来的西方现代化理论相一致。资本主义国家总体则接受以自发和渐进变革为特点的市场理论。它们在内部和外部关系进行变革的必要性方面是保守的，但它们坚持认为非洲人在开放经济体系中的效率可以和创造并且仍旧控制这一体系的外国人一样高——就此而言它们也是激进的。实际上，两个意识形态阵营都不约而同地吸取了殖民者遗产的一些方面，但不是全盘接受；我们将会看到，变革和持续的模棱两可也成了经济发展实践取向的特点。

对"社会主义"和资本主义政权的比较将会着重于三个主题：国有部门和私营部门之间的关系、国内经济与世界经济之间的关系、国内经济中不同阶层之间的关系。"社会主义者"对这些问题的看法简要来说是这样的：国家应通过筹划激进的变革、控制分配和管控主要的生产企业从而在经济中起主导作用；外部资本对发展是必要的，但接受之前必须通过精心控制的条件，从而保证国家能尽快获得经济自主地位；要限制乃至压制企业家群体，以此来保证发展的收益可以公平地分配到工人和农民群众手中。

资本主义者的观点与之不同：私营部门和市场应该自由发挥其作用，虽然国家仍然不可避免地会扮演重要经济角色（象牙海岸经济政策的官方名称是"国家资本主义"，许多外部分析家也用这一术语来描述其他类似国家）；外国投资和贸易受到了积极鼓励，条件只有一个，即本土管理者或企业家可以完全参与到经营活动中去；有进取心的个体的成功被认为是保证经济增长的最好方法，其最终也会使社会中的所有群体因此获益（"阶级"一词在该语境下总体都被避免使用）。

当我们的关注点从宣扬的目标转向经济政策的执行时，"社会主义"和资本主义非洲政权之间的分野变得更为微妙了。尽管如此，其中一些重要的区别也显示了摆在后殖民时期非洲经济发展规划者面前的可选项的多样和复杂。

一个非常明显的区分是我们这里涉及的"社会主义"政权在经济上都是失败的,而资本主义政权相对来说则在维持稳定经济增长方面更成功一些。当然,这里得出的结果都基于短期的绩效,并不能为最终结果和非洲发展的争论画上句号。我们接下来马上要进行的有关国家活动的讨论将会涉及"社会主义"和资本主义之间最细微的区别以及两个意识形态导向可测量的经济成果,而接下来的几个小节将会讨论这类政策面临的结构问题和它们对长期经济变革的影响。

国家与经济表现

如果我们用国家在经济事务中的地位来定义发展模式,那么所有非洲政权都可以被称作"社会主义"。如果界定的标准是当局控制经济的能力,那么这些国家又都成了资本主义。同时代非洲经济体中国家的强势地位缘于国家主义的殖民传统、本土企业家阶层的弱势以及独立之后很快发生的从议会制民主向一党威权体制的转型。这些国家在经济上的弱势地位缘于它们有限的治理能力、对外部资本的依赖以及它们着手开展的发展计划的难度。这种矛盾的平衡带来的结果是:资本主义政权给予私营部门的自由要比声称的有所缩水,"社会主义"政权的大手不只伸向了公共部门,还进入了它们能力范围以外的领域。

与殖民时期一样,政府在非洲独立国家经济体中都占据着突出地位,这是因为行政和基础设施活动持续的扩张步伐很轻易就能赶上——有时甚至会超越——与生产、分配和物质商品处理相关部门的增长。现有官僚机构扩张的同时伴随着军事部门的形成和政党的纷纷成立。社会服务（尤其是教育）得到了大大增强，开展了新的大型基础设施建设（加纳和象牙海岸的大型水坝、象牙海岸的整个海港设施以及坦桑尼亚新的跨区域铁路）。

所有的政权也都继承了殖民者在分配部门广泛干涉的惯例。这里的分野和意识形态导向关系不大，而更与欧洲人遗留下的特定机构有关。资本主义的尼日利亚和肯尼亚以及"社会主义"的加纳都在某种程度上保留着英治政府时期创立的市场管理机构，其主要功能是管理协调玉米、牛肉、可可或者棕榈油等商品的采购和销售。在资本主义的象牙海岸，营销权掌握在私营部门手中，但国家通过最初由法国建立的稳定机构控制了生产价格。所有的政权都通过加重保护性关税资助了新建立起来的制造业。意识形态导向在这里反映出的区别只在于产品购买受到中央集权控制的程度和公共部门对进出口的控制。而在坦桑尼亚的例子中，两者之间的区别则在于银行业、保险业、（短期）房屋租赁和当地零售业。

"社会主义"和资本主义发展选项之间更为关键的区分来自农业和工业生产中对国营企业和私营企业的选择。即便在这里，殖民时期乃至前殖民时期遗留下来的机构也是一个重要的遗留影响因素。在所有四个国家里，大多数农产品都是由农民种植的。大多数制造业企业（尽管并不是产量的多数）都属于小规模半手工非洲企业这一类。甚至在现代化、正式化的工业部门，巅峰时期的"社会主义"政权和资本主义政权大多数的制造能力都由外国私营公司掌控。此外,"社会主义"和资本主义政权都大量地把公共资本用在了资助生产上面,并通过半国营公司直接控制了生产。

然而,两种政权在对生产控制程度上的差异相当大。恩克鲁玛的加纳对农业的主要投资都针对国营农场(State Farms Corporation)和"工人队"营地(Workers' Brigade camps),这两个机构负责种植粮食并在一直都被忽略的大量政府土地上发展出口作物,它们使用的是集中控制的劳动力和机械化生产方法。在1967年以后的坦桑尼亚,国家接管了大约一半的剑麻种植园,这些种植园曾经是占据领先地位的农业出口创汇品。但该国在农业上更为宏大的努力则发生在1969年和1975年之间,全国有数百万农民被重新组织成为"乌贾马村庄",在此他们将会共享现代化的生产设施、城市的便利性以及在集体土地上的劳动。

加纳和坦桑尼亚与制造业相关的工业政策无非是现存企业的国有化,或是政府-多数党与国外所有者形成伙伴关系,或是创立全新的国营工业企业。经过这些过程后,私营部门手中仍然留下了相当一部分制造能力。但公有企业的重要性比它们在产出中占的份额所显示的更高,因为它们吸收了极大数量的政府收入和贷款,它们在所有形式的制造业中都有涉足,也在一些资本最密集的部门获得了主导乃至垄断的地位,比如纺织业、冶金业、轮胎制造业与(对于坦桑尼亚而言)水泥和化肥等关键商品的生产。

在资本主义政权之下,国家在农业生产中的主要角色是给私营种植者提供信贷和技术援助,这里的私营种植者涵盖了从农民到中大型地主的整个群体。然而象牙海岸和肯尼亚为了作物生产，都创立了大规模的公有企业，这些企业把种植和集中加工（象牙海岸主要是棕榈、水果、蔬菜、大米和糖，肯尼亚则主要是糖、蔬菜和茶叶）整合到了一起。象牙海岸的大型糖类种植园以"私人"为基础运营，并直接控制劳动力。这两个国家的其他项目主要围绕"合约农业"安排，参与其中的农民种植者负责向公有工厂提供产品，而作为回报，他们可以获得有保证的报酬和全面的技术援助。

资本主义政权在对公共服务和农用工业部门以外的制造业企业担负直接责任方面要比非洲"社会主义"政府谨慎得多。象牙海岸和肯尼亚主要是通过在外国公司获得小部分股权的方式进入城镇制造业的。进行这些投资的控股公司代表了工业资本市场内部的一个重要的半国营成分，尤其是在肯尼亚，但它们主要的政策目标则是促使这一部门更加本土化，而非削弱其资本主义属性。

如果我们把这几个"社会主义"和资本主义政权的经济表现通过生产增长的简单标准拿来比较一下，很明显就可以看出资本主义国家的表现要好得多。显而易见，世界市场环境（尤其是飙升的能源成本）成了这类增长的限定因素，以至于所有这些国家在20世纪70年代末期和80年代早期都比之前的水准有所下降。但无论年份是好是坏，资本主义国家的收益都要比"社会主义"国家高。

这些表现上的差异和国家在两种经济体系的制造业中扮演的不同角色有着直接的相关性。总体而言，半国营企业在非洲所有地区的农业和制造业中都表现较差，它们运营成本高，生产能力利用度较低，生产的产品的价格也比非洲内部或海外竞争者的高。加纳和坦桑尼亚这两个经济体受到半国营生产投资的负面影响最大，但在象牙海岸，20世纪70年代末增长率的下降也可以在很大程度上归咎于在公营农业工程上的巨大开支，尤其是糖类种植园。合约农业尽管不总是会带来成功（特别是在象牙海岸），但政府一方的成本会大大降低，因此它不会构成一个严重的经济威胁。

导致这些负面结果的很大一部分原因是同时代的非洲国家并不能胜任大规模经济投资筹划者或管理者的角色。筹划的失败可以直接从后殖民时期的传统中找到原因，它们认为高水平科技向非洲的转移会自然而然地解决"落后"的问题。对这类计划的坚持不懈和对其中一些项目明显的处置失当必须归咎于非洲官员的腐败，他们几乎没有受到公共监督，摆在他们面前的是自己直接收入最大化的巨大诱惑。但另一方面，把失败归因于腐败的观点也遭到了挑战，因为我们所知腐败程度最高的国家，诸如加纳、肯尼亚和尼日利亚，也是分别经历了不同程度的经济成功，而坦桑尼亚和象牙海岸虽然成果也大相径庭，但两个国家并没有如此极端的腐败现象。更为重要的因素也许只是缺少足够的人力资源来执行雄心勃勃的国家经济工程所需的行政控制——即便在加纳也是如此，因为该国在取得独立时，居民受教育程度是撒哈拉以南非洲最高的。

短短20年不到的生产力以及公有部门和私营部门企业的对比这两个狭义的标准显然不足以成为评价经济发展各方面的基

础。尽管如此,这仍是加纳的恩克鲁玛和坦桑尼亚的尼雷尔选择"社会主义"政策的主要根据。两人都对增长率不满,特别是从殖民时代就继承下来的经济体系之下达成的工业化速度。因此,非洲"社会主义"在这一方面为了满足一种国家确定的快速发展而开始搞"大跃进",但这也没能成功。

同一时期,资本主义国家的领袖强调了直接可测量的经济成果才是国家发展的试金石。非洲"社会主义"意识形态在其发展的顶峰则寻求非洲和外部经济体之间关系以及非洲内部财富分配的另一种转型形式。我们现在必须转向这些本身就很重要,也对长期经济增长有影响的结构问题。

非洲经济与外国资本

所有同时期非洲国家的目标都是将它们的经济体转型为类似于完全工业化的外部世界占据主导地位的经济体系,但按照定义来看,还没有一个非洲国家拥有这类发展所需的足够资源。而这一资源的获取又需要与控制资源的方面达成某种形式的不对称关系。

非洲国家可以通过一些渠道获得外国资本:使用原材料出口获取的外汇进行采购、邀请跨国公司在该国建立运营子公司、为本土现代企业的建立提供私营贷款、接受外国政府或国际组织提供的公共贷款和援助。所有这些类型的资本引入都在不同非洲国家以不同方式和组合得到了应用。在分析"社会主义"和资本主义的非洲经济体外部联系的特点之前,我们有必要考量这两种导向产生的一些一般性问题。

出口收入在殖民时期和前殖民时期都为非洲人带来了关键的资本，但其缺点也十分明显：出口收入水平无法预测，并且除了石油和战略物资产品之外，其他出口产品的收入从来没有达到较高的程度；小农经济作为这类资本累积的传统基础，增长机会有限，并且它和经济其他部门的联系较少。在更为集约的情形下，出口生产一开始还会吸收资本，但过了这个时候就需要其他资本来源的支持了。

跨国公司为现代工业在非洲的落地生根提供了最直接的方法。然而，它们在其中的利益不可避免地与非洲发展目标有部分冲突，并且考虑到非洲在它们全球运营中的边缘地位，这些公司的处境有些吃亏。因此，这些公司获得了输出可观数量利润的准许，主要渠道包括直接付款和税收优惠。进一步的资本外流常常以会计操纵的形式进行（特别是在子公司和母公司之间的转移加工方面），对此非洲官员（常常也是行贿目标）很难监管。最后，技术和营销方式成熟、与宗主国总部组织联系紧密的公司运营常常是以损害当地富存但不可再生的自然资源为代价的。

私人融资，尤其是通过银行的融资，在非洲作为资本转移媒介的作用不像在拉丁美洲、中东和亚洲那么明显。我们可以看到，19世纪时热带非洲距离"金融家活动的前沿"还很遥远，此时投资的风险过大，而预期收益（除了类似扎伊尔的矿产和石油国家这些例外）则过低。我们这里所讨论的私人融资中有一种形式在一些国家起到了重要作用，这就是"卖方信贷"交易：在没有银行中间人的基础上付出设备或生产资料的预付款，利率往往不同寻常地高，偿还期限较短。这种情况下，风险完全在借款者一方，也对非洲国家有着潜在的破坏性影响，尤其是当设备使用挣不到钱时。

各个西方和东欧/东亚国家以及国际机构给予的公共贷款和援助在几乎所有的非洲国家中都起了关键作用。优惠借款条件或者直接给予的援助使得非洲发展工程可用的资本得到了迅速增加。无论这些资本转移是双边还是多边（主要通过世界银行），其来源地仍然主要是西方资本主义国家（特别是前殖民势力和美国），继而也与这些国家的经济利益紧密相连（有时直接通过资本货物合同相连）。其中西方捐助者更偏爱基础设施和出口农业项目而不是制造业（一直到20世纪70年代中期）以及粮食生产。当非洲国家遇到外汇问题时，它们必须转而向国际货币基金组织求救，该机构也会随之向非洲政府提出一些内部政策改革的要求，诸如货币贬值、减少公共开支和提高粮食价格，对此非洲政府常常会感到不快。

因此，外债使得非洲经济体容易失去对自己资产的控制权。这个问题对于"社会主义"政权而言尤其困难，一方面，它们承诺过要自力更生；另一方面，它们并不亮眼的发展业绩又会让国际机构提出更多的要求，而它们有时还不得不接受。相比偿付能力更强的资本主义国家，非洲的"社会主义"国家落入"债务陷阱"的影响更为直接。加纳和坦桑尼亚试图摆脱对外国资本依附的努力显示了这种关系的复杂性，而象牙海岸和肯尼亚这两个表面上的"开放经济体"则在自身主动接受这些资本的基础上检验了资本的影响。

非洲"社会主义"国家并没有绕过对外国资本的需求。为了克服这种外部依赖导致的一些结果，它们采取的战略包括对借款用途的严格控制和援助来源的多元化，那就是把东欧和中国也纳入进来。

在加纳和坦桑尼亚，出口农业仍然是资本积累的一个主要来源，但两国在"社会主义"阶段的政策则是降低这些曾经是外汇收入传统支柱的作物的突出地位。在这两个国家，向"社会主义"的转型部分是对独立后关键出口商品价格下降的一种反应：加纳的例子中是可可，坦桑尼亚则是剑麻。新的政策出台后，在这些地区的投资大大减少（对于坦桑尼亚而言，咖啡和棉花等其他主要经济作物也失宠了）。相应地，国家试图去发展新的出口作物，但更主要的是通过前文所述的国家干预，以及对诸如可可、咖啡和腰果等商品当地加工的重视来改变农业的整个组织形式。过去的经济作物最终走向停滞或衰退而新的事业未能出口创汇（坦桑尼亚的传统茶叶和烟草种植业是一个部分的例外）这两个事实造成了两国的经济困难。

相较于经济作物种植，"社会主义"国家对外国所属种植园和工厂怀有更深的敌意。这种态度部分来自刚独立时民间制造业投资的低水平，对坦桑尼亚来讲尤其如此，当时它不得不与拥有更有利工业环境的邻国肯尼亚竞争。一旦公开宣布了"社会主义"政策，加纳和坦桑尼亚便严格限制了进一步的外国私人直接投资，坦桑尼亚则很快开始国有化（在给予双方同意的补偿额情况下）已在运营中的更为重要的外国企业。

然而，对国营部门的注重并不会消除对外国资本的需求，而大多数外国资本来自跨国企业。银行或者我们前面已经指出的公共借贷和援助机构都没有参与到这类投资中，在任何一种情况下，大多数筹集的流动资本不得不支付给外国公司，用来购买运营工业企业所必需的设备、技术和管理经验。在加纳，国有企业占据了恩克鲁玛政权时期累积的大多数巨额借贷。对于坦桑尼亚而言，更为惯常的做法则是半国营工业和外国企业之间达成管理协议或者伙伴关系。

"社会主义"国家因为这些安排而雪上加霜。在这些国家很难找到负责任的政府机构，外国参与者也因为不会在股权上受到什么损失而缺少审慎行动的动机（实际上它们常常会提供一些乐观得不合实际的可行性研究），这都导致了企业本身极低的效率。同时，在运营中也没有克服跨国公司直接投资的缺陷：大量的利润通过合约协定和转移价格流失到了外国伙伴手中；运营本身的特点常常是资本密集型的，因此在技术上与以前的外商独资子公司的运营相比，对非洲环境要素的兼容性也没有那么强。

私人资本市场在加纳和坦桑尼亚的外部支持份额中所占比例很小。另一方面，公共财政补贴和贷款对这两个国家都极为重要，尽管西方捐助者对"社会主义"没有同情可言。东欧和中国作为资本的替代性来源占据了一些资本流入，但不是主要部分。加纳对苏联和东欧国营企业的欠款占到了信贷总额的17%，我们可以将它看作公共贷款的一种形式，但它和来自西方私营部门的类似贷款相比所需的条件甚至一样繁冗。恩克鲁玛的政权接受的长期政府贷款中超过半数流向了沃尔特河水电站工程，在其中凯撒铝业公司（Kaiser Aluminium）也是主要的合作伙伴。完全从技术角度来说的话，这项工程是恩克鲁玛时代最伟大的成就，但从一个经济计划的角度来看，这项工程没有为加纳作出贡献。凯撒铝业的冶金厂从海外进口矿石，经过处理，然后将中间产物氧化铝出口到别的地方，进行进一步的加工，最后成为铝。加纳在这个过程中获得了发电能力，但事实证明它既不便宜，也没有关键到能够刺激大规模的工业发展。

坦桑尼亚在吸引外国对其发展事业的公共支持上比加纳要好得多。到了20世纪70年代中期，坦桑尼亚人均获得的外国援助在所有非洲国家中排名第一。东欧在其中占比很少，但中国（也在加纳规模小得多的长期借款中占到了11%）被证明既慷慨又高效，它帮助建设了从达累斯萨拉姆到赞比亚边境地区的坦赞铁路，这项工程被西方主导的世界银行称为"不可能的任务"。不幸的是，这条伟大的"自由铁路"现在看上去成了又一个无用的技术奇迹。坦桑尼亚很难对设备进行维护（从赞比亚与独立的津巴布韦之间能够重开运输通道开始），货运量现在也无法支撑运营的成本。这条铁路线可以为大型工业中心提供运输基地的期望又一次未能实现。

坦桑尼亚（也是世界银行对非援助的主要受益者）也接受了世界银行和各类西方捐助国（瑞典在其中作用颇大）提供的帮助。大多数资本流向了农业项目，目的既是提升出口经济作物（尤其是茶叶）种植水平，也包括推进"乌贾马计划"。

西方对"社会主义"的敌对态度可能因此可以解释加纳资本输入时面临的一些不利条件，但这种态度本身既没有限制沃尔特河项目,也没有阻碍尼雷尔的坦桑尼亚的其他项目。一直到这些投资使得这两个政权都无法偿还债务时,西方才利用了国际货币基金组织这个砝码在这些经济体中实施了紧缩和自由化政策。在加纳,这发生在推翻恩克鲁玛的军事政变之后,政变本身看上去与西方债权人的影响关系不大;在坦桑尼亚,尼雷尔在很长一段时间内都抵制国际货币基金组织开出的"药方"。在两个案例中,债务都明显限制了两个国家继续进行"社会主义"实验的能力。剩下需要我们回答的问题便是:资本主义政权的类似经验和"社会主义"经济事业的内在动力是否为寻求这样一种延续提供了根据。

在象牙海岸和肯尼亚这两个开放投资的国家中,筹集发展资本或是使捐助者的需求适应当地政策都没什么难度。尽管如此,非洲资本主义经济体也在管控外国企业家和避免投入无利润项目方面经历了一些困难。

与"社会主义"政权形成鲜明对比的是象牙海岸和肯尼亚对主要出口作物持续扩张的考量,包括在两国中都能见到的咖啡以及在象牙海岸的可可和在肯尼亚的茶叶。我们需要注意的是并非所有非洲资本主义国家都有此经历:尼日利亚出口和国内导向农业部门的产出和收入自 1967 年始急剧下降,石油的繁荣和积极的政府政策都可以解释这一结果。

即便是对于象牙海岸和肯尼亚而言,通过商品出口赚取的外汇也从未能填补进口的支出。这些进口商品主要包括资本品(其中一些是中断了的工业化和农业多样化进程所需要的),而资本品最终也需要从其他流动资本和信贷来源进行补贴。此外,过去20年的出口商品收入波动情况与世界经济现代历史中任何一个时期都一样大，政府继而很难在有限的预算情况下对其进行筹划。最后，这类农业活动持续扩张所需适宜土地的可得性也有一些严重的问题，尤其是在人满为患的肯尼亚。尽管如此，出口收入还是为象牙海岸和肯尼亚的资本账户兜了底，这是它们能避免陷入严重债务危机的一个重要因素。

跨国企业子公司在象牙海岸和肯尼亚的重要地位很可能是这些开放经济体最关键的指标。两国都一如既往鼓励这类投资，结果则是外资企业在它们的制造业中占据了主导地位。但两国这种统一模式的历史基础还是有所差异的。由于白人移民的经济民族主义和该国在东非市场中的核心地位，肯尼亚早在其独立之前就吸引了跨国公司投资和针对工业化的殖民地开发公司贷款。另一方面，象牙海岸在殖民统治的最后数十年中才开始成为主要的农产品（及木材）出口商，法属西非联盟这类有限的工业化发展集中在作为殖民地行政中心的塞内加尔。

然而，两国现代工业的持续发展都与投资法规的编纂实施有关，它既能为跨国公司提供设立分支机构的动机，也能为投资在当地的收益提供一定的保障。交给企业的特许权包括：将一部分利润汇回国内的权利、免除一些当地税款、给予销售佣金或者在特定种类商品生产中的垄断地位、针对进口商品竞争的保护性关税、制造相关品进口的免税待遇。相应地，政府规定企业要引入外部资本，允许当地公众对管理决策的小规模参与，至少在一些案例中企业要远离已建成的都市区域，政府只要有可能，也会试图推动企业管理层非洲化。

与"社会主义"政权对比，这些"开放"投资政策取得了较大成功，或者至少犯的明显错误更少。象牙海岸和肯尼亚与它们的邻国相比有着更高的工业化水平，这既体现在绝对值上，也体现在它们（高得多的）国内生产总值占比上。这两个国家不像坦桑尼亚和加纳那样为任何大型低效率工厂提供补贴，尽管在20世纪70年代象牙海岸和肯尼亚都因为在失败的由外国人管理纺织品出口的活动中失去了大量资金。

而要甄别出象牙海岸和肯尼亚因为这些产业的存在获得了什么样的收益却并不那么容易。进口替代型制造业发展早期大量的资本流入逐渐进入了下降区间，这时两国面临的新威胁是资本的净流出，其方式包括利润输出、外国人管理层的高工资、进口投入的开支以及母公司和当地子公司之间永远存在的内部转移价格。此外，对这些企业的关税保护将成本转嫁到了非洲消费者手中，而他们常常转而去购买其他更便宜的进口制成品。

通过制成品向非洲欠发达邻国和欧洲的出口可以抵消一部分成本，但这些策略都没有带来大的回报，而一旦把加纳和坦桑尼亚放在一起比较，差异还是相当大的。

然而，长期来看，向发展中国家输出资本的价值无法用进口商和出口商之间的利润占比来衡量，资本能给更广泛的内部经济增长带来的激励是更好的选择。外资制造业企业与当地经济之间可度量的联系程度看上去在象牙海岸尤其是肯尼亚呈现得更高，在加纳和坦桑尼亚则较低，但我们还不清楚这种差异有多大。象牙海岸和肯尼亚的跨国公司都因为它们的高资本集聚度（伴随而来的是当地劳动力的低就业）、将消费者的口味强行转向依赖进口的终端产品以及对发展当地联系普遍缺乏兴趣而受到了批评。尽管当地出口用原材料加工等一些行业已经远离了现有的城镇中心，与工厂所在地之间达成了很高程度的联系，但这些企业为了满足竞争性世界市场的标准需求，它们更有必要使用进口的资本密集型科技，而这就会带来更大的压力。

如果我们同意这些有关跨国企业在非运营的讨论，那么看上去当地政府——无论是资本主义还是"社会主义"——便很难提升直接收益所占份额之外方面的地位了。但资本主义政权尝试过通过坚持私营部门中管理岗位的非洲化，从而冲击了对进口生产资本的依赖这一结构性问题。这些努力的有效性将在本章的下一节中讨论。

在对跨国企业分支机构的直接外国投资保持开放的同时，象牙海岸和肯尼亚也吸收了大量的金融资本，渠道包括私营借贷以及与各类双边和多边公共机构达成的协定。与"社会主义"政权相比，最大的不同是私营资本市场的重要角色。肯尼亚使用这种资金筹措形式的时间较短，也比较谨慎。而象牙海岸则总是比非洲其他非石油/矿产出产国更深地参与到私人资本借贷中去，接下来在20世纪70年代期间农业半国营企业与银行之间达成的某种程度上不受控制的协定使得金融杠杆率变得非常高，债务在出口收入中占比甚至要高过扎伊尔。

除了私营借贷，象牙海岸和肯尼亚也是公共援助和贷款的大量接受国，其来源包括它们各自的原宗主国、美国、西德、欧共体的欧洲发展基金（象牙海岸）和世界银行（肯尼亚）。这些贷款并没有像沃尔特河大坝和"自由铁路"那样集中在任何一个特定的项目中，但这批资金使得这两个资本主义政权的许多公共发展倡议成为可能。

大量借贷、高昂的进口油价、不利的出口贸易条件和一时的气候条件不利迫使象牙海岸和肯尼亚在 20 世纪 70 年代末转向国际货币基金组织（IMF）寻求援助。后者开出的药方在两个国家造成了令人不满的副作用：肯尼亚的情况是针对财政紧缩还是结构性约束的争论，象牙海岸则是总体而又深远的紧缩政策（包括对半国营企业的大量裁减）。

然而，与恩克鲁玛的加纳、坦桑尼亚或类似于扎伊尔的损失程度明显较小的国家都不同，象牙海岸和肯尼亚成功地在没有发生任何大型内部动荡或失去外部可信度的情况下抵御住了这种压力。它们主要的有形资产包括出口农产品——比铜或石油更能抵御长期或急剧的逆转——以及一个能够保留合法性的政治权力体系。尼雷尔在 1977 年——即《阿鲁沙宣言》发表十年后——公开承认他严重错误地估计了经济形势，认为他的国家"既不是社会主义也不能自力更生……我们未能达成我们的目标；它甚至不在可预期范围内"——当然，能这样认错的政治权力体系也能给坦桑尼亚带来一些益处。

很明显，鼓舞尼雷尔前行的动力是"社会主义"转型的愿景，这甚至超越了与外部资本关系结构能够涵盖的范围。这份变革的努力及其对应的资本主义方事业的发展状况仍有待检验，而这种检验必须在各类后殖民经济体培育出的阶层关系中寻找线索。

体制与阶层

在本章的开头,我们分析了非洲社会群体的经济和政治角色,试图去理解非殖民化的内在动力。对于后殖民经济体的分析将以这些经济体与同样的一些群体之间的关系结束:国家精英、企业家精英、工会成员、城镇非正式部门和农民。正如本章前文所说,是这些群体的境遇决定了各类非洲国家的经济路径,而不是更易度量的公共和私营企业的对立、国外资本的存在等因素。

和依赖外部投资的情况一样,内部经济结构的遗产给所有这些政权都带来了一系列共同的问题。使用国家机器直接控制新经济企业的难度在前文已经讨论过。本土的企业家精英只是国营部门之外较为不牢靠的替代选项,尤其是在从农业和贸易向现代工业转型的进程中。正式部门中雇佣的劳动力在所有非洲国家的劳动人口中仍只占少数,但他们常常会要求获得比国家愿意给予的更大的影响力和资源。城镇非正式部门从另一个方面挑战了官方的发展政策,既要求国家改善贫民窟状况,也要求官方接受它们这类未经授权的新经济企业模式。最后,农民仍然是保持殖民时期农业政策延续性的基础,但也是农村生产转型的潜在障碍。在面对阶层关系所采取的姿态方面,所有政权都被迫在两个选项中作出选择,要么偏向那些能够对经济增长作出最大贡献的群体从而获得生产最大化,要么更加强调经济回报的平均分配。

自由主义者和保守主义者对非洲"社会主义"政权本质上低效率的指控与左派的批判相比就是小巫见大巫了,他们认为这些政权只不过是服务于新剥削阶层——"官僚阶层"或"小资产阶级"——的霸权。在加纳的例子中，我们将看到，这一论点可以进一步被扩展：国家成为由企业家精英组成的特定经济部门的工具，他们在贸易和国家发展基金的准入方面寻求垄断性特权，希望后者能够为他们的个人利益服务，这是一种非竞争性、低生产力的资本主义者对"社会主义"的背叛。坦桑尼亚代表了一个更为纯粹的国家机器，它有着控制所有经济相关部门的强烈愿望，其原因可能是领袖对变革愿景正确性的坚信，也可能只是在一个潜在不稳定的情境下权力介入的简单直觉。在两种情况中，国家精英都未能获得其他阶层在经济上的效忠，虽然我们已经看到，在坦桑尼亚政治合法性没有遭到动摇。我们在这里并不会深究更为真正的"社会主义"愿景和这种国家主导形式之间的矛盾，而会分析各种阶层是如何与这类政权达成妥协的。

加纳和坦桑尼亚"社会主义"政权在当地的直接对手是日益崛起的本土企业家精英，尽管这一群体只有在加纳才有足够重要的能量。事实上，当地商人和富裕的农场主在"二战"前的反殖民抗议运动中扮演了领袖的角色，其中的一些人是恩克鲁玛政党的早期追随者，尽管该党带有民粹主义性质。在掌控权力的首个任期（1951年到1960年），恩克鲁玛创立了支持本地商人的项目，包括给予贷款、获得政府合同的优先权以及其他好处。但实质上，本地资产阶级在他们比较传统的事业中并无建树，整个恩克鲁玛时期都见证了外国企业家（包括欧洲人和地中海东部人士）角色的持续扩展。

然而，一旦恩克鲁玛转向了"社会主义"，那些拥有商业背景的党员便找到了新的获益机会。为了与民营进口公司竞争，恩克鲁玛建立了国家贸易公司。可是很大一部分市场份额留给了在"社会主义"中幸存下来且没有经历大规模衰退（也没有获得大的收益）的独立商人。加纳农场主联合会（United Ghana Farmers' Council，UGFC）为依附于大会人民党的商人提供了关键性机会，因为该联合会在可可出口方面具有完全垄断的地位。这一变化的直接受害者是已经开始终止这项业务的外国企业（见第八章），受害者也包括更能直接代表农民的本地中间商和合作社，其中经济情况较好的受害更大。与坦桑尼亚更为纯粹的由"国家精英"掌控的国有化企业形成对比的是，加纳农场主联合会确实在可可销售方面获得了高效，但其中蕴含的个人和机构层面的腐败严重损害了加纳的"社会主义"。

政府和商业利益集团之间的不法勾结确实可能是恩克鲁玛时代持续时间最长的客观存在，这在军方和民间广泛存在的腐败以及现在向专制主义的退化中可见一斑。

殖民统治时期，坦桑尼亚的本土企业家阶层发展程度相当有限。继而国家主义政权在向政府和政党干部灌输领导准则方面取得了一定成功，阻止了他们利用自己的公职在私营部门中步步高升。当地的商业和工业企业大多掌控在南亚移民而不是非洲人手中。有意思的是，这一团体从未像资本主义程度更深的邻国肯尼亚和乌干达的情况那样因为族群原因而遭受经济上的限制。但坦桑尼亚的大批亚洲人最终因为对贸易活动影响深远的侵犯而离开了此地，其中具有代表性的事件包括 1970 年国家贸易公司对逾 4 000 家出口和批发企业的收购、1971 年对所有业主未居住的城市房屋的侵占以及 1976 年对零售店铺的攻击。考虑到公共部门运营的低效和财政需求高涨时期与国外借款人达成协定的需求，坦桑尼亚政府逐步废除了后两项措施，解散了国家贸易公司，但建立一个强有力且合法的私营部门资本主义的可能性也许已经遭受了无可挽回的打击。

恩克鲁玛的大会人民党和尼雷尔领导的坦噶尼喀非洲民族联盟（Tanganyika African National Union，TANU）在它们民族主义斗争的早期都与武装工会产生了强烈的共鸣。两个政权获得权力之后的共同问题并不只是工会是独立于国家的一种潜在性权威，也包括最激烈的暴力斗争就发生在一直是国有企业的铁路和码头中。私营部门企业中的工会组织很有可能成为有组织工人和"社会主义"政权的共同目标，但这类组织家长式作风更为严重，或者干脆就是混乱无效的组织。

因此，恩克鲁玛和尼雷尔在独立后很快便将国家工会置于新的中央管理机构之下，并指派政党中的忠实人物进行领导。所有雇员都必须加入工会，但罢工是被禁止的，也没有留下工人表达利益诉求的空间。作为对这些控制手段的回应，工会成了受到新"社会主义"事业的缺陷最直接影响阶层的示威工具。当恩克鲁玛在 1961 年引入新税种、进口管制和强制储蓄计划以期让人民认识到他们错误的"财富标准"和不切实际时，由铁路工人带头，工会开展了大罢工。尽管罢工逐渐得到了平息，领导人被投入了监狱，但工会在接下来的日子中仍然是恩克鲁玛的敌人。

坦桑尼亚的情况则不那么明确。1971年有关劳动关系的指导条例的公布成了一系列罢工和后来工人们接管工厂的导火索，这些工人对管理层和官方工会领导层的不作为和不正当物质享受颇有微词。政府一开始选择镇压罢工，接下来则尝试着鼓励工会改革，并让工人能够更多地参与到半国营企业的管理中去，最后却又回到了压制性政策的老路。有观点指出，坦桑尼亚最后政策的反转是对半国营工业部门中外国投资者压力的回应。无论如何，加纳和坦桑尼亚的"社会主义"都没有成功获得有组织劳动力的支持，原因其一是政权本身的失败，其二则是占有相对特权地位的正式部门工人与"刚刚开始重建和发展的经济中更广泛需求之间的固有矛盾"。

加纳和坦桑尼亚领导人与大量在经济正式部门中无法就业的人口达成了这样那样的妥协，但这些妥协并不高明。为了解决这一问题，两个"社会主义"国家一开始都试图让主要在城市中的这一群体回到乡间从事更有益的工作。恩克鲁玛达成该目标的手段是招募城镇失业者，并将他们编入位于农村的工人队，随后这些成员会被分配到不同的营地，参与现代化集约农业以及食品的运输和销售工作，他们享有一定的工资报酬。工人队与国家农场公司紧密相联，而两者的结局也类似，都是代价沉重的失败。坦桑尼亚在独立后和阿鲁沙"社会主义"宣言发表之间的时段内尝试了一种不那么中央集权的"村庄化"项目，"坦盟"的青年团雇佣城市居民并实施迁移，但这项计划也没能够创造出与资本化成本对等的价值。

尽管如此，非正式经济部门实际上在"社会主义"体制下走向了繁荣。恩克鲁玛的加纳为基思·哈特（Keith Hart）对这类经济尝试的研究提供了背景。"社会主义"政策在非洲大陆的两边都创造了对"地下"企业的新需求和新机遇，比如出口商品（尤其是加纳的可可）向邻国的走私，这类国家不只提供了更好的市场机会，也为从事其他行业的消费者与本应该向内部市场提供各类商品和服务的国家机构之间搭上了线。

20世纪70年代后期，坦桑尼亚在世界银行的支持下，确实曾经试图通过启动一个全面的"场地和服务"项目，即向贫困的社区提供道路、供水、下水道系统和电力设施，来打造解决非正式经济部门住房问题的模板，当地的企业家获得准许，以该地区流行的适宜标准建造房屋。不幸的是，这项努力在获取国家对建筑工程准许时陷入了泥沼，项目最终只建造了很少房屋，而这些房屋的成本也远高于贫民区居住者可以负担的标准。

个体农民在非殖民化时期曾经是民族主义公共支持的另一个支柱，但我们已经看到，我们这里涉及的两个"社会主义"政权都没有致力于维护传统的小农经济，也没有努力在其中培育乡村资产阶级。两国创造新农业体系的着力点差异很大，但两者的结果却十分相似：农民从国家体制中"退出"，对生产力造成了破坏性影响。

加纳的案例比较简单，因为恩克鲁玛的国营农场计划与现存的小农生产体系很相似，后者通过可可生产继续在出口收入中占据多数。对农民企业缺乏政府支持和官方批准的加纳农场主联合会市场垄断所造成的更为直接的剥削的不满，最初是以拒绝提升可可产量的形式表达的。农民也未能承担替代性经济作物的培育工作，恩克鲁玛正试图将这些作物与一系列原材料加工厂联系在一起。考虑到可可树的生长周期，这种关键经济作物的衰退实际上一直到恩克鲁玛下台之后才开始发生，但农民在经济上退出的初始阶段可以追溯到"社会主义"时期。

坦桑尼亚的"社会主义"把农民设想为新经济秩序的基础，但这种情况只有在农民愿意自己重新组成"乌贾马村庄"并愿意使用更为先进的农具进行集体种植时才能达成。对乌贾马的批评主要针对它的两种缺陷："富农"与当地政府雇员的代表结成联盟时造成的腐败；农村大众对于国家机器向他们强加（常常伴随着暴力）各类计划时必然的、成功的抵抗。不管怎样乌贾马计划确实在总体上破坏了富裕农民的地位，资源被转移到了其他经济部门（通过价格管制、税收和直接行动），当地的合作社也遭到了破坏，从而断绝了一些乡村精英开展大型经营活动的渠道。

针对乌贾马的广泛政治反应并没有出现，但20世纪70年代中期的粮食短缺和贸易出口萎缩似乎证明了坦桑尼亚农民正在用脚投票，他们选择了"退出"，这也给经济其他部门带来了不小的伤害。学者们对这种衰退在多大程度上应归咎于对乌贾马村庄化政策的失望也有所争论，毕竟干旱、低廉的农产品价格（后来得到了提高）和进口商品成本提高（由于石油价格的提升）也是部分的原因。

我们可以这样说，坦桑尼亚至多只是与农民阶层达成了一种停战状态：农村人口在新的村庄中居住，享受到了更好的社会福利设施（尤其是学校，但供水和医疗的提升则没有那么大），但集体耕种形式被抛弃了，农业生产采用的技术、社会组织和生产力与开展大规模乌贾马行动之前的情况相比也没有发生什么变化。

有关非洲资本主义体系中主导阶层的评价主要关注两个问题，这两个问题涉及代表性，但又与"社会主义者"的措辞相异。首先，考虑到外国私营企业和国家在这些经济体中的主要角色，本地企业家精英的自主性和效率到底怎么样？第二，经济成功带来的回报会在多大程度上给精英之外的群体带来收益？

尽管这类问题对于象牙海岸和肯尼亚同样适宜，但对它们的回答却大相径庭。我们需要考虑到的一个因素是肯尼亚能够获知有关某些经济部门社会基础的信息远比象牙海岸要多。这种情况可能只是反映了英语研究者和法语研究者之间掌握资料数量的差异，尽管这也表明，在象牙海岸，外国企业家和国家本身对于和这些经济部门相关的数据把控更严。一个非常明显的实质性差异可以在政治权力和农村企业活动之间见到。广为传播的观点是，象牙海岸和肯尼亚相对成功的资本主义导向来自两个政权都拥有本土种植园主群体这一共同的基础，而尽管如此，两个政权这方面的不同对资本主义发展经历的总体差异仍非常关键。

象牙海岸资本主义的推动者和批评者都合作创造了一个由当地"种植园主资产阶级"主导的有点说不清楚的政权。现实中，象牙海岸独立后的经济发展造成了国家精英、乡村企业家精英和现代企业所有者之间越来越大的鸿沟。

正如前文所说，象牙海岸的民族主义政治围绕着一个由富裕的非洲可可农场主结成的组织而出现，他们对与之竞争的法国移民所处的特权地位颇有异议。但法国移民的地位从来没有达到很强的地步，所以非殖民化进程中的农业问题解决起来相对容易，也不需要对农村社会实施大的转型。一旦获得了真正的政治权力，象牙海岸执政党的主要关注点便从农业投资转移到了城镇地区资源的培育：教育、就业和住房。由于民族主义领导层在两个方面都有所涉猎，所以这种转变并不困难，乌弗埃-博瓦尼是一个例子：他自己拥有大量种植可可的土地，但他也是法属西非最高学术殿堂的医学专业毕业生以及一个富有经验的中层官僚。

在对私营部门进行"象牙海岸化"的过程中，象牙海岸国家本身并不需要像肯尼亚当局那样考虑对现有出口作物种植的接管。相反，推进本土资产阶级崛起的主要努力集中在城市制造业和贸易以及乡村的新型农产企业上。有关这项事业的数据资料并没有显示出大的成功。比起在现代经济部门中拥有股权或占据管理岗位的象牙海岸本地人数量更能揭示实情的是他们参与其中的本质。首先，国家是象牙海岸最大的投资者，其投资额比竞争对手要高出一大截，本地最重要的管理任务也在国营企业掌控下。能够从工资中拿出一笔钱用于储蓄的象牙海岸人也都秉持着非常谨慎的投资策略。他们倾向于在国内规模较大且较为成功的外国公司中购买少量的股权，将自己拥有的大量资本送到国外，并以风险最小化的形式建立对当地资产的控制权：向欧洲人租赁林地或城市地产，买入以传统低资本方式运营的小规模业务，诸如出租车、商店和农场。

有观点认为，更加自主勇敢的民族资产阶级将会逐渐在这种条件下崛起。然而，从20世纪70年代末期开始，国家便被迫关闭或缩减了很多大规模农业企业，其原因是这些企业给外国供应商和当地精英提供了合作进行私自无度扩张的机会。国家将某些种类的中等规模城市企业的控制权交给了象牙海岸人，如面包店等，但看上去这类垄断形式并没有带来真正的增长。因此，象牙海岸资本主义中的国家成分似乎更像是为外部主导经济体服务的中间人，而不是本土私营企业生存的基础。现在距离独立也没有过去太长时间，我们要判断这种发展模式是否可以满足日益扩大的中产阶级需要还为时尚早，更不要说其他群体了。我们将在下文讨论这些群体与这种体系之间的关系。

不管怎样，肯尼亚是非洲唯一一个本国的民族资产阶级能够独立与外国企业家竞争的案例。这一发展的历史基础在于移民殖民主义对肯尼亚乡村的破坏性影响，我们已经提到，早在独立之前很久这就导致了非洲人口中非常明显的阶级分化。伴随着民族主义斗争发生的"茅茅起义"的能量强大到足以保证能够消除英国人对已经站稳脚跟的移民的支持，但这种能量在向土地结构或肯尼亚社会总体施加平均主义影响的层面还显得太弱。因此，肯尼亚的政治精英中包含了大量实际或将要成为地主的人，他们不只想要保护现有的土地，也想要采用欧洲人的农业形式，并且利用政治上的关系建立他们自己的现代城镇企业。

肯尼亚国家在这一过程中的资助者角色在几个重要方面与象牙海岸有相似之处：存在有关"非洲化"规定（和对已存在的亚洲企业家阶层的支持相区分）、向肯尼亚商人以优惠利率提供资本、半国营企业中的一些岗位能够优先获得外国资本的各类回报。当地的证券市场、外国投资与各类收租和小规模企业也在本地资本家的资产组合中扮演了关键角色。在许多市场较大的行业中,比如大规模分销、鞋类制造业和工业化茶叶生产方面,肯尼亚的非洲企业家也创立了独立的公司,并且成功地从跨国企业手中争得了大量市场份额。

在肯尼亚,国家给有影响力且有技术的非洲人提供了在本国经济中获得自主地位所需的资源。一些观察家对这一新兴的企业资产阶级提出了批评,称之为"跨国阶层",即已经在世界经济中占有一席之地,却并没有改变肯尼亚的发展模式。但为了检验这一观点以及象牙海岸资本家不那么活跃的适应过程,我们有必要将视线转向精英以外。

不谈西方经验,我们从非洲经济发展的总体模式中就可能预测到,资本主义国家和"社会主义"国家相比起来能够与正式经济部门中的有组织劳工建立更好的关系。以象牙海岸为例,国家仍然处于主导地位,这是由于独立前当地工人运动相对较弱,范围也只限于与小企业家有着类似同业公会形式关联的白领雇员,尤其是运输业从业者(出租车和卡车驾驶员或所有者)。自掌权起,象牙海岸政权便试图对劳动力既安抚又控制。安抚的手段包括了一个最低工资法,该法保证城市工人能够享受到居住水准的真切提升(而主要有迁移人群组成的农村劳动力的报酬则要低得多);还有就是承认工会领袖是半官方"国家理事会"的成员,乌弗埃-博瓦尼总统会不定时召集开会,商讨大政方针。一个单一的、以政党为基础的组织则成了控制的手段,该组织包含了所有工会,并对罢工的权利进行限制(并不总是维持）。这个组织得以维持靠的是除了（独立之后早期）对中层岗位象牙海岸化比率提出异议之外的反对派的缺失。近些年的紧缩政策使得学校老师等群体开始罢工，这反映了象牙海岸工人运动的中产阶级性质，也意味着一旦该政权无法给其统治集团内部带来经济回报，工人可能最先表达他们的不满。

肯尼亚的工会在独立运动中有着更为强势也更为自主行动的历史，这部分是因为前文所述的该国开展较早也较无序的工业化。当民族主义运动中工会的头面人物汤姆·姆博亚（Tom Mboya）转而投向政府之后，工会便被置于一个由忠于政党者带领的中央集权组织的管控之下。然而，与象牙海岸形成鲜明对比的是（我们需要考虑到数据的不均），肯尼亚个体工会看上去在选择自己领袖、提出工资需求乃至开展罢工时保留了相当大的自主权。在肯尼亚的正式经济部门工作的工人基本上接受了现行经济体制，他们与象牙海岸激进化程度极高的工会运动相比更能代表一般大众。同时，他们与极为不稳定的城镇非正式经济部门联系程度也更深。

20世纪70年代，总体友好的国际机构一直敦促象牙海岸和肯尼亚通过支持非正式部门企业的方式，给予本土资本主义的振兴更多正面的关注。事实上，两个国家的资本主义体制都为与日益扩展且相对受限较少的正式部门相关的经济活动的合法增长提供了最优条件。然而，象牙海岸和肯尼亚都只是容忍了非正式经济部门有关活动的开展，而对于它们自己所说的自己是非洲自主发展来源而不是城市环境中低水平生存者的承诺仍然表示怀疑。

可以预料到的是，我们对于象牙海岸非正式经济部门的信息掌握得相对较少。资本化程度较差、主要由移民运营的发展机会较小的企业看上去是非正式经济部门的广泛基础。"过渡性"经济部门中象牙海岸本土成分更大，资金情况更好，且能够在一定程度上利用国家支持，但该部门与大型现代工业和诸如低成本住宅建造（受到政府房产政策的限制）等具有潜在扩张性的自主业务都没有动态联系。假设我们相信象牙海岸政权分析家的话，国家在将非正式部门维持为大多数人低水平均衡与少部分人垄断性向上流动的结合体方面取得了成功。这一成功的关键可能是首都和主要城市阿比让（Abidjan）的最穷困群体接受了自己作为外来迁入者的地位，他们只要能够积攒一点盈余逐步寄还给贫困故土（主要是布基纳法索和尼日尔）就会感到满意。

非正式部门在肯尼亚起到的作用要大得多。它在一个中央控制程度较低的资本主义体系中既是一项功能，也是一种手段。在官方层面上，肯尼亚政府从来没有履行过之前提出的要支持非正式部门手工业者的承诺，也没有认真地执行过"场地和服务"住房计划。内罗毕城市当局经常会骚扰乃至摧毁城市中大量未经批准的贫民工作和生活区域。但这些政策的受害者在市议会中也有他们自己的代表，他们也与有影响力的公众人物有政治和商业联系，因此他们大多数的经济活动得以继续开展，甚至取得了增长。20世纪70年代早期对于肯尼亚非正式经济部门的研究为它的灵活性提供了重要的佐证，但威廉·豪斯（William J. House）近期的调查则显示手工业者们不只能够从正式部门回收废弃物，也能够一跃成为接受分包合同为正式部门提供服务的群体。这类成功可能是资本主义在肯尼亚取得的最伟大成就。出于同样的原因，非正式经济部门发展的失败可能会带来灾难性的后果，因为内罗毕的人口增长速率远超过正式部门吸收就业的能力。它潜在的杀伤能力从随着1982年失败的军事政变而发生的骚乱中可见一斑。

象牙海岸和肯尼亚的农村政策与"社会主义"政权的不同之处在于它们对延续乃至扩展小农商业化种植的支持，这也是农村资产阶级形成的基础。然而，在实际操作中，两个资本主义例子之间的差异几乎和它们与"社会主义"的对比一样引人注目。

虽然进行了各种推进多样化商业性农业的努力，象牙海岸的大部分外汇收入仍然依赖于两种殖民时期出口生产的主要作物：可可和咖啡。独立后这一经济部门的扩张和之前一样，使得拥有土地规模不同和利用雇佣劳动力程度不同的农场主之间产生了明显的差异。然而，正如我们在殖民地农民综合体系（见第六章）中见到的，这种资源利用度的差异并没有带来农业经济中完全的资本主义关系。有钱的农场主与他们雇佣的劳工一起在田间劳作，而后者即便是外来迁入者，也普遍有希望获得属于自己的土地。种植可可和咖啡的农场主在农业技术中的投资（即便是在杀虫喷雾的层面上）仍然微乎其微。相反，累积的财富盈余仍然持续从农业中流出，进入交通运输和销售等类型的企业（包括向贫穷一些的农场主贷款），给想要在城市中工作的孩子们安排好的教育，或者流入像那种近期在地方城镇兴起主要租给当地国家官僚的现代住宅建筑业。

除了对农民和种植园主提供支持的花言巧语，象牙海岸的国家本身并没有对经济作物收益向民营农业的重新投资起到多少推动作用。事实上，由"稳定基金"维持的生产价格和出口价格之间的差异是如此之大，以至于收益的绝大部分都直接被国家挪用，重新投入在城市部门或新兴大型农业企业中了。国家资助的农业工程确实给农村新阶层的崛起提供了一些基础，这些新阶层包括管理者或是使用更为资本集约化培育体系的承包者（其土地所有权规模各异）。但直到现在，这些雄心勃勃的计划至多只能占到国家农业产出的很小一部分。基本上，象牙海岸的资本主义与其农村选民相安无事的模式与之前殖民政权时期没什么两样：保持农民的相对不受打扰，给予他们获得虽然有限却稳定的农业收入的机会，在经济中的非农部门进行少量且风险较小的投资。

　　肯尼亚农村阶层之间的关系也遵循了传统的殖民模式，但这里的结果则是农民经济作物种植更为明显的扩张以及资本主义关系对农业更深的渗透。殖民时期的主要商品——主要针对出口市场的咖啡与同时在国内和国外销售的玉米和奶制品——继续在独立后的肯尼亚农业中保持了自己的位置，其生产也仍然是小型种植和大型农场混合的形式。

　　小农部门的扩张最为猛烈（虽然也是殖民后期的政策效果的延续）。基础设施和政府的直接支持延伸到了白人移民区域之外的之前受到忽视的地区，一部分之前欧洲人的保留地也被重新分配给了非洲农民。农业的"地产"部分也得到了增长，这是因为较为成功的农民不再受到法律的限制，他们可以正式整合自己的财产，用牛犁地，或者拖拉机、化肥以及其他现代

第九章　从非殖民化到后殖民政权：内部转型的努力

科技。许多之前欧洲人拥有的地产在转交给当地人或者分成小块卖给富裕的非洲人时仍然维持了之前的规模。最后，越来越多的小农承包者开始种植茶叶这一能获得大量出口份额的作物，并且茶叶也被整合进了现代工厂加工体系。

除了控制销售的半国营的市场管理机构的存在外，肯尼亚政府秉承的定价政策总体上是有利于生产者的，尽管城市工人和企业家能够对掌权者施加一定的政治影响。市场管理机构中的腐败造成了农场主的大量损失，但这些组织（尤其是控制咖啡、奶制品和肉制品的合作社）离生产者的领域更近一些，即使不会遭到根本性的纠正，也容易受到周期性的整顿。

尽管肯尼亚的农民因此减轻了纳税负担，政府政策仍然偏向大型地主。这一农村资产阶级和城市企业家相似，都对自己替代欧洲人角色的能力充满自信，也通过茶工业等事业与大型工业企业保持着直接联系。但与之前看待欧洲人或另一个东非资本主义经济体马拉维的本土有产农场主的态度一样，经济观察家们对新的非洲地主精英的效率提出了同样的问题：他们对国家财富的贡献能够正当化他们优先获取的公共支持吗？从严格的每亩种植面积产出来看，小农场主要更为高效，尽管其比例不能和诸如加纳的国营农场公司等真正分配不当的例子相比。

但非洲地主阶级存在的终极正当理由并不在于他们参与某种特定经济活动的绩效，而在于他们在建立一个与当地联系更深的集约化发展基础中所扮演的角色，这种本土联系的影响比农村"社会主义"的平等主义项目或者象牙海岸资本主义中乡村的边缘化稳定状态的影响都要深远。在肯尼亚，这再一次成了一个非常关键的问题，因为农村资本主义对民族资产阶级的出现贡献很大，但土地的短缺和阶层之间收入明显的差异使得人们对新经济精英产生了严重不满。

总结

尽管我们在本章中一直努力避免根据目前不确定性较高的数据得出对后殖民非洲经济发展的确切性结论，但某些特定的模式已清楚地呈现出来：第一，国家指导的雄心勃勃的发展计划一般都不会成功；第二，作为非洲经济体持久支柱的小农经济更多时候是发展计划的绊脚石而不是基础；第三，虽然最近修正主义批评家呼吁以"资产阶级革命"来抵消过去数十年失败的国家主义，但偏向资本主义路径的正面历史证据仍很薄弱。

因此，本章第一节中提到的变革导致了一种比两次世界大战之间典型的殖民时代所发生的事件更为戏剧性的倡议和冲突。考虑到非洲国际地位的下降，我们从历史中深思得来的一个教训是，非洲应该回到大萧条、"二战"和非殖民化等一系列扰乱性事件之前的那种不那么自负的发展模式。象牙海岸的案例表明，这项策略仍然可行，但也有其局限。即便是造成博瓦尼政权如今债务负担的对谨慎计划的违背没有发生，其他因素诸如人口和足够活跃、能够吸引农村生产者的现代经济部门的需求也会不可避免地破坏旧有的国家主义-小农体制。南非代表着另一种形式的殖民延续性，其基础是向现代化、工业化生产方式的完全转型，但出于同样的原因，南非也未能在经济上同化大多数人口，这些人受到了南非政府严重的社会和政治压迫。

失败的经济发展形式是明显的，但我们对什么会带来有意义的成功却还是迷茫一片。正如 20 世纪 80 年代中期无数新闻报道的论调所说，对于局外人而言最简单的解决方法便是放弃撒哈拉以南非洲，把它视作一个大灾难，一个现代世界经济中的"病人"。但这是基于短期情况的分析，尽管最近有许多关于缺乏营养导致高死亡率的报道，这种态势也不是不可逆转的。仅仅以本章的材料作为基础，我们不可能描绘出另一番未来的景象，但以对过去的回顾和对非洲经济变革表现出的更大图景的描绘来结束整本书还是有益的。

参考文献

非洲

1. Amin, Samir, *Le Monde des affaires sénégalaises*, Paris: Editions de Minuit, 1969.
2. Anon., "'Dark Continent' image revived", *Africa News*, Vol. 22, No.10, 1984, p. 1f..
3. Arrighi, Giovanni, "International capital, labour aristocracies, and economic development in tropical Africa", in Giovanni Arrighi and John S. Saul (eds), *Essays on the Political Economy of Africa*, New York: Monthly Review Press, 1973, pp.105 - 151.
4. Austen, Ralph A. and Rita Headrick, "Equatorial Africa under colonial rule", in David Birmingham and Phyllis M. Martin (eds), *History of*

Central Africa, Vol.2, London: Longman, 1983, pp.27 - 94.
5. Bates, Robert H., *Market and State in Tropical Africa*, Berkeley: University of California Press, 1981.
6. Berg, Elliot J. and Jeffrey Butler, "Trade unions", in Coleman and Rosberg (eds), 1964, pp.340 - 381.
7. Biersteker, Thomas J., *Destitution or Development? Contending Perspectives on the Multinational Corporation*, Cambridge: MIT Press, 1978.
8. Bromley, Ray and Chris Gerry (eds), *Casual Work and Poverty in Third World Countries*, Chichester: Wiley, 1979.
9. Callaghy, Thomas M., *The State-Society Struggle: Zaire in Comparative Perspective*, New York: Columbia University Press, 1984.
10. Coleman, James S. and Carl G. Rosberg (eds), *Political Parties and National Integration in Tropical Africa*, Berkeley: University of California Press, 1964.
11. Collier, Ruth, *Regimes in Tropical Africa*, Berkeley: University of California Press, 1982.
12. Curry, Robert L. and Donald Rothchild, "On economic bargaining between African governments and multinational corporations", *Journal of Modern African Studies*, Vol.12, No.2, 1974, pp.173 - 189.
13. Dunn, John (ed.), *West African States: Failure and Promise*, Cambridge: Cambridge University Press, 1978.
14. Edinburgh, *Malawi: An Alternative Pattern of Development*, Seminar Proceeding Centre of African Studies: University of Edinburgh, 1984.
15. Frank, Jr, Charles R., "Public and private enterprise in Africa", in Gustav Ranis (ed.), *Government and Economic Development*, New Haven: Yale University Press, 1971, pp.88 - 125.
16. Friedland, W. H. and C. G. Rosberg, *African Socialism*, Stanford: Hoover Institution Press, 1964.
17. Gutkind, Peter C. W., Robin Cohen, and Jean Copans (eds), *African*

Labour History, Beverley Hills: Sage, 1978.
18. Hanna, William John and Judith Lynne, Urban Dynamics in Black Africa, Chicago: Aldine, 1971.
19. Harberger, Arnold C. (ed.), World Economic Growth, San Francisco: ICS, 1984.
20. Henderson, Ian, "Wage-earners and political protest in colonial Africa: the case of the copperbelt", African Affairs, Vol.72, No. 288, 1973, pp.288–299.
21. Hopkins, A. G., An Economic History of West Africa, New York: Columbia University Press, 1973.
22. Hyden, Goran, *No Shortcut to Progress: African Development Management in Perspective*, Berkeley: University of California Press, 1983.
23. Hymer, Stephen, "The multinational corporation and the law of uneven development", in Jagdish N. Bhagwati (ed.), Economics and World Order from the 1970s to the 1990s, New York: Macmillan, 1972, pp.113–140.
24. Johnson, R. W., "Guinea", in Dunn (ed.), 1978, pp.36–55.
25. Jones, William I., *Planning Economic Policy: Socialist Mali and her Neighbours*, Washington: Three Continents Press, 1976.
26. Joseph, Richard, *Radical Nationalism in Cameroun: Social Origins of the IJPC Rebellion*, Oxford: Clarendon Press, 1977.
27. Joseph, Richard, "Affluence and underdevelopment: the Nigerian experience", Journal of Modern African Studies, Vol.16, No.2, 1978, pp.221–239.
28. Kilby, Peter, *African Enterprise: the Nigerian Bread Industry*, Stanford: Hoover Institution Press, 1965.
29. Kitchen, Helen, *United States Interests and Africa*, New York: Praeger, 1983.
30. Kydd, Jonathan and Robert Christiansen, "Structural change in Malawi since independence: consequences of a development strategy based on

large-scale agriculture", *World Development*, Vol. 10, No. 5, 1982, pp.355 – 375.
31. Lipson, Charles, *Standing Guard: Protecting Foreign Capital in the Nineteenth and Twentieth Centuries*, Berkeley: University of California Press, 1985.
32. Lonsdale, John M., "Some origins of nationalism in East Africa", *Journal of African History*, Vol.9, No.1, 1968, pp.119 – 146.
33. Morgenthau, Ruth Schachter, *Political Parties in French-Speaking West Africa*, Oxford: Clarendon Press, 1964.
34. Nafziger, E. Wayne, *African Capitalism: A Case Study of Nigerian Entrepreneurship*, Stanford: Hoover Institution Press, 1977.
35. OEEC/OECD, Organization for European Economic Cooperation / Organization for Economic Cooperation and Development, The Flow of Financial Resources to Countries in the Course of Economic Development, Paris: OEEC/OECD, 1961—1984.
36. Ottaway, David and Marina Ottaway, *Afrocommunism*, New York: Africana Press, 1981.
37. Payer, Cheryl, *The Debt Trap: The IMF and the Third World*, New York: Monthly Review Press, 1974.
38. Peace, Adrian J., *Choice, Class and Conflict. A Study of Southern Nigerian Factory Workers*, Brighton: Harvester Press, 1979.
39. Rood, Leslie L., "Foreign investment in African manufacturing", *Journal of Modern African Studies*, Vol.13, No.1, 1975, pp.19 – 34.
40. Rosberg, Carl G. and Thomas M. Callaghy, *Socialism in Sub-Saharan Africa: A New Assessment*, Berkeley: University of California Press, 1979.
41. Rosberg, Carl G. and Robert H. Jackson, *Personal Rule in Black Africa: Prince, Autocrat, Prophet, Tyrant*, Berkeley: University of California Press, 1982.
42. Sandbrook, Richard and Robin Cohen (eds), *The Development of an African Working Class*, Toronto: University of Toronto Press, 1975.

43. Sandbrook, Richard, *The Politics of Basic Needs: Urban Aspects of Assaulting Poverty in Africa*, Toronto: University of Toronto Press, 1982.
44. Schatz, Sayre P., "Crude private neo-imperialism: a new pattern in Africa", *Journal of Modern African Studies*, Vol. 7, No. 4, 1969, pp.75 – 92.
45. Schatz, Sayre P., *Nigerian Capitalism*, Berkeley: University of California Press, 1977.
46. Sethuraman, J. V. (ed.), *The Urban Informal Sector in Developing Countries: Employment, Poverty, and Environment*, Geneva: ILO, 1981.
47. Shaw, Timothy, "Beyond neo-colonialism: varieties of corporatism in Africa", *Journal of Modern African Studies*, Vol. 20, No. 2, 1982, pp.239 – 261.
48. Sklar, Richard, *Nigerian Political Parties*, Princeton: Princeton University Press, 1963.
49. Stryker, Richard S., "The World Bank and African development: food production and rural poverty", *World Development*, Vol. 7, 1979, pp.325 – 336.
50. U. N., United Nations, Statistical Office, Yearbook of International Trade Statistics, 1961—1980.
51. UNCTAD, United Nations Conference on Trade and Development, Handbook of International Trade and Development Statistics, New York: United Nations, 1972—1985.
52. Vennettier, Pierre, *Les villes de l'Afrique tropicale*, Paris: Masson, 1976.
53. Vernon, Raymond, *Storm Over the Multinationals: The Real Issues*, Cambridge: Harvard University Press, 1977.
54. Wallerstein, Immanuel, "Voluntary associations", in Coleman and Rosberg (eds), 1964, pp.318 – 339.
55. Watts, Michael and Paul Lubeck, "The political classes and the oil boom: a political economy of rural and urban poverty", in Zartman (ed.), 1983, pp.105 – 144.

56. Widstrand, Carl (ed.), *Multinational Firms in Africa*, Uppsala: Scandinavian Institute of African Studies, 1973.
57. Williams, Gavin (ed.), *Nigeria: Economy and Society*, London: Collings, 1976.
58. Wilson, III, Ernst J., "Contested terrain: a comparative and theoretical assessment of state-owned enterprises in Africa", African Studies Association Meetings, Papers, 1982.
59. World Bank [Elliot J. Berg], *Accelerated Development in Tropical Africa*, Washington, DC: World Bank, 1981.
60. Young, Crawford, *Ideology and Development in Africa*, New Haven: Yale University Press, 1982.
61. Zartman, I. William (ed.), *The Political Economy of Nigeria*, New York: Praeger, 1983.

加纳

1. Austin, Dennis, *Politics in Ghana 1946—1960*, Oxford: Clarendon Press, 1964.
2. Beckman, Björn, *Organising the Farmers: Cocoa Politics and National Development in Ghana*, UÅpsala: Scandinavian Institute of African Studies, 1976.
3. Chazan, Naomi, *An Anatomy of Ghanaian Politics: Managing Political Recession, 1969—1982*, Boulder, Col.: Westview Press, 1983.
4. Cohen, D. L. and M. A. Tribe, "'Suppliers' credits in Ghana and Uganda: an aspect of the imperialist system", *Journal of Modern African Studies*, Vol.10, No.4, 1972, pp.525 - 541.
5. Esseks, John D., "Government and indigenous private enterprise in Ghana", *Journal of Modern African Studies*, Vol. 9, No. 1, 1971, pp.11 - 29.
6. Fitch, Bob and Mary Oppenheimer, *Ghana: End of an Illusion*, New York: Monthly Review Press, 1966.

7. Garlick, Peter C., *African Traders and Economic Development in Ghana*, Oxford: Clarendon Press, 1971.
8. Gastellu, Jean-Marc, "Les plantations de cacao au Ghana", *Cahiers d'ORSTOM*, Vol.18, No.2, 1981/82, pp.225 – 254.
9. Ghana, Central Bureau of Statistics, *Quarterly Digest of Statistics*, Accra, 1961—1969.
10. Graham, Ronald, *The Aluminum Industry and the Third World: Multinational Corporations and Underdevelopment*, London: Zed, 1982.
11. Hart, Keith, "Informal income opportunities and urban employment in Ghana", *Journal of Modern African Studies*. Vol. 11. No. 3, 1970, pp.61 – 89.
12. Jeffries, Richard, *Class, Power and Ideology in Ghana: The Railwaymen of Sekondi*, Cambridge: Cambridge University Press, 1978.
13. Jones. Trevor, *Ghana's First Republic*, London: Methuen, 1976.
14. Kennedy, Paul, "Indigenous capitalism in Ghana", *Review of African Political Economy*, No.8, 1977, pp.21 – 38.
15. Kennedy, Paul T., *Ghanaian Businessmen: From Artisan to Capitalist Entrepreneur in a Dependent Economy*, Munich: Weltforum, 1980.
16. Killick, Tony, *Development Economics in Action: A Study of Economic Policies in Ghana*, New York: St Martin's Press, 1978.
17. Kraus, Jon, "The political economy of industrial relations in Ghana", in U. G. Damachi et al. (eds), *Industrial Relations in Africa*, New York: St Martin"s Press, 1979, pp.106 – 168.
18. Le Vine, Victor T., *Political Corruption: The Ghana Case*, Stanford: Hoover Institution Press, 1976.
19. Miracle, Marvin P. and Ann Seidman, *State Farms in Ghana*, Madison: Land Tenure Center, 1968.
20. Nkrumah, Kwame, *Africa Must unite*, London: Heinemann, 1963.
21. Oertly, Walter Victor, *Wirtschaftliche Zentralprobleme Ghanas seit der Unabhängigkeit: Entwicklung der Primärproduktion und aussenwirtschaftliche*

Verschuldung, Bern: H. Lang, 1971.
22. Rathbone, Richard, "Businessmen in politics: party struggle in Ghana, 1949—1957", *Journal of Development Studies*, Vol. 9, No. 3, 1973, pp.391 - 401.
23. Roemer, Michael, "Ghana, 1950—1980: missed opportunities", in Arnold C. Harberger (ed.), *World Economic Growth*, San Francisco: ICS, 1984, pp.197 - 230.
24. Silver, Jim, "Class struggle in Ghana's mining industry", *Review of African Political Economy*, No.12, 1978, pp.67 - 86.
25. Southall, Roger J., "Farmers, traders, and brokers in the Gold Coast economy", *Canadian Journal of African Studies*, Vol.12, No.2, 1978, pp.185 - 211.
26. Thompson, W. Scott, *Ghana's Foreign Policy, 1957—1966*, Princeton: Princeton University Press, 1969.

象牙海岸

1. Amin, Samir, *Le développement du capitalisme en Côte d'Ivoire*, Paris: Editions de Minuit, 1967.
2. Arnaud, Jean-Claude and Gerard Sournia, "Les forêts de Côte d'Ivoire: une richesse en voie de disparaître", *Cahiers d'Outremer*, Vol.32, No. 127, 1979, pp.281 - 301.
3. Campbell, Bonnie, "Neo-colonialism, economic dependence and political change: cotton textile production in the Ivory Coast", *Review of African Political Economy*, No.2, 1975, pp.36 - 53.
4. Campbell, Bonnie, "The Ivory Coast", in John Dunn (ed.), *West African States: Failure and Promise*, Cambridge: Cambridge University Press, 1978, pp.66 - 116.
5. Cohen, Michael, *Urban Policy and Political Conflict in Africa: A Study of the Ivory Coast*, Chicago: University of Chicago Press, 1974.
6. Dozon, Jean Pierre, " Impasse et contradiction d'un secteur de

développement: l'exemple de l'option 'riziculture irriguée' en Côte d'Ivoire", *Cahiers d'ORSTOM*, Vol.16, Nos.1/2, 1979, pp.37–58.
7. Fauré, Y. A. and J. F. Médard (eds), *Etat et bourgeoisie en Côte d'Ivoire*, Paris: Karthala, 1982.
8. Fréchou, Hubert, "Les plantations européennes en Côte d'Ivoire", *Cahiers d'Outremer*, Vol.8, No.1, 1955, pp.56–83.
9. France, Ministere de la Coopération et du Développement, *Entreprises publiques en Côte d'Ivoire*, Paris: Ministere de Relations Extérieures, 1982.
10. Gastellu, J. M. and S. Affou Yapi, "Un mythe à décomposer: la 'bourgeoisie de planteurs'", in Fauré and Médard (eds), 1982, pp.149–179.
11. Gbagbo, Laurent, *La Côte d'Ivoire: économie et société à la veille de l'indépendance*, Paris: L'Harmattan, 1982.
12. Gbetibouo, Mathurin and Christopher L. Delgado, "Lessons and contributions of export crop-led growth: cocoa in the Ivory Coast", in Zartman and Delgado (eds), 1984, pp.115–147.
13. Groff, David Euston, "The development of capitalism in the Ivory Coast: the case of Assi-Kasso, 1880—1940", Unpublished PhD dissertation, Stanford University, 1980.
14. Hecht, Robert M., "The Ivory Coast economic 'miracle': what benefits for Africans?". *Journal of Modern African Studies*, Vol.21, No.1, 1983, pp.125–153.
15. Joshi, Heather, et al., *Abidjan: Urban Development and Employment in the Ivory Coast*, Geneva: ILO, 1976.
16. Lee, Eddy, "Export-led rural development: the Ivory Coast", *Development and Change*, Vol.11, 1980, pp.607–642.
17. Masini, Jean et al., *Multinationals and Development in Black Africa: A Case Study in the Ivory Coast*, Farnborough: Saxon House, 1979.
18. Miras, C. de, "L'entrepreneur ivoirien ou une bourgeoisie privée de son

état", in Fauré and Médard (eds), 1982, pp.181-229.
19. Monson, Terry D. and Garry C. Pursell, "The use of ORC's, Overseas Resource Costs to evaluate indigenization programs: the case of the Ivory Coast", *Journal of Development Economics*, Vol.6, 1979, pp.119-139.
20. Mytelka, Lynn Krieger, "Direct foreign investment and technological choice in the Ivoirian textile and wood industries", *Vierteljahresberichte: Probleme der Entwicklungsländer*, Vol.83, 1981, pp.61-80.
21. Mytelka, Lynn Krieger, "European business and economic development", in Zartman and Delgado (eds), 1984, pp.149-173.
22. Pillet-Schwartz, Anne-Marie, "Les grandes entreprises de cultures et la production des paysans en Côte d'Ivoire", *Études Rurales*, Vol.70, 1978, pp.65-79.
23. Pillet-Schwartz, Anne-Marie, "Une tentative de vulgarisation avortée: l'hévéaculture en Côte d'Ivoire", *Cahiers d'Études Africaines*, Vol.20, Nos.1/2, 1980, pp.63-82.
24. Tuinder, Bastiaan A. den, *Ivory Coast: The Challenge of Success* [*World Bank Report*], Baltimore: Johns Hopkins University Press, 1978.
25. Valette, Alain, "Résultats et réflexions sur une étude empirique de l'industrialisation de la Côte d'Ivoire", *Cahiers d'ORSTOM*, Vol.17, 1980, pp.45-83.
26. Woronoff, Jon, *West African Wager: Houphouet Versus Nkrumah*, Metuchen, N. J.: Scarecrow, 1972.
27. Zartman, I. William and Christopher Delgado (eds), *The Political Economy of Ivory Coast*, New York: Praeger, 1984.
28. Zolberg, Aristide R., *One-Party Government in the Ivory Coast*, Princeton: Princeton University Press, 1964.

肯尼亚

1. Amsden Alice, *International Firms and Labour in Kenya, 1945—1960*, London: Cass, 1971.

2. Barkan, Joel D. and John Okumu (eds), *Politics and Public Policy in Kenya and Tanzania*, New York: Praeger, 1984.
3. Buch-Hansen, Mogens and Henrick Secher Marcussen, "Contract farming and the peasantry: cases from western Kenya", *Review of African Political Economy*, No.23, 1982, pp.9–36.
4. Bujra, Janet M., "Proletarianization and the informal economy: a case study from Nairobi", *African Urban Studies*, No.3, 1978/79, pp.47–66.
5. Burrows, John R., *Kenya: Into the Second Decade* [*World Bank Report*], Baltimore: Johns Hopkins University Press, 1975.
6. Chege, Michael, "A tale of two slums: electoral politics in Methare and Dagoretti", *Review of African Political Economy*, No. 20, 1981, pp.74–88.
7. Clayton, Anthony and Donald C. Savage, *Government and Labour in Kenya, 1895—1963*, London: Cass, 1974.
8. Fransman, Martin (ed.), *Industry and Accumulation in Africa*, London: Heinemann, 1982.
9. Furedi, Frank, "The social composition of the Mau-Mau movement in the White Highlands", *Journal of Peasant Studies*, Vol. 1, No. 4, 1974, pp.486–505.
10. Godfrey, M. and S. Langdon, "Partners in underdevelopment: the transnational thesis in a Kenyan context", *Journal of Commonwealth Political Studies*, Vol.14, 1976, pp.42–63.
11. Hake, Andrew, *African Metropolis: Nairobi's Self-Help City*, New York: St Martins Press, 1977.
12. Hazlewood, Arthur, *The Economy of Kenya: The Post-Kenyatta Experience*, Oxford: Oxford University Press, 1979.
13. House, William J., "Nairobi's informal sector: an exploratory study", in Killick (ed.), 1981a, pp.357–368.
14. Kaplinsky, Raphael, "Export-oriented growth: a large international firm in a small developing country", *World Development*, Vol. 7, 1979,

pp.825-834.
15. Kenya, Ministry of Economic Planning and Development /Finance and Planning, 1965—1985, *Economic Survey*, Nairobi.
16. Killick, Tony (ed.), *Papers on the Kenyan Economy*, Nairobi: Heinemann, 1981a.
17. Killick, Tony, *The IMF and Economic Management in Kenya*, London: Overseas Development Institute, Working Paper No.4, 1981b.
18. King, Kenneth, *The African Artisan*, London: Heinemann, 1971.
19. Langdon, Steven W., *Multinational Corporations in the Political Economy of Kenya*, New York: St Martins Press, 1981a.
20. Langdon, Steven W., "North /South, West and East: industrial restructuring in the world economy", *International Journal*, Vol. 36, 1981b, pp.766-792.
21. Leo, Christopher, *Land and Class in Kenya*, Toronto: Toronto University Press, 1984.
22. Leys, Colin, "State capital in Kenya: a research note", *Canadian Journal of African Studies*, Vol.14, No.2, 1980, pp.307-317.
23. Martin, D., "Dépendance et luttes politiques au Kenya, 1975—1977", *Canadian Journal of African Studies*, Vol.12, No.2, 1978, pp.233-256.
24. Nelson, Nici, "How women and men get by: the sexual division of labour in the informal sector of a Nairobi squatter settlement", in Ray Bromley and Chris Gerry (eds), *Casual Work and Poverty in Third World Countries*, Chichester: Wiley, 1979, pp.283-302.
25. Oketh-Ogendo, H. M. V., "Land ownership and land distribution in Kenya's larger farm areas", in Killick (ed.), 1981a, pp.329-338.
26. Rosberg, Carl G. and John Nottingham, *The Myth of "Mau Mau": Nationalism in Kenya*, New York: Praeger, 1966.
27. Sandbrook, Richard, *Proletarians and Capitalism: The Kenyan Case, 1960—1972*, Cambridge: Cambridge University Press, 1975.
28. Sorrenson, Keith, *Land Reform in the Kikuyu Country*, Nairobi: Oxford

University Press, 1967.
29. Stichter, Sharon, "Trade unionism in Kenya: the militant phase, 1947—1952", in Peter C. W. Gutkind, Robin Cohen and Jean Copans (eds), *African Labour History*, Beverly Hills: Sage, 1978, pp.155 – 174.
30. Stichter, Sharon, *Migrant Labour in Kenya: Capitalism and African Response, 1895—1975*, London: Longman, 1982.
31. Swainson, Nicola, *The Rise of Corporate Capitalism in Kenya, 1918—1977*, Berkeley: University of California Press, 1980.
32. Wasserman, Gary, *The Politics of Decolonization: Kenya Europeans and the Land Issue, 1960—1965*, Cambridge: Cambridge University Press, 1976.
33. Werlin, Herbert H., *Governing an African City: A Study of Nairobi*, New York: Africana Press, 1974.

坦桑尼亚

1. Bienefeld, M. A., "Socialist development and the workers in Tanzania", in Richard Sandbrook and Robin Cohen (eds), *The Development of an African Working Class*, Toronto: Toronto University Press, 1975, pp.239 – 260.
2. Bolton. Dianne, "Unionization and employer strategy: the Tanganyikan sisal industry. 1958—1964," in Peter C. W. Gutkind, Robin Cohen and Jean Copans (eds), *African Labor History*, Beverly Hills: Sage, 1978, pp.175 – 204.
3. Clark, W. Edmund, *Socialist Development and Public Investment in Tanzania, 1964—1973*, Toronto: University of Toronto Press, 1978.
4. Cliffe. Lionel and John Saul (eds), *Socialism in Tanzania*, Vol. 2, Nairobi: EAPH, 1973.
5. Cliffe, Lionel and Griffiths L. Cunningham, "Ideology, organisation and the settlement experience in Tanzania", in Cliffe and Saul (eds), 1973, pp.131 – 140.

6. Coulson. Andrew C., "Tanzania's fertiliser factory", *Journal of Modern African Studies*, Vol.15, No.1, 1977, pp.119–125.
7. Coulson. Andrew C., *Tanzania: A Political Economy*, Oxford: Clarendon Press, 1982.
8. Ellis, Frank, "Price and the transformation of peasant agriculture: the Tanzanian case", *Bulletin of the Institute of Development Studies*, University of Sussex, Vol.13, No.4, 1982, pp.66–72.
9. Freyhold, Michaela von, *Ujamaa Villages in Tanzania: Analysis of a Social Experiment*, New York: Monthly Review Press, 1979.
10. Friedland, William H., "Co-operation, conflict, and conscription: TANU-TFL relations, 1955—1964", in Jeffrey Butler and A. A. Castagno (eds), *Boston University Papers on Africa: Transition in African Politics*, New York: Praeger, 1967, pp.67–103.
11. Harris John, *Tanzania's Performance in Meeting Basic Needs: The International Context*, Boston: Boston University Press, 1983.
12. Hyden, Goran, *Beyond Ujamaa in Tanzania: Underdevelopment and an Uncaptured Peasantry*, Berkeley: University of California Press, 1980.
13. Kim, Kwan S., "Industrialization strategies in a developing socialist economy — an evaluation of the Tanzanian case", *The Developing Economies*, Tokyo, Vol.16, No.3, 1978, pp.254–268.
14. Kunya, Musette, "Import substitution as an industrial strategy: the Tanzanian case", Dar es Salaam: Economic Research Bureau Papers, 1976.
15. Lele, Uma, "Tanzania: Phoenix or Icarus?", in Arnold C. Harberger (ed.), *World Economic Growth*, San Francisco: ICS, 1984, pp.159–195.
16. Lofchie, Michael F., "Agrarian crisis and economic liberalization in Tanzania", *Journal of Modern African Studies*, Vol.16, No.3, 1978, pp.451–471.
17. Maguire, G. Andrew, *Toward "Uhuru" in Tanzania: The Politics of*

Participation, Cambridge: Cambridge University Press, 1969.
18. Mapolu, Henry (ed.), *Workers and Management*, Dar es Salaam: Tanzania Publishing House, 1976.
19. Mittelman, James H., *Underdevelopment and the Transition to Socialism: Mozambique and Tanzania*, New York: Academic Press, 1981.
20. Nyerere, Julius K., *The Arusha Declaration Ten Years After*, Dar es Salaam: Government Printer, 1977.
21. Raikes, Philip, "Agrarian crisis and economic liberalization in Tanzania: a comment", *Journal of Modern African Studies*, Vol.17, No.2, 1979, pp.309－316.
22. Resnick, I. N., "The State Trading Corporation: a casualty of contradictions", in Mapolu (ed.), 1976, pp.71－89.
23. Sabot, R. H., *Economic Development and Urban Migration: Tanzania, 1900—1971*, Oxford: Oxford University Press, 1979.
24. Shivji, Issa G., *Class Struggles in Tanzania*, New York: Monthly Review Press, 1976.
25. Stren, Richard, "Underdevelopment, urban squatting, and the state bureaucracy: a case study of Tanzania", *Canadian Journal of African Studies*, Vol.16, No.1, 1982, pp.67－91.
26. Van Velzen, H. U. E. Thoden, "Staff, kulaks and peasants: a study of a political field", in Cliffe and Saul (eds), 1973, pp.153－179.

第十章

回顾：
增长与依附，自主与边缘化

前几章的论述已经足够清楚，所以不再需要对其内容进行总结。但是有一点需要指出的是，如果将非洲的经济发展追溯到驯化农业生产开始的时期，那可能只会模糊20世纪中期和晚期的情况。

我们在这里进行回溯，而副标题则提到了增长、依附、自主和边缘化。"增长"，是本书包含的几个世纪非洲经济活动变迁的指标；"依附"，是指非洲与其合作伙伴在世界经济中的关系越来越密切且是一种不对称关系；"自主"，可以表示为一种在本土资源中维持增长的能力；"边缘化"，是对自主的一种遏制——同时也是对非洲增长状态的一种定义。

正如第二章所说的那样，非洲经济自主增长的基础存在于国内部门中。在这里，早期也曾非常快速地发展起受外部影响较少的驯化农业和冶金术。然而，本土产品的规模、技术和社会组织受生态和文化因素两者的限制。非洲社会互相之间会交换剩余产品,这使复杂的工具和技术得到了发展,并且形成了专业分工。但是与世界上其他国家特别是那些与非洲有紧密联系的国家相比,非洲在贸易的数量和范围、技术的层次以及消费者和生产者之间的分离程度上仍然非常有限。

非洲在撒哈拉沙漠、印度洋、大西洋三个前沿的开放刺激了生产的增长和积累的增加,新的粮食来源和新的社会制度致力于推动各种类型的市场交换、生产和管理。然而,在这些发展中,很难看到对本土经济局限性的根本性超越。

由于与撒哈拉以北和北大西洋世界的接触,西苏丹和中苏丹成了将对外交流和内部活动结合得最彻底的地区。但是,西苏丹是非洲最容易受生态压力影响的地区。此外,其对外活动的成功在很大程度上依赖的是其早期贸易伙伴的弱点,地中海的伊斯兰经济的存在以及沙漠和森林的自然保护使苏丹地区免受外来的有效渗透。因此,苏丹地区是一种有限度的自主模式,并不适用于非洲大陆其他地区,后者的增长和依赖性都比较明显。

像西苏丹地区一样,东非也依靠印度洋与中东和亚洲世界相联,却没有发展出广泛的商业网、商业化采矿和农业以及城市制造业中心与国际化的生活方式。在中世纪晚期的短暂岁月里,坦桑尼亚海岸南部的基尔瓦和赞比西河内陆的大津巴布韦的城市艺术和手工业达到了令人惊叹的水平,但当西苏丹地区的城镇达到经济一体化的新高度时,它们走向了衰落。印度洋贸易中欧洲人的参与使东非的增长进入了更高的水平,阿曼统治下的桑给巴尔能够设法整合沿海贸易,将其商人送到遥远的内陆，并组织发展起种植园农业。但是，即便直接参与了世界海洋贸易——虽然仅限于沿海的一些贸易点，桑给巴尔也几乎没有促进国内生产技术和组织能力的质的提升，而就整个东非地区来说，手工业的衰退造成了破坏性暴力活动的增加。

与欧洲商业接触最充分的是面向大西洋的非洲地区，这里的发展最令人印象深刻，但是本土的经济基础也并未发生多少变化。这里的商业不受以前建立的苏丹商人的控制，倾向于整合小而相互竞争的地区。由于能够轻易获得纺织和金属半成品，这里的手工业活动在成品的质量水平上有所提升，但加工原料的技术却停滞不前甚至有所下降。控制贸易的城镇中心和政治组织多种多样，但是没有一个能够像卡诺或中世纪基尔瓦的综合经济体那样能集中所有的经济种类，更不必说去掌控北大西洋世界进口产品的工业化来源了。

对非洲的政治占领并没有改变欧洲人对这片大陆经济的印象。新形式的基础设施——特别是更强大的国家和机械化运输——大大增加了市场机会，但是几乎没有改变生产体系。在大多数殖民地非洲，商业产品的特定来源仍然是非洲农民，他们在传统的工具和社会关系的基础上扩大种植或者种植全新的作物。在南部非洲与非洲东部和中部的一些殖民地区，欧洲移民入侵与生态环境变化的结合有助于改变非洲的农业，包括改变畜力牵引耕作与引入资本主义阶级关系。然而，南非种族对立正日趋严重，肯尼亚、马拉维、津巴布韦后殖民时期的发展有限，这些因素使得我们很难去正确或全面地评估这些转变对非洲本土经济的影响。

大部分热带非洲国家殖民后时代的经济发展都经历了失败，农业和工业发展的许多尝试很少有建设性成果，经济并不景气，还有许多人挨饿。这些不需要在此赘述，但就此我们还是有疑问：这些因素是否说明当代非洲经济中仍呈现着某种程度的自主性？比如"未受控制的农民"和非正式的城市部门的存在。而这种"自主"代表的到底是一种可以支持非洲度过现代化阵痛的一种历史动力还是只是一种病态边缘化的表达？

在非洲经济发展的主要阶段里很容易发现自主的痕迹。农业和冶金的早期出现是一个非常独立的过程。在与更发达的外部社会进行广泛商业接触的近一千五百年的时间里，非洲保留了其政治独立性，并且有能力在已有安排不再提供令人满意的利润水平的情况下退出或转换市场。即使是在殖民时期，农民开始种植经济作物和从殖民者那里学习现代农业方法的活动往往也发生在欧洲控制框架之外。在后殖民地经济体中，非正式城市部门的扩张再次证明了非洲有能力以自己选择和计划的物质资源和社会形态来面对需求和机遇。

从这些方面来看，非洲的发展是不是资本主义西方经济结构的失败似乎并不重要。即使是面对那些在非洲代表西方的机构，非洲人也可以通过退入依然空荡边远的农村、进入城市非正式自主部门等方式来进行有效地规避。但同时，当越来越多的人涌向城市、非正式企业不得不依赖现代资源并且大陆上的一些地区有时都几乎不能养活自己的时候，宣言和鼓吹非洲自主就变得越来越困难。

找到当前困境的根源并不难，在经济史中这就是一种持续地边缘化的过程。转向驯化粮食生产使非洲人口开始扩张，这在充满危险的热带环境中难以维持。随着市场向世界经济融入度的提高，非洲对外部消费者的重要性却在下降。这种趋势可能导致个体的非洲生产者退出出口市场，不管是在殖民统治之前还是之后，这种情况都存在。而由于西方国家对非洲大陆的持续渗透，不参照外部中心地区就难以界定非洲边缘的作用。

在非洲的一些思想家那里，这种关系的非理智层面表现在越来越多的极端化，他们把资本主义和巫术等同起来；而现代化的热衷追求者则声称，尽管有"非正式部门"这类积极的术语，但这种自主的非正式活动其实是某种形式的抵抗或者犯罪。然后，不管是哪一种观点，它们都说明了非洲经济的某种持续的存活能力。

那么，我们如何平衡非洲经济史研究中的这些截然不同的看法？欧洲人和非洲人在他们的共同历史中的许多时期充满着乐观情绪，认为这片大陆广大丰富的资源能够创造世界经济的又一个中心，但这当然是不可能的。与此同时，尽管有奴隶贸易、殖民征服、白人移民的剥削和最近的饥荒，我们也仍很难把非洲简单定义为世界经济的受害者。至少在过去，非洲人总是能设法从各种人口和政治灾难中恢复过来，并坚持对自己领域的某种程度的控制。

非洲经济发展的根本困境是非洲大陆在世界上的作用与世界（或者是占主导地位的西方国家）对非洲渗透程度之间的不对称。前几章已经注意到有限的西方市场和对非洲渗透的强度之间的矛盾，如废奴运动和探险活动、19世纪末的殖民地分割、第二次世界大战后的新重商主义浪潮、后殖民时期的竞争性援助方案。在这些过程中施加给非洲的基础设施与非洲的基本生产体系并不能兼容。而到了最近，又出现了经济实力较强国家的国家主义野心计划与较贫穷地区的饥饿和暴力并存的现象。

如果说非洲不能在面对世界经济中最发达力量时调整自己是事实，那么外部世界现在正开始朝着更符合非洲持久发展的方向转变也似乎同样真切。我们可以看到这一趋势：主要工业化国家也在不断意识到持续有力地攫取自然资源可能带来的环境和能源风险。

与此同时，以电子计算机为代表的西方高新技术可以在非洲的一些地区扩展传播而无须以依附外部为代价，而较早时期的工业产品进口确实是造成了这种对外部的依附。非洲当然不可能在依赖外来文化传统的企业中发挥领导作用。然而，电子技术的制成品及其中间生产过程的分配和运作与传统粗笨的"烟囱工业"相比要容易很多。此外，与早期的电子通信媒介一样，这种扩散将可能使非洲的偏远地区在前所未有的基础上融入世界发展的潮流。

对历史研究来说，不能过多地追求对未来进行预测。但在此往后的一个较短时期里，非洲能构想的种种解决办法仍要基于对过去的认识。非洲在以完全不同的方式与国际经济接轨的同时展现了自己经济增长和生存方面的独特能力。自主是过去一段历史的显著成就，但从长远来看，这是一种消极的选择，它是对边缘化的一种消极响应而不是一种替代。非洲经济过去的伟大成就是面对内外环境进行调适的结果,非洲人和外国人都不能直接控制调适的过程。20 世纪 80 年代的情况显示这种与外部的结合能带来极大的威胁。然而,非洲人的能力和韧性以及世界经济的不断变化仍让人相信,现在的危机终将被克服。

参考文献

1. Austen, Ralph A., "Social bandits and other heroic criminals: a European concept and its relevance to Africa", in Donald Crummey (ed.), *Banditry, Rebellion and Social Protest in Africa*, London: Currey, 1986, pp.89 – 108.
2. Chazan, Naomi, *An Anatomy of Ghanaian Politics: Managing Political Recession, 1969—1982*, Boulder, Colo.: Westview Press, 1983.
3. Hyden, Goran, *Beyond Ujamaa in Tanzania: Underdevelopment and an Uncaptured Peasantry*, Berkeley: University of California Press, 1980.
4. Ngugi wa Thiong'o, *Devil on the Cross*, London: Heinemann, 1982.
5. Phillips, Ronald E. et al., "Non-tillage agriculture", *Science*, Vol.208, No.6, 1980, pp.1108 – 1113.
6. Servan-Schreiber, Jean Jacques, *The World Challenge*, New York: Simon & Schuster, 1981.

本书为国家社会科学基金重大项目"多卷本《非洲经济史》"(项目编号:14ZDB063)的阶段性成果,并受上海市高原学科世界史建设项目资助。

图书在版编目(CIP)数据

非洲经济史：内部发展与外部依赖/(美)拉尔夫·A.奥斯丁著；赵亮宇，檀森译.—上海：上海社会科学院出版社，2019
　书名原文：African Economic History: Internal Development and External Dependency
　ISBN 978-7-5520-2699-3

I.①非… II.①拉… ②赵… ③檀… III.①经济史—非洲 IV.①F140.9

中国版本图书馆 CIP 数据核字(2019)第 027009 号

上海市版权局著作权合同登记号　图字：09-2018-1148
African Economic History: Internal Development and External Dependency
ISBN: 9780852550083
Copyright © 1987, Ralph A. Austen
English language edition published by James Currey Ltd., Oxford
Simplified Chinese translation copyright © 2019
by Shanghai Academy of Social Sciences Press Co., Ltd.
All Rights Reserved

非洲经济史：内部发展与外部依赖

著　者：[美]拉尔夫·A.奥斯丁
译　者：赵亮宇　檀　森
校　译：刘伟才
责任编辑：陈慧慧
封面设计：璞茜设计
出版发行：上海社会科学院出版社
　　　　　上海顺昌路 622 号　邮编 200025
　　　　　电话总机 021-63315900　销售热线 021-53063735
　　　　　http://www.sassp.org.cn　E-mail:sassp@sass.org.cn
排　版：南京展望文化发展有限公司
印　刷：江阴金马印刷有限公司
开　本：890×1240 毫米　1/32 开
印　张：14.25
插　页：4
字　数：292 千字
版　次：2019 年 5 月第 1 版　2019 年 5 月第 1 次印刷

ISBN 978-7-5520-2699-3/F.566　　　　定价：85.00 元

版权所有　翻印必究